Evangelio

Ciclo C

2022

Camino, verdad y vida

SAN PABLO

Preparado por el Equipo San Pablo.
Comentarios y oraciones de *Fr. Santiago Agrelo Martínez, Arzobispo emérito de Tánger.*
Los textos litúrgicos oficiales en su versión castellana utilizados en esta obra han sido aprobados por la Conferencia Episcopal Española y han recibido la *recognitio* de la Santa Sede.

Distribución: SAN PABLO. División Comercial
Resina, 1. 28021 Madrid
Tel. 917 987 375 - Fax 915 052 050
E-mail: ventas@sanpablo.es

Modelo pequeño:
ISBN: 978-84-285-6010-8
Depósito legal: M. 13.515-2021

Modelo grande:
ISBN: 978-84-285-6009-2
Depósito legal: M. 13.514-2021

Printed in Italy. Impreso en Italia

Presentación

Como busca la cierva corrientes de agua,
así mi alma te busca a ti, Dios mío.

Para los hijos de la Iglesia, la palabra divina es a la vez misterio y don.

También nuestras palabras tienen siempre una dimensión de misterio, pues no encierran solo un concepto que puede ser definido y objetivado, sino que, de alguna manera, en ellas se vierte y se comunica el sujeto que las pronuncia, y ese sujeto es realidad personal que no se puede objetivar.

Cuando hablamos, no solo decimos algo, sino que de alguna manera nos decimos.

Nuestra palabra no puede, sin embargo, «decirnos» plenamente, no nos puede abarcar, no puede describir ni encerrar la realidad personal.

Si nos referimos a la palabra de Dios, con más razón hemos de hablar de misterio, pues Dios ha querido *«revelarse a sí mismo»,* y lo ha hecho por medio de obras y palabras, que continúan siendo nuestras y que, por eso mismo, son inadecuadas todas ellas para contener a quien por ellas se nos revela, más inadecuadas de cuanto lo sería la mano de un niño para encerrar en su pequeñez las aguas del océano.

Pero la palabra de Dios, aun con la pobreza de nuestras palabras, nos acerca al misterio de quien en ella se nos quiso revelar, a Aquel que es misterio insondable de bondad y sabiduría, de santidad y de gracia, de justicia y de amor.

Por su palabra, Dios nos manifiesta su divina voluntad, sus caminos, sus decretos, sus mandatos, sus leyes, sus preceptos, sus justos mandamientos.

Por su palabra, Dios nos da a conocer sus maravillas, las obras que ha realizado en favor de su pueblo, las promesas con que lo consuela, la misericordia con que lo rodea.

Esta palabra de la que hablamos es misterio porque viene de Dios, porque nos habla de Dios, porque nos acerca a Dios, y también porque nos lo esconde.

Esta palabra en la que se nos entrega quien la dice, ella misma es don de Dios para nosotros, y, por eso, antes de que nos dispongamos a descubrir el mensaje que encierra, ella nos habla ya del que nos lo envía. En efecto, antes de ser mensaje, la palabra es gracia, es signo del amor que Dios tiene a su pueblo, es sacramento de la cercanía de Dios a la vida del hombre.

Muchas son las semejanzas que el creyente puede encontrar entre la experiencia teologal del paraíso terrenal y su propia experiencia de escucha obediente a la palabra de Dios.

Puro don de Dios era para el hombre el jardín de Edén, pues Dios lo plantó, Dios hizo brotar del suelo toda clase de árboles hermosos de ver y buenos de comer, con el árbol de la vida en mitad del parque, y el árbol del conocimiento del bien y del mal; y pura gracia es para el hombre la palabra del Señor, su Alianza, sus preceptos y mandatos, lo escrito en el código de su ley.

Al hombre que había modelado, Dios lo colocó en el jardín de Edén; y a los hijos de su pueblo les entregó su divina palabra, poniéndola en su corazón y en su boca:

> «Porque el precepto que yo te mando hoy no es cosa que te exceda ni inalcanzable; no está en el cielo, no vale decir: "¿Quién de nosotros subirá al cielo y nos lo traerá y nos lo proclamará para que lo cumplamos?"; ni está más allá del mar, no vale decir: "¿Quién de nosotros cruzará el mar y nos lo traerá y nos lo proclamará para que lo cumplamos?". El mandamiento está a tu alcance: en tu corazón y en tu boca» (Dt 30,10-14).

Así colocó Dios al hombre en el paraíso de la divina palabra, poniendo la palabra en el corazón del hombre.

La luz de la fe nos permite reconocer en el jardín de Edén y en la palabra divina un ámbito privilegiado para el encuentro de Dios con el hombre y del hombre con Dios.

Palabra divina, jardín de Edén, en el que el hombre *puede oír* el paso de Dios, y en el que Dios se encuentra con el hombre; misterio y don, que, por serlo, nos habla de quien lo hace: ¡Tú nos revelas a quien nos ama! Antes de ser su mensaje, eres su mensajera, presencia amorosa del que te envía, señal acogedora, protectora, afectuosa, cálida. Aun cuando no sepamos decir quién es el que nos habla, porque siendo todavía pequeños e inexpertos no alcanzamos a entender, tú eres para nosotros la voz familiar que nos envuelve en ternura, nos consuela, acaricia y fortalece.

Palabra divina, mojón que guía a la esposa, *para que no se pierda,* a donde pastorea el *amor de su alma.*

Palabra divina, rumor del amado que llega, que atisba por las ventanas y mira por las celosías.

Palabra divina, palabra creadora, palabra profética, palabra inspirada, palabra encarnada; tú eres para nosotros palabra bendición, palabra vocación, palabra elección, palabra promesa, palabra liberación, palabra salvación.

Feliz encuentro con la palabra de Dios.

FR. SANTIAGO AGRELO MARTÍNEZ,
Arzobispo emérito de Tánger

Abreviaturas

Bta. / Bto.	Beata / Beato
c.	conmemoración
comp.	compañeros mártires
f.	fiesta
m.l.	memoria libre
m.o.	memoria obligatoria
Nª Sra.	Nuestra Señora
S.	San
s.	solemnidad
Sta. / Stas.	Santa / Santas
Stmo.	Santísimo
Sto. / Stos.	Santo / Santos
Vol.	Volumen de los nuevos Leccionarios
[ ]	Texto que se omite en la lectura breve

Colores litúrgicos de solemnidad, fiesta, memoria obligatoria o feria

V	Verde	R	Rojo
M	Morado	A	Azul
B	Blanco		

Lectura dialogada de la Pasión

✠ Jesús;
C Cronista;
S Otros personajes.

Santoral

◆ Delante de un santo indica que es memoria litúrgica, libre u obligatoria.

Calendario litúrgico enero

S	1	STA. MARÍA, MADRE DE DIOS	s.
D	2	II después de Navidad	
L	3	Stmo. Nombre de Jesús	m.l.
M	4		
X	5		
J	6	EPIFANÍA DEL SEÑOR	s.
V	7	S. Raimundo de Peñafort	m.l.
S	8		
D	9	BAUTISMO DEL SEÑOR	f.
L	10		
M	11		
X	12		
J	13	San Hilario	m.l.
V	14		
S	15		
D	16	II del Tiempo Ordinario	
L	17	S. Antonio Abad	m.o.
M	18		
X	19		
J	20	Stos. Fructuoso, Augurio y Eulogio / S. Fabián / S. Sebastián	m.l.
V	21	Sta. Inés	m.o.
S	22	S. Vicente	m.o.
D	23	III del Tiempo Ordinario	
L	24	S. Francisco de Sales	m.o.
M	25	Conversión de S. Pablo	f.
X	26	Stos. Timoteo y Tito	m.o.
J	27	Sta. Ángela de Mérici	m.l.
V	28	Sto. Tomás de Aquino	m.o.
S	29		
D	30	IV del Tiempo Ordinario	
L	31	S. Juan Bosco	m.o.

febrero

M	1		
X	2	Presentación del Señor	f.
J	3	S. Blas / S. Óscar	m.l.
V	4		
S	5	Sta. Águeda	m.o.
D	6	V del Tiempo Ordinario	
L	7		
M	8	S. Jerónimo Emiliani / Sta. Josefina Bakhita	m.l.
X	9		
J	10	Sta. Escolástica	m.o.
V	11	Bienaventurada Virgen María de Lourdes	m.l.
S	12		
D	13	VI del Tiempo Ordinario	
L	14	Stos. Cirilo y Metodio	f.
M	15		
X	16		
J	17	Siete santos Fundadores	m.l.
V	18		
S	19		
D	20	VII del Tiempo Ordinario	
L	21	S. Pedro Damián	m.l.
M	22	Cátedra de S. Pedro	f.
X	23	S. Policarpo de Esmirna	m.o.
J	24		
V	25		
S	26		
D	27	VIII del Tiempo Ordinario	
L	28		

M	1		
X	2	MIÉRCOLES DE CENIZA	
J	3		
V	4	S. Casimiro	c.
S	5		
D	6	I de Cuaresma	
L	7	Stas. Perpetua y Felicidad	c.
M	8	S. Juan de Dios	c.
X	9	Sta. Francisca Romana	c.
J	10		
V	11		
S	12		
D	13	II de Cuaresma	
L	14		
M	15		
X	16		
J	17	S. Patricio	c.
V	18	S. Cirilo de Jerusalén	c.
S	19	S. JOSÉ, ESPOSO DE LA VIRGEN MARÍA	s.
D	20	III de Cuaresma	
L	21		
M	22		
X	23	Sto. Toribio de Mogrovejo	c.
J	24		
V	25	ANUNCIACIÓN DEL SEÑOR	s.
S	26		
D	27	IV de Cuaresma «Laetare»	
L	28		
M	29		
X	30		
J	31		

V	1		
S	2	S. Francisco de Paula	c.
D	3	V de Cuaresma	
L	4		
M	5	S. Vicente Ferrer	c.
X	6		
J	7	S. Juan Bautista de la Salle	c.
V	8	Viernes de Dolores	
S	9	Sábado de Pasión	
D	10	DOMINGO DE RAMOS EN LA PASIÓN DEL SEÑOR	
L	11	Lunes santo	
M	12	Martes santo	
X	13	Miércoles santo	
J	14	JUEVES SANTO EN LA CENA DEL SEÑOR	
V	15	VIERNES SANTO EN LA PASIÓN DEL SEÑOR	
S	16	SÁBADO SANTO DE LA SEPULTURA DEL SEÑOR	
D	17	PASCUA DE RESURRECCIÓN DEL SEÑOR	s.
L	18	Octava de Pascua	
M	19	Octava de Pascua	
X	20	Octava de Pascua	
J	21	Octava de Pascua	
V	22	Octava de Pascua	
S	23	Octava de Pascua	
D	24	II de Pascua o de la Divina Misericordia	
L	25	S. Marcos	f.
M	26	S. Isidoro de Sevilla	f.
X	27		
J	28	S. Pedro Chanel / S. Luis María Grignion de Montfort	m.l.
V	29	Sta. Catalina de Siena	f.
S	30	S. Pío V	m.l.

D	1	III de Pascua	
L	2	S. Atanasio	m.o.
M	3	Stos. Felipe y Santiago	f.
X	4		
J	5		
V	6		
S	7		
D	8	IV de Pascua	
L	9		
M	10	S. Juan de Ávila	m.o.
X	11		
J	12	Stos. Nereo y Aquiles / S. Pancracio	m.l.
V	13	Bienaventurada Virgen María de Fátima	m.l.
S	14	S. Matías, apóstol	f.
D	15	V de Pascua	
L	16		
M	17	S. Pascual Bailón	m.l.
X	18	S. Juan I	m.l.
J	19		
V	20	S. Bernardino de Siena	m.l.
S	21	Stos. Cristóbal Magallanes y comp.	m.l.
D	22	VI de Pascua	
L	23		
M	24		
X	25	S. Beda / S. Gregorio VII / Sta. Mª Magdalena de Pazzi	m.l.
J	26	S. Felipe Neri	m.o.
V	27	S. Agustín de Canterbury	m.l.
S	28		
D	29	ASCENSIÓN DEL SEÑOR	s.
L	30	S. Fernando	m.l.
M	31	Visitación de la Virgen María	f.

junio

X	1	S. Justino	m.o.
J	2	Stos. Marcelino y Pedro	m.l.
V	3	Stos. Carlos Luanga y comp.	m.o.
S	4		
D	5	PASCUA DE PENTECOSTÉS	s.
L	6	Bienaventurada Virgen María, Madre de la Iglesia	m.o.
M	7		
X	8		
J	9	Ntro. Señor Jesucristo, sumo y eterno sacerdote	f.
V	10		
S	11	S. Bernabé, apóstol	m.o.
D	12	SANTÍSIMA TRINIDAD	s.
L	13	S. Antonio de Padua	m.o.
M	14		
X	15	Sta. María Micaela del Santísimo Sacramento	m.l.
J	16		
V	17		
S	18		
D	19	SANTÍSIMO CUERPO Y SANGRE DE CRISTO	s.
L	20		
M	21	S. Luis Gonzaga	m.o.
X	22	S. Paulino de Nola / Stos. Juan Fisher y Tomás Moro	m.l.
J	23	NATIVIDAD DE S. JUAN BAUTISTA (traslado)	s.
V	24	SAGRADO CORAZÓN DE JESÚS	s.
S	25	Inmaculado Corazón de María	m.o.
D	26	XIII del Tiempo Ordinario	
L	27	S. Cirilo de Alejandría	m.l.
M	28	S. Ireneo de Lyon	m.o.
X	29	STOS. PEDRO Y PABLO	s.
J	30	Stos. Protomártires romanos	m.l.

julio

V	1		
S	2		
D	3	XIV del Tiempo Ordinario	
L	4	Sta. Isabel de Portugal	m.l.
M	5	S. Antonio María Zaccaría	m.l.
X	6	Sta. María Goretti	m.l.
J	7		
V	8		
S	9	Stos. Agustín Zhao Rong y comp.	m.l.
D	10	XV del Tiempo Ordinario	
L	11	S. Benito	f.
M	12		
X	13	S. Enrique	m.l.
J	14	S. Camilo de Lelis	m.l.
V	15	S. Buenaventura	m.o.
S	16	Bienaventurada Virgen María del Monte Carmelo	m.o.
D	17	XVI del Tiempo Ordinario	
L	18		
M	19		
X	20	S. Apolinar	m.l.
J	21	S. Lorenzo de Brindis	m.l.
V	22	Sta. María Magdalena	f.
S	23	Sta. Brígida	f.
D	24	XVII del Tiempo Ordinario	
L	25	SANTIAGO, APÓSTOL	s.
M	26	S. Joaquín y Sta. Ana	m.o.
X	27		
J	28		
V	29	Stos. Marta, María y Lázaro	m.o.
S	30	S. Pedro Crisólogo	m.l.
D	31	XVIII del Tiempo Ordinario	

L	1	S. Alfonso María de Ligorio	m.o.
M	2	S. Eusebio de Vercelli / S. Pedro J. Eymard	m.l.
X	3		
J	4	S. Juan María Vianney	m.o.
V	5	Dedicación de la basílica de Sta. María	m.l.
S	6	Transfiguración del Señor	f.
D	7	XIX del Tiempo Ordinario	
L	8	Sto. Domingo de Guzmán	m.o.
M	9	Sta. Teresa Benedicta de la Cruz	f.
X	10	S. Lorenzo	f.
J	11	Sta. Clara	m.o.
V	12	Sta. Juana Francisca de Chantal	m.l.
S	13	Stos. Ponciano e Hipólito	m.l.
D	14	XX del Tiempo Ordinario	
L	15	ASUNCIÓN DE LA BIENAVENTURADA VIRGEN MARÍA	s.
M	16	S. Esteban de Hungría	m.l.
X	17		
J	18		
V	19	S. Juan Eudes / S. Ezequiel Moreno Díaz	m.l.
S	20	S. Bernardo	m.o.
D	21	XXI del Tiempo Ordinario	
L	22	Bienaventurada Virgen María Reina	m.o.
M	23	Sta. Rosa de Lima	m.l.
X	24	S. Bartolomé	f.
J	25	S. Luis de Francia / S. José de Calasanz	m.l.
V	26	Sta. Teresa de Jesús Jornet e Ibars	m.o.
S	27	Sta. Mónica	m.o.
D	28	XXII del Tiempo Ordinario	
L	29	Martirio de S. Juan Bautista	m.o.
M	30		
X	31		

septiembre

J	1		
V	2		
S	3	S. Gregorio Magno	m.o.
D	4	XXIII del Tiempo Ordinario	
L	5		
M	6		
X	7		
J	8	Natividad de la Bienaventurada Virgen María	f.
V	9	S. Pedro Claver	m.l.
S	10		
D	11	XXIV del Tiempo Ordinario	
L	12	Dulce Nombre de María	m.l.
M	13	S. Juan Crisóstomo	m.o.
X	14	Exaltación de la Sta. Cruz	f.
J	15	Bienaventurada Virgen María de los Dolores	m.o.
V	16	Stos. Cornelio y Cipriano	m.o.
S	17	S. Roberto Belarmino / Sta. Hildegarda de Bingen	m.l.
D	18	XXV del Tiempo Ordinario	
L	19	S. Jenaro	m.l.
M	20	Stos. Andrés Kim, Pablo Chong y comp.	m.o.
X	21	S. Mateo	f.
J	22		
V	23	S. Pío de Pietrelcina	m.o.
S	24	Bienaventurada Virgen María de la Merced	m.l.
D	25	XXVI del Tiempo Ordinario	
L	26	Stos. Cosme y Damián	m.l.
M	27	S. Vicente de Paúl	m.o.
X	28	S. Wenceslao / Stos. Lorenzo Ruiz y comp.	m.l.
J	29	Stos. Arcángeles Miguel, Gabriel y Rafael	f.
V	30	S. Jerónimo	m.o.

octubre

S	1	Sta. Teresa del Niño Jesús	m.o.
D	2	XXVII del Tiempo Ordinario	
L	3	S. Francisco de Borja	m.l.
M	4	S. Francisco de Asís	m.o.
X	5	Témporas de acción de gracias y de petición	m.o.
J	6	S. Bruno	m.l.
V	7	Bienaventurada Virgen María del Rosario	m.o.
S	8		
D	9	XXVIII del Tiempo Ordinario	
L	10	Sto. Tomás de Villanueva	m.l.
M	11	Sta. María Soledad Torres Acosta / S. Juan XXIII	m.l.
X	12	Bienaventurada Virgen María del Pilar	f.
J	13		
V	14	S. Calixto I	m.l.
S	15	Sta. Teresa de Jesús	f.
D	16	XXIX del Tiempo Ordinario	
L	17	S. Ignacio de Antioquía	m.o.
M	18	S. Lucas evangelista	f.
X	19	S. Pedro de Alcántara / Stos. Juan de Brébeuf e Isaac Jogues / S. Pablo de la Cruz	m.l.
J	20		
V	21		
S	22	S. Juan Pablo II	m.l.
D	23	XXX del Tiempo Ordinario	
L	24	S. Antonio Mª Claret	m.l.
M	25		
X	26		
J	27		
V	28	Stos. Simón y Judas	f.
S	29		
D	30	XXXI del Tiempo Ordinario	
L	31		

noviembre

M	1	TODOS LOS SANTOS	s.
X	2	Conmemoración de todos los fieles difuntos	
J	3	S. Martín de Porres	m.l.
V	4	S. Carlos Borromeo	m.o.
S	5	Sta. Ángela de la Cruz	m.l.
D	6	XXXII del Tiempo Ordinario	
L	7		
M	8		
X	9	Dedicación de la basílica de Letrán	f.
J	10	S. León Magno	m.o.
V	11	S. Martín de Tours	m.o.
S	12	S. Josafat	m.o.
D	13	XXXIII del Tiempo Ordinario	
L	14		
M	15	S. Alberto Magno	m.l.
X	16	Sta. Margarita de Escocia / Sta. Gertrudis	m.l.
J	17	Sta. Isabel de Hungría	m.o.
V	18	Dedicación de las basílicas de los Stos. Pedro y Pablo	m.l.
S	19		
D	20	JESUCRISTO, REY DEL UNIVERSO	s.
L	21	Presentación de la Bienaventurada Virgen María	m.o.
M	22	Sta. Cecilia	m.o.
X	23	S. Clemente I / S. Columbano	m.l.
J	24	Stos. Andrés Dung-Lac y compañeros	m.o.
V	25	Sta. Catalina de Alejandría	m.l.
S	26		
D	27	I de Adviento. Comienza el Ciclo A	
L	28		
M	29		
X	30	S. Andrés, apóstol	f.

diciembre

J	1		
V	2		
S	3	S. Francisco Javier	m.o.
D	4	II de Adviento	
L	5		
M	6	S. Nicolás de Bari	m.l.
X	7	S. Ambrosio	m.o.
J	8	INMACULADA CONCEPCIÓN DE LA VIRGEN MARÍA	s.
V	9	S. Juan Diego Cuauhtlatoatzin	m.l.
S	10	Sta. Eulalia de Mérida	m.l.
D	11	III de Adviento «Gaudete»	
L	12	Bienaventurada Virgen María de Guadalupe	m.l.
M	13	Sta. Lucía	m.o.
X	14	S. Juan de la Cruz	m.o.
J	15		
V	16		
S	17		
D	18	IV de Adviento	
L	19		
M	20		
X	21	S. Pedro Canisio	c.
J	22		
V	23	S. Juan de Kety	c.
S	24		
D	25	NATIVIDAD DEL SEÑOR	s.
L	26	S. Esteban	f.
M	27	S. Juan, apóstol y evangelista	f.
X	28	Los Santos Inocentes	f.
J	29	Sto. Tomás Becket	c.
V	30	La Sagrada Familia	f.
S	31	S. Silvestre I	c.

Sta. María, Madre de Dios, s.

Fulgencio; Guillermo de Volpiano; Odilón; Manuel

Oficio de la s. / B
Vol. I (C)
Núm 6,22-27
Sal 66 / Gál 4,4-7 / Lc 2,16-21

Lucas 2,16-21

En aquel tiempo, los pastores fueron corriendo hacia Belén y encontraron a María y a José, y al niño acostado en el pesebre. Al verlo, contaron lo que se les había dicho de aquel niño. Todos los que lo oían se admiraban de lo que les habían dicho los pastores. María, por su parte, conservaba todas estas cosas, meditándolas en su corazón. Y se volvieron los pastores dando gloria y alabanza a Dios por todo lo que habían oído y visto, conforme a lo que se les había dicho. Cuando se cumplieron los ocho días para circuncidar al niño, le pusieron por nombre Jesús, como lo había llamado el ángel antes de su concepción.

La paz, corazón de nuestra fe

No veo de qué manera podría el hombre desear encontrarse con Dios, no veo de qué manera pudiéramos alegrarnos de ese encuentro, si «encontrar a Dios» no hubiese significado para nosotros «encontrar la paz» que necesitamos, la justicia y el bien que añoramos. La paz, el don más hermoso que podamos desear, pertenece al corazón de nuestra fe en la encarnación, pues la llegada de la paz se anuncia al mismo tiempo que el nacimiento de nuestro Salvador, y no podremos ya separar jamás la alegría por la Navidad y la alegría por la paz: Hoy nos ha nacido el Señor, y es su nombre: «Príncipe de la paz». Porque hemos creído, llevamos en el corazón a Cristo y su paz. Porque son muchos los que, buscándola, todavía no la hallaron, nosotros trabajamos por ella, para que la encuentren: ¡llevar la paz al corazón de un hermano es dejarle a Dios en el corazón!

El Señor tenga piedad y nos bendiga, ilumine su rostro sobre nosotros y nos conceda la paz. Que todos los pueblos conozcan la salvación con la que Dios nos ha visitado. ¡Ven, Señor Jesús!

Basilio Magno y Gregorio Nacianceno; Nª Sra., Auxilio de los cristianos; Serafín de Sarov

Oficio propio / B
Eclo 24,1-2.8-12 / Sal 147 / Ef 1,3-6.15-18 / Jn 1,1-18 [breve: Jn 1,1-5.9-14]

Eclesiástico 24,1-2.8-12

La sabiduría hace su propia alabanza, encuentra su honor en Dios y se gloría en medio de su pueblo. En la asamblea del Altísimo abre su boca y se gloría ante el Poderoso. «El Creador del universo me dio una orden, el que me había creado estableció mi morada y me dijo: "Pon tu tienda en Jacob, y fija tu heredad en Israel". Desde el principio, antes de los siglos, me creó, y nunca jamás dejaré de existir. Ejercí mi ministerio en la Tienda santa delante de él, y así me establecí en Sion. En la ciudad amada encontré descanso, y en Jerusalén reside mi poder. Arraigué en un pueblo glorioso, en la porción del Señor, en su heredad».

Salmo 147,12-13.14-15.19-20

R. El Verbo se hizo carne y habitó entre nosotros. (O bien: Aleluya).

Efesios 1,3-6.15-18

Bendito sea Dios, Padre de nuestro Señor Jesucristo, que nos ha bendecido en Cristo con toda clase de bendiciones espirituales en los cielos. Él nos eligió en Cristo antes de la fundación del mundo para que fuésemos santos e intachables ante él por el amor. Él nos ha destinado por medio de Jesucristo, según el beneplácito de su voluntad, a ser sus hijos, para alabanza de la gloria de su gracia, que tan generosamente nos ha concedido en el Amado. Por eso, habiendo oído hablar de vuestra fe en Cristo y de vuestro amor a todos los santos, no ceso de dar gracias por vosotros, recordándoos en mis oraciones, a fin de que el Dios de nuestro Señor Jesucristo, el Padre de la gloria, os dé espíritu de sabiduría y revelación para conocerlo, e ilumine los ojos de vuestro corazón para que comprendáis cuál es la esperanza a la que os llama, cuál la riqueza de gloria que da en herencia a los santos.

Juan 1,1-18

En el principio existía el Verbo, y el Verbo estaba junto a Dios, y el Verbo era Dios. Él estaba en el principio junto a Dios. Por medio de él se hizo todo, y sin él no se hizo nada de cuanto se ha hecho. En él estaba la vida, y la vida era la luz de los hombres. Y la luz brilla en la tiniebla, y la tiniebla no lo recibió. [Surgió un hombre enviado por Dios, que se llamaba Juan: este venía como testigo, para dar testimonio de la luz, para que todos creyeran por medio de él. No era él la luz, sino el que daba testimonio de la luz.] El Verbo era la luz verdadera, que alumbra a todo hombre, viniendo al mundo. En el mundo estaba; el mundo se hizo por medio de él, y el mundo no lo conoció. Vino a su casa, y los suyos no lo recibieron. Pero a cuantos lo recibieron, les dio poder de ser hijos de Dios, a los que creen en su nombre. Estos no han nacido de sangre, ni de deseo de carne, ni de deseo de varón, sino que han nacido de Dios. Y el Verbo se hizo carne y habitó entre nosotros, y hemos contemplado su gloria: gloria como del Unigénito del Padre, lleno de gracia y de verdad. [Juan da testimonio de él y grita diciendo: «Este es de quien dije: el que viene detrás de mí se ha puesto delante de mí, porque existía antes que yo». Pues de su plenitud todos hemos recibido, gracia tras gracia. Porque la ley se dio por medio de Moisés, la gracia y la verdad nos han llegado por medio de Jesucristo. A Dios nadie lo ha visto jamás: Dios unigénito, que está en el seno del Padre, es quien lo ha dado a conocer.]

«Habitó entre nosotros»

Eso es lo que recuerdas, lo que llena de luz los días de tu vida: «Al mediar la noche su carrera, tu Palabra todopoderosa, Señor, vino desde el trono real de los cielos». Ese es el misterio de tu Navidad: «El Verbo se hizo carne y habitó entre nosotros». Las palabras de la revelación guardan en su entraña las razones de tu fiesta: Glorifica al Señor, Iglesia santa, porque la Sabiduría de Dios ha levantado su tienda en medio de ti. Glorifica al Señor, porque él ha querido que su Sabiduría resida en su heredad, en el corazón de los santos. Glorifica al Señor, Iglesia amada de Dios, pues el Verbo habitó para siempre entre nosotros, y la paz es un Niño que hace guardia en tus fronteras.

Stmo. Nombre de Jesús, m.l.
Genoveva; Antero; Daniel de Padua; Ciríaco Elías Chavara

Feria de Navidad
Oficio propio / B
Vol. II
1Jn 2,29–3, 6 / Sal 97 / Jn 1,29-34

Juan 1,29-34

Al día siguiente, al ver Juan a Jesús que venía hacia él, exclamó: «Este es el Cordero de Dios, que quita el pecado del mundo. Este es aquel de quien yo dije: "Tras de mí viene un hombre que está por delante de mí, porque existía antes que yo". Yo no lo conocía, pero he salido a bautizar con agua, para que sea manifestado a Israel». Y Juan dio testimonio diciendo: «He contemplado al Espíritu que bajaba del cielo como una paloma, y se posó sobre él. Yo no lo conocía, pero el que me envió a bautizar con agua me dijo: "Aquel sobre quien veas bajar el Espíritu y posarse sobre él, ese es el que bautiza con Espíritu Santo". Y yo lo he visto y he dado testimonio de que este es el Hijo de Dios».

«Este es el Cordero de Dios»

El misterio que celebramos es aún el de la Navidad, nos adentramos en ese misterio, nos ponemos bajo su luz, para saber de Dios y saber de nosotros mismos. El niño que para ti ha nacido en Belén, él es «el Cordero de Dios», y ese nombre habla de sacrificio y de victoria. Él es el Cordero sin mancha, que Dios ha consagrado para quitar el pecado del mundo, y eso significa que, desde la santidad inaccesible del cielo, Dios nos envió a su Hijo en una condición pecadora como la nuestra, para que nosotros pudiésemos ser recreados en una condición de justicia como la suya. Él ha nacido para ti, y, a quienes lo han recibido, a quienes han creído en él, les ha dado poder ser hijos de Dios. Si has conocido a Cristo Jesús, llévalo en el corazón. No dejes que se ausente de ti el que será la gracia, la belleza, la gloria de tu eternidad.

En verdad, Señor, has hecho maravillas a favor de tu pueblo. Que te bendigan tus fieles. Que te alaben todas las naciones. Que todos conozcan tu nombre: ¡Ven, Señor Jesús!

Genoveva Torres Morales; Isabel Ana Bayley Seton; Ángela de Foligno; Manuel González García

Feria de Navidad
Oficio propio / B
1Jn 3,7-10 / Sal 97 / Jn 1,35-42

Juan 1,35-42

En aquel tiempo, estaba Juan con dos de sus discípulos y, fijándose en Jesús que pasaba, dice: «Este es el Cordero de Dios». Los dos discípulos oyeron sus palabras y siguieron a Jesús. Jesús se volvió y, al ver que lo seguían, les pregunta: «¿Qué buscáis?». Ellos le contestaron: «Rabí (que significa Maestro), ¿dónde vives?». Él les dijo: «Venid y veréis». Entonces fueron, vieron dónde vivía y se quedaron con él aquel día; era como la hora décima. Andrés, hermano de Simón Pedro, era uno de los dos que oyeron a Juan y siguieron a Jesús; encuentra primero a su hermano Simón y le dice: «Hemos encontrado al Mesías (que significa Cristo)». Y lo llevó a Jesús. Jesús se le quedó mirando y le dijo: «Tú eres Simón, el hijo de Juan; tú te llamarás Cefas (que se traduce: Pedro)».

«Maestro, ¿dónde vives?»

Lo proclamamos todos los días de la Navidad: «El Verbo habitó entre nosotros». Y, como si nada supiéramos, continuamos preguntando –preguntándole a Jesús–: «¿Dónde vives?». Él contesta: «Venid y lo veréis». Entonces los discípulos «fueron, vieron y se quedaron con él aquel día». Sabías que «El Verbo habitó entre nosotros», pero no te habían dicho aún dónde permanecía; ahora intuyes que «vive», «mora», «permanece en el Padre», junto a Dios. La sabiduría y el amor, la justicia y la paz, la bendición y la salvación, acamparon con la Palabra en medio de ti para hacerse tuyas, y, con la Palabra, permanecen en Dios porque son siempre suyas. Si sabes dónde vive la paz, abrázate a ella. Si sabes dónde mora la justicia, revístete de ella. Si sabes dónde está la bendición, quédate con ella; abrázate a Cristo, revístete de Cristo, quédate con Cristo, hasta que tú también amanezcas en Dios.

Ilumina, Señor, tu rostro sobre nosotros y visítanos con tu paz. El Espíritu y la esposa dicen: «¡Ven!». Y quien lo oiga, diga: «¡Ven, Señor Jesús!».

Juan Nepomuceno Neumann; Telesforo; Carlos de San Andrés Houben

Feria de Navidad
Oficio propio / B
1Jn 3,11-21 /
Sal 99 /
Jn 1,43-51

Juan 1,43-51

En aquel tiempo, determinó Jesús salir para Galilea; encuentra a Felipe y le dice: «Sígueme». Felipe era de Betsaida, ciudad de Andrés y de Pedro. Felipe encuentra a Natanael y le dice: «Aquel de quien escribieron Moisés en la ley y los profetas, lo hemos encontrado: Jesús, hijo de José, de Nazaret». Natanael le replicó: «¿De Nazaret puede salir algo bueno?». Felipe le contestó: «Ven y verás». Vio Jesús que se acercaba Natanael y dijo de él: «Ahí tenéis a un israelita de verdad, en quien no hay engaño». Natanael le contesta: «¿De qué me conoces?». Jesús le responde: «Antes de que Felipe te llamara, cuando estabas debajo de la higuera, te vi». Natanael respondió: «Rabí, tú eres el Hijo de Dios, tú eres el Rey de Israel». Jesús le contestó: «¿Por haberte dicho que te vi debajo de la higuera, crees? Has de ver cosas mayores». Y le añadió: «En verdad, en verdad os digo: veréis el cielo abierto y a los ángeles de Dios subir y bajar sobre el Hijo del hombre».

«Encontrar» y «ver»

Estas dos palabras son del evangelio de este día y también del misterio que vivimos en la Navidad, dos verbos que se dicen de Jesús y también de nosotros. Porque la Palabra que es Dios ha querido encontrarte, y porque tú por la fe encuentras a Dios, es Navidad. Porque el Hijo de Dios ha querido verte con ojos humanos y porque tú por la fe puedes verlo y adorarlo, es Navidad. Porque él se hizo hombre para que tú te hicieses Dios, es Navidad. Porque él se hizo pobre para enriquecerte con su pobreza, es Navidad. Y mientras el cantor invita: «Venid, naciones, adorad al Señor, porque una gran luz ha bajado a la tierra», la fe te llevará a encontrarlo en la Palabra que escuchas, a verlo en la Eucaristía que recibes, a abrazarlo en los hermanos que te ha dado, a cuidarlo en los pobres con los que caminas... y para todos será Navidad. Es cuestión de «encontrar», es cuestión de «ver».

Que la luz de Cristo nos ilumine; que la fe nos permita reconocerlo, escucharlo, amarlo y llevarlo siempre en el corazón: ¡Ven, Señor Jesús!

Epifanía del Señor, s.
Adoración; Melchor, Gaspar y Baltasar; Bta. Rita Amada de Jesús

Oficio de la s. / B
Is 60,1-6 / Sal 71 / Ef 3,2-3a.5-6 / Mt 2,1-12

Mateo 2,1-12

Habiendo nacido Jesús en Belén de Judea en tiempos del rey Herodes, unos magos de Oriente se presentaron en Jerusalén preguntando: «¿Dónde está el Rey de los judíos que ha nacido? Porque hemos visto salir su estrella y venimos a adorarlo». Al enterarse el rey Herodes, se sobresaltó y toda Jerusalén con él; convocó a los sumos sacerdotes y a los escribas del país, y les preguntó dónde tenía que nacer el Mesías. Ellos le contestaron: «En Belén de Judea, porque así lo ha escrito el profeta: "Y tú, Belén, tierra de Judá, no eres ni mucho menos la última de las poblaciones de Judá, pues de ti saldrá un jefe que pastoreará a mi pueblo Israel"». Entonces Herodes llamó en secreto a los magos para que le precisaran el tiempo en que había aparecido la estrella, y los mandó a Belén, diciéndoles: «Id y averiguad cuidadosamente qué hay del niño y, cuando lo encontréis, avisadme, para ir yo también a adorarlo». Ellos, después de oír al rey, se pusieron en camino y, de pronto, la estrella que habían visto salir comenzó a guiarlos hasta que vino a pararse encima de donde estaba el niño. Al ver la estrella, se llenaron de inmensa alegría. Entraron en la casa, vieron al niño con María, su madre, y cayendo de rodillas lo adoraron; después, abriendo sus cofres, le ofrecieron regalos: oro, incienso y mirra. Y habiendo recibido en sueños un oráculo, para que no volvieran a Herodes, se retiraron a su tierra por otro camino.

«Hemos visto salir la estrella del Señor»

Es Navidad. De Oriente llegan unos magos, porque les espera un recién nacido, porque ha nacido el Rey. Buscan al que los ha llamado, van al que los ha atraído, preguntan por el que los ha guiado, llevan regalos al que se ha hecho para ellos regalo del cielo, encuentran al que ha bajado del cielo para buscarlos. Si te fijas en la estrella que los guía, reconocerás en ella la luz de la fe que a ti te ilumina y te lleva adonde está Jesús. Si te fijas en los magos, hoy entras con ellos en la casa, hoy contigo ellos caen de rodillas en adoración y ofrecen al Niño sus regalos, tu regalo: tu pan y tu vino.

S. Raimundo de Peñafort, m.l.
Luciano de Antioquía;
Bta. Mª Teresa Haze

Feria de Navidad
Oficio propio / B
1Jn 3,22–4,6 /
Sal 2 /
Mt 4,12-17.23-25

Mateo 4,12-17.23-25

En aquel tiempo, al enterarse Jesús de que habían arrestado a Juan, se retiró a Galilea. Dejando Nazaret se estableció en Cafarnaún, junto al mar, en el territorio de Zabulón y Neftalí, para que se cumpliera lo dicho por medio del profeta Isaías: «Tierra de Zabulón y tierra de Neftalí, camino del mar, al otro lado del Jordán, Galilea de los gentiles. El pueblo que habitaba en tinieblas vio una luz grande; a los que habitaban en tierra y sombras de muerte, una luz les brilló». Desde entonces comenzó Jesús a predicar diciendo: «Convertíos, porque está cerca el reino de los cielos». Jesús recorría toda Galilea enseñando en sus sinagogas, proclamando el evangelio del reino y curando toda enfermedad y toda dolencia en el pueblo. Su fama se extendió por toda Siria y le traían todos los enfermos aquejados de toda clase de enfermedades y dolores, endemoniados, lunáticos y paralíticos. Y él los curó. Y lo seguían multitudes venidas de Galilea, Decápolis, Jerusalén, Judea y Transjordania.

Evangelio y dolencias

«Todo espíritu que confiesa a Jesucristo venido en carne es de Dios». Al corazón de nuestra fe pertenece el misterio de la «encarnación», que es confesión, no solo de que el Hijo de Dios se hizo hombre, sino que también se hizo debilidad, fragilidad, vulnerabilidad. Por la encarnación, Dios nos entregó a su Unigénito para que fuese nuestro hermano y nos amase hasta dar la vida por todos, hasta ser la vida de todos. Por la encarnación, Dios echó sobre las espaldas de su Unigénito las miserias de la humanidad, las dolencias del hombre. Ahora mira a Jesús, mira a «la Palabra hecha carne» va recorriendo los caminos de Galilea, quedándose con enfermedades y dolencias y realizando de ese modo la llegada del reino de los cielos. Quédate con el dolor de los pobres, y serás para ellos un evangelio del reino.

Señor, que la vida de tus fieles proclame tu justicia, tu clemencia, tu compasión y tu comunión con los hambrientos de misericordia: ¡Ven, Señor Jesús!

Alberto de Cashel; Gúdula; Severino; Bta. Eurosia Fabris

Feria de Navidad
Oficio propio / B
1Jn 4,7-10 /
Sal 71 /
Mc 6,34-44

Marcos 6,34-44

En aquel tiempo, Jesús vio una multitud y se compadeció de ella, porque andaban como ovejas que no tienen pastor; y se puso a enseñarles muchas cosas. Cuando se hizo tarde se acercaron sus discípulos a decirle: «Estamos en despoblado y ya es muy tarde. Despídelos, que vayan a los cortijos y aldeas de alrededor y se compren de comer». Él les replicó: «Dadles vosotros de comer». Ellos le preguntaron: «¿Vamos a ir a comprar doscientos denarios de pan para darles de comer?». Él les dijo: «¿Cuántos panes tenéis? Id a ver». Cuando lo averiguaron le dijeron: «Cinco, y dos peces». Él les mandó que la gente se recostara sobre la hierba verde en grupos. Ellos se acomodaron por grupos de cien y de cincuenta. Y tomando los cinco panes y los dos peces, alzando la mirada al cielo, pronunció la bendición, partió los panes y se los iba dando a los discípulos para que se los sirvieran. Y repartió entre todos los dos peces. Comieron todos y se saciaron, y recogieron las sobras: doce cestos de pan y de peces. Los que comieron eran cinco mil hombres.

Jesús, evangelio de Dios para los pobres

Todo empieza en Dios, sencillamente «porque Dios es amor». De ese amor viene Jesús: «En esto se manifestó el amor que Dios nos tiene: en que Dios envió al mundo a su Hijo único, para que vivamos por medio de él». De ese amor es reflejo la mirada de Jesús, de ese amor desborda la compasión de Jesús, a ese amor sabe la paciencia de Jesús. De ese amor procede la enseñanza de Jesús, el pan que Jesús da, el pan que Jesús es. En ese amor se escribe la buena noticia para los pobres que es siempre Jesús. Tú pides: «Que los montes traigan paz, y los collados justicia... que él socorra a los hijos del pobre». Y el cantor evoca una revelación asombrosa: «El Señor me ha enviado para anunciar el evangelio a los pobres». Y el diácono proclama que «todos comieron y se saciaron». Porque es amor, Dios nos ha dado su pan, nos ha dado a Jesús, nos ha dado la Navidad.

Eulogio de Córdoba; Adrián de Canterbury; Gregorio X

Oficio de la f. / B
Is 42,1-4.6-7 / Sal 28 / He 10,34-38 (o bien: Is 40,1-5.9-11 / Sal 103 / Tit 2,11-14; 3,4-7) / Lc 3,15-16.21-22

Isaías 42,1-4.6-7

Esto dice el Señor: «Mirad a mi siervo, a quien sostengo; mi elegido, en quien me complazco. He puesto mi espíritu sobre él, manifestará la justicia a las naciones. No gritará, no clamará, no voceará por las calles. La caña cascada no la quebrará, la mecha vacilante no la apagará. Manifestará la justicia con verdad. No vacilará ni se quebrará, hasta implantar la justicia en el país. En su ley esperan las islas. Yo, el Señor, te he llamado en mi justicia, te cogí de la mano, te formé e hice de ti alianza de un pueblo y luz de las naciones, para que abras los ojos de los ciegos, saques a los cautivos de la cárcel, de la prisión a los que habitan en tinieblas».

Salmo 28,1b y 2.3ac-4.3b y 9c-10

R. El Señor bendice a su pueblo con la paz.

Hechos 10,34-38

En aquellos días, Pedro tomó la palabra y dijo: «Ahora comprendo con toda verdad que Dios no hace acepción de personas, sino que acepta al que lo teme y practica la justicia, sea de la nación que sea. Envió su palabra a los hijos de Israel, anunciando la Buena Nueva de la paz que traería Jesucristo, el Señor de todos. Vosotros conocéis lo que sucedió en toda Judea, comenzando por Galilea, después del bautismo que predicó Juan. Me refiero a Jesús de Nazaret, ungido por Dios con la fuerza del Espíritu Santo, que pasó haciendo el bien y curando a todos los oprimidos por el diablo, porque Dios estaba con él».

Lucas 3,15-16.21-22

En aquel tiempo, el pueblo estaba expectante, y todos se preguntaban en su interior sobre Juan si no seria el Mesías, Juan les respondió dirigiéndose a todos: «Yo os bautizo con agua; pero viene el que es más fuerte que yo, a quien no merezco desatarle la correa de sus sandalias. Él os bautizará con Espíritu Santo y fuego». Y sucedió que, cuando todo el pueblo era bautizado, también Jesús fue bautizado; y, mientras oraba, se abrieron los cielos, bajó el Espíritu Santo sobre él con apariencia corporal semejante a una paloma y vino una voz del cielo: «Tú eres mi Hijo, el amado; en ti me complazco».

«Tú eres mi Hijo, el amado»

«Bendice alma mía al Señor: ¡Dios mío, qué grande eres!». Para ser nuestro salvador, tú, Señor, la Palabra eterna que estaba junto a Dios, te hiciste carne y pusiste tu tienda entre nosotros. Para ser nuestro pastor, te hiciste gracia de Dios que nos visita. Por rescatarnos de la esclavitud del pecado y de la muerte, te hiciste cordero de Dios para nuestra pascua. Contigo vino a nosotros la bondad de Dios, en ti se nos reveló su amor, por ti nos alcanzó su misericordia, tú eres la tierra de nuestra libertad. Hoy, al celebrar el misterio de tu bautismo, la fe se asombra porque el cielo se abre y el Espíritu te unge y una voz proclama lo que tú eres para el Padre: «Tú eres mi Hijo, el amado». Hoy, al celebrar el misterio de tu bautismo, tu Iglesia aprende que, bautizados en ti, unidos a ti, contigo, hemos sido ungidos por el Espíritu Santo, y en ti somos hijos de Dios, amados de Dios, predilectos de Dios.

«¡Cuántas son tus obras, Señor, y todas las hiciste con sabiduría! La tierra está llena de tus criaturas». Nuestra vida está llena de tu misericordia.

Se inicia el Tiempo Ordinario

Agatón; Bta. Ana de los Ángeles Monteagudo; Bta. Mª Dolores Rodríguez

I del T.O.
1ª salt. / V
Vol. III año par
1Sam 1,1-8 / Sal 115 / Mc 1,14-20

Marcos 1,14-20

Después de que Juan fue entregado, Jesús se marchó a Galilea a proclamar el Evangelio de Dios; decía: «Se ha cumplido el tiempo y está cerca el reino de Dios. Convertíos y creed en el Evangelio». Pasando junto al mar de Galilea, vio a Simón y a Andrés, el hermano de Simón, echando las redes en el mar, pues eran pescadores. Jesús les dijo: «Venid en pos de mí y os haré pescadores de hombres». Inmediatamente dejaron las redes y lo siguieron. Un poco más adelante vio a Santiago, el de Zebedeo, y a su hermano Juan, que estaban en la barca repasando las redes. A continuación los llamó, dejaron a su padre Zebedeo en la barca con los jornaleros y se marcharon en pos de él.

«Está cerca el reino de Dios»

Como se puede leer en la primera lectura, el de Ana es el reino de las lágrimas, tierra de la humillación, tierra y reino de la esterilidad que encierra la vida de aquella mujer en un presente sin futuro. En ese reino, además de cargar con el oprobio de un vientre infecundo, Ana habrá de cargar también con la vergüenza añadida de que es Dios mismo quien la ha entregado a aquella humillación. Ana es figura de Jesús, el Hijo crucificado, el amado, el predilecto, de quien unos y otros pueden burlarse, a quien unos y otros pueden injuriar. En esa misma cruz, en la que Jesús carga con la humillación de todos los afligidos, se está acercando a la humanidad entera el reino de Dios: el reino del perdón para los pecadores, reino de la fecundidad para la humanidad estéril, reino de la santidad y la gracia para los leprosos, reino de la vida para los que yacían en tierra y sombra de muerte. En esta Eucaristía, Cristo Jesús está acercando a ti la gracia de Dios, el reino de Dios.

Señor, tú nos has ungido con tu Espíritu y nos hiciste evangelistas de los pobres; haz que, acercándonos a ellos, reconozcan que se les acerca tu reino, reconozcan en nosotros a Cristo Jesús.

Higinio; Paulino de Aquilea; Bta. Ana María Janer; Bto. Francisco Rogaczewski

I del T.O.
1ª salt. / V
1Sam 1,9-20 / Sal 1Sam 2,1.4-5.6-7.8abcd / Mc 1,21b-28

Marcos 1,21b-28

En la ciudad de Cafarnaún, el sábado entra Jesús en la sinagoga a enseñar; estaban asombrados de su enseñanza, porque les enseñaba con autoridad y no como los escribas. Había precisamente en su sinagoga un hombre que tenía un espíritu inmundo y se puso a gritar: «¿Qué tenemos que ver nosotros contigo, Jesús Nazareno? ¿Has venido a acabar con nosotros? Sé quién eres: el Santo de Dios». Jesús lo increpó: «¡Cállate y sal de él!». El espíritu inmundo lo retorció violentamente y, dando un grito muy fuerte, salió de él. Todos se preguntaron estupefactos: «¿Qué es esto? Una enseñanza nueva expuesta con autoridad. Incluso manda a los espíritus inmundos y lo obedecen». Su fama se extendió enseguida por todas partes, alcanzando la comarca entera de Galilea.

«Mi corazón se regocija por el Señor»

La primera lectura es el cántico de Ana, y anticipa el de María de Nazaret: «Proclama mi alma la grandeza del Señor». El de Ana, el de María, es el cántico de todos los humillados en quienes Dios se ha fijado para manifestar en ellos el poder de su misericordia; es tu cántico, Iglesia cuerpo de Cristo, esposa que el amor de Cristo ha embellecido, santificado y hecho madre feliz de hijos; es tu cántico, el que la poderosa misericordia de Dios, revelada en Cristo Jesús, ha puesto en tu corazón. Ese cántico nace de tu asombro. Y tu asombro nace de la «fama» de Jesús –de su gloria, de su gracia, de su autoridad–, que se ha extendido por todo tu ser, que ha llegado a tu más íntima intimidad, que se ha hecho reino de Dios dentro de ti. Acoge la palabra con que Dios te ilumina, acoge a Cristo que viene a ti en la Eucaristía y en los pobres, y también de tu corazón subirán hasta Dios las estrofas asombradas de tu cántico.

Dios, salvador nuestro, que has mirado nuestra humillación y, en Cristo Jesús, nos has hecho herederos de tu gloria, enciende en nosotros el fuego de tu Espíritu para que, no cesando nuestro amor, nunca cese nuestro canto.

Antonio Mª Pucci;
Benito Biscop;
Tatiana, Elredo de Rievaulx

I del T.O.
1ª salt. / V
1Sam 3,1-10. 19-20 /
Sal 39 /
Mc 1,29-39

Marcos 1,29-39

En aquel tiempo, al salir Jesús de la sinagoga, fue con Santiago y Juan a la casa de Simón y Andrés. La suegra de Simón estaba en cama con fiebre, e inmediatamente le hablaron de ella. Él se acercó, la cogió de la mano y la levantó. Se le pasó la fiebre y se puso a servirles. Al anochecer, cuando se puso el sol, le llevaron todos los enfermos y endemoniados. La población entera se agolpaba a la puerta. Curó a muchos enfermos de diversos males y expulsó muchos demonios; y como los demonios lo conocían, no les permitía hablar. Se levantó de madrugada, cuando todavía estaba muy oscuro, se marchó a un lugar solitario y allí se puso a orar. Simón y sus compañeros fueron en su busca y, al encontrarlo, le dijeron: «Todo el mundo te busca». Él les responde: «Vámonos a otra parte, a las aldeas cercanas, para predicar también allí; que para eso he salido». Así recorrió toda Galilea, predicando en sus sinagogas y expulsando los demonios.

«Aquí estoy para hacer tu voluntad»

Las palabras de Samuel en la primera lectura expresan disponibilidad para el servicio, no solo por lo que dice: «Aquí estoy», sino también por lo que hace: «Fue corriendo a donde estaba Elí». Y, en presencia de Elí, el niño dice: «Aquí estoy; vengo porque me has llamado». Esas palabras anticipan las del Salmista que, puesta su confianza en el Señor, le ofrece el sacrificio de su obediencia: «Aquí estoy para hacer tu voluntad». Profeta y Salmista hacen eco a las palabras del Hijo de Dios que, entrando en el mundo, dice: «He aquí que vengo, oh Dios, para hacer tu voluntad». Míralo acercándose a la mujer postrada, tomándola de la mano, levantándola –resucitándola–. Míralo proclamando la salvación de Dios a todos los enfermos y endemoniados. En su palabra, en su Eucaristía, para hacer la voluntad de Dios, hoy viene a ti tu salvador, viene a ti el que es la Resurrección y la Vida.

Padre, tú no quieres sacrificios ni ofrendas y, en cambio, nos abriste el oído para que escuchásemos tu palabra; venga a nosotros tu reino, hágase tu voluntad.

S. Hilario, m.l.
Leoncio; Remigio;
Bto. Francesco
Greco

I del T.O.
1ª salt. / V
1Sam 4,1b-11 /
Sal 43 /
Mc 1,40-45

Marcos 1,40-45

En aquel tiempo, se acercó a Jesús un leproso, suplicándole de rodillas: «Si quieres, puedes limpiarme». Compadecido, extendió la mano y lo tocó diciendo: «Quiero: queda limpio». La lepra se le quitó inmediatamente y quedó limpio. Él lo despidió, encargándole severamente: «No se lo digas a nadie; pero para que conste, ve a presentarte al sacerdote y ofrece por tu purificación lo que mandó Moisés, para que les sirva de testimonio». Pero cuando se fue, empezó a pregonar bien alto y a divulgar el hecho, de modo que Jesús ya no podía entrar abiertamente en ningún pueblo; se quedaba fuera, en lugares solitarios; y aun así acudían a él de todas partes.

«Redímenos, Señor, por tu misericordia»

Había llegado al campamento el arca de la alianza del Señor, y la tierra retembló estremecida por un alarido de guerra. Se enteraron también los filisteos, y, muertos de miedo, decían: «¡Ha llegado su Dios al campamento!». Había llegado el arca, había llegado Dios, pero los israelitas no alcanzaron la victoria que buscaban, y los filisteos no sufrieron la derrota que temían. Convocada hoy para la Eucaristía, la Iglesia hace suya la oración de los vencidos, de los impuros: «Nos haces el escarnio... irrisión y burla de los que nos rodean». Hoy, comunidad eucarística, haces tuya la oración del leproso que busca quedar limpio: Señor, «si quieres, puedes limpiarme». Mira cómo llega tu Dios a tu campamento: «Compadecido, extendió la mano y te tocó», extendió los brazos en la cruz, te redimió por su misericordia y, por comunión contigo, él se quedó con tu impureza, con tu lepra, con tu humillación y tu exclusión.

Concédenos, Señor Jesús, que, ungidos por tu Espíritu, realicemos tus obras, evangelicemos a los pobres, y apresuremos la plena manifestación de tu salvación.

Félix de Nola;
Juan de Ribera;
Malaquías; Odorico
de Pordenone; Sabas

I del T.O.
1ª salt. / V
1Sam 8,4-7.
10-22a /
Sal 88 /
Mc 2,1-12

Marcos 2,1-12

Cuando a los pocos días entró Jesús en Cafarnaún, se supo que estaba en casa. Acudieron tantos que no quedaba sitio ni a la puerta. Y les proponía la palabra. Y vinieron trayéndole un paralítico llevado entre cuatro y, como no podían presentárselo por el gentío, levantaron la techumbre encima de donde él estaba, abrieron un boquete y descolgaron la camilla donde yacía el paralítico. Viendo Jesús la fe que tenían, le dice al paralítico: «Hijo, tus pecados te son perdonados». Unos escribas, que estaban allí sentados, pensaban para sus adentros: «¿Por qué habla este así? Blasfema. ¿Quién puede perdonar pecados, sino solo uno, Dios?». Jesús se dio cuenta enseguida de lo que pensaban y les dijo: «¿Por qué pensáis eso? ¿Qué es más fácil, decir al paralítico: "Tus pecados te son perdonados", o decir: "Levántate, coge la camilla y echa a andar"? Pues, para que veáis que el Hijo del hombre tiene autoridad en la tierra para perdonar pecados –dice al paralítico–: "Te digo: levántate, coge tu camilla y vete a tu casa"». Se levantó, cogió inmediatamente la camilla y salió a la vista de todos. Se quedaron atónitos y daban gloria a Dios, diciendo: «Nunca hemos visto una cosa igual».

«Cantaré tus misericordias»

Fíjate en Jesús: lo buscan los necesitados de Evangelio. Son tantos que, para poner delante de él al último llegado, tendrán que abrir un boquete en el tejado. Jesús ve la fe que aquellos hombres tenían y se enfrenta al poder del mal que padecían: «Hijo, tus pecados te son perdonados». El paralítico, antes incluso de andar, puede empezar a «cantar las misericordias del Señor», pues ha oído pronunciar sobre su vida una sentencia de amor, una declaración de paz, una palabra de perdón. En verdad, el reino de Dios está cerca y es buena noticia para los pecadores. Entonces tú, Iglesia de Cristo, que hoy, con tu fe, te pones delante del Señor, también tú te asombras de la gracia con que Dios te visita, del perdón con que te abraza, del Espíritu con que te unge, del pan celeste con que te alimenta. ¡Te asombras y cantas!

Arnaldo Janssen; Cosme; Macario; Francisco de Capillas; Pablo Ermitaño; Habacuc; Bto. Valentín Palencia

I del T.O.
1ª salt. / V
1Sam 9,1-4.17-19; 10,1a / Sal 20 / Mc 2,13-17

Marcos 2,13-17

En aquel tiempo, Jesús salió de nuevo a la orilla del mar; toda la gente acudía a él y les enseñaba. Al pasar vio a Leví, el de Alfeo, sentado al mostrador de los impuestos, y le dice: «Sígueme». Se levantó y lo siguió. Sucedió que, mientras estaba él sentado a la mesa en casa de Leví, muchos publicanos y pecadores se sentaban con Jesús y sus discípulos, pues eran ya muchos los que lo seguían. Los escribas de los fariseos, al ver que comía con pecadores y publicanos, decían a sus discípulos: «¿Por qué come con publicanos y pecadores?». Jesús lo oyó y les dijo: «No necesitan médico los sanos, sino los enfermos. No he venido a llamar a justos, sino a pecadores».

«Anunciar el evangelio a los pobres»

El Señor, que había ungido a Saúl como jefe de su heredad, para regir a su pueblo y librarlo de la mano de los enemigos, ungió a Jesús para que fuese evangelio de los pobres y anunciase a los cautivos la libertad. Cuando el evangelista dice que «la gente acudía a Jesús», está diciendo que los cautivos acudían a la libertad, los hambrientos acudían al pan, los pobres acudían al evangelio. Cautivos, hambrientos, pobres, son ellos los que se sientan a la mesa con Jesús. En la sala de aquel banquete no busques a los saciados, a los satisfechos, a los orgullosos; no busques en aquella fiesta a los epulones, que no ven a Lázaro y van camino de no ver a Dios. Búscate allí a ti misma, Iglesia de Cristo, y te reconocerás gozosamente sentada con Jesús a su mesa, recibiendo de él su palabra y su cuerpo, recibiendo de él la medicina que necesitas para la debilidad de tus hijos, recibiendo de él el evangelio de la salvación.

Señor, ¡cuánto gozo con tu victoria!, desbordo de alegría con tu salvación, porque te has fijado en nuestra humillación y has revelado a los pequeños los secretos del reino de los cielos.

Hilaria de Constantinopla; José Vaz; Marcelo I; Priscila; Bta. Juana Mª Condesa Lluch

2ª salt. / V
Is 62,1-5 /
Sal 95 /
1Cor 12,4-11 /
Jn 2,1-11

Isaías 62,1-5

Por amor a Sion no callaré, por amor de Jerusalén no descansaré, hasta que rompa la aurora de su justicia, y su salvación llamee como antorcha. Los pueblos verán tu justicia, y los reyes tu gloria; te pondrán un nombre nuevo, pronunciado por la boca del Señor. Serás corona fúlgida en la mano del Señor y diadema real en la palma de tu Dios. Ya no te llamarán «Abandonada», ni a tu tierra «Devastada»; a ti te llamarán «Mi predilecta», y a tu tierra «Desposada», porque el Señor te prefiere a ti, y tu tierra tendrá un esposo. Como un joven se desposa con una doncella, así te desposan tus constructores. Como se regocija el marido con su esposa, se regocija tu Dios contigo.

Salmo 95,1-2a.2b-3.7-8a.9-10a y c

R. Contad las maravillas del Señor a todas las naciones.

1 Corintios 12,4-11

Hermanos: Hay diversidad de carismas, pero un mismo Espíritu; hay diversidad de ministerios, pero un mismo Señor; y hay diversidad de actuaciones, pero un mismo Dios que obra todo en todos. Pero a cada cual se le otorga la manifestación del Espíritu para el bien común. Y así uno recibe del Espíritu el hablar con sabiduría; otro, el hablar con inteligencia, según el mismo Espíritu. Hay quien, por el mismo Espíritu, recibe el don de la fe; y otro, por el mismo Espíritu, don de curar. A este se le ha concedido hacer milagros; a aquel, profetizar. A otro, distinguir los buenos y malos espíritus. A uno, la diversidad de lenguas; a otro, el don de interpretarlas. El mismo y único Espíritu obra todo esto, repartiendo a cada uno en particular como él quiere.

Juan 2,1-11

En aquel tiempo, había una boda en Caná de Galilea, y la madre de Jesús estaba allí. Jesús y sus discípulos estaban también invitados a la boda. Faltó el vino, y la madre de Jesús le dice: «No tienen vino». Jesús le dice: «Mujer, ¿qué tengo yo que ver contigo? Todavía no ha llegado mi hora». Su madre dice a los sirvientes: «Haced lo que él os diga». Había allí colocadas seis tinajas de piedra, para las purificaciones de los judíos, de unos cien litros cada una. Jesús les dice: «Llenad las tinajas de agua». Y las llenaron hasta arriba. Entonces les dice: «Sacad ahora y llevadlo al mayordomo». Ellos se lo llevaron. El mayordomo probó el agua convertida en vino sin saber de dónde venía (los sirvientes sí lo sabían, pues habían sacado el agua), y entonces llama al esposo y le dice: «Todo el mundo pone primero el vino bueno y, cuando ya están bebidos, el peor; tú, en cambio, has guardado el vino bueno hasta ahora». Este fue el primero de los signos que Jesús realizó en Caná de Galilea; así manifestó su gloria y sus discípulos creyeron en él.

«Contad las maravillas del Señor»

«Te pondrán un nombre nuevo». Eso se dijo entonces de Jerusalén. Eso se dice hoy de ti, Iglesia cuerpo de Cristo. Tu nombre era: «Abandonada». El nombre viejo de tu tierra era: «Devastada». Pero ya no te llamarán así. Porque el Señor te prefiere, a ti te llamarán: «Mi predilecta». Y a tu tierra, porque tendrá marido, la llamarán «Desposada». Cristo Jesús se desposó contigo, tu Señor te amó y se entregó por ti. Ya no te llamarán impura sino santa, porque el Señor te ha consagrado. Ahora con verdad te llaman inmaculada, porque el amor de Cristo te ha purificado. Hoy, en la Eucaristía, haces memoria de la entrega de Cristo por ti y de tu comunión en el amor con él. Hoy en tu Eucaristía se sirve abundante vino nuevo, el vino bueno del banquete de bodas. Hoy, si nos reconocemos santos e inmaculados en Cristo Jesús, «contaremos a todas las naciones las maravillas del Señor».

Con el fuego de tu Espíritu graba, Señor, en nuestros corazones los nombres que tu gracia nos ha dado, y que nunca dejemos de bendecirte los que en Cristo hemos sido consagrados a ti y bendecidos por ti.

17
lunes
S. Antonio, abad, m.o.
Sulpicio Pío; Leonila; Jenaro Sánchez Delgadillo

II del T.O.
2ª salt. / B
1Sam 15,16-23 /
Sal 49 /
Mc 2,18-22

Marcos 2,18-22

En aquel tiempo, como los discípulos de Juan y los fariseos estaban ayunando, vinieron unos y le preguntaron a Jesús: «Los discípulos de Juan y los discípulos de los fariseos ayunan. ¿Por qué los tuyos no?». Jesús les contesta: «¿Es que pueden ayunar los amigos del esposo, mientras el esposo está con ellos? Mientras el esposo está con ellos, no pueden ayunar. Llegarán días en que les arrebatarán al esposo, y entonces ayunarán en aquel día. Nadie echa un remiendo de paño sin remojar a un manto pasado; porque la pieza tira del manto –lo nuevo de lo viejo– y deja un roto peor. Tampoco se echa vino nuevo en odres viejos; porque el vino revienta los odres, y se pierden el vino y los odres; a vino nuevo, odres nuevos».

El buen camino

«La palabra de Dios juzga los deseos e intenciones del corazón». Para no engañarnos a nosotros mismos en lo que concierne a la voluntad del Señor, necesitamos escuchar su palabra. Somos muchos los que, también en la Iglesia, preferimos sacrificios a obediencia, preferimos sobornar a Dios a creer en él, preferimos ayunar a gozar de la compañía del novio, le decimos a Dios lo que queremos que haga por nosotros, en vez de llevar a término lo que él nos pide que hagamos en su reino. Somos muchos los que, también en la Iglesia, preferimos ideología a evangelio, nos sentimos obligados a defender a Dios en vez de llevar salvación a los que sufren, dedicamos la vida a reivindicar supuestas verdades en vez de remediar pobrezas evidentes. Somos muchos los que todavía no hemos encontrado el camino de los hijos, el buen camino que es Cristo, y no hemos dicho con él: «Aquí estoy, oh Dios, para hacer tu voluntad».

Ilumina, Señor, mis tinieblas y dame un corazón de hijo, para que en todo «cumpla tu santo y veraz mandamiento».

Margarita de Hungría; Librada; Prisca; Jaime Hilario Barbal

II del T.O.
2ª salt. / V
1Sam 16,1-13 /
Sal 88 /
Mc 2,23-28

Marcos 2,23-28

Sucedió que un sábado Jesús atravesaba un sembrado, y sus discípulos, mientras caminaban, iban arrancando espigas. Los fariseos le preguntan: «Mira, ¿por qué hacen en sábado lo que no está permitido?». Él les responde: «¿No habéis leído nunca lo que hizo David, cuando él y sus hombres se vieron faltos y con hambre, cómo entró en la casa de Dios, en tiempo del sumo sacerdote Abiatar, comió de los panes de la proposición, que solo está permitido comer a los sacerdotes, y se los dio también a quienes estaban con él?». Y les decía: «El sábado se hizo para el hombre y no el hombre para el sábado; así que el Hijo del hombre es señor también del sábado».

«El sábado se hizo para el hombre»

Puede que Jesús no lo haya dicho con suficiente claridad. Puede que nosotros estemos interesados en no ver lo que el Señor ha puesto a la vista de todos. El hecho es que, ignorando la enseñanza de Jesús –«el sábado se hizo para el hombre»–, continuamos sosteniendo con palabras y obras que «el hombre se hizo para el sábado». Nuestra obstinación en subordinar el hombre a la ley, no solo menosprecia las palabras de Jesús, sino que contradice radicalmente el mensaje que nos llega desde el misterio de la encarnación, misterio del Hijo de Dios entregado para la salvación del hombre, misterio del Hijo de Dios hecho siervo de todos, misterio de Dios arrodillado a los pies del hombre. La Eucaristía te lo vuelve a decir con su lenguaje simbólico, pues para ti es la palabra de Dios que en ella se proclama, para ti es el Cuerpo de Cristo Jesús, para ti es el cielo, para ti es la vida que viene de Dios.

El Padre de nuestro Señor Jesucristo ilumine los ojos de nuestro corazón, para que, consagrados a las obras de la caridad, santifiquemos los días de nuestra vida y, como hijos de Dios, entremos en su descanso.

Canuto IV;
Bto. Marcelo Spínola

II del T.O.
2ª salt. / V
1Sam 17,32-33.
37.40-51 /
Sal 143 /
Mc 3,1-6

Marcos 3,1-6

En aquel tiempo, Jesús entró otra vez en la sinagoga y había allí un hombre que tenía una mano paralizada. Lo estaban observando, para ver si lo curaba en sábado y acusarlo. Entonces le dice al hombre que tenía la mano paralizada: «Levántate y ponte ahí en medio». Y a ellos les pregunta: «¿Qué está permitido en sábado?, ¿hacer lo bueno o lo malo?, ¿salvarle la vida a un hombre o dejarlo morir?». Ellos callaban. Echando en torno una mirada de ira y dolido por la dureza de su corazón, dice al hombre: «Extiende la mano». La extendió y su mano quedó restablecida. En cuanto salieron, los fariseos se confabularon con los herodianos para acabar con él.

«Mi Dios, mi bienhechor, mi alcázar»

Sabías que, en el día séptimo de la creación, el Señor Dios había descansado de toda la obra que había hecho. Y te asombras con la paradoja: El que ha terminado su obra, continúa salvando; el que bendijo el día séptimo y lo consagró porque en él descansó, continúa curando en sábado las dolencias del pueblo. Lo has oído: «Con la honda y una piedra, David venció al filisteo». Y has visto cómo Jesús proclamaba en la sinagoga el evangelio del reino. El joven David, también aquel hombre con parálisis en un brazo, Jesús crucificado y muerto y sepultado, y tú también, Iglesia cuerpo de Cristo, todos habéis conocido que Dios continúa trabajando en el día de su descanso. Y haces tuyas las palabras del Salmista –las dice David, las dice el hombre curado en la sinagoga, las dice Cristo resucitado– y cantas con ellos a tu liberador: «Bendito el Señor, mi roca, mi bienhechor, mi alcázar, baluarte donde me pongo a salvo».

Con Cristo resucitado te alabamos, Padre, porque en él nos has liberado de la esclavitud del pecado y nos has hecho pasar de la muerte a la vida.

Stos. Fructuoso, Augurio y Eulogio / S. Fabián / S. Sebastián, m.l.
Eustoquia Calafato; María Cristina Brando

II del T.O.
2ª salt. / V
1Sam 18,6-9; 19, 1-7 / Sal 55 / Mc 3,7-12

Marcos 3,7-12

En aquel tiempo, Jesús se retiró con sus discípulos a la orilla del mar y lo siguió una gran muchedumbre de Galilea. Al enterarse de las cosas que hacía, acudía mucha gente de Judea, Jerusalén, Idumea, Transjordania y cercanías de Tiro y Sidón. Encargó a sus discípulos que le tuviesen preparada una barca, no lo fuera a estrujar el gentío. Como había curado a muchos, todos los que sufrían de algo se le echaban encima para tocarlo. Los espíritus inmundos, cuando lo veían, se postraban ante él y gritaban: «Tú eres el Hijo de Dios». Pero él les prohibía severamente que lo diesen a conocer.

Dos mundos

Hoy se nos ponen delante dos mundos: el de Saúl –un mundo de envidia y odio–, el rey que busca a David para matarlo. Y el mundo de Jesús, con la muchedumbre que seguía al Maestro, la gente que acudía a él, todos los que sufrían de algo y se le echaban encima para tocarlo. Saúl, por su desobediencia, se apropió de la gracia que se le había concedido, renunció a su vocación y sacó a la luz la muerte. Nuestro salvador Jesucristo, por medio del evangelio, con su obediencia de Hijo, destruyó la muerte y sacó a la luz la vida. No temas verte entre los enfermos que se echaban encima de Jesús para tocarlo. No temas verte en aquel gentío que parecía que iba a estrujar a Jesús. Deja que la fe te acerque a él: que su palabra te ilumine, que su Espíritu te unja y te envíe en misión a los pobres, que su cuerpo te cure, que su mirada te envuelva, que para siempre él se quede contigo, que para siempre tú te quedes con él.

Señor, ¿a quién vamos a acudir? Tú tienes palabras de vida eterna, tú eres la vida eterna, tú eres digno de recibir la alabanza y el honor. A ti la gloria por los siglos.

Sta. Inés, m.o.
Nª Sra. de Altagracia;
Bto. Juan Bautista
Turpin y comp.

II del T.O.
2ª salt. / R
1Sam 24,3-21 /
Sal 56 /
Mc 3,13-19

Marcos 3,13-19

En aquel tiempo, Jesús subió al monte, llamó a los que quiso y se fueron con él. E instituyó doce para que estuvieran con él y para enviarlos a predicar, y que tuvieran autoridad para expulsar a los demonios: Simón, a quien puso el nombre de Pedro, Santiago el de Zebedeo, y Juan, el hermano de Santiago, a quienes puso el nombre de Boanerges, es decir, los hijos del trueno, Andrés, Felipe, Bartolomé, Mateo, Tomás, Santiago el de Alfeo, Tadeo, Simón el de Caná y Judas Iscariote, el que lo entregó.

Llamados y compañeros

En el árbol de tu vida has escrito de mil maneras el nombre amado de Jesús. Tú dices: «Jesús», y confiesas que Dios, en su Cristo, en tu Jesús, te estaba reconciliando con él. Tú dices: «Jesús», y haces memoria del amor con que te llamó para que fueses con él. Tú dices: «Jesús», y vuelves a oír dentro de ti la voz del que te envió a anunciar el evangelio de la gracia. Tú dices: «Jesús», y sientes crecer dentro de ti la fuerza que de él has recibido para enfrentarte al mal. Tú dices: «Jesús», y el corazón se te va con él, que te ha querido su discípulo, su compañero. Tú dices siempre: «Jesús», porque en Jesús, tu Dios te reveló su misericordia, te envió su salvación, se hizo tu refugio; en Jesús, Dios te cobijó a la sombra de sus alas. Ahora, en la Eucaristía, dices «Jesús», y escuchas su palabra y comulgas con él y te vas con él a transformar el mundo en reino de Dios.

«Venga tu reino: para que reines en nosotros por la gracia, y nos hagas llegar a tu reino donde está la visión manifiesta de ti, el amor perfecto a ti, la unión bienaventurada contigo, la fruición de ti por siempre» (san Francisco de Asís).

S. Vicente, m.o.
Vicente Pallotti;
Gaudencio;
Anastasio el Persa;
Domingo de Sora;
Bta. Laura Vicuña

II del T.O.
2ª salt. / R
2Sam 1,1-4.11-12.
19.23-27 / Sal 79 /
Mc 3,20-21

Marcos 3,20-21

En aquel tiempo, Jesús llegó a casa con sus discípulos y de nuevo se juntó tanta gente que no los dejaban ni comer. Al enterarse su familia, vinieron a llevárselo, porque se decía que estaba fuera de sí.

«Se decía que estaba fuera de sí»

Lo decía su familia. A lo bruto, esas palabras significaban que los parientes de Jesús lo consideraban loco. A lo fino, los suyos pensaban que la exaltación mística lo había desconectado de la realidad. La cosa pinta impertinente, pero no lo es, ya que, de una manera u otra, sobre la cordura de Jesús nos pronunciamos todos. Fariseos y herodianos lo consideraron loco peligroso y decidieron acabar con él. Los que lo consideran fuera de sí, deciden echarle mano. Herodes lo trató con desprecio y se burló de él. Y allá va la pregunta insoslayable: ¿Qué es Jesús para mí? A Jesús puedo ignorarlo –fue solo un pobre iluso–, puedo combatirlo –es un peligro–, puedo burlarme de él –un pobre crucificado que se creía otra cosa–, y puedo amarlo, amarlo hasta dar la vida por él, amarlo porque lo confieso loco de amor, loco hasta dar la vida por mí, loco hasta hacerse mío porque, en él, yo fuese de Dios. El evangelio es locura.

Enséñanos, Señor, la locura de la cruz, que en tu providencia amorosa revelaste a los pequeños y a los humildes. Enséñanos a perder la vida con Jesús.

Ildefonso; Emerenciana; Juan el Limosnero; Bta. Benedetta Bianchi

3ª salt. / V
Neh 8,2-4a.5-6.8-10 / Sal 18 / 1Cor 12, 12-30 [breve: 1Cor 12,12-14.27] / Lc 1,1-4; 4,14-21

Nehemías 8,2-4a.5-6.8-10

En aquellos días, el día primero del mes séptimo, el sacerdote Esdras trajo el libro de la ley ante la comunidad: hombres, mujeres y cuantos tenían uso de razón. Leyó el libro en la plaza que está delante de la Puerta del Agua, desde la mañana hasta el mediodía, ante los hombres, las mujeres y los que tenían uso de razón. Todo el pueblo escuchaba con atención la lectura del libro de la ley. El escriba Esdras se puso en pie sobre una tribuna de madera levantada para la ocasión. Esdras abrió el libro en presencia de todo el pueblo, de modo que toda la multitud podía verlo; al abrirlo, el pueblo entero se puso de pie. Esdras bendijo al Señor, el Dios grande, y todo el pueblo respondió con las manos levantadas: «Amén, amén». Luego se inclinaron y adoraron al Señor, rostro en tierra. Los levitas leyeron el libro de la ley de Dios con claridad y explicando su sentido, de modo que entendieran la lectura. Entonces el gobernador Nehemías, el sacerdote y escriba Esdras, y los levitas que instruían al pueblo dijeron a toda la asamblea: «Este día está consagrado al Señor, vuestro Dios. No estéis tristes ni lloréis» (y es que todo el pueblo lloraba al escuchar las palabras de la ley). Nehemías les dijo: «Id, comed buenos manjares y bebed buen vino, e invitad a los que no tienen nada preparado, pues este día está consagrado al Señor. ¡No os pongáis tristes; el gozo del Señor es vuestra fuerza!».

Salmo 18,8.9.10.15

R. Tus palabras, Señor, son espíritu y vida.

1 Corintios 12,12–14,27 (breve)

Hermanos: Lo mismo que el cuerpo es uno y tiene muchos miembros, y todos los miembros del cuerpo, a pesar de ser muchos, son un solo cuerpo, así es también Cristo. Pues todos nosotros, judíos y griegos, esclavos y libres, hemos sido bautizados en un mismo Espíritu, para formar un solo cuerpo. Y todos hemos bebido de un solo Espíritu. Pues el cuerpo no lo forma un solo miembro, sino muchos. Pues bien, vosotros sois el cuerpo de Cristo, y cada uno es un miembro.

Lucas 1,1-4; 4,14-21

Ilustre Teófilo: Puesto que muchos han emprendido la tarea de componer un relato de los hechos que se han cumplido entre nosotros, como nos los transmitieron los que fueron desde el principio testigos oculares y servidores de la palabra, también yo he resuelto escribírtelos por su orden, después de investigarlo todo diligentemente desde el principio, para que conozcas la solidez de las enseñanzas que has recibido. En aquel tiempo, Jesús volvió a Galilea con la fuerza del Espíritu; y su fama se extendió por toda la comarca. Enseñaba en las sinagogas, y todos lo alababan. Fue a Nazaret, donde se había criado, entró en la sinagoga, como era su costumbre los sábados, y se puso en pie para hacer la lectura. Le entregaron el rollo del profeta Isaías y, desenrollándolo, encontró el pasaje donde estaba escrito: «El Espíritu del Señor está sobre mí, porque él me ha ungido. Me ha enviado a evangelizar a los pobres, a proclamar a los cautivos la libertad, y a los ciegos, la vista; a poner en libertad a los oprimidos; a proclamar el año de gracia del Señor». Y, enrollando el rollo y devolviéndolo al que lo ayudaba, se sentó. Toda la sinagoga tenía los ojos clavados en él. Y él comenzó a decirles: «Hoy se ha cumplido esta Escritura que acabáis de oír».

De la profecía al evangelio

Ante la asamblea de Israel, los levitas «leían el libro de la ley, explicando el sentido». Ahora, en la sinagoga de Nazaret, Jesús lee el libro del profeta y declara cumplida la Escritura proclamada: «Hoy se ha cumplido esta Escritura que acabáis de oír». El evangelista dice que Jesús fue a Nazaret y entró en la sinagoga. Pero tú, que has creído, sabes que, entrando Jesús en la sinagoga, en el lugar de la Palabra inspirada ha entrado la Palabra encarnada, en el lugar de las promesas ha entrado el enviado que las cumple, en el lugar de la profecía ha entrado el evangelio. Tú sabes que la Escritura, toda la Escritura, tiene en Jesús de Nazaret su interpretación verdadera, su realidad plena: ¡Jesús es el sentido último de la Escritura!

S. Francisco de Sales, m.o.
Nª Sra. de la Paz; Babilas; Tirso; Xenia

III del T.O.
3ª salt. / B
2Sam 5,1-7.10 /
Sal 88 /
Mc 3,22-30

Marcos 3,22-30

En aquel tiempo, los escribas que habían bajado de Jerusalén decían: «Tiene dentro a Belzebú y expulsa a los demonios con el poder del jefe de los demonios». Él los invitó a acercarse y les hablaba en parábolas: «¿Cómo va a echar Satanás a Satanás? Un reino dividido internamente no puede subsistir; una familia dividida no puede subsistir. Si Satanás se rebela contra sí mismo, para hacerse la guerra, no puede subsistir, está perdido. Nadie puede meterse en casa de un hombre forzudo para arramblar con su ajuar, si primero no lo ata; entonces podrá arramblar con la casa. En verdad os digo, todo se les podrá perdonar a los hombres: los pecados y cualquier blasfemia que digan; pero el que blasfeme contra el Espíritu Santo no tendrá perdón jamás, cargará con su pecado para siempre». Se refería a los que decían que tenía dentro un espíritu inmundo.

«Satanás está perdido»

Si la familia tenía a Jesús por loco, los escribas lo consideran poseído del demonio y confabulado con él. Todos se oponen a Jesús. Todos, oponiéndose a la lucha de Jesús contra Satanás, se confabulan con Satanás contra Jesús. Pero tú, Iglesia discípula del Señor, sabes que él es tu pastor, el que Dios ha escogido para guiarte, para cuidarte, para curarte. Tú, Iglesia liberada por Cristo, sabes que, combatiendo por ti contra tu enemigo, el Señor bajó a los infiernos para destruir la muerte y manifestar la resurrección. Tú, Iglesia resucitada con Cristo sabes que, por medio del evangelio, el Señor sacó a la luz tu vida. Tú, Iglesia amada de Cristo, sabes que Satanás está perdido, que tu enemigo ya no tiene poder sobre ti, que solo el amor de Dios es tu dueño, que solo Jesús es tu Señor. Y sabes que en Cristo Jesús también tú has sido ungida para luchar contra el poder del mal, para liberar, para resucitar, para amar.

Que toda criatura cante las alabanzas del Señor que, por su misericordia, soportó el suplicio de la cruz y nos liberó del poder del príncipe de las tinieblas.

Conversión de S. Pablo, f.
Elvira;
Ananías Donato;
Bto. Enrique Suso;
Bto. Antonio Swiadek

Oficio de la f. / B
Vol. IV
He 22,3-16 (o bien: He 9,1-22) / Sal 116 / Mc 16,15-18

Marcos 16,15-18

En aquel tiempo, Jesús se apareció a los once y les dijo: «Id al mundo entero y proclamad el Evangelio a toda la creación. El que crea y sea bautizado se salvará; el que no crea será condenado. A los que crean, les acompañarán estos signos: echarán demonios en mi nombre, hablarán lenguas nuevas, cogerán serpientes en sus manos y, si beben un veneno mortal, no les hará daño. Impondrán las manos a los enfermos, y quedarán sanos».

«Vivo de la fe en el Hijo de Dios»

Saulo había aprendido hasta el último detalle de la ley, servía a Dios con fervor fanatizado, y perseguía a muerte a todos los que seguían el nuevo camino –hombres y mujeres seguidores del Nazareno crucificado–. Cuanto más fiel pretendía ser a su Dios, más lejos de él se despertaba; donde estaba su gloria, estaba su vergüenza; donde estaba su saber, estaba su ceguera; donde estaba su verdad, estaba su error; donde estaba su tesoro, estaba su ruina; donde estaba su orgullo, estaba su crimen. Necesitaba quedar ciego para ver, caer para levantarse; necesitaba encontrarse con Jesús, con el perseguido, para resucitar –«levántate»–, para «convertirte» a él, al Hijo que puso su gloria en servir, su verdad en amar, su tesoro en la pobreza, su vida entera, como si fuese un pan, en la mesa de los pobres. Levántate, resucita, hermano Saulo: el Señor te llama a entregar tu vida al evangelio.

Ilumina, Señor, el corazón de tus hijos con la luz del Espíritu Santo, para que, convertidos a Cristo Jesús, nos mantengamos siempre firmes en su seguimiento.

Stos. Timoteo y Tito, m.o.
Paula Romana;
Bto. Michal Kozal

III del T.O.
3ª salt. / B
2Tim 1,1-8
(o bien: Tit 1,1-5) /
Sal 95 /
Mc 4,1-20

Marcos 4,1-20

En aquel tiempo, Jesús se puso a enseñar otra vez junto al mar. Acudió un gentío tan enorme, que tuvo que subirse a una barca y, ya en el mar, se sentó; y el gentío se quedó en tierra junto al mar. Les enseñaba muchas cosas con parábolas y les decía instruyéndolos: «Escuchad: salió el sembrador a sembrar; al sembrar, algo cayó al borde del camino, vinieron los pájaros y se lo comieron. Otra parte cayó en terreno pedregoso, donde apenas tenía tierra; como la tierra no era profunda, brotó enseguida; pero en cuanto salió el sol, se abrasó y, por falta de raíz, se secó. Otra parte cayó entre abrojos; los abrojos crecieron, la ahogaron y no dio grano. El resto cayó en tierra buena; nació, creció y dio grano; y la cosecha fue del treinta o del sesenta o del ciento por uno». Y añadió: «El que tenga oídos para oír, que oiga». Cuando se quedó a solas, los que lo rodeaban y los Doce le preguntaban el sentido de las parábolas. Él les dijo: «A vosotros se os ha dado el misterio del reino de Dios; en cambio a los de fuera todo se les presenta en parábolas, para que "por más que miren, no vean, por más que oigan, no entiendan, no sea que se conviertan y sean perdonados"». Y añadió: «¿No entendéis esta parábola? ¿Pues cómo vais a conocer todas las demás? El sembrador siembra la palabra. Hay unos que están al borde del camino donde se siembra la palabra; pero en cuanto la escuchan, viene Satanás y se lleva la palabra sembrada en ellos. Hay otros que reciben la semilla como terreno pedregoso; son los que al escuchar la palabra enseguida la acogen con alegría, pero no tienen raíces, son inconstantes, y cuando viene una dificultad o persecución por la palabra, enseguida sucumben. Hay otros que reciben la semilla entre abrojos; estos son los que escuchan la palabra, pero los afanes de la vida, la seducción de las riquezas y el deseo de todo lo demás los invaden, ahogan la palabra, y se queda estéril. Los otros son los que reciben la semilla en tierra buena; escuchan la palabra, la aceptan y dan una cosecha del treinta o del sesenta o del ciento por uno».

Sta. Ángela de Mérici, m.l.
Enrique de Ossó y Cervelló; Vitaliano

III del T.O.
3ª salt. / V
2Sam 7,18-19. 24-29 /
Sal 131 /
Mc 4,21-25

Marcos 4,21-25

En aquel tiempo, Jesús dijo al gentío: «¿Se trae la lámpara para meterla debajo del celemín o debajo de la cama?, ¿no es para ponerla en el candelero? No hay nada escondido, sino para que sea descubierto; no hay nada oculto, sino para que salga a la luz. El que tenga oídos para oír, que oiga». Les dijo también: «Atención a lo que estáis oyendo: la medida que uséis la usarán con vosotros, y con creces. Porque al que tiene se le dará, y al que no tiene se le quitará hasta lo que tiene».

«Lámpara es tu palabra para mis pasos»

Más que preguntar por el candil, el celemín y el candelero, Jesús da por cierto lo que responderán sus interlocutores: la lámpara se trae para ponerla en el candelero. Dado que no conocemos en qué situación concreta se encuadra este dicho de Jesús, es la liturgia la que nos ofrece las claves para interpretarlo espiritualmente. Luz en el sendero del creyente, lámpara para sus pasos, es la palabra de Dios: palabra profética, palabra inspirada, palabra encarnada. Luz verdadera que alumbra a todo hombre es la Palabra eterna que puso su tienda entre nosotros y que, a cuantos la reciben, les da poder de ser hijos de Dios. Luz encendida por Dios en el mundo es la palabra comunicada a la Iglesia como lenguas de fuego por la efusión del Espíritu Santo. Hoy, Iglesia ungida y enviada, escuchas la palabra, la recibes, la comulgas; hoy el Espíritu de Dios enciende en ti, para que la pongas en el candelero, la luz que es Cristo Jesús.

Ven, Espíritu Santo, enciende en nosotros la luz que es Cristo, «cuyo amor enamora, cuya contemplación reanima, cuya benignidad llena, cuyo recuerdo ilumina suavemente, cuyo perfume hará revivir a los muertos» (santa Clara de Asís).

Sto. Tomás de Aquino, m.o.
Bta. Mª Luisa Montesinos;
Bta. Olimpia

III del T.O.
3ª salt. / B
2Sam 11,1-4a. 4c-10a.13-17 /
Sal 50 /
Mc 4,26-34

Marcos 4,26-34

En aquel tiempo, Jesús decía al gentío: «El reino de Dios se parece a un hombre que echa semilla en la tierra. Él duerme de noche y se levanta de mañana; la semilla germina y va creciendo, sin que él sepa cómo. La tierra va produciendo fruto sola: primero los tallos, luego la espiga, después el grano. Cuando el grano está a punto, se mete la hoz, porque ha llegado la siega». Dijo también: «¿Con qué podemos comparar el reino de Dios? ¿Qué parábola usaremos? Con un grano de mostaza: al sembrarlo en la tierra es la semilla más pequeña, pero después de sembrada crece, se hace más alta que las demás hortalizas y echa ramas tan grandes que los pájaros del cielo pueden anidar a su sombra». Con muchas parábolas parecidas les exponía la palabra, acomodándose a su entender. Todo se lo exponía con parábolas, pero a sus discípulos se lo explicaba todo en privado.

«La semilla va creciendo»

Si oramos como nos enseñó Jesús, pedimos que «venga a nosotros» el reino de Dios. Decimos «venga», y con ello se da a entender que el reino no se recibe de una vez y del todo, sino que, estando ya en nosotros, ha de ir creciendo por dentro, ha de ir haciéndose más nuestro, hemos de ir haciéndonos más del reino. Cuando decimos «el reino», decimos un mundo según el corazón de Dios, una humanidad según el designio de Dios, un tiempo que, por hacerse cada vez más de Dios, se hará cada vez más de justicia, de amor y de paz. Lo que aquí indicamos con la expresión «cada vez más», Jesús lo expresó con la imagen de «la semilla que germina y va creciendo». Y también se nos recuerda que el reino es obra de Dios, es don, es gracia, pues «la tierra va produciendo la cosecha ella sola». Con todo, hemos de decir siempre: «Venga tu reino», pues nuestra es la tarea de no hacer vana la gracia recibida.

Padre nuestro, que estás en el cielo, santificado sea tu nombre, venga a nosotros tu reino.

Gildas; Julián el Hospitalario; Valero; Bto. Manuel Domingo y Sol; Bta. Boleslawa Mª Lament

III del T.O.
3ª salt. / V
2Sam 12,1-7a. 10-17 / Sal 50 / Mc 4,35-41

Marcos 4,35-41

Aquel día, al atardecer, dice Jesús a sus discípulos: «Vamos a la otra orilla». Dejando a la gente, se lo llevaron en barca, como estaba; otras barcas lo acompañaban. Se levantó una fuerte tempestad y las olas rompían contra la barca hasta casi llenarla de agua. Él estaba en la popa, dormido sobre un cabezal. Lo despertaron, diciéndole: «Maestro, ¿no te importa que perezcamos?». Se puso en pie, increpó al viento y dijo al mar: «¡Silencio, enmudece!». El viento cesó y vino una gran calma. Él les dijo: «¿Por qué tenéis miedo? ¿Aún no tenéis fe?». Se llenaron de miedo y se decían unos a otros: «¿Pero quién es este? ¡Hasta el viento y el mar lo obedecen!».

«¿Quién es este?»

David, pecador y creyente, ve abatirse sobre su vida una tempestad que amenaza con hundirla. Dios mismo es el mar en el que David parece destinado a perecer. Entonces, en su barca, el pecador pone una palabra de fe: «¡He pecado contra el Señor!». Y, al grito de la fe, la tempestad se calmó: «El Señor ha perdonado tu pecado». Jesús, dormido en la barca, muerto en la cruz, parece abandonar a sus discípulos a la furia del viento y del mar que amenaza con hundirlos. Fíjate en Jesús, míralo al ponerse en pie, y verás que cesa el viento, que sobreviene la calma; míralo al resucitar, y verás que se vacía de cautivos el reino de la muerte. En el mar de Galilea, los discípulos, espantados, se preguntan: «¿Quién es este?». En la mañana de Pascua, cuando brille sobre ellos la luz de la resurrección, siempre sacudidos de temor y de alegría, ellos mismos responderán a su pregunta: «¡Es el Señor!».

«¡Oh Dios!, te descubrí mi vida, y tú pusiste mis lágrimas ante tu mirada... Ven en mi auxilio, Señor, Dios de mi salvación» (san Francisco de Asís).

Adelelmo (Lesmes) de Burgos; Alejandro de Jerusalén; Muciano Mª Wiaux; Batilde; Bta. Carmela García; Bta. Maria Bolognesi

4ª salt. / V
Jer 1,4-5.17-19 / Sal 70 / 1Cor 12,31–13,13 [breve: 1Cor 13,4-13] / Lc 4,21-30

Jeremías 1,4-5.17-19

En los días de Josías, el Señor me dirigió la palabra: «Antes de formarte en el vientre, te elegí; antes de que salieras del seno materno, te consagré: te constituí profeta de las naciones. Tú cíñete los lomos: prepárate para decirles todo lo que yo te mande. No les tengas miedo, o seré yo quien te intimide. Desde ahora te convierto en plaza fuerte, en columna de hierro y muralla de bronce, frente a todo el país: frente a los reyes y príncipes de Judá, frente a los sacerdotes y al pueblo de la tierra. Lucharán contra ti, pero no te podrán, porque yo estoy contigo para librarte –oráculo del Señor–».

Salmo 70,1-2.3-4a.5-6ab.15ab y 17

R. Mi boca contará tu salvación, Señor.

1 Corintios 12,31–13,13

Hermanos: [Ambicionad los carismas mayores. Y aún os voy a mostrar un camino más excelente. Si hablara las lenguas de los hombres y de los ángeles, pero no tengo amor, no sería más que un metal que resuena o un címbalo que aturde. Si tuviera el don de profecía y conociera todos los secretos y todo el saber; si tuviera fe como para mover montañas, pero no tengo amor, no sería nada. Si repartiera todos mis bienes entre los necesitados; si entregara mi cuerpo a las llamas, pero no tengo amor, de nada me serviría.] El amor es paciente, es benigno; el amor no tiene envidia, no presume, no se engríe; no es indecoroso ni egoísta; no se irrita; no lleva cuentas del mal; no se alegra de la injusticia, sino que goza con la verdad. Todo lo excusa, todo lo cree, todo lo espera, todo lo soporta. El amor no pasa nunca. Las profecías, por el contrario, se acabarán; las lenguas cesarán; el conocimiento se acabará. Porque conocemos imperfectamente e imperfectamente profetizamos; mas, cuando venga lo perfecto, lo imperfecto se acabará. Cuando yo era niño, hablaba como un niño, sentía como un niño, razonaba como un niño. Cuando me hice un hombre, acabé con las cosas de niño. Ahora vemos como en un espejo, confusamente; entonces veremos cara a cara. Mi conocer es ahora limitado; entonces conoceré como he sido conocido por Dios. En una palabra, quedan estas tres: la fe, la esperanza y el amor. La más grande es el amor.

Lucas 4,21-30

En aquel tiempo, Jesús comenzó a decir en la sinagoga: «Hoy se ha cumplido esta Escritura que acabáis de oír». Y todos le expresaban su aprobación y se admiraban de las palabras de gracia que salían de su boca. Y decían: «¿No es este el hijo de José?». Pero Jesús les dijo: «Sin duda me diréis aquel refrán: "Médico, cúrate a ti mismo", haz también aquí, en tu pueblo, lo que hemos oído que has hecho en Cafarnaún». Y añadió: «En verdad os digo que ningún profeta es aceptado en su pueblo. Puedo aseguraros que en Israel había muchas viudas en los días de Elías, cuando estuvo cerrado el cielo tres años y seis meses y hubo una gran hambre en todo el país; sin embargo, a ninguna de ellas fue enviado Elías sino a una viuda de Sarepta, en el territorio de Sidón. Y muchos leprosos había en Israel en tiempos del profeta Eliseo, sin embargo, ninguno de ellos fue curado sino Naamán, el sirio». Al oír esto, todos en la sinagoga se pusieron furiosos y, levantándose, lo echaron fuera del pueblo y lo llevaron hasta un precipicio del monte sobre el que estaba edificado su pueblo, con intención de despeñarlo. Pero Jesús se abrió paso entre ellos y seguía su camino.

Dame, Señor, un corazón de pobre y una mirada de fe, para que, en Jesucristo, tu Hijo, reconozca al que has ungido y enviado para dar a los pobres la Buena Noticia.

S. Juan Bosco, m.o.
Francisco Javier Bianchi; Geminiano; Bta. María Cristina de Saboya

IV del T.O.
4ª salt. / B
2Sam 15,13-14.30; 16,5-13a /
Sal 3 /
Mc 5,1-20

Marcos 5,1-20

En aquel tiempo, Jesús y sus discípulos llegaron a la otra orilla del mar, a la región de los gerasenos. Apenas desembarcó, le salió al encuentro, de entre los sepulcros, un hombre poseído de espíritu inmundo. Y es que vivía entre los sepulcros; ni con cadenas podía ya nadie sujetarlo; muchas veces lo habían sujetado con cepos y cadenas, pero él rompía las cadenas y destrozaba los cepos, y nadie tenía fuerza para dominarlo. Se pasaba el día y la noche en los sepulcros y en los montes, gritando e hiriéndose con piedras. Viendo de lejos a Jesús, echó a correr, se postró ante él y gritó con voz potente: «¿Qué tienes que ver conmigo, Jesús, Hijo de Dios altísimo? Por Dios te lo pido, no me atormentes». Porque Jesús le estaba diciendo: «Espíritu inmundo, sal de este hombre». Y le preguntó: «¿Cómo te llamas?». Él respondió: «Me llamo Legión, porque somos muchos». Y le rogaba con insistencia que no los expulsara de aquella comarca. Había cerca una gran piara de cerdos paciendo en la falda del monte. Los espíritus le rogaron: «Envíanos a los cerdos para que entremos en ellos». Él se lo permitió. Los espíritus inmundos salieron del hombre y se metieron en los cerdos; y la piara, unos dos mil, se abalanzó acantilado abajo al mar y se ahogó en el mar. Los porquerizos huyeron y dieron la noticia en la ciudad y en los campos. Y la gente fue a ver qué había pasado. Se acercaron a Jesús y vieron al endemoniado que había tenido la legión, sentado, vestido y en su juicio. Y se asustaron. Los que lo habían visto les contaron lo que había pasado al endemoniado y a los cerdos. Ellos le rogaban que se marchase de su comarca. Mientras se embarcaba, el que había estado poseído por el demonio le pidió que le permitiese estar con él. Pero no se lo permitió, sino que le dijo: «Vete a casa con los tuyos y anúnciales lo que el Señor ha hecho contigo y que ha tenido misericordia de ti». El hombre se marchó y empezó a proclamar por la Decápolis lo que Jesús había hecho con él; todos se admiraban.

Cecilio; Brígida de Kildare; Catalina Kasper; Bto. Andrés Carlos Ferrari

IV del T.O.
4ª salt. / V
2Sam 18,9-10.14b. 24-25a.31–19,3 / Sal 85 / Mc 5,21-43

Marcos 5,21-43

En aquel tiempo, Jesús atravesó de nuevo en barca a la otra orilla, se le reunió mucha gente a su alrededor y se quedó junto al mar. Se acercó un jefe de la sinagoga, que se llamaba Jairo, y, al verlo, se echó a sus pies, rogándole con insistencia: «Mi niña está en las últimas; ven, impón las manos sobre ella, para que se cure y viva». Se fue con él y lo seguía mucha gente que lo apretujaba. Había una mujer que padecía flujos de sangre desde hacía doce años. Había sufrido mucho a manos de los médicos y se había gastado en eso toda su fortuna; pero, en vez de mejorar, se había puesto peor. Oyó hablar de Jesús y, acercándose por detrás, entre la gente, le tocó el manto, pensando: «Con solo tocarle el manto curaré». Inmediatamente se secó la fuente de sus hemorragias y notó que su cuerpo estaba curado. Jesús, notando que había salido fuerza de él, se volvió enseguida, en medio de la gente y preguntaba: «¿Quién me ha tocado el manto?». Los discípulos le contestaban: «Ves cómo te apretuja la gente y preguntas: "¿Quién me ha tocado?"». Él seguía mirando alrededor, para ver a la que había hecho esto. La mujer se acercó asustada y temblorosa, al comprender lo que le había ocurrido, se le echó a los pies y le confesó toda la verdad. Él le dice: «Hija, tu fe te ha salvado. Vete en paz y queda curada de tu enfermedad». Todavía estaba hablando, cuando llegaron de casa del jefe de la sinagoga para decirle: «Tu hija se ha muerto. ¿Para qué molestar más al maestro?». Jesús alcanzó a oír lo que hablaban y le dijo al jefe de la sinagoga: «No temas; basta que tengas fe». No permitió que lo acompañara nadie, más que Pedro, Santiago y Juan, el hermano de Santiago. Llegan a casa del jefe de la sinagoga... (vv. 38-43).

JORNADA DE LA VIDA CONSAGRADA

Presentación del Señor, f.
Nª Sra. de Candelaria; Juana de Lestonnac; Aída

Oficio de la f. / B
Vol. IV
Mal 3,1-4 (o bien: Heb 2,14-18) / Sal 23 /Lc 2,22-40 [breve: 2,22-32]

Lucas 2,22-40

Cuando se cumplieron los días de la purificación, según la ley de Moisés, los padres de Jesús lo llevaron a Jerusalén para presentarlo al Señor, de acuerdo con lo escrito en la ley del Señor: «Todo varón primogénito será consagrado al Señor», y para entregar la oblación, como dice la ley del Señor: «un par de tórtolas o dos pichones». Había entonces en Jerusalén un hombre llamado Simeón, hombre justo y piadoso, que aguardaba el consuelo de Israel; y el Espíritu Santo estaba con él. Le había sido revelado por el Espíritu Santo que no vería la muerte antes de ver al Mesías del Señor. Impulsado por el Espíritu, fue al templo. Y cuando entraban con el niño Jesús sus padres para cumplir con él lo acostumbrado según la ley, Simeón lo tomó en brazos y bendijo a Dios diciendo: «Ahora, Señor, según tu promesa, puedes dejar a tu siervo irse en paz. Porque mis ojos han visto a tu Salvador, a quien has presentado ante todos los pueblos: luz para alumbrar a las naciones y gloria de tu pueblo Israel». [Su padre y su madre estaban admirados por lo que se decía del niño. Simeón los bendijo y dijo a María, su madre: «Este ha sido puesto para que muchos en Israel caigan y se levanten; y será como un signo de contradicción –y a ti misma una espada te traspasará el alma–, para que se pongan de manifiesto los pensamientos de muchos corazones». Había también una profetisa, Ana, hija de Fanuel, de la tribu de Aser, ya muy avanzada en años. De joven había vivido siete años casada, y luego viuda hasta los ochenta y cuatro; no se apartaba del templo, sirviendo a Dios con ayunos y oraciones noche y día. Presentándose en aquel momento, alababa también a Dios y hablaba del niño a todos los que aguardaban la liberación de Jerusalén. Y, cuando cumplieron todo lo que prescribía la ley del Señor, se volvieron a Galilea, a su ciudad de Nazaret. El niño, por su parte, iba creciendo y robusteciéndose, lleno de sabiduría; y la gracia de Dios estaba con él.]

Marcos 6,7-13

En aquel tiempo, Jesús llamó a los Doce y los fue enviando de dos en dos, dándoles autoridad sobre los espíritus inmundos. Les encargó que llevaran para el camino un bastón y nada más, pero ni pan, ni alforja, ni dinero suelto en la faja; que llevasen sandalias, pero no una túnica de repuesto. Y decía: «Quedaos en la casa donde entréis, hasta que os vayáis de aquel sitio. Y si un lugar no os recibe ni os escucha, al marcharos sacudíos el polvo de los pies, en testimonio contra ellos». Ellos salieron a predicar la conversión, echaban muchos demonios, ungían con aceite a muchos enfermos y los curaban.

«Los fue enviando»

Los Doce apóstoles te representan, Iglesia de Cristo. Fíjate en el ajuar que recibes para salir a la misión que se te confía: se te da autoridad sobre los espíritus inmundos, que es un modo de decir que se te ha dado un evangelio para los pobres; y te has de procurar un bastón y sandalias, indispensables para el camino que habrás de recorrer en busca de los pobres. Más larga es la lista de lo que te puede tentar y no has de llevar: ni pan, ni alforja, ni dinero, ni túnica de repuesto, nada que pueda representar un impedimento en el camino por el que vas, nada que pueda apartarte de Cristo. En el camino por donde él va, en el camino que él es, bastón indispensable será la cruz, y será calzado de tus pies el seguimiento de Jesús. A los pobres solo podemos ir por Cristo, con el poder de Cristo y al modo de Cristo, despojados de todo, anonadados, desamortizados, reducidos a pan en la mesa de sus vidas.

«Nuestro Señor Jesucristo, siendo rico, se hizo pobre por vosotros para enriqueceros con su pobreza» (2Cor 8,9). «¡Oh bienaventurada pobreza, que a quienes la aman y abrazan les alcanza las riquezas eternas!» (santa Clara de Asís).

Andrés Corsini;
Juana de Valois

IV del T.O.
4ª salt. / V
Eclo 47,2-11 /
Sal 17 /
Mc 6,14-29

Marcos 6,14-29

En aquel tiempo, como la fama de Jesús se había extendido, el rey Herodes oyó hablar de él. Unos decían: «Juan el Bautista ha resucitado de entre los muertos y por eso las fuerzas milagrosas actúan en él». Otros decían: «Es Elías». Otros: «Es un profeta como los antiguos». Herodes, al oírlo, decía: «Es Juan, a quien yo decapité, que ha resucitado». Es que Herodes había mandado prender a Juan y lo había metido en la cárcel encadenado. El motivo era que Herodes se había casado con Herodías, mujer de su hermano Filipo, y Juan le decía que no le era lícito tener a la mujer de su hermano. Herodías aborrecía a Juan y quería matarlo, pero no podía, porque Herodes respetaba a Juan, sabiendo que era un hombre justo y santo, y lo defendía. Al escucharlo quedaba muy perplejo, aunque lo oía con gusto. La ocasión llegó cuando Herodes, por su cumpleaños, dio un banquete a sus magnates, a sus oficiales y a la gente principal de Galilea. La hija de Herodías entró y danzó, gustando mucho a Herodes y a los convidados. El rey le dijo a la joven: «Pídeme lo que quieras, que te lo daré». Y le juró: «Te daré lo que me pidas, aunque sea la mitad de mi reino». Ella salió a preguntarle a su madre: «¿Qué le pido?». La madre le contestó: «La cabeza de Juan el Bautista». Entró ella enseguida, a toda prisa, se acercó al rey y le pidió: «Quiero que ahora mismo me des en una bandeja la cabeza de Juan el Bautista». El rey se puso muy triste; pero por el juramento y los convidados no quiso desairarla. Enseguida le mandó a uno de su guardia que trajese la cabeza de Juan. Fue, lo decapitó en la cárcel, trajo la cabeza en una bandeja y se la entregó a la joven; la joven se la entregó a su madre. Al enterarse sus discípulos fueron a recoger el cadáver y lo pusieron en un sepulcro.

Danos, Señor, un corazón noble y generoso para que, guardando tu palabra y perseverando en tu servicio, demos fruto abundante para alabanza de tu gloria.

Sta. Águeda, m.o.
Avito de Vienne;
Jesús Méndez;
Bta. Isabel
Canori Mora

IV del T.O.
4ª salt. / R
1Re 3,4-13 /
Sal 118 /
Mc 6,30-34

Marcos 6,30-34

En aquel tiempo, los apóstoles volvieron a reunirse con Jesús, y le contaron todo lo que habían hecho y enseñado. Él les dijo: «Venid vosotros a solas a un lugar desierto a descansar un poco». Porque eran tantos los que iban y venían, que no encontraban tiempo ni para comer. Se fueron en barca a solas a un lugar desierto. Muchos los vieron marcharse y los reconocieron; entonces de todas las aldeas fueron corriendo por tierra a aquel sitio y se les adelantaron. Al desembarcar, Jesús vio una multitud y se compadeció de ella, porque andaban como ovejas que no tienen pastor; y se puso a enseñarles muchas cosas.

«Mis ovejas escuchan mi voz»

«De todas las aldeas fueron corriendo a aquel sitio». La indigencia busca la piedad. Como el Salmista buscaba a Dios –lo buscaba de corazón para conocer sus mandatos–, los pobres buscan a Jesús, quieren oír su voz, necesitan su palabra. Aquel día, Jesús había decidido ir a un sitio apartado y tranquilo para descansar un poco con sus discípulos. Pero se les adelantaron los desocupados, los sin rumbo, los sin nada, y en aquellos rostros se debía de leer añoranza de todo, pues Jesús, al verlos, tuvo la sensación de ver ovejas abandonadas, y se puso a enseñarles con calma. En la Eucaristía, tú escuchas hoy la voz de tu pastor, del que va siempre contigo, lo sigues a donde él va, te sosiega el rumor de su paso, y te acercas con él a las fuentes de la vida. Y, porque te sabes compadecida y siempre cuidada, tú, Iglesia de Cristo, aprendes compasión y ternura para repartirlas con los desheredados de la dicha.

Concede, Señor, a tus fieles la gracia de acogerte en tu palabra, de comulgar contigo, de servirte en los pobres, de tal modo que podamos entrar también contigo en tu descanso.

Fablo Miki y comp.; Amando; Dorotea; Mateo Correa; Alfonso Mª del Fusco; Francisco Spinelli

1ª salt. / V
Is 6,1-2a.3-8 / Sal 137 / 1Cor 15,1-11 [breve: 1Cor 15,3-8.11] / Lc 5,1-11

Isaías 6,1-2a.3-8

El año de la muerte del rey Ozías, vi al Señor sentado sobre un trono alto y excelso: la orla de su manto llenaba el templo. Junto a él estaban los serafines, y se gritaban uno a otro diciendo: «¡Santo, santo, santo es el Señor del universo, llena está la tierra de su gloria!». Temblaban las jambas y los umbrales al clamor de su voz, y el templo estaba lleno de humo. Yo dije: «¡Ay de mí, estoy perdido! Yo, hombre de labios impuros, que habito en medio de gente de labios impuros, he visto con mis ojos al Rey, Señor del universo». Uno de los seres de fuego voló hacia mí con un ascua en la mano, que había tomado del altar con unas tenazas; la aplicó a mi boca y me dijo: «Al tocar esto tus labios, ha desaparecido tu culpa, está perdonado tu pecado». Entonces escuché la voz del Señor, que decía: «¿A quién enviaré? ¿Y quién irá por nosotros?». Contesté: «Aquí estoy, mándame».

Salmo 137,1bcd-2a.2bcd-3.4-5.7c-8

R. Delante de los ángeles tañeré para ti, Señor.

1 Corintios 15,1-11

[Os recuerdo, hermanos, el Evangelio que os anuncié y que vosotros aceptasteis, en el que además estáis fundados, y que os está salvando, si os mantenéis en la palabra que os anunciamos; de lo contrario, creísteis en vano. Porque] yo os transmití en primer lugar, lo que también yo recibí: que Cristo murió por nuestros pecados según las Escrituras; y que fue sepultado y que resucitó al tercer día, según las Escrituras; y que se apareció a Cefas y más tarde a los Doce; después se apareció a más de quinientos hermanos juntos, la mayoría de los cuales vive todavía, otros han muerto; después se apareció a Santiago, más tarde a todos los apóstoles; por último, como a un aborto, se me apareció también a mí. [Porque yo soy el menor de los apóstoles y no soy digno de ser llamado apóstol, porque he perseguido a la Iglesia de Dios. Pero por la gracia de Dios soy lo que soy, y su gracia para conmigo no se ha frustrado en mí. Antes bien, he trabajado más que todos ellos. Aunque no he sido yo, sino la gracia de Dios conmigo.] Pues bien; tanto yo como ellos predicamos así, y así lo creísteis vosotros.

Lucas 5,1-11

En aquel tiempo, la gente se agolpaba en torno a Jesús para oír la palabra de Dios. Estando él de pie junto al lago de Genesaret, vio dos barcas que estaban en la orilla; los pescadores, que habían desembarcado, estaban lavando las redes. Subiendo a una de las barcas, que era la de Simón, le pidió que la apartara un poco de tierra. Desde la barca, sentado, enseñaba a la gente. Cuando acabó de hablar, dijo a Simón: «Rema mar adentro, y echad vuestras redes para la pesca». Respondió Simón y dijo: «Maestro, hemos estado bregando toda la noche y no hemos recogido nada; pero, por tu palabra, echaré las redes». Y, puestos a la obra, hicieron una redada tan grande de peces que las redes comenzaban a reventarse. Entonces hicieron señas a los compañeros, que estaban en la otra barca, para que vinieran a echarles una mano. Vinieron y llenaron las dos barcas, hasta el punto de que casi se hundían. Al ver esto, Simón Pedro se echó a los pies de Jesús diciendo: «Señor, apártate de mí, que soy un hombre pecador». Y es que el estupor se había apoderado de él y de los que estaban con él, por la redada de peces que habían recogido; y lo mismo les pasaba a Santiago y Juan, hijos de Zebedeo, que eran compañeros de Simón. Y Jesús dijo a Simón: «No temas; desde ahora serás pescador de hombres». Entonces sacaron las barcas a tierra y, dejándolo todo, lo siguieron.

Fortalécenos, Señor, con la efusión de tu Espíritu, para que, fieles a la misión que de ti hemos recibido, anunciemos a todos el evangelio de la gracia y con todos te alabemos porque nos has atraído a ti.

Fidel; Bto. Anselmo Polanco; Bto. Felipe Ripoll; Bto. Pío IX; Bto. Pedro Verhun

V del T.O.
1ª salt. / V
1Re 8,1-7.9-13 /
Sal 131 /
Mc 6,53-56

Marcos 6,53-56

En aquel tiempo, terminada la travesía, Jesús y sus discípulos llegaron a Genesaret y atracaron. Apenas desembarcados, lo reconocieron y se pusieron a recorrer toda la comarca; cuando se enteraba la gente dónde estaba Jesús, le llevaban los enfermos en camillas. En los pueblos, ciudades o aldeas donde llegaba colocaban a los enfermos en la plaza y le rogaban que les dejase tocar al menos la orla de su manto; y los que lo tocaban se curaban.

«Los que lo tocaban se curaban»

Puede que haya sido el mismo día de mi nacimiento, cuando me llevaron a ti, Señor, y no fue para que se me permitiese «tocar la orla de tu manto», sino para bautizarme en ti, sumergirme en ti, perderme en ti; me llevaron a tu Iglesia para que tú me tocaras, me ungieses, me sanaras, me iluminaras, me hicieses partícipe de tu Espíritu, me comunicases tu misma vida. Luego aprendí a buscarte para escuchar de tus labios el evangelio del Reino, sabiduría que viene de lo alto, palabras que llevan dentro la vida eterna. Y, escuchándote, aprendí a quererte, a tocarte con el corazón cuando no pueden hacerlo las manos, a buscarte en la Eucaristía, a recibirte con la esperanza de que permanezcas para siempre conmigo, a abrazarte siempre que te encuentro pobre en mi camino. Y aprendí también que, si en los pobres toco el borde de tu manto, se me abren las puertas del reino de los cielos.

Danos, Señor, un corazón dócil para escuchar tu palabra, un corazón creyente para comulgarte, un corazón compasivo para que cuidemos de ti en los pobres.

S. Jerónimo Emiliani / Sta. Josefina Bakhita, m.l.
Juan de Mata; Bta. Madre Esperanza

V del T.O.
1ª salt. / V
1Re 8, 22-23. 27-30 / Sal 83 / Mc 7,1-13

Marcos 7,1-13

En aquel tiempo, se reunieron junto a Jesús los fariseos y algunos escribas venidos de Jerusalén; y vieron que algunos discípulos comían con manos impuras, es decir, sin lavarse las manos. (Pues los fariseos, como los demás judíos, no comen sin lavarse antes las manos, restregando bien, aferrándose a la tradición de sus mayores, y al volver de la plaza no comen sin lavarse antes, y se aferran a otras muchas tradiciones, de lavar vasos, jarras y ollas). Y los fariseos y los escribas le preguntaron: «¿Por qué no caminan tus discípulos según las tradiciones de los mayores y comen el pan con manos impuras?». Él les contestó: «Bien profetizó Isaías de vosotros, hipócritas, como está escrito: "Este pueblo me honra con los labios, pero su corazón está lejos de mí. El culto que me dan está vacío, porque la doctrina que enseñan son preceptos humanos". Dejáis a un lado el mandamiento de Dios para aferraros a la tradición de los hombres». Y añadió: «Anuláis el mandamiento de Dios por mantener vuestra tradición. Moisés dijo: "Honra a tu padre y a tu madre" y "el que maldiga a su padre o a su madre es reo de muerte". Pero vosotros decís: "Si uno le dice al padre o a la madre: los bienes con que podría ayudarte son 'corbán', es decir, ofrenda sagrada", ya no le permitís hacer nada por su padre o por su madre; invalidando la palabra de Dios con esa tradición que os transmitís; y hacéis otras muchas cosas semejantes».

Mandamiento de Dios y tradición de los hombres

Si se habla de guardar el mandamiento de Dios, se habla de complacer al Señor; y si se habla de guardar la tradición de los hombres, hablamos de complacernos a nosotros mismos. Jesús nos recuerda que el mandamiento de Dios busca el corazón, lo hondo del hombre, lo auténtico; y que la tradición de los hombres se conforma con lo que dicen los labios, con lo superficial, con las apariencias que seducen y halagan, y siempre nos engañan. Y mientras tú, Jesús, nos preguntas por el mandamiento, la fe humilde y amante de tu Iglesia nos pregunta por ti, por tu cuerpo eucarístico.

Apolonia; Marón; Miguel Febres; Bto. Leopoldo de Alpandeire; Bta.Eusebia Palomino; Bta. Anna Katharina Emmerich

V del T.O.
1ª salt. / V
1Re 10,1-10 / Sal 36 / Mc 7,14-23

Marcos 7,14-23

En aquel tiempo, llamó Jesús de nuevo a la gente y les dijo: «Escuchad y entended todos: nada que entre de fuera puede hacer al hombre impuro; lo que sale de dentro es lo que hace impuro al hombre». Cuando dejó a la gente y entró en casa, le pidieron sus discípulos que les explicara la parábola. Él les dijo: «¿También vosotros seguís sin entender? ¿No comprendéis? Nada que entre de fuera puede hacer impuro al hombre, porque no entra en el corazón sino en el vientre y se echa en la letrina». (Con esto declaraba puros todos los alimentos). Y siguió: «Lo que sale de dentro del hombre, eso sí hace impuro al hombre. Porque de dentro, del corazón del hombre, salen los pensamientos perversos, las fornicaciones, robos, homicidios, adulterios, codicias, malicias, fraudes, desenfreno, envidia, difamación, orgullo, frivolidad. Todas esas maldades salen de dentro y hacen al hombre impuro».

«La boca del justo expone la sabiduría»

Hablamos de sabiduría, hablamos de autenticidad, hablamos de la verdad de lo que somos, hablamos del corazón de nuestras palabras y acciones. Si escuchas el sermón de la montaña, la palabra de Jesús te lleva a la hondura de la voluntad de Dios. Si reparas en lo que dice el evangelio de hoy sobre lo que en el hombre entra de fuera o sale de dentro, las palabras de Jesús ponen bajo la luz de la verdad tu vida entera, y, mientras devuelven la condición de bondad original a todas las criaturas del Señor, te obligan a buscar el mal que las profana, no en ellas sino en ti, en tu corazón, en tus pensamientos, en tus intenciones, en tus ambiciones, en tu afán de apropiarte de la creación y someter a tu capricho lo que Dios te dio para que, cultivándolo, lo cuidaras, lo embellecieras, lo recrearas. El mal nos habita y nos esclaviza. Cuida el mundo en el que el Señor te ha puesto, y continuarás con Dios la obra de la creación.

«Altísimo, omnipotente, buen Señor, tuyas son las alabanzas, la gloria y el honor y toda bendición. Loado seas, mi Señor, con todas tus criaturas» (san Francisco de Asís).

Sta. Escolástica, m.o.
Guillermo de Malavalle; José Sánchez del Río; Bto. Alojzije Viktor

V del T.O.
1ª salt. / B
1Re 11,4-13 / Sal 105 / Mc 7,24-30

Marcos 7,24-30

En aquel tiempo, Jesús fue a la región de Tiro. Entró en una casa procurando pasar desapercibido, pero no logró ocultarse. Una mujer que tenía una hija poseída por un espíritu impuro se enteró enseguida, fue a buscarlo y se le echó a los pies. La mujer era pagana, una fenicia de Siria, y le rogaba que echase el demonio de su hija. Él le dijo: «Deja que se sacien primero los hijos. No está bien tomar el pan de los hijos y echárselo a los perritos». Pero ella replicó: «Señor, pero también los perros, debajo de la mesa, comen las migajas que tiran los niños». Él le contestó: «Anda, vete, que por eso que has dicho, el demonio ha salido de tu hija». Al llegar a su casa, se encontró a la niña echada en la cama; el demonio se había marchado.

«Acuérdate de mí, Señor»

Es oración de pecadores. La dijo el Salmista: «Acuérdate de mí por amor a tu pueblo». La dijo un ladrón crucificado: «Acuérdate de mí cuando estés en tu reino». Y a su manera la dice la mujer que pide la curación de su hija; la dice postrándose y rogando, aunque tú no hayas oído las palabras de su oración: «Acuérdate de mí, Señor; que me visite tu salvación». En su pobreza, aquella mujer no pide sentarse a la mesa de los hijos, no pide el pan que a los hijos se ha de dar; ella se conforma con las migajas que los hijos tiran y que, debajo de la mesa, comen los perros de la casa. La Iglesia que escucha la palabra, se sabe Iglesia de hijos que se sientan a la mesa de Dios. Pero no deja de identificarse con la humildad atrevida, con el atrevimiento humilde de aquella mujer, con su respuesta ingeniosa a las palabras de Jesús, con su poder creyente, y aprende de ella a doblegar con fe las buenas razones de Dios.

«Danos, Señor, fe recta, esperanza cierta, caridad perfecta, para que cumplamos tu santo y veraz mandamiento» (san Francisco de Asís).

JORNADA MUNDIAL DEL ENFERMO
DÍA DEL AYUNO VOLUNTARIO

Virgen María de Lourdes, m.l.
Benito de Aniano; Gregorio II; Pascual I; Bto. Tobías Borrás

V del T.O.
1ª salt. / V
1Re 11,29-32; 12,19 / Sal 80 / Mc 7,31-37

Marcos 7,31-37

En aquel tiempo, dejando Jesús el territorio de Tiro, pasó por Sidón, camino del mar de Galilea, atravesando la Decápolis. Y le presentaron un sordo, que, además, apenas podía hablar; y le piden que le imponga la mano. Él, apartándolo de la gente, a solas, le metió los dedos en los oídos y con la saliva le tocó la lengua. Y mirando al cielo, suspiró y le dijo: «Effetá» (esto es, «ábrete»). Y al momento se le abrieron los oídos, se le soltó la traba de la lengua y hablaba correctamente. Él les mandó que no lo dijeran a nadie; pero, cuanto más se lo mandaba, con más insistencia lo proclamaban ellos. Y en el colmo del asombro decían: «Todo lo ha hecho bien: hace oír a los sordos y hablar a los mudos».

«Ábrenos el corazón, Señor»

Lo que has escuchado en el evangelio es un imperativo: «Ábrete». Es Jesús quien da el mandato, y es a un sordo a quien se lo dice. Y aunque el sordo no pueda oír, el Señor lo puede abrir, conforme a lo que confiesas: «Si él abre, nadie cierra; si él cierra, nadie abre». «Ábrete», es imperativo pronunciado también sobre ti, y aquel día se te abrieron los oídos para que pudieses escuchar la palabra de Dios, y se te soltó la lengua para que pudieses contar sus maravillas. Ahora, que oyes y hablas, solo necesitas que el Señor te abra también el corazón para que aceptes las palabras que salen de su boca, para que creas, para que esperes, para que ames; pues si hoy no se te abre el corazón a la palabra, mañana no se te abrirá la puerta del banquete de bodas. Hoy todo mi ser va diciendo: «Señor, Señor, ábreme el corazón», y no habré de temer que mañana se me diga que mi Señor no me conoce.

Aunque yo duerma, Señor, que mi corazón vele para escuchar en la noche el rumor de tus pasos, el susurro de tu voz que me dice: «Ábreme, hermana mía, amada mía».

Melecio;
Gaudencio;
Modesto

V del T.O.
1ª salt. / V
1Re 12,26-32;
13,33-34 /
Sal 105 /
Mc 8,1-10

Marcos 8,1-10

Por aquellos días, como de nuevo se había reunido mucha gente y no tenían qué comer, Jesús llamó a sus discípulos y les dijo: «Siento compasión de la gente, porque llevan ya tres días conmigo y no tienen qué comer, y si los despido a sus casas en ayunas, van a desfallecer por el camino. Además, algunos han venido desde lejos». Le replicaron sus discípulos: «¿Y de dónde se puede sacar pan, aquí, en despoblado, para saciar a tantos?». Él les preguntó: «¿Cuántos panes tenéis?». Ellos contestaron: «Siete». Mandó que la gente se sentara en el suelo y, tomando los siete panes, dijo la acción de gracias, los partió y los fue dando a sus discípulos para que los sirvieran. Ellos los sirvieron a la gente. Tenían también unos cuantos peces; y Jesús pronunció sobre ellos la bendición, y mandó que los sirvieran también. La gente comió hasta quedar saciada y de los trozos que sobraron llenaron siete canastas; eran unos cuatro mil y los despidió; y enseguida montó en la barca con sus discípulos y se fue a la región de Dalmanuta.

No solo de pan... También de pan

Al principio es siempre la compasión; al principio es siempre el amor. Del amor surge la creación; la compasión multiplica el pan. Si te preguntan por tu Dios, no vas a decir de él sino lo que hayas visto que él es para ti. Entonces confesarás: «A los hambrientos mi Dios los colma de bienes, y a los ricos los despide vacíos». ¡Mi Dios da pan!, ¡mi Dios es pan! Algunos lo olvidan y piensan, no que Dios es pan sino que el pan es Dios, y que apropiarse de las cosas es ser como Dios, y que poseer es lo propio de Dios. Pero de ese pan endiosado no vive el hombre sino que muere. El pan de Dios es memoria de un Dios que ama, que crea, que salva, que se entrega, que hace maravillas. El pan de Dios es el que baja del cielo, es la palabra con que Dios nos habla, es el Unigénito entregado por amor a los hambrientos de vida eterna, es el pan de la Eucaristía con el que nos transformamos en Cristo y nos consagramos a Dios.

Catalina de Ricci; Jordán de Sajonia; Engracia

2ª salt. / V
Jer 17,5-8 /
Sal 1 /
1Cor 15,12.16-20 /
Lc 6,17.20-26

Jeremías 17,5-8

Esto dice el Señor: «Maldito quien confía en el hombre, y busca el apoyo de las criaturas, apartando su corazón del Señor. Será como cardo en la estepa, que nunca recibe la lluvia; habitará en un árido desierto, tierra salobre e inhóspita. Bendito quien confía en el Señor y pone en el Señor su confianza. Será un árbol plantado junto al agua, que alarga a la corriente sus raíces; no teme la llegada del estío, su follaje siempre está verde; en año de sequía no se inquieta, ni dejará por eso de dar fruto».

Salmo 1,1-2.3.4 y 6

R. Dichoso el hombre que ha puesto su confianza en el Señor.

1 Corintios 15,12.16-20

Hermanos: Si se anuncia que Cristo ha resucitado de entre los muertos, ¿cómo dicen algunos de entre vosotros que no hay resurrección de muertos? Pues si los muertos no resucitan, tampoco Cristo ha resucitado; y, si Cristo no ha resucitado, vuestra fe no tiene sentido, seguís estando en vuestros pecados; de modo que incluso los que murieron en Cristo han perecido. Si hemos puesto nuestra esperanza en Cristo solo en esta vida, somos los más desgraciados de toda la humanidad. Pero Cristo ha resucitado de entre los muertos y es primicia de los que han muerto.

Lucas 6,17.20-26

En aquel tiempo, Jesús bajó del monte con los Doce, se paró en una llanura con un grupo grande de discípulos y una gran muchedumbre del pueblo, procedente de toda Judea, de Jerusalén y de la costa de Tiro y de Sidón. Él, levantando los ojos hacia sus discípulos, les decía: «Bienaventurados los pobres, porque vuestro es el reino de Dios. Bienaventurados los que ahora tenéis hambre, porque quedaréis saciados. Bienaventurados los que ahora lloráis, porque reiréis. Bienaventurados vosotros cuando os odien los hombres, y os excluyan, y os insulten y proscriban vuestro nombre como infame, por causa del Hijo del hombre. Alegraos ese día y saltad de gozo, porque vuestra recompensa será grande en el cielo. Eso es lo que hacían vuestros padres con los profetas. Pero ¡ay de vosotros, los ricos, porque ya habéis recibido vuestro consuelo! ¡Ay de vosotros, los que estáis saciados, porque tendréis hambre! ¡Ay de los que ahora reís, porque haréis duelo y lloraréis! ¡Ay si todo el mundo habla bien de vosotros! Eso es lo que vuestros padres hacían con los falsos profetas».

«Bienaventurados los pobres»

Esta es la confesión del profeta: «Dichoso quien ha puesto su confianza en el Señor». Después escucharás el evangelio que Jesús proclama a sus discípulos: «Bienaventurados los pobres, porque vuestro es el reino de Dios». La confianza en Dios no se da sin la desapropiación de todo lo que Dios no es. Nos lo dice Abrahán, que, por fe, deja tierra, patria y casa paterna, para ir a la tierra que Dios le indicará. Nos lo dice María, la doncella de Nazaret, que por fe, hace espacio en su seno a un Hijo que le viene de Dios. Me lo dice ese Hijo, el Mesías que se abaja desde la condición de Dios hasta la condición del hombre, hasta la muerte del hombre, hasta la muerte de cruz. La pobreza que ellos abrazan es evidencia de la confianza que otorgan. Esa desapropiación confiada, esa pobreza abrazada, esa confianza creyente, lleva consigo la bendición recibida, la dicha experimentada: «Dichosos los pobres, porque vuestro es el reino de Dios».

Concédenos, Señor, desear y amar la bienaventurada pobreza que alcanza riquezas eternas a quienes la abrazan, y hace dichosos a quienes la poseen.

Stos. Cirilo y Metodio, f.
Juan Bautista de la Concepción; Valentín

Oficio de la f. / B
Vol. IV
He 13,46-49 /
Sal 116 /
Lc 10,1-9

Lucas 10,1-9

En aquel tiempo, designó el Señor otros setenta y dos, y los mandó delante de él, de dos en dos, a todos los pueblos y lugares adonde pensaba ir él. Y les decía: «La mies es abundante y los obreros pocos; rogad, pues, al dueño de la mies que envíe obreros a su mies. ¡Poneos en camino! Mirad que os envío como corderos en medio de lobos. No llevéis bolsa, ni alforja, ni sandalias; y no saludéis a nadie por el camino. Cuando entréis en una casa, decid primero: "Paz a esta casa". Y si allí hay gente de paz, descansará sobre ellos vuestra paz; si no, volverá a vosotros. Quedaos en la misma casa, comiendo y bebiendo de lo que tengan: porque el obrero merece su salario. No andéis cambiando de casa en casa. Si entráis en una ciudad y os reciben, comed lo que os pongan, curad a los enfermos que haya en ella, y decidles: "El reino de Dios ha llegado a vosotros"».

«¡Poneos en camino!»

Al enviarte al mundo, no te han confiado una ideología que defender sino un evangelio que proclamar, no llevas una filosofía que proponer sino una liberación que realizar. En cada etapa de tu camino, no te saldrán al encuentro los entendidos con sus preguntas y su retórica sino los pobres con su necesidad y su esperanza. Para tu misión, el Espíritu de Dios que te ha ungido, no te da otro bagaje que no sea la mansedumbre y la paz. Como discípulo y apóstol del evangelio, llevas contigo una sabiduría que viene de lo alto, una palabra que recrea el mundo, un mensaje que, para quienes lo acojan, será de salvación, de luz, de vida eterna. Los dogmas que habrás de creer, los ritos que habrás de celebrar, las normas que habrás de observar, por cuanto necesarias, no podrán suplantar el evangelio, la vida, la salvación que es Cristo Jesús.

Te pedimos, Señor, que quienes formamos la multitud de tus hijos tengamos un solo corazón, una sola alma, y edifiquemos unánimes el reino de la justicia y de la paz.

15
martes
Claudio de la Colombière; Faustino y Jovita; Bto. Vicente Vilar

VI del T.O.
2ª salt. / V
Sant 1,12-18 /
Sal 93 /
Mc 8,14-21

Marcos 8,14-21

En aquel tiempo, a los discípulos se les olvidó tomar pan y no tenían más que un pan en la barca. Y Jesús les ordenaba diciendo: «Estad atentos, evitad la levadura de los fariseos y de Herodes». Y discutían entre ellos sobre el hecho de que no tenían panes. Dándose cuenta, les dijo Jesús: «¿Por qué andáis discutiendo que no tenéis pan? ¿Aún no entendéis ni comprendéis? ¿Tenéis el corazón embotado? ¿Tenéis ojos y no veis, tenéis oídos y no oís? ¿No recordáis cuántos cestos de sobras recogisteis cuando repartí cinco panes entre cinco mil?». Ellos contestaron: «Doce». «¿Y cuántas canastas de sobras recogisteis cuando repartí siete entre cuatro mil?». Le respondieron: «Siete». Él les dijo: «¿Y no acabáis de comprender?».

¿Para qué os sirven los ojos?

En aquel niño que sostenía en los brazos, los ojos del anciano Simeón vieron la luz que se había encendido para iluminar a los pueblos, vieron sacramentada la salvación. ¿Para qué os sirven los ojos si no veis al Unigénito, al Entregado, al que lleva en su vida la buena noticia del amor de Dios a los pobres? ¿Para qué os sirven los ojos si no veis que el cielo se ha abierto, que el mundo es un mundo de hijos de Dios, que el Espíritu ha descendido para hacer nuevas todas las cosas? ¿Para qué os sirven los oídos si no discernís la sabiduría que viene de lo alto, la palabra que da vida, la revelación que os salva? ¿Para qué os sirven los ojos y los oídos si no reconocéis en la ternura de Jesús el amor que Dios os tiene, en la mirada de Jesús el ansia del Padre por vosotros, en la vida de Jesús la pasión de Dios por vosotros? ¿Para qué os sirven si no veis que en la barca lleváis todo el pan que el cielo os ha dado? ¿Para qué os sirven los ojos?

Que tu justicia, Señor, nos arrope como un manto; así seremos ojos para el ciego, pies para los cojos, padre y madre para el pobre, abrazo para el emigrante, signos de tu amor para los que aún no te conocen.

Camila de San José Rolón; Bto. José Allamano

VI del T.O.
2ª salt. / V
Sant 1,19-27 /
Sal 14 /
Mc 8,22-26

Marcos 8,22-26

En aquel tiempo, Jesús y sus discípulos llegaron a Betsaida. Y le trajeron a un ciego pidiéndole que lo tocase. Él lo sacó de la aldea, llevándolo de la mano, le untó saliva en los ojos, le impuso las manos y le preguntó: «¿Ves algo?». Levantando los ojos dijo: «Veo hombres, me parecen árboles, pero andan». Le puso otra vez las manos en los ojos; el hombre miró: estaba curado y veía todo con claridad. Jesús lo mandó a casa diciéndole que no entrase en la aldea.

«El ciego estaba curado»

Ya no hay razón para que me pregunte por aquel ciego. Hoy, después de escuchar el evangelio, solo he de preguntar por mí, por mis ojos, por mi fe. Si aún se me recuerda la ceguera y la curación de aquel hombre, no es para que sepa de él sino para que sepa de Jesús y de mí. El evangelista, que da testimonio de que «el ciego estaba curado», me pregunta si también lo estoy yo, si también de mí se puede decir que «veo con claridad». Entonces me pregunto a mí mismo si he empezado a vivir en la esperanza a la que Dios me llama, a confesar el amor con que Dios me ama, a reconocer la grandeza del poder con que Dios me justifica; me pregunto si la luz del Espíritu Santo ilumina los ojos de mi corazón para ver con ellos las obras de Dios; me pregunto si tengo los ojos de Jesús, siempre iluminados de misericordia; me pregunto si todo lo veo con el amor con que Dios lo ve. Y pido que el Señor me dé ojos de amar y corazón de ver.

Que nadie, Señor, después de haber visto nuestros ojos, se aparte de nosotros sin llevar en los suyos nuestra misericordia (inspirada en una carta de san Francisco de Asís).

Siete santos Fundadores, m.l.
Engracia de Braga; Bto. Antonio Lesczewicz

VI del T.O.
2ª salt. / V
Sant 2,1-9 / Sal 33 / Mc 8,27-33

Marcos 8,27-33

En aquel tiempo, Jesús y sus discípulos se dirigieron a las aldeas de Cesarea de Filipo; por el camino preguntó a sus discípulos: «¿Quién dice la gente que soy yo?». Ellos le contestaron: «Unos, Juan el Bautista; otros, Elías, y otros, uno de los profetas». Él les preguntó: «Y vosotros, ¿quién decís que soy?». Tomando la palabra Pedro le dijo: «Tú eres el Mesías». Y les conminó a que no hablaran a nadie acerca de esto. Y empezó a instruirlos: «El Hijo del hombre tiene que padecer mucho, ser reprobado por los ancianos, sumos sacerdotes y escribas, ser ejecutado y resucitar a los tres días». Se lo explicaba con toda claridad. Entonces Pedro se lo llevó aparte y se puso a increparlo. Pero él se volvió y, mirando a los discípulos, increpó a Pedro: «¡Ponte detrás de mí, Satanás! ¡Tú piensas como los hombres, no como Dios!».

La pregunta

Esta es la pregunta que hoy se nos hace: «Y vosotros, ¿quién decís que soy yo?». ¿Quién eres tú para mí, Jesús? La respuesta de Pedro –«Tú eres el Mesías»– ya casi nada significa para mí. Al calor de la fe aprendí a decir «Jesús» como aprende el niño a decir «mamá o papá»; aprendí a asirme de tu nombre, Jesús, con la fuerza con que el náufrago se agarra a la tabla de salvación; aprendí a llamarte para saber a Dios cerca de mí; aprendí a decir «Jesús» para fijarme en ti, parecerme a ti, seguirte a ti, salir contigo a anunciar el reino de Dios, a llenar de paz el corazón de los pobres. Yo digo, Jesús, que tú eres el crucificado que da vida, el pobre que a todos enriquece, el último que a todos enaltece. Tú eres el maestro que regala palabras llenas de vida eterna a los que creen. Tú eres el hombre que estamos llamados a ser. Tú, imagen visible de Dios invisible, eres mi Señor y mi Dios.

«Tú eres el bien, el todo bien, el sumo bien. Tú eres el amor, la caridad, tú eres la sabiduría, la humildad, tú eres la paciencia, tú eres la belleza, tú eres la mansedumbre» (san Francisco de Asís).

Flaviano;
Bto. Angélico;
Bto. Jerzy Kaszyra

VI del T.O.
2ª salt. / V
Sant 2,14-24. 26 /
Sal 111 /
Mc 8,34–9,1

Marcos 8,34–9,1

En aquel tiempo, llamando a la gente y a sus discípulos, Jesús les dijo: «Si alguno quiere venir en pos de mí, que se niegue a sí mismo, tome su cruz y me siga. Porque, quien quiera salvar su vida, la perderá; pero el que pierda su vida por mí y por el Evangelio, la salvará. Pues ¿de qué le sirve a un hombre ganar el mundo entero y perder su alma? ¿O qué podrá dar uno para recobrarla? Quien se avergüence de mí y de mis palabras en esta generación adúltera y pecadora, también el Hijo del hombre se avergonzará de él cuando venga con la gloria de su Padre entre sus santos ángeles». Y añadió: «En verdad os digo que algunos de los aquí presentes no gustarán la muerte hasta que vean el reino de Dios en toda su potencia».

Ir con Jesús

Si la gracia ha puesto luz en nosotros para que entremos en el misterio de Jesús, será natural que deseemos ir a donde Jesús va. Lo que todavía no sabe el discípulo es que ¡el camino de Jesús va a la cruz! Cuando Jesús lo haya recorrido y los creyentes confiesen lo que han conocido de su Señor, dirán: Se ha negado a sí mismo, se ha vaciado de sí mismo, se ha hecho obediente hasta la muerte y muerte de cruz. Ahora, antes de que todo se cumpla, el mismo Jesús recuerda lo que les espera a quienes vayan con él: les espera la vida, pero esa vida se alcanza perdiéndolo todo por Jesús y por el evangelio. Del «conócete a ti mismo», que es un modo de poseerse, el discípulo de Jesús ha de ir hacia un «reniega de ti mismo», que es mandato de desapropiación, no solo «del mundo entero» –lo que el Tentador había insinuado cuando dijo: «Todo esto te daré si te postras y me adoras»–, sino también de uno mismo.

Llévanos contigo, Señor, a donde tú vas; desaprópianos de nuestras pretensiones de grandeza, de poder, de tener, de modo que, pobres y humildes, perdamos la vida por ti y por el evangelio.

Conrado Confalonieri;
Lucía Yi Zhenmei;
Bto. Álvaro de Córdoba;
Bto. Jozef Zaplata;
Bto. John Sullivan

VI del T.O.
2ª salt. / V
Sant 3,1-10 / Sal 11 / Mc 9,2-13

Marcos 9,2-13

En aquel tiempo, Jesús toma consigo a Pedro, a Santiago y a Juan, sube aparte con ellos solos a un monte alto, y se transfiguró delante de ellos. Sus vestidos se volvieron de un blanco deslumbrador, como no puede dejarlos ningún batanero del mundo. Se les aparecieron Elías y Moisés, conversando con Jesús. Entonces Pedro tomó la palabra y dijo a Jesús: «Maestro, ¡qué bueno es que estemos aquí! Vamos a hacer tres tiendas, una para ti, otra para Moisés y otra para Elías». No sabía qué decir, pues estaban asustados. Se formó una nube que los cubrió y salió una voz de la nube: «Este es mi Hijo, el amado; escuchadlo». De pronto, al mirar alrededor, no vieron a nadie más que a Jesús, solo con ellos. Cuando bajaban del monte, les ordenó que no contasen a nadie lo que habían visto hasta que el Hijo del hombre resucitara de entre los muertos. Esto se les quedó grabado y discutían qué quería decir aquello de resucitar de entre los muertos. Le preguntaron: «¿Por qué dicen los escribas que primero tiene que venir Elías?». Les contestó él: «Elías vendrá primero y lo renovará todo. Ahora, ¿por qué está escrito que el Hijo del hombre tiene que padecer mucho y ser despreciado? Os digo que Elías ya ha venido y han hecho con él lo que han querido, como estaba escrito acerca de él».

Se transfiguró

Ya se te ha dicho: Si vas con Jesús, aceptas perder la vida por él y por el evangelio; si vas con él, la cruz es horizonte cierto de tu camino. Pero igualmente cierto en la vida de Jesús y en la tuya es lo que se vislumbra en el misterio de la transfiguración: una humanidad transida de divinidad. El evangelio da testimonio de lo que aquel día vivieron los discípulos: Jesús transfigurado, una nube que todo lo envuelve y una voz de revelación y de mandato que dice: «Este es mi Hijo, el amado; escuchadlo». Lo que ven los discípulos no es lo que un día Jesús ha de ser sino lo que es; lo que se les desvela no es el futuro sino el presente; a quien han de escuchar no es al ya resucitado sino al que ahora va por los caminos de la humanidad hacia la cruz.

Eleuterio; León; Mildred; Jacinta y Francisco Marto de Fátima; Bta. Julia Rodzinska

3ª salt. / V
1Sam 26,2.7-9.12-13.22-23 / Sal 102 / 1Cor 15,45-49 / Lc 6,27-38

1 Samuel 26,2.7-9.12-13.22-23

En aquellos días, Saúl emprendió la bajada al desierto de Zif, llevando tres mil hombres escogidos de Israel, para buscar a David allí. David y Abisay llegaron de noche junto a la tropa. Saúl dormía, acostado en el cercado, con la lanza hincada en tierra a la cabecera. Abner y la tropa dormían en torno a él. Abisay dijo a David: «Dios pone hoy al enemigo en tu mano. Déjame que lo clave de un golpe con la lanza en la tierra. No tendré que repetir». David respondió: «No acabes con él, pues ¿quién ha extendido su mano contra el ungido del Señor y ha quedado impune?». David cogió la lanza y el jarro de agua de la cabecera de Saúl, y se marcharon. Nadie los vio, ni se dio cuenta, ni se despertó. Todos dormían, porque el Señor había hecho caer sobre ellos un sueño profundo. David cruzó al otro lado y se puso en pie sobre la cima de la montaña, lejos, manteniendo una gran distancia entre ellos, y gritó: «Aquí está la lanza del rey. Venga por ella uno de sus servidores. Y que el Señor pague a cada uno según su justicia y su fidelidad. Él te ha entregado hoy en mi poder, pero yo no he querido extender mi mano contra el ungido del Señor».

Salmo 102,1bc-2.3-4.8 y 10.12-13

R. El Señor es compasivo y misericordioso.

1 Corintios 15,45-49

Hermanos: El primer hombre, Adán, se convirtió en ser viviente. El último Adán, en espíritu vivificante. Pero no fue primero lo espiritual, sino primero lo material y después lo espiritual. El primer hombre, que proviene de la tierra, es terrenal; el segundo hombre es del cielo. Como el hombre terrenal, así son los de la tierra; como el celestial, así son los del cielo. Y lo mismo que hemos llevado la imagen del hombre terrenal, llevaremos también la imagen del celestial.

Lucas 6,27-38

En aquel tiempo, dijo Jesús a sus discípulos: «A vosotros los que me escucháis os digo: amad a vuestros enemigos, haced el bien a los que os odian, bendecid a los que os maldicen, orad por los que os calumnian. Al que te pegue en una mejilla, preséntale la otra; al que te quite la capa, no le impidas que tome también la túnica. A quien te pide, dale; al que se lleve lo tuyo, no se lo reclames. Tratad a los demás como queréis que ellos os traten. Pues, si amáis a los que os aman, ¿qué mérito tenéis? También los pecadores aman a los que los aman. Y si hacéis bien solo a los que os hacen bien, ¿qué mérito tenéis? También los pecadores hacen lo mismo. Y si prestáis a aquellos de los que esperáis cobrar, ¿qué mérito tenéis? También los pecadores prestan a otros pecadores, con intención de cobrárselo. Por el contrario, amad a vuestros enemigos, haced el bien y prestad sin esperar nada; será grande vuestra recompensa y seréis hijos del Altísimo, porque él es bueno con los malvados y desagradecidos. Sed misericordiosos como vuestro Padre es misericordioso; no juzguéis, y no seréis juzgados; no condenéis, y no seréis condenados; perdonad, y seréis perdonados; dad, y se os dará: os verterán una medida generosa, colmada, remecida, rebosante, pues con la medida con que midiereis se os medirá a vosotros».

«Sed misericordiosos»

Es tan sencillo como desconcertante: «Amad a vuestros enemigos». Es asombroso hasta resultar escandaloso: «Haced el bien a los que os odian». Jesús proclama la locura que ha de contagiar el mundo nuevo: «Bendecid a los que os maldicen, orad por los que os injurian». La oración del Salmista nos recuerda lo que es propio de Dios: «El Señor es compasivo y misericordioso... perdona tus culpas... cura tus enfermedades... rescata tu vida... te colma de gracia y de ternura». Y Jesús nos dice que ese modo de ser es ahora nuestra vocación: «Sed misericordiosos como vuestro Padre es misericordioso». Y tú, Iglesia cuerpo de Cristo, recuerdas otro mandato, el que tu Señor y Maestro te dejó en herencia cuando, después de lavarte los pies, dijo: «Os doy un mandamiento nuevo: que os améis unos a otros; como yo os he amado, amaos también unos a otros».

S. Pedro Damián, m.l.
Secundino;
Bto. Noël Pinot

VII del T.O.
3ª salt. / V
Sant 3,13-18 /
Sal 18 /
Mc 9,14-29

Marcos 9,14-29

En aquel tiempo, Jesús y los tres discípulos bajaron del monte y volvieron a donde estaban los demás discípulos, vieron mucha gente alrededor y a unos escribas discutiendo con ellos. Al ver a Jesús, la gente se sorprendió y corrió a saludarlo. Él les preguntó: «¿De qué discutís?». Uno de la gente le contestó: «Maestro, te he traído a mi hijo; tiene un espíritu que no lo deja hablar; y cuando lo agarra, lo tira al suelo, echa espumarajos, rechina los dientes y se queda rígido. He pedido a tus discípulos que lo echen y no han sido capaces». Él, tomando la palabra, les dice: «¡Generación incrédula! ¿Hasta cuándo estaré con vosotros? ¿Hasta cuándo os tendré que soportar? Traédmelo». Se lo llevaron. El espíritu, en cuanto vio a Jesús, retorció al niño; este cayó por tierra y se revolcaba echando espumarajos. Jesús preguntó al padre: «¿Cuánto tiempo hace que le pasa esto?». Contestó él: «Desde pequeño. Y muchas veces hasta lo ha echado al fuego y al agua para acabar con él. Si algo puedes, ten compasión de nosotros y ayúdanos». Jesús replicó: «¿Si puedo? Todo es posible al que tiene fe». Entonces el padre del muchacho se puso a gritar: «Creo, pero ayuda mi falta de fe». Jesús, al ver que acudía gente, increpó al espíritu inmundo, diciendo: «Espíritu mudo y sordo, yo te lo mando: sal de él y no vuelvas a entrar en él». Gritando y sacudiéndolo violentamente, salió. El niño se quedó como un cadáver, de modo que muchos decían que estaba muerto. Pero Jesús lo levantó cogiéndolo de la mano y el niño se puso en pie. Al entrar en casa, sus discípulos le preguntaron a solas: «¿Por qué no pudimos echarlo nosotros?». Él les respondió: «Esta especie solo puede salir con oración».

Tú, Señor, has venido a nosotros para destruir la muerte y manifestar la resurrección. Aumenta nuestra fe para que, viviendo el evangelio, heredemos la vida que en él se nos revela.

Cátedra de S. Pedro, f.

Margarita de Cortona; Papías; Leonor

Oficio de la f. / B
Vol. IV
1Pe 5,1-4 /
Sal 22 /
Mt 16,13-19

Mateo 16,13-19

En aquel tiempo, al llegar a la región de Cesarea de Filipo, Jesús preguntó a sus discípulos: «¿Quién dice la gente que es el Hijo del hombre?». Ellos contestaron: «Unos que Juan el Bautista, otros que Elías, otros que Jeremías o uno de los profetas». Él les preguntó: «Y vosotros, ¿quién decís que soy yo?». Simón Pedro tomó la palabra y dijo: «Tú eres el Mesías, el Hijo del Dios vivo». Jesús le respondió: «¡Bienaventurado tú, Simón, hijo de Jonás!, porque eso no te lo ha revelado ni la carne ni la sangre, sino mi Padre que está en los cielos. Ahora yo te digo: tú eres Pedro, y sobre esta piedra edificaré mi iglesia, y el poder del infierno no la derrotará. Te daré las llaves del reino de los cielos; lo que ates en la tierra quedará atado en los cielos, y lo que desates en la tierra quedará desatado en los cielos».

Tú eres Pedro

Un solo Padre: Dios. Un solo Maestro: Cristo. Ahora considera lo que la liturgia dice de Simón, el hijo de Jonás. Jesús le cambia el nombre y lo llama: Pedro –Piedra, roca– sobre la que él va a levantar su Iglesia. El nombre propio indica la misión que se le confía: dar estabilidad a la comunidad de Jesús. El mismo Jesús que en Cesarea de Filipo le había dado a Simón nombre y misión, se lo recordará en Jerusalén, en horas de oscuridad: «Yo he pedido por ti, para que tu fe no se apague. Y tú, cuando te recobres, da firmeza a tus hermanos». Si miras a la cátedra del Apóstol, no busques en ella a un vice Cristo sino a un hermano que, débil como tú, necesita recobrarse, a un hermano que el Señor te ha regalado para que te afiance en la fe. Damos gracias al Padre, que en la cátedra de Pedro nos ha dejado una luz que nos oriente en la noche, un hermano que, por su preeminencia en el amor, sea siervo de todos.

«El Señor es mi pastor, nada me falta. Él me conduce hacia fuentes tranquilas y repara mis fuerzas. Su bondad y su misericordia me acompañan todos los días de mi vida» (Salmo 22).

S. Policarpo de Esmirna, m.o.
Marta de Astorga;
Florencio;
Josefina Vannini;
Bta. Rafaela Ybarra

VII del T.O.
3ª salt. / R
Sant 4,13-17 /
Sal 48 /
Mc 9,38-40

Marcos 9,38-40

En aquel tiempo, Juan dijo a Jesús: «Maestro, hemos visto a uno que echaba demonios en tu nombre, y se lo hemos querido impedir, porque no viene con nosotros». Jesús respondió: «No se lo impidáis, porque quien hace un milagro en mi nombre no puede luego hablar mal de mí. El que no está contra nosotros está a favor nuestro».

«Yo soy el camino»

Entonces los discípulos iban con Jesús; ahora es el Señor el que camina con nosotros. Ahora como entonces, nosotros como ellos, vivimos pendientes de su persona, de su palabra, de sus hechos, de su lucha contra el mal: Cristo Jesús es el camino por el que queremos ir, la verdad que deseamos encontrar, la vida por la que suspira la fragilidad de nuestro ser. «¿Qué es nuestra vida? Una nube que aparece un momento y en seguida desaparece». Dichosa fragilidad, que nos apega a Cristo, que por Cristo nos conduce al Padre, y en Cristo nos hace herederos del reino de los cielos. Bienaventurada pobreza, que nos une al Señor del cielo y de la tierra en comunión tan admirable que, cuanto dice de sí mismo –«no puede hablar mal de mí»–, lo dice de él y de nosotros –«el que no está contra nosotros, está a favor nuestro». Goza de esa comunión, Iglesia de Cristo, goza del abrazo con tu Señor en la Eucaristía y en los pobres.

En Cristo Jesús, Dios se nos ha hecho camino, verdad y vida: Bendito sea por siempre su santo nombre.

Modesto; Bta. Mª Josefa Naval; Bta. Ascensión del Corazón de Jesús

VII del T.O.
3ª salt. / V
Sant 5,1-6 /
Sal 48 /
Mc 9,41-50

Marcos 9,41-50

En aquel tiempo, dijo Jesús a sus discípulos: «El que os dé a beber un vaso de agua porque sois de Cristo, en verdad os digo que no se quedará sin recompensa. El que escandalice a uno de estos pequeñuelos que creen, más le valdría que le encajasen en el cuello una piedra de molino y lo echasen al mar. Si tu mano te induce a pecar, córtatela: más te vale entrar manco en la vida, que ir con las dos manos a la "gehenna", al fuego que no se apaga. Y, si tu pie te induce a pecar, córtatelo: más te vale entrar cojo en la vida, que ser echado con los dos pies a la "gehenna". Y, si tu ojo te induce a pecar, sácatelo: más te vale entrar tuerto en el reino de Dios, que ser echado con los dos ojos a la "gehenna", donde el gusano no muere y el fuego no se apaga. Todos serán salados a fuego. Buena es la sal; pero si la sal se vuelve sosa, ¿con qué la salaréis? Tened sal entre vosotros y vivid en paz unos con otros».

Echar bien las cuentas

La palabra clave es «escandalizar», entiéndase: «poner en peligro». Cuando se trata de lo que es un escándalo para uno mismo, la sentencia evangélica dice que aceptar un sacrificio para vivir es mejor que perecer por no haber sacrificado lo que nos ponía en peligro. Lo que cuenta es «entrar en la vida», entrar en el reino, entrar en Cristo Jesús por la fe, por la esperanza, por el amor. Si algo de ti –tu mano, tu pie, tu ojo– te escandaliza, si algo pone en peligro tu comunión con la vida, córtatelo, sácatelo, pues no hay comparación entre lo que pierdes y lo que ganas. «Riqueza», «vestidos», «oro», «plata», «jornal defraudado a los obreros»... esos son nombres que el Apóstol da a lo que Jesús llamó «tu mano», «tu pie», «tu ojo»... Y si lo que vas a poner en peligro es la vida de los pequeños de Dios, entonces mejor será que «te cortes por entero», y te decidas a perderlo todo para que ellos vivan.

Ven, Espíritu Santo, llena los corazones de tus fieles, para que, habiendo encontrado la vida que es Cristo, todo lo perdamos para transformarnos en él.

Valerio de Astorga;
Luis Versiglia;
Calisto Caravario;
Bto. Roberto
de Arbrissel

VII del T.O.
3ª salt. / V
Sant 5,9-12 /
Sal 102 /
Mc 10,1-12

Marcos 10,1-12

En aquel tiempo, Jesús se marchó a Judea y a Transjordania; otra vez se le fue reuniendo gente por el camino y según su costumbre les enseñaba. Acercándose unos fariseos, le preguntaban para ponerlo a prueba: «¿Le es lícito al hombre repudiar a su mujer?». Él les replicó: «¿Qué os ha mandado Moisés?». Contestaron: «Moisés permitió escribir el acta de divorcio y repudiarla». Jesús les dijo: «Por la dureza de vuestro corazón dejó escrito Moisés este precepto. Pero al principio de la creación Dios los creó hombre y mujer. Por eso dejará el hombre a su padre y a su madre, se unirá a su mujer y serán los dos una sola carne. De modo que ya no son dos, sino una sola carne. Pues lo que Dios ha unido, que no lo separe el hombre». En casa, los discípulos volvieron a preguntarle sobre lo mismo. Él les dijo: «Si uno repudia a su mujer y se casa con otra, comete adulterio contra la primera. Y si ella repudia a su marido y se casa con otro, comete adulterio».

Al principio... al final

A los preguntones malintencionados Jesús los reenvió «al principio», y no para llevarlos a la escuela del primer hombre y de la primera mujer, sino para sentarlos a los pies del Creador a escuchar de él cuál era su designio para el hombre y para la mujer: «El hombre se unirá a su mujer y serán los dos una sola carne». Tal es el designio desde el principio. Ahora, a nosotros, la fe nos permite fijarnos en el hombre nuevo y en la nueva mujer, en Cristo y en la Iglesia. Lo que has oído desde el principio es un gran misterio, y la fe lo refiere a Cristo y a la Iglesia: Entre el Esposo y la esposa reconocerás un amor, una comunión, que son para siempre. Sea que mires «al principio», sea que te fijes en el tiempo final, encuentras el mismo designio, el mismo amor, la misma inefable comunión que hombre y mujer habrán de imitar en su relación matrimonial.

Cuánta compasión, cuánta ternura, qué tesoro de bondad y de misericordia el de nuestro Dios, que nos llamó a vivir en comunión con su Unigénito.

Alejandro de Alejandría; Néstor; Paula Montal; Bta. Piedad de la Cruz Ortiz Real

VII del T.O.
3ª salt. / V
Sant 5,13-20 / Sal 140 / Mc 10,13-16

Marcos 10,13-16

En aquel tiempo, le acercaban a Jesús niños para que los tocara, pero los discípulos los regañaban. Al verlo, Jesús se enfadó y les dijo: «Dejad que los niños se acerquen a mí: no se lo impidáis, pues de los que son como ellos es el reino de Dios. En verdad os digo que quien no reciba el reino de Dios como un niño, no entrará en él». Y tomándolos en brazos los bendecía imponiéndoles las manos.

Como ellos

No siempre se es niño, pero siempre se puede ser «como ellos». Hoy el evangelio nos recuerda que en ser «como niños» nos va el ser «del reino de Dios». Será porque un niño nada puede ganar o merecer, será porque todo lo necesita, será porque todo lo recibe, será porque se alimenta de ternura, de gratuidad, de abundancia regalada. En el reino de Dios se entra por gracia; el reino, como el evangelio, se ofrece a los pobres. El reino, el evangelio, Jesús, se reciben con la alegría, la ilusión, la expectación con que un niño recibe un regalo. El reino, el evangelio, Jesús, se reciben como una bendición del cielo, como una caricia de madre. Reino, evangelio, Jesús, son los «secretos» que el Padre revela a la gente sencilla. Como niños podemos decir a Dios: «Padre nuestro». Como niños nos sabemos bendecidos en la Eucaristía. Como niños nos acercaremos confiados al pobre en quien Jesús nos abraza.

Que tu Espíritu, Señor, nos enseñe a descansar en ti, como descansa el niño en brazos de su madre.

domingo

Gregorio de Narek; Gabriel de la Dolorosa; Juan de Gorze; Bta. Francisca Ana de los Dolores de María; Bta. Caridad; Bto. José Tous Soler

4ª salt. / V
Eclo 27,4-7 / Sal 91 / 1Cor 15,54-58 / Lc 6,39-45

Eclesiástico 27,4-7

Cuando se agita la criba, quedan los desechos; así, cuando la persona habla, se descubren sus defectos. El horno prueba las vasijas del alfarero, y la persona es probada en su conversación. El fruto revela el cultivo del árbol, así la palabra revela el corazón de la persona. No elogies a nadie antes de oírlo hablar, porque ahí es donde se prueba una persona.

Salmo 91,2-3.13-14.15-16

R. Es bueno darte gracias, Señor.

1 Corintios 15,54-58

Hermanos: Cuando esto corruptible se vista de incorrupción, y esto mortal se vista de inmortalidad, entonces se cumplirá la palabra que está escrita: «La muerte ha sido absorbida en la victoria. ¿Dónde está, muerte, tu victoria? ¿Dónde está, muerte, tu aguijón?». El aguijón de la muerte es el pecado, y la fuerza del pecado, la ley. ¡Gracias a Dios, que nos da la victoria por medio de nuestro Señor Jesucristo! De modo que, hermanos míos queridos, manteneos firmes e inconmovibles. Entregaos siempre sin reservas a la obra del Señor, convencidos de que vuestro esfuerzo no será vano en el Señor.

Lucas 6,39-45

En aquel tiempo, dijo Jesús a los discípulos una parábola: «¿Acaso puede un ciego guiar a otro ciego? ¿No caerán los dos en el hoyo? No está el discípulo sobre su maestro, si bien, cuando termine su aprendizaje, será como su maestro. ¿Por qué te fijas en la mota que tiene tu hermano en el ojo y no reparas en la viga que llevas en el tuyo? ¿Cómo puedes decirle a tu hermano: "Hermano, déjame que te saque la mota del ojo", sin fijarte en la viga que llevas en el tuyo? ¡Hipócrita! Sácate primero la viga de tu ojo, y entonces verás claro para sacar la mota del ojo de tu hermano. Pues no hay árbol bueno que dé fruto malo, ni árbol malo que dé fruto bueno; por ello, cada árbol se conoce por su fruto; porque no se recogen higos de las zarzas, ni se vendimian racimos de los espinos. El hombre bueno, de la bondad que atesora en su corazón saca el bien, y el que es malo, de la maldad saca el mal; porque de lo que rebosa el corazón habla la boca».

De la abundancia del corazón

Va de árboles y de fruto, va de corazones que rebosan de lo que llevan dentro. Curiosamente, somos nosotros los que decidimos el fruto que vamos a dar, y somos nosotros los que escogemos lo que va a ocupar nuestro corazón. Me pregunto qué hay dentro de mí, qué fruto puede encontrar el Señor en el árbol de mi vida. En ti, Iglesia esposa de Cristo, en cada uno de tus hijos, el Padre espera reconocer la imagen de su Hijo, el aroma de su Hijo, la gracia de su Hijo, el Espíritu de su Hijo. De ti, de cada uno de nosotros, el Padre espera que brillemos como lumbreras del mundo, que seamos de luz como su Hijo, que llevemos en nuestras manos la vida como la llevaba Jesús. Que cada uno de tus hijos, Iglesia esposa y madre, agite la criba del discernimiento, para que quede en ella el desecho, lo dañado, lo que no es Cristo, lo que no muestra al mundo una razón para vivir. Cuida el árbol de tu vida, y tu fruto será Cristo Jesús.

Proclamamos, Señor, tu misericordia y tu fidelidad, porque nos has llamado a vivir en comunión con Cristo y a dar por él frutos de vida eterna.

Nª Sra. Refugio de los Pecadores; Román; Rufino; Bto. Ciriaco María Sancha; Bta. Antonia de Florencia

4ª salt. / V
1Pe 1,3-9 /
Sal 110 /
Mc 10,17-27

Marcos 10,17-27

En aquel tiempo, cuando salía Jesús al camino, se le acercó uno corriendo, se arrodilló ante él y le preguntó: «Maestro bueno, ¿qué haré para heredar la vida eterna?». Jesús le contestó: «¿Por qué me llamas bueno? No hay nadie bueno más que Dios. Ya sabes los mandamientos: no matarás, no cometerás adulterio, no robarás, no darás falso testimonio, no estafarás, honra a tu padre y a tu madre». Él replicó: «Maestro, todo eso lo he cumplido desde mi juventud». Jesús se quedó mirándolo, lo amó y le dijo: «Una cosa te falta: anda, vende lo que tienes, dáselo a los pobres, así tendrás un tesoro en el cielo, y luego ven y sígueme». A estas palabras, él frunció el ceño y se marchó triste porque era muy rico. Jesús, mirando alrededor, dijo a sus discípulos: «¡Qué difícil les será entrar en el reino de Dios a los que tienen riquezas!». Los discípulos quedaron sorprendidos de estas palabras. Pero Jesús añadió: «Hijos, ¡qué difícil es entrar en el reino de Dios! Más fácil le es a un camello pasar por el ojo de una aguja, que a un rico entrar en el reino de Dios». Ellos se espantaron y comentaban: «Entonces, ¿quién puede salvarse?». Jesús se les quedó mirando y les dijo: «Es imposible para los hombres, no para Dios. Dios lo puede todo».

En comunión con Cristo pobre

Has oído lo que Jesús dice al que le pregunta qué ha de hacer para heredar la vida eterna: «Ya sabes los mandamientos». Él piensa ingenuamente que los ha cumplido desde pequeño; pero no es así: «Una cosa te falta –le dice Jesús–: Hazte pobre, y luego sígueme». No pienses que Jesús está trazando las líneas de un nuevo sistema económico-financiero: está hablando de la tierra, de los bienes de la tierra, de lo que hemos de hacer con ellos para que cumplamos el mandamiento y los bienes sirvan a los pobres. Lo otro, lo de heredar la vida eterna y tener un tesoro en el cielo, es cosa de Dios, es promesa y responsabilidad suya. No te fijes en el joven que no administró lo que de Dios había recibido. Fíjate en Jesús. De él se dice con verdad que, «siendo rico, se hizo pobre, para enriquecernos con su pobreza».

Rosendo; Félix III; León; David de Gales

VIII del T.O.
4ª salt. / V
1Pe 1,10-16 /
Sal 97 /
Mc 10,28-31

Marcos 10,28-31

En aquel tiempo, Pedro se puso a decir a Jesús: «Ya ves que nosotros lo hemos dejado todo y te hemos seguido». Jesús dijo: «En verdad os digo que no hay nadie que haya dejado casa, o hermanos o hermanas, o madre o padre, o hijos o tierras, por mí y por el Evangelio, que no reciba ahora, en este tiempo, cien veces más –casas y hermanos y hermanas y madres e hijos y tierras, con persecuciones– y en la edad futura, vida eterna. Muchos primeros serán últimos, y muchos últimos primeros».

Dejarlo todo

Si todavía no te has marchado –como el joven que «se marchó pesaroso porque era muy rico»–, se te invita a entrar en los secretos del reino que Dios revela a la gente sencilla: «Son cosas que los ángeles ansían penetrar», «es el don que os va a traer la revelación de Jesucristo», «es la victoria –el sacramento de la salvación– que Dios te da a conocer». Si has creído en Cristo Jesús, si te has puesto a seguirlo, si te has hecho discípulo del evangelio y ciudadano del reino de Dios, todo lo habrás dejado por él y mucho más habrás recibido con él; a todo habrás renunciado por él y mucho más habrás encontrado en él; todo, aquí y ahora, habrás dado a los pobres para seguirlo a él, y mucho más, aquí y ahora, te promete el que por ti se hizo pobre para enriquecerte. Cien veces más, aquí y ahora; «y en la edad futura, vida eterna». Y lo que esperas, lo recibes ya, místicamente, en la Eucaristía que celebras.

Bendito seas, Padre, Señor de cielo y tierra, porque has revelado los secretos del reino a la gente sencilla, y nos has destinado por Cristo a ser tus hijos.

Simplicio; Absalón; Jenara; Inés de Praga; Bto. Carlos el Bueno

De Ceniza
4ª salt. / M
Vol. II
Jl 2,12-18 /
Sal 50 /
2Cor 5,20–6,2 /
Mt 6,1-6.16-18

Mateo 6,1-6.16-18

En aquel tiempo, dijo Jesús a sus discípulos: «Cuidad de no practicar vuestra justicia delante de los hombres para ser vistos por ellos; de lo contrario no tenéis recompensa de vuestro Padre celestial. Por tanto, cuando hagas limosna, no mandes tocar la trompeta ante ti, como hacen los hipócritas en las sinagogas y por las calles para ser honrados por la gente; en verdad os digo que ya han recibido su recompensa. Tú, en cambio, cuando hagas limosna, que no sepa tu mano izquierda lo que hace tu derecha; así tu limosna quedará en secreto y tu Padre, que ve en lo secreto, te recompensará. Cuando oréis, no seáis como los hipócritas, a quienes les gusta orar de pie en las sinagogas y en las esquinas de las plazas, para que los vean los hombres. En verdad os digo que ya han recibido su recompensa. Tú, en cambio, cuando ores, entra en tu cuarto, cierra la puerta y ora a tu Padre, que está en lo secreto, y tu Padre, que ve en lo secreto, te lo recompensará. Cuando ayunéis, no pongáis cara triste, como los hipócritas que desfiguran sus rostros para hacer ver a los hombres que ayunan. En verdad os digo que ya han recibido su paga. Tú, en cambio, cuando ayunes, perfúmate la cabeza y lávate la cara, para que tu ayuno lo note, no los hombres, sino tu Padre, que está en lo escondido; y tu Padre, que ve en lo escondido, te recompensará».

Aprender de Dios

Cuaresma: Camino del pueblo de Dios hacia la Pascua con Cristo. Cuaresma: Tiempo favorable para mirar dentro del corazón. Mira en el de Dios, te habla de él su Sabiduría: «Te compadeces de todos, Señor, no odias nada de lo que has hecho; cierras los ojos a los pecados de los hombres... y los perdonas, porque tú eres nuestro Dios y Señor». Ojos de amor abiertos sobre la fragilidad de las criaturas; ojos de amor cerrados sobre los pecados de los hombres; compasión para todos, y perdón, que es nombre propio de nuestro Dios y Señor: Dios que, amando, suplica que nos dejemos amar, que nos convirtamos a él de todo corazón.

Lucas 9,22-25

En aquel tiempo, dijo Jesús a sus discípulos: «El Hijo del hombre tiene que padecer mucho, ser desechado por los ancianos, sumos sacerdotes y escribas, ser ejecutado y resucitar al tercer día». Entonces decía a todos: «Si alguno quiere venir en pos de mí, que se niegue a sí mismo, tome su cruz cada día y me siga. Pues el que quiera salvar su vida la perderá; pero el que pierda su vida por mi causa la salvará. ¿De qué le sirve a uno ganar el mundo entero si se pierde o se arruina a sí mismo?».

Emeterio y Celedonio; Cunegunda de Luxemburgo; Katharine Drexel; Bta. Concepción Cabrera de Armida

Después de Ceniza
4ª salt. / M
Dt 30,15-20 / Sal 1 / Lc 9,22-25

El camino de la vida

Es el Señor el que habla: «Hoy te pongo delante la vida y el bien... Elige la vida... amando al Señor, tu Dios... apegándote a él». Y la misma palabra te muestra el camino para el encuentro con la vida y el bien que es tu Señor. Solo se te pedirá amor: Que ames al Señor, tu Dios, con todo el corazón, «siguiendo sus caminos, guardando sus preceptos, mandatos y decretos». Amar al Señor, confiar en él, encontrar en su ley el gozo del corazón. Para tu Dios y para ti, la ley, los decretos, los mandatos, los preceptos, el camino, son nombres de Cristo, son nombres del Unigénito que Dios nos ha entregado por amor. Ahora es Cristo, el camino, el que te habla: «Si alguno quiere seguirme, que se niegue a sí mismo, tome su cruz cada día y me siga». Apégate al mandato, apégate al camino, apégate a Cristo, apégate a tu Dios. Serás como un árbol plantado al borde de la acequia, y tu fruto será la vida... en Cristo, en Dios.

Te pedimos, Señor Dios nuestro, que, siguiendo el camino que es Cristo, por Cristo lleguemos a ti que eres la vida eterna.

S. Casimiro, c.
Lucio I; Capitón; Giovanni Antonio Farina

Después de Ceniza
4ª salt. / M
Is 58,1-9a /
Sal 50 /
Mt 9,14-15

Mateo 9,14-15

En aquel tiempo, los discípulos de Juan se le acercan a Jesús, preguntándole: «¿Por qué nosotros y los fariseos ayunamos a menudo y, en cambio, tus discípulos no ayunan?». Jesús les dijo: «¿Es que pueden guardar luto los amigos del esposo, mientras el esposo está con ellos? Llegarán días en que les arrebatarán al esposo, y entonces ayunarán».

El ayuno que Dios quiere

Ayunar y guardar luto no parecen algo apropiado para que lo hagan los invitados a la boda mientras el novio está con ellos. Otra cosa será cuando se lleven al novio: aquel día, a los invitados, a los discípulos, se les hará oscuridad, desolación, tristeza, miedo. Aquel día guardarán luto y ayunarán. El corazón sabe cuándo se llevan al novio. El corazón sabe cuándo nos perdemos en la noche, en la zozobra, en la duda, en la ausencia, en la búsqueda, en el llanto. Entonces se hace de casa la privación, el anhelo, el duelo, el mal de amor. «Entonces ayunarán», dice Jesús. Pero hay otro ayuno que se ha de practicar en todo tiempo, con el novio en la boda o ausente: Ayunar de toda maldad e injusticia. Ese es el ayuno que Dios quiere: «Abrir las prisiones injustas... dejar libres a los oprimidos... partir tu pan con el hambriento, hospedar a los pobres sin techo, vestir al que ves desnudo y no cerrarte a tu propia carne».

Concédenos, Señor, la gracia de reconocerte en tu palabra, en la Eucaristía, en los pobres; concédenos la dicha de transformarnos en ti por el amor.

Adrián; Juan José de la Cruz; Eusebio; Teófilo

Después de Ceniza
4ª salt. / M
Is 58, 9b-14 /
Sal 85 /
Lc 5,27-32

Lucas 5,27-32

En aquel tiempo, vio Jesús a un publicano llamado Leví, sentado al mostrador de los impuestos, y le dijo: «Sígueme». Él, dejándolo todo, se levantó y lo siguió. Leví ofreció en su honor un gran banquete en su casa, y estaban a la mesa con ellos un gran número de publicanos y otros. Y murmuraban los fariseos y sus escribas diciendo a los discípulos de Jesús: «¿Cómo es que coméis y bebéis con publicanos y pecadores?». Jesús les respondió: «No necesitan médico los sanos, sino los enfermos. No he venido a llamar a los justos, sino a los pecadores a que se conviertan».

Cosas de Dios

Sus caminos no son nuestros caminos. Su verdad se aparta de nuestra verdad. Las cosas de Dios, tal vez con escándalo para nosotros, se apartan de lo que suelen ser nuestras cosas. Lo nuestro es el negocio, el interés, el beneficio, la opresión, el gesto amenazador. Lo de Dios es mostrarse «bueno y clemente, rico en misericordia», Dios anti-opresión, Dios amigo de los pobres. Lo nuestro es dictarle mandamientos a Dios, hacerlo fiscal de una justicia a nuestra manera, hacerlo Dios a nuestra medida, y postrarnos ante ese ídolo, imagen y semejanza nuestra, que siempre nos deja satisfechos y engañados. Lo de Dios es mostrarse en la verdad de su ser: médico de enfermos, pastor de ovejas perdidas, amigo de publicanos y pecadores. En Cristo Jesús, tu Dios te dice: «Sígueme». Y si escuchas la llamada, harás tuya la voluntad del que te llama: «Misericordia quiero y no sacrificios». Escucha, cree, comulga las cosas de Dios.

Señor, tú que eres pan para el hambriento, libertad para el oprimido, justicia para los pecadores, enséñame tu camino para que siga tu verdad.

Coleta Boylet; Olegario; Crodegango de Metz; Fridolino

1ª salt. / M
Vol. I (C)
Dt 26,4-10 / Sal 90 / Rom 10,8-13 / Lc 4,1-13

Deuteronomio 26,4-10

Moisés habló al pueblo, diciendo: «El sacerdote tomará de tu mano la cesta con las primicias de todos los frutos y la pondrá ante el altar del Señor, tu Dios. Entonces tomarás la palabra y dirás ante el Señor, tu Dios: "Mi padre fue un arameo errante, que bajó a Egipto, y se estableció allí como emigrante, con pocas personas, pero allí se convirtió en un pueblo grande, fuerte y numeroso. Los egipcios nos maltrataron, nos oprimieron y nos impusieron una dura esclavitud. Entonces clamamos al Señor, Dios de nuestros padres, y el Señor escuchó nuestros gritos, miró nuestra indefensión, nuestra angustia y nuestra opresión. El Señor nos sacó de Egipto con mano fuerte y brazo extendido, en medio de gran terror, con signos y prodigios, y nos trajo a este lugar, y nos dio esta tierra, una tierra que mana leche y miel. Por eso, ahora traigo aquí las primicias de los frutos del suelo que tú, Señor, me has dado". Los pondrás ante el Señor, tu Dios, y te postrarás en presencia del Señor, tu Dios».

Salmo 90,1-2.10-11.12-13.14-15

R. Quédate conmigo, Señor, en la tribulación.

Romanos 10,8-13

Hermanos: ¿Qué dice la Escritura? «La palabra está cerca de ti: la tienes en los labios y en el corazón». Se refiere a la palabra de la fe que anunciamos. Porque, si profesas con tus labios que Jesús es Señor, y crees con tu corazón que Dios lo resucitó de entre los muertos, serás salvo. Pues con el corazón se cree para alcanzar la justicia, y con los labios se profesa para alcanzar la salvación. Pues dice la Escritura: «Nadie que crea en él quedará confundido». En efecto, no hay distinción entre judío y griego, porque uno mismo es el Señor de todos, generoso con todos los que lo invocan, pues «todo el que invoque el nombre del Señor será salvo».

Lucas 4,1-13

En aquel tiempo, Jesús, lleno del Espíritu Santo, volvió del Jordán y el Espíritu lo fue llevando durante cuarenta días por el desierto, mientras era tentado por el diablo. En todos aquellos días estuvo sin comer y, al final, sintió hambre. Entonces el diablo le dijo: «Si eres Hijo de Dios, di a esta piedra que se convierta en pan». Jesús le contestó: «Está escrito: "No solo de pan vive el hombre"». Después, llevándole a lo alto, el diablo le mostró en un instante todos los reinos del mundo y le dijo: «Te daré el poder y la gloria de todo eso, porque a mí me ha sido dado, y yo lo doy a quien quiero. Si tú te arrodillas delante de mí, todo será tuyo». Respondiendo Jesús, le dijo: «Está escrito: "Al Señor, tu Dios, adorarás y a él solo darás culto"». Entonces lo llevó a Jerusalén y lo puso en el alero del templo y le dijo: «Si eres Hijo de Dios, tírate de aquí abajo, porque está escrito: "Ha dado órdenes a sus ángeles acerca de ti, para que te cuiden", y también: "Te sostendrán en sus manos, para que tu pie no tropiece contra ninguna piedra"». Respondiendo Jesús, le dijo: «Está escrito: "No tentarás al Señor, tu Dios"». Acabada toda tentación, el demonio se marchó hasta otra ocasión.

Tu cestilla

Lo que el corazón dice a Dios en el salmo con palabras de fe, la cestilla de las primicias se lo dice con frutos de la tierra: «Refugio mío, alcázar mío, Dios mío, confío en ti». Tú, Iglesia de Cristo, has entrado con tu Señor en el desierto y allí con él serás tentada. El seductor te ofrecerá su pan de poder y de gloria, toda la tierra al precio de que dobles las rodillas delante de él. Pero tú, con tu cestilla y tu fe, seguirás diciendo a tu Dios: «Refugio mío, alcázar mío, Dios mío, confío en ti». Tú sabes que el corazón se te quedaría de hielo si nada hubiese que agradecer, nada que ofrecer. La tierra sería para ti un desierto de muerte si no llevases en tu cestilla justicia y fidelidad, espíritu, santidad y gracia, verdad, libertad y vida. No dejes de ofrecer tu oración rebosante de gratitud para Dios, tu cestilla llena de pan para los pobres.

Vengo a traerte, Señor, las horas de mi jornada. Aunque la ofrenda es menguada, hágala digna tu amor: «Refugio mío, alcázar mío, Dios mío, confío en ti».

Stas. Perpetua y Felicidad, c.
Revocato;
Antonino; Teresa Margarita Redi;
Bto. José Olallo

I de Cuaresma
1ª salt. / M
Lev 19,1-2.11-18 /
Sal 18 /
Mt 25,31-46

Mateo 25,31-46

En aquel tiempo, dijo Jesús a sus discípulos: «Cuando venga en su gloria el Hijo del hombre, y todos los ángeles con él, se sentará en el trono de su gloria y serán reunidas ante él todas las naciones. Él separará a unos de otros, como un pastor separa las ovejas de las cabras. Y pondrá las ovejas a su derecha y las cabras a su izquierda. Entonces dirá el rey a los de su derecha: "Venid vosotros, benditos de mi Padre; heredad el reino preparado para vosotros desde la creación del mundo. Porque tuve hambre y me disteis de comer, tuve sed y me disteis de beber, fui forastero y me hospedasteis, estuve desnudo y me vestisteis, enfermo y me visitasteis, en la cárcel y vinisteis a verme". Entonces los justos le contestarán: "Señor, ¿cuándo te vimos con hambre y te alimentamos, o con sed y te dimos de beber?; ¿cuándo te vimos forastero y te hospedamos, o desnudo y te vestimos?; ¿cuándo te vimos enfermo o en la cárcel y fuimos a verte?". Y el rey les dirá: "En verdad os digo que cada vez que lo hicisteis con uno de estos, mis hermanos más pequeños, conmigo lo hicisteis". Entonces dirá a los de su izquierda: "Apartaos de mí, malditos, id al fuego eterno preparado para el diablo y sus ángeles. Porque tuve hambre y no me disteis de comer, tuve sed y no me disteis de beber, fui forastero y no me hospedasteis, estuve desnudo y no me vestisteis, enfermo y en la cárcel y no me visitasteis". Entonces también estos contestarán: "Señor, ¿cuándo te vimos con hambre o con sed, o forastero o desnudo, o enfermo o en la cárcel, y no te asistimos?". Él les replicará: "En verdad os digo: lo que no hicisteis con uno de estos, los más pequeños, tampoco lo hicisteis conmigo". Y estos irán al castigo eterno y los justos a la vida eterna».

Ilumínanos, Señor, con la luz de tu palabra, para que demos frutos de misericordia y llevemos a los pobres la buena noticia de tu amor.

S. Juan de Dios, c.
Veremundo de Irache; Faustino Míguez; Esteban de Obazine

I de Cuaresma
1ª salt. / M
Is 55,10-11 /
Sal 33 /
Mt 6,7-15

Mateo 6,7-15

En aquel tiempo, dijo Jesús a sus discípulos: «Cuando recéis, no uséis muchas palabras, como los gentiles, que se imaginan que por hablar mucho les harán caso. No seáis como ellos, pues vuestro Padre sabe lo que os hace falta antes de que lo pidáis. Vosotros orad así: "Padre nuestro que estás en el cielo, santificado sea tu nombre, venga a nosotros tu reino, hágase tu voluntad en la tierra como en el cielo, danos hoy nuestro pan de cada día, perdona nuestras ofensas, como también nosotros perdonamos a los que nos ofenden, no nos dejes caer en la tentación, y líbranos del mal". Porque si perdonáis a los hombres sus ofensas, también os perdonará vuestro Padre celestial, pero si no perdonáis a los hombres, tampoco vuestro Padre perdonará vuestras ofensas».

La palabra de Dios es tu vida

Fíjate en la palabra de Dios, esa que puedes oír cuando es proclamada en la asamblea litúrgica, y que puedes siempre leer y meditar, contemplar y gustar en el secreto del corazón. Esa palabra es liberación, es iluminación, es salvación. Esa palabra es un sacramento de los ojos con que Dios te mira, de la atención con que Dios escucha tu grito. Dios está más dentro de ti que la palabra que escuchas y crees y guardas en el corazón. La palabra de Dios es tu vida. Ahora fíjate en la que tú dices cuando hablas a Dios. Primero invocas: «Padre nuestro del cielo». Esa es la confesión más asombrosa y revolucionaria que jamás se haya podido hacer, por lo que dice de ti, por lo que dice de todos: Dios ha creado el mundo para que fuésemos sus hijos. Luego pides imitar su santidad, que venga su palabra, que se haga su palabra, que nos dé su palabra, que nos perdone si alguna vez la hemos ignorado, y que no nos deje ignorarla nunca jamás.

«Escúchame cuando te invoco, Dios, defensor mío; tú que en el aprieto me diste anchura, ten piedad de mí». Dame, Señor, cada día el pan de tu palabra.

Sta. Francisca Romana, c.
Gregorio de Nisa; Paciano; Catalina de Bolonia

I de Cuaresma
1ª salt. / M
Jon 3,1-10 /
Sal 50 /
Lc 11,29-32

Lucas 11,29-32

En aquel tiempo, la gente se apiñaba alrededor de Jesús, y él se puso a decirles: «Esta generación es una generación perversa. Pide un signo, pero no se le dará más signo que el signo de Jonás. Pues como Jonás fue un signo para los habitantes de Nínive, lo mismo será el Hijo del hombre para esta generación. La reina del Sur se levantará en el juicio contra los hombres de esta generación y hará que los condenen, porque ella vino desde los confines de la tierra para escuchar la sabiduría de Salomón, y aquí hay uno que es más que Salomón. Los hombres de Nínive se alzarán en el juicio contra esta generación y harán que la condenen; porque ellos se convirtieron con la proclamación de Jonás, y aquí hay uno que es más que Jonás».

Creer, convertirme, comulgar

Jonás proclamaba un castigo inminente: «Dentro de cuarenta días Nínive será destruida». Jesús proclamaba el evangelio de Dios: «Se ha cumplido el tiempo y está cerca el reino de Dios». Los ninivitas «creyeron en Dios» y se convirtieron, y Dios se compadeció de ellos. Me pregunto si yo he empezado a creer. A mí no ha llegado Jonás con su amenaza sino Jesús con el reino de Dios. «Aquí hay uno que es más que Jonás»: Aquí está la Sabiduría que ha extendido la bóveda del universo, aquí la gracia que se ofrece a los pecadores, aquí la justicia que piden los humildes, aquí la compasión que abraza a los que lloran. Aquí está la Palabra eterna que se hizo carne y habitó entre nosotros, el Hijo en el que Dios nos ha revelado su amor, el ungido por el Espíritu Santo para evangelizar a los pobres, el Pan con que Dios nos alimenta, el reino al que Dios nos invita. Solo se me pide creer en él, convertirme a él, comulgar con él.

Señor, enséñanos a escuchar tu palabra, a creer en ti, a confiar en ti, a apegarnos a ti, pues en conocerte, en convertirnos a ti, está la vida eterna.

Macario de Jerusalén; Juan Ogilvie; Mª Eugenia Milleret

I de Cuaresma
1ª salt. / M
Est 4,17k.l-z /
Sal 137 /
Mt 7,7-12

Mateo 7,7-12

En aquel tiempo, dijo Jesús a sus discípulos: «Pedid y se os dará, buscad y encontraréis, llamad y se os abrirá; porque todo el que pide recibe, quien busca encuentra y al que llama se le abre. Si a alguno de vosotros le pide su hijo pan, ¿le dará una piedra?; y si le pide pescado, ¿le dará una serpiente? Pues si vosotros, aun siendo malos, sabéis dar cosas buenas a vuestros hijos, ¡cuánto más vuestro Padre que está en los cielos dará cosas buenas a los que le piden! Así, pues, todo lo que deseáis que los demás hagan con vosotros, hacedlo vosotros con ellos; pues esta es la Ley y los Profetas».

«Cuando te invoqué me escuchaste»

«Señor, escucha mis palabras, atiende a mis gemidos, haz caso de mis gritos de socorro». A la súplica del Salmista le hace eco la oración de la reina Ester: «Señor mío, protégeme... atiende... dame valor». Salmista y reina prefiguran a la Iglesia, comunidad vulnerable, pequeña, frágil en su debilidad, Iglesia solidaria, pacífica y humilde. Su plegaria, que es gemido y es grito, nace de la confianza en la lealtad misericordiosa de Dios, que nunca abandona la obra de sus manos. Tú has pedido: «Protégeme... atiende... dame valor». Y la fe te va diciendo: «Quien pide recibe, quien busca encuentra y al que llama se le abre». Y la misma fe te hace ver cumplido lo que has pedido. Tú dijiste: «Protégeme, que estoy sola». ¡Y recibes al Hijo de Dios que va contigo! Le dijiste: «Atiende, Señor». Y él te respondió sin dilación. Le dijiste: «Dame valor». ¡Y todo lo puedes ya en aquel que te conforta!

«Te doy gracias, Señor, por tu misericordia y tu lealtad; cuando te invoqué, me escuchaste, acreciste el valor en mi alma».

Sofronio; Ramiro; Eutimio; Fermín; Heraclio

I de Cuaresma
1ª salt. / M
Ez 18,21-28 /
Sal 129 /
Mt 5,20-26

Mateo 5,20-26

En aquel tiempo, dijo Jesús a sus discípulos: «Si vuestra justicia no es mayor que la de los escribas y fariseos, no entraréis en el reino de los cielos. Habéis oído que se dijo a los antiguos: "No matarás", y el que mate será reo de juicio. Pero yo os digo: todo el que se deja llevar de la cólera contra su hermano será procesado. Y si uno llama a su hermano "imbécil", tendrá que comparecer ante el Sanedrín, y si lo llama "necio", merece la condena de la "gehenna" del fuego. Por tanto, si cuando vas a presentar tu ofrenda sobre el altar, te acuerdas allí mismo de que tu hermano tiene quejas contra ti, deja allí tu ofrenda ante el altar y vete primero a reconciliarte con tu hermano, y entonces vuelve a presentar tu ofrenda. Con el que te pone pleito procura arreglarte enseguida, mientras vais todavía de camino, no sea que te entregue al juez y el juez al alguacil, y te metan en la cárcel. En verdad te digo que no saldrás de allí hasta que hayas pagado el último céntimo».

Ama como Dios te ama

Pertenece al corazón de nuestra fe: Dios nos habla y con Dios hablamos. Creer es escuchar a Dios y responderle en libertad. Si él habla, es para que vivamos. Y si nosotros le hablamos, es porque queremos vivir: Él es la vida, y desde nuestras penas y trabajos, desde nuestra tribulación, desde nuestra historia, «desde lo hondo», suspiramos por la vida, suspiramos por Dios. Él dice: «No me complazco en la muerte del pecador, sino en que se convierta y viva». Y nosotros pedimos: «Ensancha mi corazón... mira mis trabajos... perdona mis pecados... escucha mi voz». Se lo decimos porque hemos conocido que de él procede el perdón, él nos ha redimido con amor sin medida. Entonces se nos recuerda que la misericordia con que somos recibidos, es con la que hemos de recibir, no podemos ser recibidos por Dios sin haber recibido antes a los hermanos: Ama como Dios te ama.

«Ven, Espíritu Santo, llena los corazones de tus fieles y enciende en ellos el fuego de tu amor» (Liturgia de las horas).

Simeón el Teólogo;
Luis Orione;
Bta. Ángela Salawa

I de Cuaresma
1ª salt. / M
Dt 26,16-19 /
Sal 118 /
Mt 5,43-48

Mateo 5,43-48

En aquel tiempo, dijo Jesús a sus discípulos: «Habéis oído que se dijo: "'Amarás a tu prójimo' y aborrecerás a tu enemigo". Pero yo os digo: amad a vuestros enemigos y rezad por los que os persiguen, para que seáis hijos de vuestro Padre celestial, que hace salir su sol sobre malos y buenos, y manda la lluvia a justos e injustos. Porque, si amáis a los que os aman, ¿qué premio tendréis? ¿No hacen lo mismo también los publicanos? Y, si saludáis solo a vuestros hermanos, ¿qué hacéis de extraordinario? ¿No hacen lo mismo también los gentiles? Por tanto, sed perfectos, como vuestro Padre celestial es perfecto».

Perfectos como el Padre

El que cree en Dios, lo ama y vive pendiente de la palabra del Amado. Esa palabra es el pan con que el creyente se alimenta. Escuchándola, buscamos a Dios. Observándola, traspasamos nuestros límites, nos hacemos «perfectos como es perfecto nuestro Padre del cielo», y nos adentramos en el mundo de las bienaventuranzas: «Dichoso el que camina en la voluntad del Señor, dichoso el que lo busca de todo corazón». Fíjate en Cristo Jesús: él es el sol de justicia que Dios hace salir sobre malos y buenos; él es lluvia de bendiciones que Dios manda a justos e injustos; él es el sacramento del amor con que Dios nos ama. Fíjate en Cristo Jesús, tú que eres su cuerpo, y aprenderás de él a amar al que no te ama, a orar por el que te persigue, a bendecir al que te ha hace mal, a dar tu vida por quien te la arrebata. Fíjate en él, escucha su palabra, comulga con él, y de él aprenderás.

Tu ley, Señor, es perfecta y es descanso del alma. Vuelve hacia ti nuestros corazones, para que, escuchando tu palabra, nos hagamos discípulos de tu misericordia.

Rodrigo y Salomón; Nicéforo; Arabia; Sancha; Dulce Lopes Pontes

2ª salt. / M
Gén 15,5-12.17-18 / Sal 26 / Flp 3,17–4,1 [breve: 3,20–4,1] / Lc 9,28b-36

Génesis 15,5-12.17-18

En aquellos días, Dios sacó afuera a Abrán y le dijo: «Mira al cielo, y cuenta las estrellas, si puedes contarlas». Y añadió: «Así será tu descendencia». Abrán creyó al Señor y se le contó como justicia. Después le dijo: «Yo soy el Señor que te saqué de Ur de los caldeos, para darte en posesión esta tierra». Él replicó: «Señor Dios, ¿cómo sabré que voy a poseerla?». Respondió el Señor: «Tráeme una novilla de tres años, una cabra de tres años, un carnero de tres años, una tórtola y un pichón». Él los trajo y los cortó por el medio, colocando cada mitad frente a la otra, pero no descuartizó las aves. Los buitres bajaban a los cadáveres y Abrán los espantaba. Cuando iba a ponerse el sol, un sueño profundo invadió a Abrán y un terror intenso y oscuro cayó sobre él. El sol se puso y vino la oscuridad; una humareda de horno y una antorcha ardiendo pasaban entre los miembros descuartizados. Aquel día el Señor concertó alianza con Abrán en estos términos: «A tu descendencia le daré esta tierra, desde el río de Egipto al gran río Éufrates».

Salmo 26,1bcde.7-8.9abcd.13-14

R. El Señor es mi luz y mi salvación.

Filipenses 3,17–4,1

Hermanos, [sed imitadores míos y fijaos en los que andan según el modelo que tenéis en nosotros. Porque –como os decía muchas veces, y ahora lo repito con lágrimas en los ojos– hay muchos que andan como enemigos de la cruz de Cristo: su paradero es la perdición; su Dios, el vientre; su gloria, sus vergüenzas; solo aspiran a cosas terrenas.] Nosotros, en cambio, somos ciudadanos del cielo, de donde aguardamos un Salvador: el Señor Jesucristo. Él transformará nuestro cuerpo humilde, según el modelo de su cuerpo glorioso, con esa energía que posee para sometérselo todo. Así, pues, hermanos míos queridos y añorados, mi alegría y mi corona, manteneos así, en el Señor, queridos.

Lucas 9,28b-36

En aquel tiempo, tomó Jesús a Pedro, a Juan y a Santiago y subió a lo alto del monte para orar. Y, mientras oraba, el aspecto de su rostro cambió y sus vestidos brillaban de resplandor. De repente, dos hombres conversaban con él: eran Moisés y Elías, que, apareciendo con gloria, hablaban de su éxodo, que él iba a consumar en Jerusalén. Pedro y sus compañeros se caían de sueño, pero se espabilaron y vieron su gloria y a los dos hombres que estaban con él. Mientras estos se alejaban de él, dijo Pedro a Jesús: «Maestro, ¡qué bueno es que estemos aquí! Haremos tres tiendas: una para ti, otra para Moisés y otra para Elías». No sabía lo que decía. Todavía estaba diciendo esto, cuando llegó una nube que los cubrió con su sombra. Se llenaron de temor al entrar en la nube. Y una voz desde la nube decía: «Este es mi Hijo, el Elegido, escuchadlo». Después de oírse la voz, se encontró Jesús solo. Ellos guardaron silencio y, por aquellos días, no contaron a nadie nada de lo que habían visto.

La luz que te ilumina

Puede que a ti, Iglesia discípula de Jesús, lo mismo que a Abrahán en aquel día de asombrosas promesas, lo mismo que a Pedro, Juan y Santiago en el monte de la transfiguración, te invada al entrar en la nube un profundo sueño, un terror intenso, pues no se presenta Dios donde lo esperas ni como lo esperas ni cuando lo esperas. Aun así, entra en el misterio que celebras: Dios, nube oscura y antorcha luminosa, pasando entre las víctimas del sacrificio e iluminando de resurrección el cuerpo de Jesús, establece contigo una alianza eterna: el Señor dará a tus hijos la tierra que hoy se te concede vislumbrar en Cristo transfigurado; en Cristo, tus hijos serán ciudadanos del cielo. Con acción de gracias aguardamos su venida: «Él transformará nuestro cuerpo humilde según el modelo de su cuerpo glorioso». En Cristo resucitado, Dios es la luz que te ilumina, tu salvación.

Dios, Padre nuestro, que en la montaña de la transfiguración nos mostraste a tu Hijo, a tu amado, haznos atentos a su palabra, de modo que, escuchándolo, nos hagamos semejantes a él por la fe, la esperanza y el amor.

Matilde; Florentina; León; Pedro

II de Cuaresma
2ª salt. / M
Dan 9,4b-10 / Sal 78 / Lc 6,36-38

Lucas 6,36-38

En aquel tiempo, dijo Jesús a sus discípulos: «Sed misericordiosos como vuestro Padre es misericordioso; no juzguéis, y no seréis juzgados; no condenéis, y no seréis condenados; perdonad, y seréis perdonados; dad, y se os dará: os verterán una medida generosa, colmada, remecida, rebosante, pues con la medida con que midiereis se os medirá a vosotros».

«Sed compasivos»

No te asombres de que se te pida ser imitador de tu Dios, el Misericordioso. Es natural que los hijos, fijándose en sus padres, aprendan de ellos a vivir. Hoy lo oirás proclamado en la mesa de la palabra, y, si te acercas a la mesa del cuerpo del Señor, también lo oirás susurrado en la intimidad de tu corazón: «Sed misericordiosos como vuestro Padre es misericordioso». Eso habrás de decir de ti misma, Iglesia, que caminas hacia la Pascua con Cristo, si alguien te pregunta quién eres: Soy humanidad de la que Dios se ha compadecido. Soy una comunidad de hombres y mujeres perdonados por Dios. Él nos ha llamado a la misericordia, él nos ha hecho misioneros de su bondad, testigos de su misericordia. Y si todavía alguien te pregunta por qué habrías de ser misericordioso, entonces, delante de él, harás memoria de tu confesión y de tu súplica delante de tu Dios: «Hemos pecado... No nos trates, Señor, como merecen nuestros pecados».

Danos, Señor, un corazón nuevo, un corazón misericordioso, un corazón de amar, un corazón como el tuyo, un corazón en el que tú sigas amando a todos tus hijos.

Raimundo de Fitero; Clemente María Hofbauer; Vicenta de Coria

II de Cuaresma
2ª salt. / M
Is 1,10.16-20 / Sal 49 / Mt 23,1-12

Mateo 23,1-12

En aquel tiempo, Jesús habló a la gente y a los discípulos, diciendo: «En la cátedra de Moisés se han sentado los escribas y los fariseos: haced y cumplid todo lo que os digan; pero no hagáis lo que ellos hacen, porque ellos dicen, pero no hacen. Lían fardos pesados y se los cargan a la gente en los hombros, pero ellos no están dispuestos a mover un dedo para empujar. Todo lo que hacen es para que los vea la gente: alargan las filacterias y agrandan las orlas del manto; les gustan los primeros puestos en los banquetes y los asientos de honor en las sinagogas; que les hagan reverencias en las plazas y que la gente los llame "rabbí". Vosotros, en cambio, no os dejéis llamar "rabbí", porque uno solo es vuestro maestro y todos vosotros sois hermanos. Y no llaméis padre vuestro a nadie en la tierra, porque uno solo es vuestro Padre, el del cielo. No os dejéis llamar maestros, porque uno solo es vuestro maestro, el Mesías. El primero entre vosotros será vuestro servidor. El que se enaltece será humillado, y el que se humilla será enaltecido».

Enaltecidos en Cristo

La palabra de Jesús, que sale de su boca como «espada aguda de doble filo», rasga el velo que separa en nuestra vida las apariencias y la verdad. Al mundo de las apariencias pertenecen los sacrificios ostentosos y engañosos, los preceptos recitados y no cumplidos, filacterias alargadas, franjas ensanchadas, primeros puestos, asientos de honor, títulos. Tú, Iglesia en camino, abandonada la seducción de las apariencias, entras en el mar al que te conduce la palabra de Dios: en esas aguas te lavas, en ese bautismo te purificas; guiada por la palabra de Dios, aprendes a obrar bien, a buscar el derecho, a enderezar al oprimido, a defender a los desvalidos. Abandonada la seducción de las apariencias, estrenando corazón y espíritu, abrazada a Cristo resucitado, envuelta en su luz, enaltecida con él a la derecha de Dios, podrás decir con él: «Proclamo todas tus maravillas, me alegro y exulto contigo, oh Altísimo».

Heriberto; Agapito; Esmeralda; Eusebia; José Gabriel Brochero

II de Cuaresma
2ª salt. / M
Jer 18,18-20 /
Sal 30 /
Mt 20,17-28

Mateo 20,17-28

En aquel tiempo, subiendo Jesús a Jerusalén, tomando aparte a los Doce, les dijo por el camino: «Mirad, estamos subiendo a Jerusalén, y el Hijo del hombre va a ser entregado a los sumos sacerdotes y a los escribas, y lo condenarán a muerte y lo entregarán a los gentiles, para que se burlen de él, lo azoten y lo crucifiquen; y al tercer día resucitará». Entonces se le acercó la madre de los hijos de Zebedeo con sus hijos y se postró para hacerle una petición. Él le preguntó: «¿Qué deseas?». Ella contestó: «Ordena que estos dos hijos míos se sienten en tu reino, uno a tu derecha y el otro a tu izquierda». Pero Jesús replicó: «No sabéis lo que pedís. ¿Podéis beber el cáliz que yo he de beber?». Contestaron: «Podemos». Él les dijo: «Mi cáliz lo beberéis; pero sentarse a mi derecha o a mi izquierda no me toca a mí concederlo, es para aquellos para quienes lo tiene reservado mi Padre». Los otros diez, al oír aquello, se indignaron contra los dos hermanos. Y llamándolos, Jesús les dijo: «Sabéis que los jefes de los pueblos los tiranizan y que los grandes los oprimen. No será así entre vosotros: el que quiera ser grande entre vosotros, que sea vuestro servidor, y el que quiera ser primero entre vosotros, que sea vuestro esclavo. Igual que el Hijo del hombre no ha venido a ser servido sino a servir y a dar su vida en rescate por muchos».

Aprendiendo a arrodillarte

Porque eres de Jesús y estás en comunión con él, estás subiendo con él a Jerusalén. Allí él va a ser entregado. No te sorprendas si tú, su cuerpo, eres entregada como él. No te sorprenda el oprobio, la crucifixión. A ti, como a Jesús, los que no saben lo que se hacen, pretenderán arrebatarte por odio la vida que les has entregado desde siempre por amor. Porque esa es tu fe: un amor hasta la muerte, una muerte de amor. Por eso clamas con Jesús: «No me abandones, Señor, Dios mío... Sálvame por tu misericordia». Clamas y pides luz y gracia para hacerte servidora de todos al modo de Cristo. Clamas y comulgas con el Hijo del hombre, que viene para servirte.

S. Patricio, c.
Alejandro; Gabriel Lallemant; Gertrudis de Nivelles; Bto. Juan Nepomuceno Zegrí

II de Cuaresma
2ª salt. / M
Jer 17,5-10 /
Sal 1 /
Lc 16,19-31

Lucas 16,19-31

En aquel tiempo, dijo Jesús a los fariseos: «Había un hombre rico que se vestía de púrpura y de lino y banqueteaba cada día. Y un mendigo llamado Lázaro estaba echado en su portal, cubierto de llagas, y con ganas de saciarse de lo que caía de la mesa del rico. Y hasta los perros venían y le lamían las llagas. Sucedió que murió el mendigo, y fue llevado por los ángeles al seno de Abrahán. Murió también el rico y fue enterrado. Y, estando en el infierno, en medio de los tormentos, levantó los ojos y vio de lejos a Abrahán, y a Lázaro en su seno, y gritando, dijo: "Padre Abrahán, ten piedad de mí y manda a Lázaro que moje en agua la punta del dedo y me refresque la lengua, porque me torturan estas llamas". Pero Abrahán le dijo: "Hijo, recuerda que recibiste tus bienes en tu vida, y Lázaro, a su vez, males: por eso ahora él es aquí consolado, mientras que tú eres atormentado. Y, además, entre nosotros y vosotros se abre un abismo inmenso, para que los que quieran cruzar desde aquí hacia vosotros no puedan hacerlo, ni tampoco pasar de ahí hasta nosotros". Él dijo: "Te ruego, entonces, padre, que le mandes a casa de mi padre, pues tengo cinco hermanos: que les dé testimonio de estas cosas, no sea que también ellos vengan a este lugar de tormento". Abrahán le dice: "Tienen a Moisés y a los profetas: que los escuchen". Pero él le dijo: "No, padre Abrahán. Pero si un muerto va a ellos, se arrepentirán". Abrahán le dijo: "Si no escuchan a Moisés y a los profetas, no se convencerán ni aunque resucite un muerto"».

Aprendiendo a confiar

La historia del hombre rico y el pobre Lázaro es una reflexión sobre la fe, sobre la escucha de la palabra de Dios, sobre la confianza en el Señor. El pobre, al carecer de bienes, no será llevado a poner en ellos su confianza. El que viste de púrpura y lino y banquetea cada día, ese pondrá su confianza en lo que tiene y se olvidará del Señor y de su ley. «Bendito quien confía en el Señor».

S. Cirilo de Jerusalén, c.
Anselmo de Luca; Salvador de Horta

II de Cuaresma
2ª salt. / M
Gén 37,3-4.12-13a. 17b-28 / Sal 104 / Mt 21,33-43. 45-46

Mateo 21,33-43.45-46

En aquel tiempo, dijo Jesús a los sumos sacerdotes y a los ancianos del pueblo: «Escuchad otra parábola: "Había un propietario que plantó una viña, la rodeó con una cerca, cavó en ella un lagar, construyó una torre, la arrendó a unos labradores y se marchó lejos. Llegado el tiempo de los frutos, envió sus criados a los labradores para percibir los frutos que le correspondían. Pero los labradores, agarrando a los criados, apalearon a uno, mataron a otro y a otro lo apedrearon. Envió de nuevo otros criados, más que la primera vez, e hicieron con ellos lo mismo. Por último, les mandó a su hijo diciéndose: 'Tendrán respeto a mi hijo'. Pero los labradores, al ver al hijo se dijeron: 'Este es el heredero: venid, lo matamos y nos quedamos con su herencia'. Y agarrándolo, lo sacaron fuera de la viña y lo mataron. Cuando vuelva el dueño de la viña, ¿qué hará con aquellos labradores?"». Le contestan: «Hará morir de mala muerte a esos malvados y arrendará la viña a otros labradores que le entreguen los frutos a su tiempo». Y Jesús les dice: «¿No habéis leído nunca en la Escritura: "La piedra que desecharon los arquitectos es ahora la piedra angular. Es el Señor quien lo ha hecho, ha sido un milagro patente"? Por eso os digo que se os quitará a vosotros el reino de Dios y se dará a un pueblo que produzca sus frutos». Los sumos sacerdotes y los fariseos, al oír sus parábolas, comprendieron que hablaba de ellos. Y, aunque intentaban echarle mano, temieron a la gente, que lo tenía por profeta.

Aprendiendo del amor que es Dios

Se habla de dos hijos. De uno se dice: «Ahí viene el de los sueños. Vamos a matarlo... Veremos en qué paran sus sueños». Del otro leemos: «Este es el heredero: venid, lo matamos y nos quedamos con su herencia». Con ellos oramos diciendo: «A ti, Señor, me acojo; no quede yo nunca defraudado. Sácame de la red que me han tendido». Pero se nos pide también que nos fijemos en los padres de esos hijos. Para Jacob, José era el preferido. Para Dios, Jesús es el predilecto.

S. José, esposo de la Virgen María, s.

Amancio; Ida; Juan

Oficio de la s. / B

Vol. IV

2Sam 7,4-5a. 12-14a.16 / Sal 88 / Rom 4,13.16-18.22 / Mt 1,16.18-21.24a (o bien: Lc 2,41-51a)

Mateo 1,16.18-21.24a

Jacob engendró a José, el esposo de María, de la cual nació Jesús, llamado Cristo. La generación de Jesucristo fue de esta manera: María, su madre, estaba desposada con José y, antes de vivir juntos, resultó que ella esperaba un hijo por obra del Espíritu Santo. José, su esposo, como era justo y no quería difamarla, decidió repudiarla en privado. Pero, apenas había tomado esta resolución, se le apareció en sueños un ángel del Señor que le dijo: «José, hijo de David, no temas acoger a María, tu mujer, porque la criatura que hay en ella viene del Espíritu Santo. Dará a luz un hijo y tú le pondrás por nombre Jesús, porque él salvará a su pueblo de sus pecados». Cuando José se despertó, hizo lo que le había mandado el ángel del Señor.

El custodio de los misterios divinos

Te lo dice la liturgia que celebras: José es el custodio fiel de los primeros misterios de la salvación. Él es el «hombre de corazón puro», entregado por entero a servir al Hijo de Dios. Él es para Dios el siervo fiel y cumplidor. En él se cumple lo prometido a David: «Te fundaré un linaje perpetuo, edificaré tu trono por todas las edades». En él se hace plena la fe de Abrahán: «Apoyado en la esperanza, creyó, contra toda esperanza». Él es el creyente dichoso que vive en la casa de Dios, alabando al Señor con la fidelidad en el servicio y la solicitud en el cuidado de los misterios que le han sido confiados. Ya sabes, Iglesia de Cristo, quién es José para Jesús y para la Madre de Jesús. Y sabes también quién es para ti, pues el custodio de aquellos misterios divinos, es el custodio fiel y solícito de tu misterio.

Concédenos, Señor, un corazón puro, para que, entregados por entero al servicio de tu Hijo, vivamos en la escucha de su palabra y, con solicitud amorosa, cuidemos de él en los pobres.

Martín de Braga; Nicetas; Eufemia; José Bilczewski

3ª salt. / M
Éx 3,1-8a.13-15 / Sal 102 / 1Cor 10, 1-6.10-12 / Lc 13,1-9 (o bien: Éx 17,3-7 / Sal 94 / Rom 5,1-2.5-8 / Jn 4,5-42)

Éxodo 3,1-8a.13-15

En aquellos días, Moisés pastoreaba el rebaño de su suegro Jetró, sacerdote de Madián. Llevó el rebaño trashumando por el desierto hasta llegar a Horeb, la montaña de Dios. El ángel del Señor se le apareció en una llamarada entre las zarzas. Moisés se fijó: la zarza ardía sin consumirse. Moisés se dijo: «Voy a acercarme a mirar este espectáculo admirable, a ver por qué no se quema la zarza». Viendo el Señor que Moisés se acercaba a mirar, lo llamó desde la zarza: «Moisés, Moisés». Respondió él: «Aquí estoy». Dijo Dios: «No te acerques; quítate las sandalias de los pies, pues el sitio que pisas es terreno sagrado». Y añadió: «Yo soy el Dios de tus padres, el Dios de Abrahán, el Dios de Isaac, el Dios de Jacob». Moisés se tapó la cara, porque temía ver a Dios. El Señor le dijo: «He visto la opresión de mi pueblo en Egipto y he oído sus quejas contra los opresores; conozco sus sufrimientos. He bajado a librarlo de los egipcios, a sacarlo de esta tierra, para llevarlo a una tierra fértil y espaciosa, tierra que mana leche y miel». Moisés replicó a Dios: «Mira, yo iré a los hijos de Israel y les diré: "El Dios de vuestros padres me ha enviado a vosotros". Si ellos me preguntan: "¿Cuál es su nombre?", ¿qué les respondo?». Dios dijo a Moisés: «"Yo soy el que soy"; esto dirás a los hijos de Israel: "Yo soy" me envía a vosotros». Dios añadió: «Esto dirás a los hijos de Israel: "El Señor, Dios de vuestros padres, el Dios de Abrahán, Dios de Isaac, Dios de Jacob, me envía a vosotros. Este es mi nombre para siempre: así me llamaréis de generación en generación"».

Salmo 102,1b-2.3-4.6-7.8 y 11

R. El Señor es compasivo y misericordioso.

1 Corintios 10,1-6.10-12

No quiero que ignoréis, hermanos, que nuestros padres estuvieron todos bajo la nube y todos atravesaron el mar y todos fueron bautizados en Moisés por la nube y por el mar; y todos comieron el mismo alimento espiritual; y todos bebieron la misma bebida espiritual, pues bebían de la roca espiritual que los seguía; y la roca era Cristo. Pero la mayoría de ellos no agradaron a Dios, pues sus cuerpos quedaron tendidos en el desierto. Estas cosas sucedieron en figura para nosotros, para que no codiciemos el mal como lo codiciaron ellos. Y para que no murmuréis, como murmuraron algunos de ellos, y perecieron a manos del Exterminador. Todo esto les sucedía alegóricamente y fue escrito para escarmiento nuestro, a quienes nos ha tocado vivir en la última de las edades. Por lo tanto, el que se crea seguro, cuídese de no caer.

Lucas 13,1-9

En aquel momento se presentaron algunos a contar a Jesús lo de los galileos, cuya sangre había mezclado Pilato con la de los sacrificios que ofrecían. Jesús respondió: «¿Pensáis que esos galileos eran más pecadores que los demás galileos porque han padecido todo esto? Os digo que no; y, si no os convertís, todos pereceréis lo mismo. O aquellos dieciocho sobre los que cayó la torre en Siloé y los mató, ¿pensáis que eran más culpables que los demás habitantes de Jerusalén? Os digo que no; y, si no os convertís, todos pereceréis de la misma manera». Y les dijo esta parábola: «Uno tenía una higuera plantada en su viña, y fue a buscar fruto en ella, y no lo encontró. Dijo entonces al viñador: “Ya ves, tres años llevo viniendo a buscar fruto en esta higuera, y no lo encuentro. Córtala. ¿Para qué va a perjudicar el terreno?”. Pero el viñador respondió: “Señor, déjala todavía este año y mientras tanto yo cavaré alrededor y le echaré estiércol, a ver si da fruto en adelante. Si no, la puedes cortar”».

Tú, Señor, eres compasivo y misericordioso. Ilumina tu rostro sobre nosotros y enséñanos tus caminos, para que aprendamos de ti el amor con que hemos de amar a nuestros hermanos.

Serapión; Lupicinio; Filemón; Fabiola

III de Cuaresma
3ª salt. / M
2Re 5,1-15a /
Sal 41 /
Lc 4,24-30

Lucas 4,24-30

Habiendo llegado Jesús a Nazaret, le dijo al pueblo en la sinagoga: «En verdad os digo que ningún profeta es aceptado en su pueblo. Puedo aseguraros que en Israel había muchas viudas en los días de Elías, cuando estuvo cerrado el cielo tres años y seis meses y hubo una gran hambre en todo el país; sin embargo, a ninguna de ellas fue enviado Elías sino a una viuda de Sarepta, en el territorio de Sidón. Y muchos leprosos había en Israel en tiempos del profeta Eliseo, sin embargo, ninguno de ellos fue curado sino Naamán, el sirio». Al oír esto, todos en la sinagoga se pusieron furiosos y, levantándose, lo echaron fuera del pueblo y lo llevaron hasta un precipicio del monte sobre el que estaba edificado su pueblo, con intención de despeñarlo. Pero Jesús se abrió paso entre ellos y seguía su camino.

En camino hacia la resurrección

Paradoja: Los mismos que esperaban el reino de Dios, se pusieron furiosos con el mensajero que se lo anunciaba; los que esperaban el evangelio de Dios para los pobres, ellos mismos se disponen a despeñar al que ha sido ungido para llevárselo. Y es que Dios no es para entendidos de Dios sino para sedientos de Dios. El de los entendidos es un Dios previsible y domesticado. El de los sedientos permanece misterio: es un Dios siempre escondido, siempre deseado, siempre buscado, siempre imprevisible, siempre desconcertante. Nada de extraño que ese Dios enoje lo mismo al pagano que a los hijos de casa. Solo da con Dios la humildad de la fe. Desde la fe, Iglesia en camino, tú vas diciendo: «Mi alma se consume y anhela los atrios del Señor... Espero en el Señor, espero en su palabra, porque de él viene la misericordia... Mi alma tiene sed de Dios». Cree en Cristo Jesús, comulga con él, báñate en él, resucita por él.

«Oh alto y glorioso Dios: ilumina las tinieblas de mi corazón, y dame fe recta, esperanza cierta, caridad perfecta, sentido y conocimiento, Señor, para que cumpla tu santo y veraz mandamiento» (san Francisco de Asís).

Zacarías, papa;
Deogracias; Lea;
Nicolás Owen;
Bto. Clemente
Augusto von Galen

III de Cuaresma
3ª salt. / M
Dan 3,25. 34-43 /
Sal 24 /
Mt 18,21-35

Mateo 18,21-35

En aquel tiempo, acercándose Pedro a Jesús le preguntó: «Señor, si mi hermano me ofende, ¿cuántas veces tengo que perdonarlo? ¿Hasta siete veces?». Jesús le contesta: «No te digo hasta siete veces, sino hasta setenta veces siete. Por esto, se parece el reino de los cielos a un rey que quiso ajustar las cuentas con sus criados. Al empezar a ajustarlas, le presentaron uno que debía diez mil talentos. Como no tenía con qué pagar, el señor mandó que lo vendieran a él con su mujer y sus hijos y todas sus posesiones, y que pagara así. El criado, arrojándose a sus pies, le suplicaba diciendo: "Ten paciencia conmigo y te lo pagaré todo". Se compadeció el señor de aquel criado y lo dejó marchar, perdonándole la deuda. Pero al salir, el criado aquel encontró a uno de sus compañeros que le debía cien denarios y, agarrándolo, lo estrangulaba diciendo: "Págame lo que me debes". El compañero, arrojándose a sus pies, le rogaba diciendo: "Ten paciencia conmigo y te lo pagaré". Pero él se negó y fue y lo metió en la cárcel hasta que pagara lo que debía. Sus compañeros, al ver lo ocurrido, quedaron consternados y fueron a contarle a su señor todo lo sucedido. Entonces el señor lo llamó y le dijo: "¡Siervo malvado! Toda aquella deuda te la perdoné porque me lo rogaste. ¿No debías tú también tener compasión de tu compañero, como yo tuve compasión de ti?". Y el señor, indignado, lo entregó a los verdugos hasta que pagara toda la deuda. Lo mismo hará con vosotros mi Padre celestial, si cada cual no perdona de corazón a su hermano».

Aprendiendo de Dios

Tú, Iglesia en camino, que en medio del fuego dijiste a tu Dios: «No nos desampares», hoy, escuchando y comulgando, te acoges a la ternura de Dios. Dijiste: «No rompas tu alianza» con nosotros; y, escuchando y comulgando, recibes al que es signo de eterna alianza de Dios contigo. Dijiste: «No tenemos príncipes ni profetas ni jefes»; y se te ha dado un Hijo que es Palabra de Dios hecha carne, príncipe de la paz, Rey del universo.

Sto. Toribio de Mogrovejo, c.
José Oriol;
Lidia; Fidel

III de Cuaresma
3ª salt. / M
Dt 4,1.5-9 /
Sal 147 /
Mt 5,17-19

Mateo 5,17-19

En aquel tiempo, dijo Jesús a sus discípulos: «No creáis que he venido a abolir la Ley y los Profetas: no he venido a abolir, sino a dar plenitud. En verdad os digo que antes pasarán el cielo y la tierra que deje de cumplirse hasta la última letra o tilde de la ley. El que se salte uno solo de los preceptos menos importantes y se lo enseñe así a los hombres será el menos importante en el reino de los cielos. Pero quien los cumpla y enseñe será grande en el reino de los cielos».

Tan cerca como el pan

Si te quedaras sin la palabra de Dios, te envolvería en su noche la ausencia de Dios. Tu relación con Dios está tejida de deseo, de esperanza, de búsqueda, de escucha: «Me enseñarás el sendero de la vida, me saciarás de gozo en tu presencia». Lo presiente todo tu ser: vida y alegría se te harán de casa si te adentras en el misterio de Dios. Dios se te regala en la palabra que te dice. En esa palabra, sea que la escuches, sea que la comulgues, es el Señor quien «asegura tus pasos», es él quien te muestra el camino de la vida, es él –Palabra hecha carne– quien se ha hecho camino para los que creen, sabiduría para los llamados a la salvación, inteligencia para los pequeños a quienes se han revelado los misterios del Reino. «Glorifica al Señor», Iglesia en camino hacia la Pascua, «alaba a tu Dios», que ha querido estar tan cerca de ti como el pan de la palabra que oyes, como el pan de la Eucaristía que recibes en la comunión.

Danos, Señor, hambre de vida y de alegría, hambre de sabiduría y de justicia, hambre de tu palabra, hambre de tu Eucaristía, hambre de ti.

Catalina de Suecia;
Óscar Romero;
Bto. Diego José
de Cádiz

III de Cuaresma
3ª salt. / M
Jer 7,23-28 /
Sal 94 /
Lc 11,14-23

Lucas 11,14-23

En aquel tiempo, estaba Jesús echando un demonio que era mudo. Sucedió que, apenas salió el demonio, empezó a hablar el mudo. La multitud se quedó admirada, pero algunos de ellos dijeron: «Por arte de Belzebú, el príncipe de los demonios, echa los demonios». Otros, para ponerlo a prueba, le pedían un signo del cielo. Él, conociendo sus pensamientos, les dijo: «Todo reino dividido contra sí mismo va a la ruina y cae casa sobre casa. Si, pues, también Satanás se ha dividido contra sí mismo, ¿cómo se mantendrá su reino? Pues vosotros decís que yo echo los demonios con el poder de Belzebú. Pero, si yo echo los demonios con el poder de Belzebú, vuestros hijos, ¿por arte de quién los echan? Por eso, ellos mismos serán vuestros jueces. Pero, si yo echo los demonios con el dedo de Dios, entonces es que el reino de Dios ha llegado a vosotros. Cuando un hombre fuerte y bien armado guarda su palacio, sus bienes están seguros, pero, cuando otro más fuerte lo asalta y lo vence, le quita las armas de que se fiaba y reparte su botín. El que no está conmigo está contra mí; el que no recoge conmigo desparrama».

Escucha, cree, comulga

Se trata de «escuchar». Lo oirás repetido: «Escuchad mi voz... no escucharon... no me escucharon ni prestaron oído... no te escucharán... ojalá escuchéis hoy su voz». En el evangelio, sorprendentemente, la Voz «estaba echando un demonio mudo»: ¿Por qué le suelta la lengua antes de abrirle el oído? Tal vez sea porque la voz de Dios se escucha con el corazón, y el oído del corazón es la fe. Aquel mudo escuchó, creyó y habló. Escuchando, se convirtió de todo corazón al Señor; creyendo, lo reconoció compasivo y misericordioso; hablando, pudo aclamar al Señor, pudo entrar en su presencia dándole gracias, pudo bendecir al que lo había liberado. Todo se recrea «escuchando». Al que no escucha, le arrancan de la boca la fe: ¡Queda mudo! «Ojalá tu camino esté firme», Iglesia de Cristo: Escucha la palabra, cree en ella, conviértete al Señor, comulga con él, hasta convertirte en él... Y todo tu ser hablará de Cristo Jesús.

Anunciación del Señor, s.

Isaac; Lucía Filippini; Sebastián de Aparicio; Mª Alfonsina Danil Ghattas

Oficio de la s. / B
Vol. IV
Is 7,10-14; 8,10b / Sal 39 / Heb 10, 4-10 / Lc 1,26-38

Lucas 1,26-38

En aquel tiempo, el ángel Gabriel fue enviado por Dios a una ciudad de Galilea llamada Nazaret, a una virgen desposada con un hombre llamado José, de la casa de David; el nombre de la virgen era María. El ángel, entrando en su presencia, dijo: «Alégrate, llena de gracia, el Señor está contigo». Ella se turbó grandemente ante estas palabras y se preguntaba qué saludo era aquel. El ángel le dijo: «No temas, María, porque has encontrado gracia ante Dios. Concebirás en tu vientre y darás a luz un hijo, y le pondrás por nombre Jesús. Será grande, se llamará Hijo del Altísimo, el Señor Dios le dará el trono de David, su padre; reinará sobre la casa de Jacob para siempre, y su reino no tendrá fin». Y María dijo al ángel:«¿Cómo será eso, pues no conozco varón?». El ángel le contestó: «El Espíritu Santo vendrá sobre ti, y la fuerza del Altísimo te cubrirá con su sombra; por eso el Santo que va a nacer será llamado Hijo de Dios. También tu pariente Isabel ha concebido un hijo en su vejez, y ya está de seis meses la que llamaban estéril, "porque para Dios nada hay imposible"». María contestó: «He aquí la esclava del Señor; hágase en mí según tu palabra». Y el ángel se retiró.

Escuchar, creer, crear

Si te fijas en el Hijo de Dios que pide entrar en el mundo como hijo de María, contemplas a la Palabra del Padre que ha creado el universo, a la Palabra eterna que, entrando en el mundo para recrearlo, dice: «Aquí estoy, oh Dios, para hacer tu voluntad». ¡El Hijo escucha, quiere lo que el Padre quiere, y, escuchando y obedeciendo, crea! Y si te fijas en la mujer a la que el cielo llama «llena de gracia», a la que se anuncia una concepción insospechada y un hijo, un «Consagrado», que se llamará Hijo de Dios, entonces, madre Iglesia, te asomas al misterio del poder creador que tiene la fe de aquella mujer y también tu fe. Por la fe de María de Nazaret, por su «hágase», el Verbo se hizo carne y habitó entre nosotros». Por tu fe, Iglesia, hoy viene a ti tu Salvador: lo has escuchado, le has creído y se ha llenado de Dios tu vida.

Braulio de Zaragoza; Montano y Máxima; Bta. Magdalena Catalina Morano

III de Cuaresma
3ª salt. / M
Os 6,1-6 / Sal 50 / Lc 18,9-14

Lucas 18,9-14

En aquel tiempo, dijo Jesús esta parábola a algunos que confiaban en sí mismos por considerarse justos y despreciaban a los demás: «Dos hombres subieron al templo a orar. Uno era fariseo; el otro, publicano. El fariseo, erguido, oraba así en su interior: "¡Oh, Dios!, te doy gracias porque no soy como los demás hombres: ladrones, injustos, adúlteros; ni tampoco como ese publicano. Ayuno dos veces por semana y pago el diezmo de todo lo que tengo". El publicano, en cambio, quedándose atrás, no se atrevía ni a levantar los ojos al cielo, sino que se golpeaba el pecho diciendo: "¡Oh, Dios!, ten compasión de este pecador". Os digo que este bajó a su casa justificado, y aquel no. Porque todo el que se enaltece será humillado, y el que se humilla será enaltecido».

Aprendiendo a resucitar

Tú, Iglesia en camino hacia la Pascua, lo dices de tu Señor: «En dos días nos sanará; al tercero nos resucitará». Acércate a él quedándote atrás, desde la lejanía humilde de tu fe, y vivirás delante de él. Acércate a él quedándote atrás, desde la lejanía humilde de tu confesión, y su amanecer será para ti como la aurora, su palabra será luz que ilumine tu camino hasta la resurrección. Acércate a él quedándote atrás, y sin levantar los ojos de la tierra, quebrántala con el dolor de tu corazón: bajará sobre ti como lluvia temprana el conocimiento del Señor, como lluvia tardía su misericordia. Acércate quedándote atrás, Iglesia pecadora y, sin levantar los ojos, déjate alcanzar por la mirada de Dios, escucha su voz, abre tu oído a la palabra del Señor, comulga la compasión que pides, recibe la justicia que necitas, vuelve resucitada a tu casa, vuelve con Cristo en el corazón.

«Bendice, alma mía, al Señor y no olvides sus beneficios. Él perdona todas tus culpas» y te muestra el camino que lleva a los humildes hasta Cristo resucitado.

27
domingo

Ruperto; Lidia;
Bto. Francisco Faà
di Bruno

4ª salt. / M
Jos 5,9a.10-12 /
Sal 33 / 2Cor 5,
17-21 / Lc 15,1-3.
11-32 (o bien: 1Sam
16,1b.6-7.10-13a /
Sal 22 / Ef 5,8-14 /
Jn 9,1-41)

Josué 5,9a.10-12

En aquellos días, dijo el Señor a Josué: «Hoy os he quitado de encima el oprobio de Egipto». Los hijos de Israel acamparon en Guilgal y celebraron allí la Pascua al atardecer del día catorce del mes, en la estepa de Jericó. Al día siguiente a la Pascua, comieron ya de los productos de la tierra: ese día, panes ácimos y espigas tostadas. Y desde ese día en que comenzaron a comer de los productos de la tierra, cesó el maná. Los hijos de Israel ya no tuvieron maná, sino que ya aquel año comieron de la cosecha de la tierra de Canaán.

Salmo 33,2-3.4-5.6-7

R. Gustad y ved qué bueno es el Señor.

2 Corintios 5,17-21

Hermanos: Si alguno está en Cristo es una criatura nueva. Lo viejo ha pasado, ha comenzado lo nuevo. Todo procede de Dios, que nos reconcilió consigo por medio de Cristo y nos encargó el ministerio de la reconciliación. Porque Dios mismo estaba en Cristo reconciliando al mundo consigo, sin pedirles cuenta de sus pecados, y ha puesto en nosotros el mensaje de la reconciliación. Por eso, nosotros actuamos como enviados de Cristo, y es como si Dios mismo exhortara por medio de nosotros. En nombre de Cristo os pedimos que os reconciliéis con Dios. Al que no conocía el pecado, lo hizo pecado en favor nuestro, para que nosotros llegáramos a ser justicia de Dios en él.

Lucas 15,1-3.11-32

En aquel tiempo, solían acercarse a Jesús todos los publicanos y pecadores a escucharlo. Y los fariseos y los escribas murmuraban diciendo: «Ese acoge a los pecadores y come con ellos». Jesús les dijo esta parábola: «Un hombre tenía dos hijos; el menor de ellos dijo a su padre:

"Padre, dame la parte que me toca de la fortuna". El padre les repartió los bienes. No muchos días después, el hijo menor, juntando todo lo suyo, se marchó a un país lejano, y allí derrochó su fortuna viviendo perdidamente. Cuando lo había gastado todo, vino por aquella tierra un hambre terrible, y empezó él a pasar necesidad. Fue entonces y se contrató con uno de los ciudadanos de aquel país que lo mandó a sus campos a apacentar cerdos. Deseaba saciarse de las algarrobas que comían los cerdos, pero nadie le daba nada. Recapacitando entonces, se dijo: "Cuántos jornaleros de mi padre tienen abundancia de pan, mientras yo aquí me muero de hambre. Me levantaré, me pondré en camino adonde está mi padre, y le diré: Padre, he pecado contra el cielo y contra ti; ya no merezco llamarme hijo tuyo: trátame como a uno de tus jornaleros". Se levantó y vino adonde estaba su padre; cuando todavía estaba lejos, su padre lo vio y se le conmovieron las entrañas; y, echando a correr, se le echó al cuello y lo cubrió de besos. Su hijo le dijo: "Padre, he pecado contra el cielo y contra ti; ya no merezco llamarme hijo tuyo". Pero el padre dijo a sus criados: "Sacad enseguida la mejor túnica y vestídsela; ponedle un anillo en la mano y sandalias en los pies; traed el ternero cebado y sacrificadlo; comamos y celebremos un banquete, porque este hijo mío estaba muerto y ha revivido; estaba perdido y lo hemos encontrado". Y empezaron a celebrar el banquete. Su hijo mayor estaba en el campo. Cuando al volver se acercaba a la casa, oyó la música y la danza, y llamando a uno de los criados, le preguntó qué era aquello. Este le contestó: "Ha vuelto tu hermano; y tu padre ha sacrificado el ternero cebado, porque lo ha recobrado con salud". Él se indignó y no quería entrar, pero su padre salió e intentaba persuadirlo. Entonces él respondió a su padre: "Mira: en tantos años como te sirvo, sin desobedecer nunca una orden tuya, a mí nunca me has dado un cabrito para tener un banquete con mis amigos; en cambio, cuando ha venido ese hijo tuyo que se ha comido tus bienes con malas mujeres, le matas el ternero cebado". El padre le dijo: "Hijo, tú estás siempre conmigo, y todo lo mío es tuyo; pero era preciso celebrar un banquete y alegrarse, porque este hermano tuyo estaba muerto y ha revivido; estaba perdido y lo hemos encontrado"».

Sixto III; Gontrán; Doroteo; José Sebastián Pelczar; Esteban Harding

IV de Cuaresma
4ª salt. / M
Is 65,17-21 /
Sal 29 /
Jn 4,43-54

Juan 4,43-54

En aquel tiempo, salió Jesús de Samaría para Galilea. Jesús mismo había atestiguado: «Un profeta no es estimado en su propia patria». Cuando llegó a Galilea, los galileos lo recibieron bien, porque habían visto todo lo que había hecho en Jerusalén durante la fiesta, pues también ellos habían ido a la fiesta. Fue Jesús otra vez a Caná de Galilea, donde había convertido el agua en vino. Había un funcionario real que tenía un hijo enfermo en Cafarnaún. Oyendo que Jesús había llegado de Judea a Galilea, fue a verlo, y le pedía que bajase a curar a su hijo que estaba muriéndose. Jesús le dijo: «Si no veis signos y prodigios, no creéis». El funcionario insiste: «Señor, baja antes de que se muera mi niño». Jesús le contesta: «Anda, tu hijo vive». El hombre creyó en la palabra de Jesús y se puso en camino. Iba ya bajando, cuando sus criados vinieron a su encuentro diciéndole que su hijo vivía. Él les preguntó a qué hora había empezado la mejoría. Y le contestaron: «Ayer a la hora séptima lo dejó la fiebre». El padre cayó en la cuenta de que esa era la hora en que Jesús le había dicho: «Tu hijo vive». Y creyó él con toda su familia. Este segundo signo lo hizo Jesús al llegar de Judea a Galilea.

La alegría de Dios

Hoy, Iglesia en camino, la palabra del Señor te acerca al misterio de la Pascua que él prepara para ti. Hoy te revela lo que se dispone a hacer en tu favor: «Voy a crear un cielo nuevo y una tierra nueva». Habrá para ti gozo, habrá alegría perpetua por lo que él va a hacer: a ti te transformará en alegría, y a tus hijos en gozo. Y descubrirás asombrada que tu alegría es la alegría de Dios, que tu gozo es su gozo, que tu fiesta es su fiesta: «Me alegraré de ti, me gozaré de mi pueblo». Y el evangelio te deja ver que la antigua promesa se está cumpliendo: en Cristo Jesús, Tú y tu Dios, de la mano, estáis pasando del luto a la danza; tú y tu Dios, de la mano, vais camino de la Pascua; tú y tu Dios, de la mano, estáis haciendo nuevo el mundo, los dos en lucha contra la fiebre, contra la postración, contra la muerte.

Eustasio; Jonás; Mácula; Pastor; Gladys y Gundleus

IV de Cuaresma
4ª salt. / M
Ez 47,1-9.12 / Sal 45 / Jn 5,1-16

Juan 5,1-16

Se celebraba una fiesta de los judíos, y Jesús subió a Jerusalén. Hay en Jerusalén, junto a la Puerta de las Ovejas, una piscina que llaman en hebreo Betesda. Esta tiene cinco soportales, y allí estaban echados muchos enfermos, ciegos, cojos, paralíticos. Estaba también allí un hombre que llevaba treinta y ocho años enfermo. Jesús, al verlo echado, y sabiendo que ya llevaba mucho tiempo, le dice: «¿Quieres quedar sano?». El enfermo le contestó: «Señor, no tengo a nadie que me meta en la piscina cuando se remueve el agua; para cuando llego yo, otro se me ha adelantado». Jesús le dice: «Levántate, toma tu camilla y echa a andar». Y al momento el hombre quedó sano, tomó su camilla y echó a andar. Aquel día era sábado, y los judíos dijeron al hombre que había quedado sano: «Hoy es sábado, y no se puede llevar la camilla». Él les contestó: «El que me ha curado es quien me ha dicho: "Toma tu camilla y echa a andar"». Ellos le preguntaron: «¿Quién es el que te ha dicho que tomes la camilla y eches a andar?». Pero el que había quedado sano no sabía quién era, porque Jesús, a causa del gentío que había en aquel sitio, se había alejado. Más tarde lo encuentra Jesús en el templo y le dice: «Mira, has quedado sano; no peques más, no sea que te ocurra algo peor». Se marchó aquel hombre y dijo a los judíos que era Jesús quien lo había sanado. Por esto los judíos perseguían a Jesús, porque hacía tales cosas en sábado.

El río de la vida

El profeta lo había dicho mirando al futuro con la certeza de la esperanza. Tú, Iglesia en camino hacia la Pascua, lo dices mirando a Cristo, en quien todas las promesas se han cumplido: «Vi que manaba agua del lado derecho del templo. Y habrá vida dondequiera que llegue la corriente». Cristo Jesús es el corazón de tu fe, él es el nombre de tu Pascua. Creyendo en él, conociste el don de Dios, y él te ha dado un agua viva que dentro de ti se ha convertido en surtidor de agua que salta hasta la vida eterna. Él es la Palabra que estaba junto a Dios. Por medio de él se hizo todo.

Nª Sra. de la Estrella;
Juan Clímaco;
Bautista Spagnoli;
Ludovico da Casoria

IV de Cuaresma
4ª salt. / M
Is 49,8-15 /
Sal 144 /
Jn 5,17-30

Juan 5,17-30

En aquel tiempo, Jesús dijo a los judíos: «Mi Padre sigue actuando, y yo también actúo». Por eso los judíos tenían más ganas de matarlo: porque no solo quebrantaba el sábado, sino también llamaba a Dios Padre suyo, haciéndose igual a Dios. Jesús tomó la palabra y les dijo: «En verdad, en verdad os digo: el Hijo no puede hacer nada por su cuenta sino lo que viere hacer al Padre. Lo que hace este, eso mismo hace también el Hijo, pues el Padre ama al Hijo y le muestra todo lo que él hace, y le mostrará obras mayores que esta, para vuestro asombro. Lo mismo que el Padre resucita a los muertos y les da vida, así también el Hijo da vida a los que quiere. Porque el Padre no juzga a nadie, sino que ha confiado al Hijo todo el juicio, para que todos honren al Hijo como honran al Padre. El que no honra al Hijo, no honra al Padre que lo envió. En verdad, en verdad os digo: quien escucha mi palabra y cree al que me envió posee la vida eterna y no incurre en juicio, sino que ha pasado ya de la muerte a la vida. En verdad, en verdad os digo: llega la hora, y ya está aquí, en que los muertos oirán la voz del Hijo de Dios, y los que hayan oído vivirán. Porque, igual que el Padre tiene vida en sí mismo, así ha dado también al Hijo tener vida en sí mismo. Y le ha dado potestad de juzgar, porque es el Hijo del hombre. No os sorprenda esto, porque viene la hora en que los que están en el sepulcro oirán su voz: los que hayan hecho el bien saldrán a una resurrección de vida; los que hayan hecho el mal, a una resurrección de juicio. Yo no puedo hacer nada por mí mismo; según le oigo, juzgo, y mi juicio es justo, porque no busco mi voluntad, sino la voluntad del que me envió».

Danos, Señor, hambre y sed de justicia, de paz, de libertad; danos hambre y sed de Pascua; danos hambre y sed de Cristo.

IV de Cuaresma
4ª salt. / M
Éx 32,7-14 /
Sal 105 /
Jn 5,31-47

Juan 5,31-47

En aquel tiempo, Jesús dijo a los judíos: «Si yo doy testimonio de mí mismo, mi testimonio no es verdadero. Hay otro que da testimonio de mí, y sé que es verdadero el testimonio que da de mí. Vosotros enviasteis mensajeros a Juan, y él ha dado testimonio en favor de la verdad. No es que yo dependa del testimonio de un hombre; si digo esto es para que vosotros os salvéis. Juan era la lámpara que ardía y brillaba, y vosotros quisisteis gozar un instante de su luz. Pero el testimonio que yo tengo es mayor que el de Juan: las obras que el Padre me ha concedido llevar a cabo, esas obras que hago dan testimonio de mí: que el Padre me ha enviado. Y el Padre que me envió, él mismo ha dado testimonio de mí. Nunca habéis escuchado su voz, ni visto su rostro, y su palabra no habita en vosotros, porque al que él envió no lo creéis. Estudiáis las Escrituras pensando encontrar en ellas vida eterna; pues ellas están dando testimonio de mí, ¡y no queréis venir a mí para tener vida! No recibo gloria de los hombres; además, os conozco y sé que el amor de Dios no está en vosotros. Yo he venido en nombre de mi Padre, y no me recibisteis; si otro viene en nombre propio, a ese sí lo recibiréis. ¿Cómo podréis creer vosotros, que aceptáis gloria unos de otros y no buscáis la gloria que viene del único Dios? No penséis que yo os voy a acusar ante el Padre, hay uno que os acusa: Moisés, en quien tenéis vuestra esperanza. Si creyerais a Moisés, me creeríais a mí, porque de mí escribió él. Pero, si no creéis en sus escritos, ¿cómo vais a creer en mis palabras?».

Recibe la vida que es Cristo

A ellos, sacándolos de Egipto con gran poder y mano robusta, Dios se les había manifestado como «Dios libertador», invitados a ser en libertad «pueblo de Dios». A nosotros, a quienes entregó a su Hijo único para que, por él, tuviésemos vida eterna, Dios se nos ha revelado como plenitud de amor. Fíjate en el don, Iglesia amada de Dios, asómbrate de lo que se te ofrece,

Nª Sra. de la Caridad; Tomás de Tolentino; Celso; Hugo de Grenoble; Ludovico Pavoni

IV de Cuaresma
4ª salt. / M
Sab 2,1a.12-22 /
Sal 33 /
Jn 7,1-2.10.25-30

Juan 7,1-2.10.25-30

En aquel tiempo, recorría Jesús Galilea, pues no quería andar por Judea porque los judíos trataban de matarlo. Se acercaba la fiesta judía de las Tiendas. Una vez que sus hermanos se hubieron marchado a la fiesta, entonces subió él también, no abiertamente, sino a escondidas. Entonces algunos que eran de Jerusalén dijeron: «¿No es este el que intentan matar? Pues mirad cómo habla abiertamente, y no le dicen nada. ¿Será que los jefes se han convencido de que este es el Mesías? Pero este sabemos de dónde viene, mientras que el Mesías, cuando llegue, nadie sabrá de dónde viene». Entonces Jesús, mientras enseñaba en el templo, gritó: «A mí me conocéis, y conocéis de dónde vengo. Sin embargo, yo no vengo por mi cuenta, sino que el Verdadero es el que me envía; a ese vosotros no lo conocéis; yo lo conozco, porque procedo de él y él me ha enviado». Entonces intentaban agarrarlo; pero nadie le pudo echar mano, porque todavía no había llegado su hora.

Desde lo hondo

Es oscuro el abismo del pecado: en ese abismo, el cálculo es criterio de decisión, la intriga es valor religioso, al justo se le hace víctima del silencio de Dios, a Dios se le hace cómplice de la violencia contra el justo; en ese abismo se puede odiar al hombre, se puede odiar a Jesús, sacramento del amor que es Dios, se puede odiar a Dios. En ese mundo te mueves, Iglesia en camino, y lo haces al modo de Cristo Jesús, en comunión con Cristo Jesús. Tuya es su debilidad –que es fuerza de Dios–, y tuyo es el grito de su oración: «Oh Dios, sálvame por tu nombre, sal por mí con tu poder». Tuya es su confianza en el Padre que lo sostiene, tuya es su confesión de fe: «El Señor está cerca de los atribulados, salva a los abatidos». Como él, tú eres para el mundo un sacramento del amor que Dios le tiene.

abril

S. Francisco de Paula, c.
María Egipciaca; Abundio; Juan Payne; Francisco Coll

IV de Cuaresma
4ª salt. / M
Jer 11,18-20 / Sal 7 / Jn 7,40-53

Juan 7,40-53

En aquel tiempo, algunos de entre la gente, que habían oído los discursos de Jesús, decían: «Este es de verdad el profeta». Otros decían: «Este es el Mesías». Pero otros decían: «¿Es que de Galilea va a venir el Mesías? ¿No dice la Escritura que el Mesías vendrá del linaje de David, y de Belén, el pueblo de David?». Y así surgió entre la gente una discordia por su causa. Algunos querían prenderlo, pero nadie le puso la mano encima. Los guardias del templo acudieron a los sumos sacerdotes y fariseos, y estos les dijeron: «¿Por qué no lo habéis traído?». Los guardias respondieron: «Jamás ha hablado nadie como ese hombre». Los fariseos les replicaron: «¿También vosotros os habéis dejado embaucar? ¿Hay algún jefe o fariseo que haya creído en él? Esa gente que no entiende de la ley son unos malditos». Nicodemo, el que había ido en otro tiempo a visitarlo y que era fariseo, les dijo: «¿Acaso nuestra ley permite juzgar a nadie sin escucharlo primero y averiguar lo que ha hecho?». Ellos le replicaron: «¿También tú eres galileo? Estudia y verás que de Galilea no salen profetas». Y se volvieron cada uno a su casa.

Ya no sois dos

Si entras en el misterio de Cristo Jesús, en él podrás leer páginas enteras de tu propio misterio. Como a Cristo Jesús, también a ti, que eres su cuerpo, el Señor, tu Dios, te instruyó y comprendiste; como Cristo Jesús, encomendaste tu causa al Padre del cielo, a él te cogiste, de él hiciste tu escudo, en él pusiste tu confianza. Tú sabes que tu destino está unido al de Cristo Jesús en los brazos de su cruz. Sois dos, mas ya no sois dos, pues él vive en ti y tú vives en él. Así que también tú lo vas diciendo con Cristo Jesús: «Me cercaban olas mortales, me envolvían las redes del abismo»; lo dices con verdad, pues tuya es su cruz, tuya es su confianza en Dios, tuyo es su abandono en los brazos de su Padre. También tú serás causa de discordia, también a ti intentarán matarte, también intentarán arrancarte del suelo vital. Tú sabes que, unida a Cristo Jesús, en comunión con él, eres con él un sacramento del amor de Dios al mundo.

José el Himnógrafo; Sixto I; Luis Scrosoppi; Btos. Ezequiel y Salvador Huerta

1ª salt. / M
Is 43,16-21 / Sal 125 / Flp 3,8-14 / Jn 8, 1-11 (o bien: Ez 37,12-14 / Sal 129 / Rom 8, 8-11 / Jn 11,1-45)

Isaías 43,16-21

Esto dice el Señor, que abrió camino en el mar y una senda en las aguas impetuosas; que sacó a batalla carros y caballos, la tropa y los héroes: caían para no levantarse, se apagaron como mecha que se extingue. «No recordéis lo de antaño, no penséis en lo antiguo; mirad que realizo algo nuevo; ya está brotando, ¿no lo notáis? Abriré un camino en el desierto, corrientes en el yermo. Me glorificarán las bestias salvajes, chacales y avestruces, porque pondré agua en el desierto, corrientes en la estepa, para dar de beber a mi pueblo elegido, a este pueblo que me he formado para que proclame mi alabanza».

Salmo 125,1b-2ab.2cd-3.4-5.6

R. El Señor ha estado grande con nosotros, y estamos alegres.

Filipenses 3,8-14

Hermanos: Todo lo considero pérdida comparado con la excelencia del conocimiento de Cristo Jesús, mi Señor. Por él lo perdí todo, y todo lo considero basura con tal de ganar a Cristo y ser hallado en él, no con una justicia mía, la de la ley, sino con la que viene de la fe de Cristo, la justicia que viene de Dios y se apoya en la fe. Todo para conocerlo a él, y la fuerza de su resurrección, y la comunión con sus padecimientos, muriendo su misma muerte, con la esperanza de llegar a la resurrección de entre los muertos. No es que ya lo haya conseguido o que ya sea perfecto: yo lo persigo, a ver si lo alcanzo como yo he sido alcanzado por Cristo. Hermanos, yo no pienso haber conseguido el premio. Solo busco una cosa: olvidándome de lo que queda atrás y lanzándome hacia lo que está por delante, corro hacia la meta, hacia el premio, al cual me llama Dios desde arriba en Cristo Jesús.

Juan 8,1-11

En aquel tiempo, Jesús se retiró al monte de los Olivos. Al amanecer se presentó de nuevo en el templo, y todo el pueblo acudía a él, y, sentándose, les enseñaba. Los escribas y los fariseos le traen una mujer sorprendida en adulterio, y, colocándola en medio, le dijeron: «Maestro, esta mujer ha sido sorprendida en flagrante adulterio. La ley de Moisés nos manda apedrear a las adúlteras; tú, ¿qué dices?». Le preguntaban esto para comprometerlo y poder acusarlo. Pero Jesús, inclinándose, escribía con el dedo en el suelo. Como insistían en preguntarle, se incorporó y les dijo: «El que esté sin pecado, que le tire la primera piedra». E inclinándose otra vez, siguió escribiendo. Ellos, al oírlo, se fueron escabullendo uno a uno, empezando por los más viejos. Y quedó solo Jesús, con la mujer en medio, que seguía allí delante. Jesús se incorporó y le preguntó: «Mujer, ¿dónde están tus acusadores?; ¿ninguno te ha condenado?». Ella contestó: «Ninguno, Señor». Jesús dijo: «Tampoco yo te condeno. Anda, y en adelante no peques más».

La miserable y la misericordia se han abrazado

El evangelio es el de aquella «mujer sorprendida en adulterio». Pero tú, Iglesia que celebras la Eucaristía, sabes que ese es tu evangelio. A Jesús «le traen» una pecadora, con Jesús se queda una redimida. A Jesús «le traen» una mujer condenada por la ley, con Jesús se queda una mujer pacificada por el amor. A Jesús «le traen» una humanidad aplastada por la tristeza de la muerte, con Jesús se queda una Iglesia que celebrará para siempre la alegría de la vida: «la Miserable y la Misericordia, quedaron allí los dos solos». Ahora puedes entender que ella y nosotros podamos olvidar lo de antaño, pues el Señor cambió nuestra suerte: el Señor ha estado grande con nosotros, con él hemos recorrido el camino de una pascua nueva, él nos ha devuelto la alegría, y por él la vida se nos ha hecho de casa. ¡La luz de la misericordia ha irrumpido en la oscuridad de nuestra miseria!

Que no falte, Señor, a la cita con tu misericordia la humilde confesión de nuestra miseria; que no olvidemos la ternura de tu mandato: «Anda, y en adelante, no peques más».

Benito Africano; Ambrosio; Telmo; Cayetano Catanoso

V de Cuaresma
1ª salt. / M
Dan 13,1-9.15-17. 19-30.33-62 [breve: Dan 13, 41c-62] / Sal 22 / Jn 8,12-20

Juan 8,12-20

En aquel tiempo, Jesús habló a los fariseos, diciendo: «Yo soy la luz del mundo; el que me sigue no camina en tinieblas, sino que tendrá la luz de la vida». Le dijeron los fariseos: «Tú das testimonio de ti mismo; tu testimonio no es verdadero». Jesús les contestó: «Aunque yo doy testimonio de mí mismo, mi testimonio es verdadero, porque sé de dónde he venido y adónde voy; en cambio, vosotros no sabéis de dónde vengo ni adónde voy. Vosotros juzgáis según la carne; yo no juzgo a nadie; y, si juzgo yo, mi juicio es legítimo, porque no estoy yo solo, sino yo y el que me ha enviado, el Padre; y en vuestra ley está escrito que el testimonio de dos hombres es verdadero. Yo doy testimonio de mí mismo, y además da testimonio de mí el que me ha enviado, el Padre». Ellos le preguntaban: «¿Dónde está tu Padre?». Jesús contestó: «Ni me conocéis a mí ni a mi Padre; si me conocierais a mí, conoceríais también a mi Padre». Jesús tuvo esta conversación junto al arca de las ofrendas, cuando enseñaba en el templo. Y nadie le echó mano, porque todavía no había llegado su hora.

Con Cristo y con los pobres

La fe te hace de Dios y de los hombres. En comunión con Cristo, ungido con su Espíritu, también tú eres luz, también tú eres sacramento de la cercanía de Dios a la vida de los pobres, también tú les llevas la buena noticia del reino: libertad para los cautivos, vista para los ciegos, esperanza para el inocente perseguido, vida para los que habitan en tierra y sombras de muerte, perdón para los pecadores. En comunión con los pobres, ungido con su necesidad, clamas con el Salmista, con la mujer condenada, con Jesús de Nazaret en la cercanía de su hora: «Misericordia, Dios mío, me hostigan, me atacan, me acosan todo el día». Con los pobres y con Jesús, te refugias a la sombra de Dios: «Tu bondad y tu misericordia me acompañan todos los días de mi vida, y habitaré en la casa del Señor por años sin término». Con los pobres y con Jesús, aunque camines por cañadas oscuras, nada temes, porque te ilumina la luz de Dios.

S. Vicente Ferrer, c.
Juliana de Cornillon; Emilia; Bto. Mariano de la Mata

V de Cuaresma
1ª salt. / M
Núm 21,4-9 /
Sal 101 /
Jn 8,21-30

Juan 8,21-30

En aquel tiempo, dijo Jesús a los fariseos: «Yo me voy y me buscaréis, y moriréis por vuestro pecado. Donde yo voy no podéis venir vosotros». Y los judíos comentaban: «¿Será que va a suicidarse, y por eso dice: "Donde yo voy no podéis venir vosotros"?». Y él les dijo: «Vosotros sois de aquí abajo, yo soy de allá arriba: vosotros sois de este mundo, yo no soy de este mundo. Con razón os he dicho que moriréis en vuestros pecados: pues, si no creéis que "Yo soy", moriréis en vuestros pecados». Ellos le decían: «¿Quién eres tú?». Jesús les contestó: «Lo que os estoy diciendo desde el principio. Podría decir y condenar muchas cosas en vosotros; pero el que me ha enviado es veraz, y yo comunico al mundo lo que he aprendido de él». Ellos no comprendieron que les hablaba del Padre. Y entonces dijo Jesús: «Cuando levantéis en alto al Hijo del hombre, sabréis que "Yo soy", y que no hago nada por mi cuenta, sino que hablo como el Padre me ha enseñado. El que me envió está conmigo, no me ha dejado solo; porque yo hago siempre lo que le agrada». Cuando les exponía esto, muchos creyeron en él.

La gloria del crucificado

«Cuando levantéis en alto al Hijo del hombre, sabréis que "Yo soy"». Se acercan los días de la pasión-enaltecimiento del Señor, y tú, Iglesia en camino, mirando con fe al que ha sido levantado, reconoces en él al que es tu salvación. Mirando a Jesús, desaprendes a Dios, rompes tu ídolo de Dios, y en ese Hijo del hombre que los hombres han levantado, reconoces el rostro del Hijo de Dios. En ese crucificado, en Cristo Jesús, Dios escucha tu oración, Dios se inclina hacia ti, Dios se vuelve a tu súplica y no desprecia tu pequeñez. Lo recuerdas levantado en la cruz; lo ves en la mesa de la Eucaristía. Porque lo has conocido, te atrae; porque se te ha entregado, lo amas. Y te asombras, porque el mundo al que vino como evidencia del amor de Dios, como certeza del amor de Dios, ese mundo lo ignora, lo desprecia, y muchos de los que dicen creer en él, simplemente intentan comprarlo. Muéstranos, Señor, la gloria del crucificado.

Celestino I;
Bta. Pierina Morosini;
Bto. Ceferino Agostini

V de Cuaresma
1ª salt. / M
Dan 3,14-20.
91-92.95 /
Sal Dan 3,
52a-56a /
Jn 8,31-42

Juan 8,31-42

En aquel tiempo, dijo Jesús a los judíos que habían creído en él: «Si permanecéis en mi palabra, seréis de verdad discípulos míos; conoceréis la verdad, y la verdad os hará libres». Le replicaron: «Somos linaje de Abrahán y nunca hemos sido esclavos de nadie. ¿Cómo dices tú: "Seréis libres"?». Jesús les contestó: «En verdad, en verdad os digo: todo el que comete pecado es esclavo. El esclavo no se queda en la casa para siempre, el hijo se queda para siempre. Y si el Hijo os hace libres, seréis realmente libres. Ya sé que sois linaje de Abrahán; sin embargo, tratáis de matarme, porque mi palabra no cala en vosotros. Yo hablo de lo que he visto junto a mi Padre, pero vosotros hacéis lo que le habéis oído a vuestro padre». Ellos replicaron: «Nuestro padre es Abrahán». Jesús les dijo: «Si fuerais hijos de Abrahán, haríais lo que hizo Abrahán. Sin embargo, tratáis de matarme a mí, que os he hablado de la verdad que le escuché a Dios; y eso no lo hizo Abrahán. Vosotros hacéis lo que hace vuestro padre». Le replicaron: «Nosotros no somos hijos de prostitución; tenemos un solo padre: Dios». Jesús les contestó: «Si Dios fuera vuestro padre, me amaríais, porque yo salí de Dios, y he venido. Pues no he venido por mi cuenta, sino que él me envió».

Libres

Puede que, inducida por la finitud y por el mal, la experiencia fundamental de nuestra vida sea la de esclavitud. De ahí que la experiencia religiosa fundamental sea una experiencia de liberación: la experiencia pascual. Una Iglesia que no fuese comunidad de hombres y mujeres libres, no sería Iglesia de Cristo. A la Iglesia no la convoca una doctrina sobre Dios sino una acción de Dios liberadora, no la constituye una creencia sino una pascua, no la caracteriza una norma sino un éxodo bajo la guía de Dios. Por eso, Iglesia en camino, en comunión con Cristo resucitado, entonas tu propio canto de libertad: «Dios nos ha trasladado al reino de su Hijo querido, por cuya sangre hemos recibido la redención».

S. Juan Bautista de la Salle, c.
Afraates; Donato y Rufino; Enrique Walpole

V de Cuaresma
1ª salt. / M
Gén 17,3-9 / Sal 104 / Jn 8,51-59

Juan 8,51-59

En aquel tiempo, dijo Jesús a los judíos: «En verdad, en verdad os digo: quien guarda mi palabra no verá la muerte para siempre». Los judíos le dijeron: «Ahora vemos claro que estás endemoniado; Abrahán murió, los profetas también, ¿y tú dices: "Quien guarde mi palabra no gustará la muerte para siempre"? ¿Eres tú más que nuestro padre Abrahán, que murió? También los profetas murieron, ¿por quién te tienes?». Jesús contestó: «Si yo me glorificara a mí mismo, mi gloria no valdría nada. El que me glorifica es mi Padre, de quien vosotros decís: "Es nuestro Dios", aunque no lo conocéis. Yo sí lo conozco, y si dijera "No lo conozco" sería, como vosotros, un embustero; pero yo lo conozco y guardo su palabra. Abrahán, vuestro padre, saltaba de gozo pensando ver mi día; lo vio, y se llenó de alegría». Los judíos le dijeron: «No tienes todavía cincuenta años, ¿y has visto a Abrahán?». Jesús les dijo: «En verdad, en verdad os digo: antes de que Abrahán existiera, yo soy». Entonces cogieron piedras para tirárselas, pero Jesús se escondió y salió del templo.

Herederos de la vida

«No endurezcáis vuestro corazón; escuchad la voz del Señor». Un oído atento a la palabra de Dios, un corazón dócil para guardarla, eso habrá de tener el que se abrace a la vida. Así quedó escrito en el libro de la ley: «Mira, hoy pongo delante de ti la vida y el bien, la muerte y el mal. Pues yo te mando hoy amar al Señor, tu Dios, seguir sus caminos, observar sus preceptos, mandatos y decretos, y así vivirás y crecerás». Ahora, la Palabra hecha carne lo recuerda a sus oyentes: «Quien guarda mi palabra, no sabrá lo que es morir para siempre». Tu saber te asegura: «Abrahán murió». La Sabiduría de Dios dice: Abrahán vive. Y tú, Iglesia en camino, que guardas en el corazón la palabra de tu Señor, por Cristo Jesús has entrado en una alianza nueva y has recibido la promesa de una herencia eterna, pues Dios nuestro Señor, en darnos como nos dio a su Hijo, nos lo ha dado todo con él, también la comunión en la eternidad de la vida.

De Dolores
Nª Sra. del Puerto; Amancio; Dionisio de Corinto

V de Cuaresma
1ª salt. / M
Jer 20,10-13 / Sal 17 / Jn 10,31-42

Juan 10,31-42

En aquel tiempo, los judíos agarraron piedras para apedrear a Jesús. Él les replicó: «Os he hecho ver muchas obras buenas por encargo de mi Padre: ¿por cuál de ellas me apedreáis?». Los judíos le contestaron: «No te apedreamos por una obra buena, sino por una blasfemia: porque tú, siendo un hombre, te haces Dios». Jesús les replicó: «¿No está escrito en vuestra ley: "Yo os digo: sois dioses"? Si la Escritura llama dioses a aquellos a quienes vino la palabra de Dios, y no puede fallar la Escritura, a quien el Padre consagró y envió al mundo, ¿decís vosotros: "¡Blasfemas!" Porque he dicho: "Soy Hijo de Dios"? Si no hago las obras de mi Padre, no me creáis, pero si las hago, aunque no me creáis a mí, creed a las obras, para que comprendáis y sepáis que el Padre está en mí, y yo en el Padre». Intentaron de nuevo detenerlo, pero se les escabulló de las manos. Se marchó de nuevo al otro lado del Jordán, al lugar donde antes había bautizado Juan, y se quedó allí. Muchos acudieron a él y decían: «Juan no hizo ningún signo; pero todo lo que Juan dijo de este era verdad». Y muchos creyeron en él allí.

El Señor está conmigo

Para Jesús ha llegado la hora. Desde el día mismo en que el Espíritu baja sobre Jesús, y la voz del cielo declara su condición filial, desde ese día la muerte sigue de cerca los pasos de aquel Hijo predilecto. Y tú, que crees en él, que comulgas con él, mantienes los ojos fijos en él, pues has de participar de su hora, has de experimentar su soledad, o, si prefieres decirlo de otra manera, habrás de completar en ti lo que falta a los padecimientos de Cristo por su cuerpo que es la Iglesia. Te fijas en él y aprendes la humildad de su oración, la confianza de su humildad, el amor que hace fuerte su confianza, su abandono filial en los brazos de Dios: «El Señor está conmigo»... Te lo recuerda el saludo profético del que preside tu celebración: «El Señor esté con vosotros». Y en tu corazón le das nombres de fortaleza: «Peña mía, refugio mío, alcázar mío, Dios mío».

De Pasión
Casilda; María Cleofé; Demetrio; Bta. Lindalva Justo de Oliveira

V de Cuaresma
1ª salt. / M
Ez 37,21-28 / Sal Jer 31,10-13 / Jn 11,45-57

Juan 11,45-57

En aquel tiempo, muchos judíos que habían venido a casa de María, al ver lo que había hecho Jesús, creyeron en él. Pero algunos acudieron a los fariseos y les contaron lo que había hecho Jesús. Los sumos sacerdotes y los fariseos convocaron el Sanedrín y dijeron: «¿Qué hacemos? Este hombre hace muchos signos. Si lo dejamos seguir, todos creerán en él, y vendrán los romanos y nos destruirán el lugar santo y la nación». Uno de ellos, Caifás, que era sumo sacerdote aquel año, les dijo: «Vosotros no entendéis ni palabra; no comprendéis que os conviene que uno muera por el pueblo, y que no perezca la nación entera». Esto no lo dijo por propio impulso, sino que, por ser sumo sacerdote aquel año, habló proféticamente, anunciando que Jesús iba a morir por la nación; y no solo por la nación, sino también para reunir a los hijos de Dios dispersos. Y aquel día decidieron darle muerte. Por eso Jesús ya no andaba públicamente entre los judíos, sino que se retiró a la región vecina al desierto, a una ciudad llamada Efraín, y pasaba allí el tiempo con los discípulos. Se acercaba la Pascua de los judíos, y muchos de aquella región subían a Jerusalén, antes de la Pascua, para purificarse. Buscaban a Jesús y, estando en el templo, se preguntaban: «¿Qué os parece? ¿Vendrá a la fiesta?». Los sumos sacerdotes y fariseos habían mandado que el que se enterase de dónde estaba les avisara para prenderlo.

Aprendiendo a resucitar

Escucha la promesa: «Voy a recoger a los israelitas, voy a congregarlos, los libraré, los purificaré». Tú la recuerdas y la llevas a tu oración: «El que dispersó a Israel lo reunirá, lo guardará como un pastor a su rebaño». Ahora fíjate en el evangelio: Mientras los enemigos de Jesús traman su muerte, Jesús se dispone a cumplir la promesa de Dios, a dar su vida «para reunir a los hijos de Dios dispersos». El pecado separa, esclaviza, mata. Cristo Jesús congrega, libera, resucita. La Pascua de Cristo es misterio de reconciliación y de comunión, y así la vivimos cada vez que la celebramos en la Eucaristía.

10

domingo

Palmira; Ezequiel; Miguel de los Santos; Pompeyo, Terencio y Africano

2ª salt. / R
Is 50,4-7 /
Sal 21 /
Flp 2,6-11 /
Lc 22,14–23,56
[breve: Lc 23,1-49]

Isaías 50,4-7

El Señor Dios me ha dado una lengua de discípulo; para saber decir al abatido una palabra de aliento. Cada mañana me espabila el oído, para que escuche como los discípulos. El Señor Dios me abrió el oído; yo no resistí ni me eché atrás. Ofrecí la espalda a los que me golpeaban, las mejillas a los que mesaban mi barba; no escondí el rostro ante ultrajes y salivazos. El Señor Dios me ayuda, por eso no sentía los ultrajes; por eso endurecí el rostro como pedernal, sabiendo que no quedaría defraudado.

Salmo 21,8-9.17-18a.19-20.23-24

R. Dios mío, Dios mío, ¿por qué me has abandonado?

Filipenses 2,6-11

Cristo Jesús, siendo de condición divina, no retuvo ávidamente el ser igual a Dios; al contrario, se despojó de sí mismo tomando la condición de esclavo, hecho semejante a los hombres. Y así, reconocido como hombre por su presencia, se humilló a sí mismo, hecho obediente hasta la muerte, y una muerte de cruz. Por eso Dios lo exaltó sobre todo y le concedió el Nombre-sobre-todo-nombre; de modo que al nombre de Jesús toda rodilla se doble en el cielo, en la tierra, en el abismo, y toda lengua proclame: Jesucristo es Señor, para gloria de Dios Padre.

Lucas 23,1-49 (breve)

C. En aquel tiempo, los ancianos del pueblo, con los jefes de los sacerdotes y los escribas llevaron a Jesús a presencia de Pilato. Y se pusieron a acusarlo diciendo: **S.** «Hemos encontrado que este anda amotinando a nuestra nación, y oponiéndose a que se paguen tributos al César, y diciendo que él es el Mesías rey». **C.** Pilato le preguntó: **S.** «¿Eres tú el rey de los judíos?». **C.** Él le responde: ✠ «Tú lo dices». **C.** Pilato dijo a los sumos sacerdotes y a la gente: **S.** «No encuentro ninguna culpa en este hombre». **C.** Pero ellos insistían con más fuerza, diciendo: **S.** «Solivianta al pueblo enseñando por toda Judea, desde que comenzó en Galilea hasta llegar aquí». **C.** Pilato, al oírlo, preguntó si el hombre era galileo; y, al enterarse de que era de la jurisdicción de Herodes, que estaba precisamente en Jerusalén por aquellos días, se lo remitió. Herodes, al ver a Jesús, se puso muy contento, pues hacía bastante tiempo que deseaba verlo, porque oía hablar de él y esperaba verle hacer algún milagro. Le hacía muchas preguntas con abundante verborrea; pero él no le contestó nada. Estaban allí los sumos sacerdotes y los escribas acusándolo con ahínco. Herodes, con sus soldados, lo trató con desprecio y, después de burlarse de él, poniéndole una vestidura blanca, se lo remitió a Pilato. Aquel mismo día se hicieron amigos entre sí Herodes y Pilato, porque antes estaban enemistados entre sí. Pilato, después de convocar a los sumos sacerdotes, a los magistrados y al pueblo, les dijo: **S.** «Me habéis traído a este hombre como agitador del pueblo; y resulta que yo lo he interrogado delante de vosotros y no he encontrado en este hombre ninguna de las culpas de que lo acusáis; pero tampoco Herodes, porque nos lo ha devuelto: ya veis que no ha hecho nada digno de muerte. Así que le daré un escarmiento y lo soltaré». **C.** Ellos vociferaron en masa: **S.** «¡Quita de en medio a ese! Suéltanos a Barrabás». **C.** Este había sido metido en la cárcel por una revuelta acaecida en la ciudad y un homicidio. Pilato volvió a dirigirles la palabra queriendo soltar a Jesús, pero ellos seguían gritando: **S.** «¡Crucifícalo, crucifícalo!». **C.** Por tercera vez les dijo: **S.** «Pues ¿qué mal ha hecho este? No he encontrado en él ninguna culpa que merezca la muerte. Así que le daré un escarmiento y lo soltaré». **C.** Pero ellos se le echaban encima, pidiendo a gritos que lo crucificara; e iba creciendo su griterío. Pilato entonces sentenció que se realizara lo que pedían: soltó al que le reclamaban (al que había metido en la cárcel por revuelta y homicidio), y a Jesús se lo entregó a su voluntad. Mientras lo conducían, echaron mano de un cierto Simón de Cirene, que volvía del campo, y le cargaron la cruz, para que la llevase detrás de Jesús. Lo seguía un gran gentío del pueblo, y de mujeres que se golpeaban el pecho y lanzaban lamentos por él. Jesús se volvió hacia ellas y les dijo: ✠ «Hijas de Jerusalén, no lloréis por mí, llorad por vosotras y por vuestros hijos, porque mirad que vienen días en los que dirán: "Bienaventuradas las estériles y los vientres que no han dado a luz y los pechos que no han criado". Entonces empezarán a decirles a los montes: "Caed sobre nosotros", y a las colinas: "Cubridnos"; porque, si esto hacen con el leño verde, ¿qué harán con el seco?». **C.** Conducían también a otros dos malhechores para ajusticiarlos con él. Y cuando llegaron al lugar llamado «La Calavera», lo crucificaron allí, a él y a los malhechores, uno a la derecha y otro a la izquierda. Jesús decía: ✠ «Padre, perdónalos, porque no saben lo que hacen». **C.** Hicieron lotes con sus ropas y los echaron a suerte. El pueblo estaba mirando, pero los magistrados le hacían muecas diciendo: **S.** «A otros ha salvado; que se salve a sí mismo, si él es el Mesías de Dios, el Elegido». **C.** Se burlaban de él también los soldados, que se acercaban y le ofrecían vinagre, diciendo: **S.** «Si eres tú el rey de los judíos, sálvate a ti mismo». **C.** Había también por encima de él un letrero: «Este es el rey de los judíos». Uno de los malhechores crucificados lo insultaba diciendo: **S.** «¿No eres tú el Mesías? Sálvate a ti mismo y a nosotros». **C.** Pero el otro, respondiéndole e increpándolo, le decía: **S.** «¿Ni siquiera temes tú a Dios, estando en la misma condena? Nosotros, en verdad, lo estamos justamente, porque recibimos el justo pago de lo que hicimos; en cambio, este no ha hecho nada malo». **C.** Y decía: **S.** «Jesús, acuérdate de mí cuando llegues a tu reino». **C.** Jesús le dijo: ✠ «En verdad te digo: hoy estarás conmigo en el paraíso». **C.** Era ya como la hora sexta, y vinieron las tinieblas sobre toda la tierra, hasta la hora nona, porque se oscureció el sol. El velo del templo se rasgó por medio. Y Jesús, clamando con voz potente, dijo: ✠ «Padre, a tus manos encomiendo mi espíritu». **C.** Y, dicho esto, expiró. El centurión, al ver lo ocurrido, daba gloria a Dios diciendo: **S.** «Realmente, este hombre era justo». **C.** Toda la muchedumbre que había concurrido a este espectáculo, al ver las cosas que habían ocurrido, se volvía dándose golpes de pecho. Todos sus conocidos y las mujeres que lo habían seguido desde Galilea se mantenían a distancia, viendo todo esto.

Santo
Estanislao;
Bta. Elena Guerra;
Bto. Sinforiano
Félix Ducki

2ª salt. / M
Is 42,1-7 /
Sal 26 /
Jn 12,1-11

Juan 12,1-11

Seis días antes de la Pascua, fue Jesús a Betania, donde vivía Lázaro, a quien había resucitado de entre los muertos. Allí le ofrecieron una cena; Marta servía, y Lázaro era uno de los que estaban con él a la mesa. María tomó una libra de perfume de nardo, auténtico y costoso, le ungió a Jesús los pies y se los enjugó con su cabellera. Y la casa se llenó de la fragancia del perfume. Judas Iscariote, uno de sus discípulos, el que lo iba a entregar, dice: «¿Por qué no se ha vendido este perfume por trescientos denarios para dárselos a los pobres?». Esto lo dijo no porque le importasen los pobres, sino porque era un ladrón; y como tenía la bolsa, se llevaba de lo que iban echando. Jesús dijo: «Déjala; lo tenía guardado para el día de mi sepultura; porque a los pobres los tenéis siempre con vosotros, pero a mí no siempre me tenéis». Una muchedumbre de judíos se enteró de que estaba allí y fueron no solo por Jesús, sino también para ver a Lázaro, al que había resucitado de entre los muertos. Los sumos sacerdotes decidieron matar también a Lázaro, porque muchos judíos, por su causa, se les iban y creían en Jesús.

Contemplar para ungir

Es el Señor quien habla de su siervo y nos lo presenta. El Señor lo ha ungido con su Espíritu para que su elegido lleve el derecho a las naciones, lo promueva, lo implante. El Señor lo ha llamado con justicia, lo ha hecho alianza de un pueblo, luz de las naciones, para que abra los ojos de los ciegos, para que saque de la prisión a los que habitan las tinieblas. Y tú, Iglesia en camino, que has escuchado la asombrosa revelación, reconoces en Jesús de Nazaret al siervo en quien el Señor se complace: él es tu luz, tu liberación, la defensa de tu vida, tu salvación. En Jesús de Nazaret, el Señor tu Dios te ha mostrado su rostro. En su siervo Jesús, el Señor tu Dios se ha inclinado hacia ti. Ahora, a los pies de los pobres, unge a Jesús con el nardo precioso de tu fe, de tu gratitud, de tu amor confiado, de tu compasión, de tu justicia, de tu santidad. No habrá dispendio donde sobreabunda la ternura.

Santo

Julio I; Constantino; Florentino; Teresa de Jesús de los Andes

2ª salt. / M
Is 49,1-6 /
Sal 70 /
Jn 13,21-33.36-38

Juan 13,21-33.36-38

En aquel tiempo, estando Jesús a la mesa con sus discípulos, se turbó en su espíritu y dio testimonio diciendo: «En verdad, en verdad os digo: uno de vosotros me va a entregar». Los discípulos se miraron unos a otros perplejos, por no saber de quién lo decía. Uno de ellos, el que Jesús amaba, estaba reclinado a la mesa en el seno de Jesús. Simón Pedro le hizo señas para que averiguase por quién lo decía. Entonces él, apoyándose en el pecho de Jesús, le preguntó: «Señor, ¿quién es?». Le contestó Jesús: «Aquel a quien yo le dé este trozo de pan untado». Y, untando el pan, se lo dio a Judas, hijo de Simón el Iscariote. Detrás del pan, entró en él Satanás. Entonces Jesús le dijo: «Lo que vas a hacer, hazlo pronto». Ninguno de los comensales entendió a qué se refería. Como Judas guardaba la bolsa, algunos suponían que Jesús le encargaba comprar lo necesario para la fiesta o dar algo a los pobres. Judas, después de tomar el pan, salió inmediatamente. Era de noche. Cuando salió, dijo Jesús: «Ahora es glorificado el Hijo del hombre, y Dios es glorificado en él. Si Dios es glorificado en él, también Dios lo glorificará en sí mismo: pronto lo glorificará. Hijitos, me queda poco de estar con vosotros. Me buscaréis, pero lo que dije a los judíos os lo digo ahora a vosotros: "Donde yo voy no podéis venir vosotros"». Simón Pedro le dijo: «Señor, ¿adónde vas?». Jesús le respondió: «Adonde yo voy no me puedes seguir ahora, me seguirás más tarde». Pedro replicó: «Señor, ¿por qué no puedo seguirte ahora? Daré mi vida por ti». Jesús le contestó: «¿Conque darás tu vida por mí? En verdad, en verdad te digo: no cantará el gallo antes de que me hayas negado tres veces».

Ilumina, Señor, las tinieblas de nuestro corazón, para que conozcamos el amor con que nos amas, y no defraudemos tu esperanza de vernos eternamente dichosos con tu Hijo, nuestro Señor Jesucristo.

Santo
Martín I;
Hermenegildo;
Nª Sra. del Pueyo;
Ida de Boulogne

2ª salt. / M
Is 50,4-9a /
Sal 68 /
Mt 26,14-25

Mt 26,14-25

En aquel tiempo, uno de los Doce, llamado Judas Iscariote, fue a los sumos sacerdotes y les propuso: «¿Qué estáis dispuestos a darme si os lo entrego?». Ellos se ajustaron con él en treinta monedas de plata. Y desde entonces andaba buscando ocasión propicia para entregarlo. El primer día de los Ácimos se acercaron los discípulos a Jesús y le preguntaron: «¿Dónde quieres que te preparemos la cena de Pascua?». Él contestó: «Id a la ciudad, a casa de quien vosotros sabéis, y decidle: "El Maestro dice: mi hora está cerca; voy a celebrar la Pascua en tu casa con mis discípulos"». Los discípulos cumplieron las instrucciones de Jesús y prepararon la Pascua. Al atardecer se puso a la mesa con los Doce. Mientras comían dijo: «En verdad os digo que uno de vosotros me va a entregar». Ellos, muy entristecidos, se pusieron a preguntarle uno tras otro: «¿Soy yo acaso, Señor?». Él respondió: «El que ha metido conmigo la mano en la fuente, ese me va a entregar. El Hijo del hombre se va como está escrito de él; pero, ¡ay de aquel por quien el Hijo del hombre es entregado!, ¡más le valdría a ese hombre no haber nacido!». Entonces preguntó Judas, el que lo iba a entregar: «¿Soy yo acaso, Maestro?». Él respondió: «Tú lo has dicho».

Aprendiendo a obedecer

Pocos, tal vez nadie, dirían de ti, Iglesia de Cristo, que eres el pueblo de la palabra de Dios; pocos dirían de ti que eres humanidad de oído espabilado para escuchar día a día el rumor del paso de Dios en tus caminos, humanidad nueva, reconciliada con su propia pequeñez, con su vulnerabilidad, con sus límites. Lo que te dispones a revivir estos días en los sacramentos pascuales, no es el drama de la violencia que la muerte hizo al hombre Cristo Jesús, sino la novedad del hombre Cristo Jesús hecho obediente a Dios hasta la muerte. La profecía te lo presenta como el Siervo a quien el Señor le abrió el oído para escuchar y le dio una lengua de iniciado para consolar. Tú eres su cuerpo: en ti él sigue escuchando, en ti –en tu sufrimiento– es él quien sigue aguantando afrentas, quien sigue confesando la ternura de Dios con los pobres.

Día del amor fraterno

Santo en la Cena del Señor

Bernardo de Tirón; Liduvina; Bta. Josefina Calduch Rovira

Oficio de feria (prop. a partir de Visp.) / B Vol. I (C)
Éx 12,1-8.11-14 / Sal 115 / 1Cor 11, 23-26 / Jn 13,1-15

Juan 13,1-15

Antes de la fiesta de la Pascua, sabiendo Jesús que había llegado su hora de pasar de este mundo al Padre, habiendo amado a los suyos que estaban en el mundo, los amó hasta el extremo. Estaban cenando; ya el diablo había suscitado en el corazón de Judas, hijo de Simón Iscariote, la intención de entregarlo; y Jesús, sabiendo que el Padre había puesto todo en sus manos, que venía de Dios y a Dios volvía, se levanta de la cena, se quita el manto y, tomando una toalla, se la ciñe; luego echa agua en la jofaina y se pone a lavarles los pies a los discípulos, secándoselos con la toalla que se había ceñido. Llegó a Simón Pedro, y este le dice: «Señor, ¿lavarme los pies tú a mí?». Jesús le replicó: «Lo que yo hago, tú no lo entiendes ahora, pero lo comprenderás más tarde». Pedro le dice: «No me lavarás los pies jamás». Jesús le contestó: «Si no te lavo, no tienes parte conmigo». Simón Pedro le dice: «Señor, no solo los pies, sino también las manos y la cabeza». Jesús le dice: «Uno que se ha bañado no necesita lavarse más que los pies, porque todo él está limpio. También vosotros estáis limpios, aunque no todos». Porque sabía quién lo iba a entregar, por eso dijo: «No todos estáis limpios». Cuando acabó de lavarles los pies, tomó el manto, se lo puso otra vez y les dijo: «¿Comprendéis lo que he hecho con vosotros? Vosotros me llamáis "el Maestro" y "el Señor", y decís bien, porque lo soy. Pues si yo, el Maestro y el Señor, os he lavado los pies, también vosotros debéis lavaros los pies unos a otros: os he dado ejemplo para que lo que yo he hecho con vosotros, vosotros también lo hagáis».

Entregado como un pan

Era la noche en que iban a entregar a la muerte al Hijo que Dios nos había enviado para que tuviésemos vida, al Unigénito que Dios nos había dado como sacramento de su amor al mundo. En aquella misma noche, Jesús partió y dio a sus discípulos un pan que era memoria de su vida entregada y les dio a beber de una copa que era memoria de una alianza nueva. Esta es tu fe, Iglesia de Cristo: Tú crees en un Hijo que Dios te entrega por amor.

Santo en la Pasión del Señor
Anastasia y Basilisa; César de Bus

Oficio propio / R
Is 52,13–53,12 / Sal 30 / Heb 4, 14-16; 5,7-9 / Jn 18,1–19,42

Juan 18,1–19,42

C. En aquel tiempo, salió Jesús con sus discípulos al otro lado del torrente Cedrón, donde había un huerto, y entraron allí él y sus discípulos. Judas, el que lo iba a entregar, conocía también el sitio, porque Jesús se reunía a menudo allí con sus discípulos. Judas entonces, tomando una cohorte y unos guardias de los sumos sacerdotes y de los fariseos, entró allá con faroles, antorchas y armas. Jesús, sabiendo todo lo que venía sobre él, se adelantó y les dijo: ✠ «¿A quién buscáis?». **C.** Le contestaron: **S.** «A Jesús, el Nazareno». **C.** Les dijo Jesús: ✠ «Yo soy». **C.** Estaba también con ellos Judas, el que lo iba a entregar. Al decirles: «Yo soy», retrocedieron y cayeron a tierra. Les preguntó otra vez: ✠ «¿A quién buscáis?». **C.** Ellos dijeron: **S.** «A Jesús, el Nazareno». **C.** Jesús contestó: ✠ «Os he dicho que soy yo. Si me buscáis a mí, dejad marchar a estos». **C.** Y así se cumplió lo que había dicho: «No he perdido a ninguno de los que me diste». Entonces Simón Pedro, que llevaba una espada, la sacó e hirió al criado del sumo sacerdote, cortándole la oreja derecha. Este criado se llamaba Malco. Dijo entonces Jesús a Pedro: ✠ «Mete la espada en la vaina. El cáliz que me ha dado mi Padre, ¿no lo voy a beber?». **C.** La cohorte, el tribuno y los guardias de los judíos prendieron a Jesús, lo ataron y lo llevaron primero a Anás, porque era suegro de Caifás, sumo sacerdote aquel año; Caifás era el que había dado a los judíos este consejo: «Conviene que muera un solo hombre por el pueblo». Simón Pedro y otro discípulo seguían a Jesús. Este discípulo era conocido del sumo sacerdote y entró con Jesús en el palacio del sumo sacerdote, mientras Pedro se quedó fuera a la puerta. Salió el otro discípulo, el conocido del sumo sacerdote, habló a la portera e hizo entrar a Pedro. La criada portera dijo entonces a Pedro: **S.** «¿No eres tú también de los discípulos de ese hombre?». **C.** Él dijo: **S.** «No lo soy». **C.** Los criados y los guardias habían encendido un brasero, porque hacía frío, y se calentaban. También Pedro estaba con ellos de pie, calentándose. El sumo sacerdote interrogó a Jesús acerca de sus discípulos y de su doctrina. Jesús le contestó: ✠ «Yo he hablado abiertamente al mundo; yo he enseñado continuamente en la sinagoga y en el templo, donde se reúnen todos los judíos, y no he dicho nada a escondidas. ¿Por qué me preguntas a mí? Pregunta a los que me han oído de qué les he hablado. Ellos saben lo que yo he dicho». **C.** Apenas dijo esto, uno de los guardias que estaba allí le dio una bofetada a Jesús, diciendo: **S.** «¿Así contestas al sumo sacerdote?». **C.** Jesús respondió: ✠ «Si he faltado al hablar, muestra en qué he faltado; pero si he hablado como se debe, ¿por qué me pegas?». **C.** Entonces Anás lo envió atado a Caifás, sumo sacerdote. Simón Pedro estaba de pie, calentándose, y le dijeron: **S.** «¿No eres tú también de sus discípulos?». **C.** Él lo negó, diciendo: **S.** «No lo soy». **C.** Uno de los criados del sumo sacerdote, pariente de aquel a quien Pedro le cortó la oreja, le dijo: **S.** «¿No te he visto yo en el huerto con él?». **C.** Pedro volvió a negar, y enseguida cantó un gallo. Llevaron a Jesús de casa de Caifás al pretorio. Era el amanecer, y ellos no entraron en el pretorio para no incurrir en impureza y poder así comer la Pascua. Salió Pilato afuera, adonde estaban ellos, y dijo: **S.** «¿Qué acusación presentáis contra este hombre?». **C.** Le contestaron: **S.** «Si este no fuera un malhechor, no te lo entregaríamos». **C.** Pilato les dijo: **S.** «Lleváoslo vosotros y juzgadlo según vuestra ley». **C.** Los judíos le dijeron: **S.** «No estamos autorizados para dar muerte a nadie». **C.** Y así se cumplió lo que había dicho Jesús, indicando de qué muerte iba a morir. Entró otra vez Pilato en el pretorio, llamó a Jesús y le dijo: **S.** «¿Eres tú el rey de los judíos?». **C.** Jesús le contestó: ✠ «¿Dices eso por tu cuenta o te lo han dicho otros de mí?». **C.** Pilato replicó: **S.** «¿Acaso soy yo judío? Tu gente y los sumos sacerdotes te han entregado a mí; ¿qué has hecho?». **C.** Jesús le contestó: ✠ «Mi reino no es de este mundo. Si mi reino fuera de este mundo, mi guardia habría luchado para que no cayera en manos de los judíos. Pero mi reino no es de aquí». **C.** Pilato le dijo: **S.** «Entonces, ¿tú eres rey?». **C.** Jesús le contestó: ✠ «Tú lo dices: soy rey. Yo para esto he nacido y para esto he venido al mundo: para dar testimonio de la verdad. Todo el que es de la verdad escucha mi voz». **C.** Pilato le dijo: **S.** «Y, ¿qué es la verdad?». **C.** Dicho esto, salió otra vez adonde estaban los judíos y les dijo: **S.** «Yo no encuentro en él ninguna culpa. Es costumbre entre vosotros que por Pascua ponga a uno en libertad. ¿Queréis que os suelte al rey de los judíos?». **C.** Volvieron a gritar: **S.** «A ese no, a Barrabás». **C.** El tal Barrabás era un bandido. Entonces Pilato tomó a Jesús y lo mandó azotar. Y los soldados trenzaron una corona de espinas, se la pusieron en la cabeza y le echaron por encima un manto color púrpura; y, acercándose a él, le decían: **S.** «¡Salve, rey de los judíos!». **C.** Y le daban bofetadas. Pilato salió otra vez afuera y les dijo: **S.** «Mirad, os lo saco afuera para que sepáis que no encuentro en él ninguna culpa». **C.** Y salió Jesús afuera, llevando la corona de espinas y el manto color púrpura. Pilato les dijo: **S.** «He aquí al hombre». **C.** Cuando lo vieron los sumos sacerdotes y los guardias, gritaron: **S.** «¡Crucifícalo, crucifícalo!». **C.** Pilato les dijo: **S.** «Lleváoslo vosotros y crucificadlo, porque yo no encuentro culpa en él». **C.** Los judíos le contestaron: **S.** «Nosotros tenemos una ley, y según esa ley tiene que morir, porque se ha hecho Hijo de Dios». **C.** Cuando Pilato oyó estas palabras, se asustó aún más. Entró otra vez en el pretorio y dijo a Jesús: **S.** «¿De dónde eres tú?». **C.** Pero Jesús no le dio respuesta. Y Pilato le dijo: **S.** «¿A mí no me hablas? ¿No sabes que tengo autoridad para soltarte y autoridad para crucificarte?». **C.** Jesús le contestó: ✠ «No tendrías ninguna autoridad sobre mí si no te la hubieran dado de lo alto. Por eso el que me ha entregado a ti tiene un pecado mayor». **C.** Desde este momento Pilato trataba de soltarlo, pero los judíos gritaban: **S.** «Si sueltas a ese, no eres amigo del César. Todo el que se hace rey está contra el César». **C.** Pilato entonces, al oír estas palabras, sacó afuera a Jesús y se sentó en el tribunal, en el sitio que llaman «el Enlosado» (en hebreo "Gábbata"). Era el día de la Preparación de la Pascua, hacia el mediodía. Y dijo Pilato a los judíos: **S.** «He aquí a vuestro rey». **C.** Ellos gritaron: **S.** «¡Fuera, fuera; crucifícalo!». **C.** Pilato les dijo: **S.** «¿A vuestro rey voy a crucificar?». **C.** Contestaron los sumos sacerdotes: **S.** «No tenemos más rey que al César». **C.** Entonces se lo entregó para que lo crucificaran. Tomaron a Jesús, y, cargando él mismo con la cruz, salió al sitio llamado «de la Calavera» (que en hebreo se dice "Gólgota"), donde lo crucificaron; y con él a otros dos, uno a cada lado, y en medio, Jesús. Y Pilato escribió un letrero y lo puso encima de la cruz; en él estaba escrito: «Jesús, el Nazareno, el rey de los judíos». Leyeron el letrero muchos judíos, porque estaba cerca el lugar donde crucificaron a Jesús, y estaba escrito en hebreo, latín y griego. Entonces los sumos sacerdotes de los judíos dijeron a Pilato: **S.** «No escribas "El rey de los judíos", sino: "Este ha dicho: soy el rey de los judíos"». **C.** Pilato les contestó: **S.** «Lo escrito, escrito está». **C.** Los soldados, cuando crucificaron a Jesús, cogieron su ropa, haciendo cuatro partes, una para cada soldado, y apartaron la túnica. Era una túnica sin costura, tejida toda de una pieza de arriba abajo. Y se dijeron: **S.** «No la rasguemos, sino echémosla a suerte, a ver a quién le toca». **C.** Así se cumplió la Escritura: «Se repartieron mis ropas y echaron a suerte mi túnica». Esto hicieron los soldados. Junto a la cruz de Jesús estaban su madre, la hermana de su madre, María, la de Cleofás, y María, la Magdalena. Jesús, al ver a su madre y junto a ella al discípulo al que amaba, dijo a su madre: ✠ «Mujer, ahí tienes a tu hijo». **C.** Luego, dijo al discípulo: ✠ «Ahí tienes a tu madre». **C.** Y desde aquella hora, el discípulo la recibió como algo propio. Después de esto, sabiendo Jesús que ya todo estaba cumplido, para que se cumpliera la Escritura, dijo: ✠ «Tengo sed». **C.** Había allí un jarro lleno de vinagre. Y, sujetando una esponja empapada en vinagre a una caña de hisopo, se la acercaron a la boca. Jesús, cuando tomó el vinagre, dijo: ✠ «Está cumplido». **C.** E, inclinando la cabeza, entregó el espíritu. Los judíos entonces, como era el día de la Preparación, para que no se quedaran los cuerpos en la cruz el sábado, porque aquel sábado era un día grande, pidieron a Pilato que les quebraran las piernas y que los quitaran. Fueron los soldados, le quebraron las piernas al primero y luego al otro que habían crucificado con él; pero al llegar a Jesús, viendo que ya había muerto, no le quebraron las piernas, sino que uno de los soldados, con la lanza, le traspasó el costado, y al punto salió sangre y agua. El que lo vio da testimonio, y su testimonio es verdadero, y él sabe que dice verdad, para que también vosotros creáis. Esto ocurrió para que se cumpliera la Escritura: «No le quebrarán un hueso»; y en otro lugar la Escritura dice: «Mirarán al que traspasaron». Después de esto, José de Arimatea, que era discípulo de Jesús aunque oculto por miedo a los judíos, pidió a Pilato que le dejara llevarse el cuerpo de Jesús. Y Pilato lo autorizó. Él fue entonces y se llevó el cuerpo. Llegó también Nicodemo, el que había ido a verlo de noche, y trajo unas cien libras de una mixtura de mirra y áloe. Tomaron el cuerpo de Jesús y lo envolvieron en los lienzos con los aromas, según se acostumbra a enterrar entre los judíos. Había un huerto en el sitio donde lo crucificaron, y en el huerto, un sepulcro nuevo donde nadie había sido enterrado todavía. Y como para los judíos era el día de la Preparación, y el sepulcro estaba cerca, pusieron allí a Jesús.

Santo de la Sepultura del Señor

Nª Sra. de la Soledad; Bernardita Soubirous; Benito José Labre; Fructuoso de Braga; Toribio de Astorga; Lamberto de Zaragoza

Vigilia Pascual
Oficio propio / B
Gén 1,1–2,2 [breve: Gén 1, 1.26-31a]
Sal 103 (o bien: Sal 32) /
Gén 22,1-18 [breve: Gén 22,1-2. 9a.10-13.15-18]
Sal 15 /
Éx 14,15–15,1a
Sal Éx 15,1b-18 /
Is 54,5-14
Sal 29 /
Is 55,1-11
Sal Is 12,2-6 /
Bar 3,9-15.32–4,4
Sal 18 /
Ez 36,16-17a. 18-28
Sal 41; 42 (o bien: Sal Is 12,2-6, o bien: Sal 50) /
Rom 6,3-11
Sal 117 /
Lc 24,1-12

Lucas 24,1-12

El primer día de la semana, de madrugada, las mujeres fueron al sepulcro llevando los aromas que habían preparado. Encontraron corrida la piedra del sepulcro. Y, entrando, no encontraron el cuerpo del Señor Jesús. Mientras estaban desconcertadas por esto, se les presentaron dos hombres con vestidos refulgentes. Ellas quedaron despavoridas y con las caras mirando al suelo y ellos les dijeron: «¿Por qué buscáis entre los muertos al que vive? No está aquí. Ha resucitado. Recordad cómo os habló estando todavía en Galilea, cuando dijo que el Hijo del hombre tiene que ser entregado en manos de hombres pecadores, ser crucificado y al tercer día resucitar». Y recordaron sus palabras. Habiendo vuelto del sepulcro, anunciaron todo esto a los Once y a todos los demás. Eran María la Magdalena, Juana y María, la de Santiago. También las demás, que estaban con ellas, contaban esto mismo a los apóstoles. Ellos lo tomaron por un delirio y no las creyeron. Pedro, sin embargo, se levantó y fue corriendo al sepulcro. Asomándose, ve solo los lienzos. Y se volvió a su casa, admirándose de lo sucedido.

Vigilia pascual

«Esta es una noche de vela en honor del Señor». Los fieles, con las lámparas encendidas en sus manos, esperan en vela el anuncio de la resurrección del Señor, salen al encuentro de Cristo resucitado y, escuchando la palabra de Dios y celebrando los sacramentos pascuales, entran con Cristo en la vida de Dios. Así se anunció el misterio de aquella noche: «¿Por qué buscáis entre los muertos al que vive? No está aquí. Ha resucitado». No hacen falta más palabras para dejar constancia de que el mundo ha llegado a su destino: la creación ha entrado en la vida de Dios.

domingo

Aniceto; Catalina Tekakwitha; Bta. Mª Ana de Jesús

Oficio propio / B
He 10,34a.37-43 /
Sal 117 /
Col 3,1-4 (o bien: 1Cor 5,6b-8) /
Jn 20,1-9
(o vespertina: Lc 24,13-35)

Hechos 10,34a.37-43

En aquellos días, Pedro tomó la palabra y dijo: «Vosotros conocéis lo que sucedió en toda Judea, comenzando por Galilea, después del bautismo que predicó Juan. Me refiero a Jesús de Nazaret, ungido por Dios con la fuerza del Espíritu Santo, que pasó haciendo el bien y curando a todos los oprimidos por el diablo, porque Dios estaba con él. Nosotros somos testigos de todo lo que hizo en la tierra de los judíos y en Jerusalén. A este lo mataron, colgándolo de un madero. Pero Dios lo resucitó al tercer día y le concedió la gracia de manifestarse, no a todo el pueblo, sino a los testigos designados por Dios: a nosotros, que hemos comido y bebido con él después de su resurrección de entre los muertos. Nos encargó predicar al pueblo, dando solemne testimonio de que Dios lo ha constituido juez de vivos y muertos. De él dan testimonio todos los profetas: que todos los que creen en él reciben, por su nombre, el perdón de los pecados».

Salmo 117,1-2.16-17.22-23

R. Este es el día que hizo el Señor: sea nuestra alegría y nuestro gozo. (O bien: Aleluya).

Colosenses 3,1-4

Hermanos: Si habéis resucitado con Cristo, buscad los bienes de allá arriba, donde Cristo está sentado a la derecha de Dios; aspirad a los bienes de arriba, no a los de la tierra. Porque habéis muerto; y vuestra vida está con Cristo escondida en Dios. Cuando aparezca Cristo, vida vuestra, entonces también vosotros apareceréis gloriosos, juntamente con él.

Juan 20,1-9

El primer día de la semana, María la Magdalena fue al sepulcro al amanecer, cuando aún estaba oscuro, y vio la losa quitada del sepulcro. Echó a correr y fue donde estaban Simón Pedro y el otro discípulo, a quien Jesús amaba, y les dijo: «Se han llevado del sepulcro al Señor y no sabemos dónde lo han puesto». Salieron Pedro y el otro discípulo camino del sepulcro. Los dos corrían juntos, pero el otro discípulo corría más que Pedro; se adelantó y llegó primero al sepulcro; e, inclinándose, vio los lienzos tendidos; pero no entró. Llegó también Simón Pedro detrás de él y entró en el sepulcro: vio los lienzos tendidos y el sudario con que le habían cubierto la cabeza, no con los lienzos, sino enrollado en un sitio aparte. Entonces entró también el otro discípulo, el que había llegado primero al sepulcro; vio y creyó. Pues hasta entonces no habían entendido la Escritura: que él había de resucitar de entre los muertos.

Resucitados con Cristo

«Este es el día en que actuó el Señor». Aquel sepulcro de losa quitada, entrada abierta, vendas por el suelo, sudario recogido, desvelando a los discípulos el misterio de Cristo resucitado, se ha quedado con la vida de María Magdalena, de Pedro, del otro discípulo a quien tanto quería Jesús, y se ha quedado también con la vida de tus hijos, Iglesia de Cristo. «Porque habéis muerto y vuestra vida está con Cristo escondida en Dios», porque Cristo ha resucitado y «habéis resucitado con él», porque «este es el día en que actuó el Señor», os inunda una alegría que se abre a la eternidad, se os ha dado una libertad que nadie os puede quitar, recibís un Espíritu que os hace humanidad nueva, reconciliada, fraterna, comunidad que la fe convoca a la mesa del Resucitado. Aquel sepulcro de losa quitada no está vacío: en él, enterrados para siempre, se han quedado nuestros miedos, nuestros pecados, nuestra muerte.

Con la efusión de tu Espíritu, pon, Señor, alegría perfecta en nosotros para que seamos testigos de tu resurrección, y danos libertad verdadera para que te amemos y te sirvamos en nuestros hermanos.

Octava de Pascua
Apolonio; Galdino de la Sala; Perfecto; Bto. Andrés Hibernon

Oficio propio / B
Vol. II
He 2,14.22-33 /
Sal 15 /
Mt 28,8-15

Mateo 28,8-15

En aquel tiempo, las mujeres se marcharon a toda prisa del sepulcro; llenas de miedo y de alegría corrieron a anunciarlo a los discípulos. De pronto, Jesús les salió al encuentro y les dijo: «Alegraos». Ellas se acercaron, le abrazaron los pies y se postraron ante él. Jesús les dijo: «No temáis: id a comunicar a mis hermanos que vayan a Galilea; allí me verán». Mientras las mujeres iban de camino, algunos de la guardia fueron a la ciudad y comunicaron a los sumos sacerdotes todo lo ocurrido. Ellos, reunidos con los ancianos, llegaron a un acuerdo y dieron a los soldados una fuerte suma, encargándoles: «Decid que sus discípulos fueron de noche y robaron el cuerpo mientras vosotros dormíais. Y si esto llega a oídos del gobernador, nosotros nos lo ganaremos y os sacaremos de apuros». Ellos tomaron el dinero y obraron conforme a las instrucciones. Y esta historia se ha ido difundiendo entre los judíos hasta hoy.

Aprendiendo a nombrar los frutos de la tierra

«El Señor os ha introducido en una tierra que mana leche y miel». Por el bautismo, hemos sido incorporados a Cristo. En la Eucaristía hacemos comunión con él. Cristo resucitado es la meta de nuestro éxodo, él es el final de nuestro camino, él es nuestra tierra prometida, tierra que mana leche y miel, a la que la gracia de Dios nos ha llevado. En él hemos sido bendecidos con toda clase de bienes espirituales y celestiales; en él tenemos la redención, el perdón de los pecados; en él hemos sido marcados con el sello del Espíritu Santo. Por él tenemos siempre en los labios la ley del Señor, la memoria de su amor, la alabanza de su compasión poderosa. Cristo sale hoy a nuestro encuentro y nos saluda con el verbo de la presencia de Dios en nuestras vidas: «Alegraos». Y, porque esa presencia divina no nos sobrecoja, Jesús añade: «No tengáis miedo». Ahora, humildes, gozosos y libres, ya podemos ir a anunciar lo que hemos conocido de Dios.

Que tu Espíritu, Señor, nos enseñe a vivir en tu presencia, a entrar en tu misterio, a reconocer los bienes que de ti hemos recibido, a proclamar con todos los redimidos: «Tú eres mi bien», tú eres mi Dios.

Octava de Pascua
León IX;
Bto. Marcel Callo

Oficio propio / B
He 2,36-41 /
Sal 32 /
Jn 20,11-18

Juan 20,11-18

En aquel tiempo, estaba María fuera, junto al sepulcro, llorando. Mientras lloraba, se asomó al sepulcro y vio dos ángeles vestidos de blanco, sentados, uno a la cabecera y otro a los pies, donde había estado el cuerpo de Jesús. Ellos le preguntan: «Mujer, ¿por qué lloras?». Ella les contesta: «Porque se han llevado a mi Señor y no sé dónde lo han puesto». Dicho esto, se vuelve y ve a Jesús, de pie, pero no sabía que era Jesús. Jesús le dice: «Mujer, ¿por qué lloras?, ¿a quién buscas?». Ella, tomándolo por el hortelano, le contesta: «Señor, si tú te lo has llevado, dime dónde lo has puesto y yo lo recogeré». Jesús le dice: «¡María!». Ella se vuelve y le dice: «¡Rabbuní!», que significa: «¡Maestro!». Jesús le dice: «No me retengas, que todavía no he subido al Padre. Pero, anda, ve a mis hermanos y diles: "Subo al Padre mío y Padre vuestro, al Dios mío y Dios vuestro"». María la Magdalena fue y anunció a los discípulos: «He visto al Señor y ha dicho esto».

Aprendiendo a dar sentido a las palabras

Esto es lo que somos: «Resucitados con Cristo», humanidad nueva en comunión con Cristo resucitado. A la luz de la resurrección, aprendemos a dar sentido nuevo a las palabras, hasta a las más viejas de nuestros salmos, a las más gastadas de nuestros lamentos. Fijos los ojos en Cristo y viéndote unida a él, aprendes, Iglesia cuerpo de Cristo, qué significan para él y para ti las palabras de la confesión: «La misericordia de Dios llena la tierra». Eso dices hoy con el Salmista y con Cristo, y esto es lo que entiendes si has visto a tu Señor, si te has abrazado a sus pies: La bondad de Dios llena la tierra, su paz se ha quedado en nuestras vidas, su gracia nos ha rodeado, su justicia nos ha besado, el cielo ha puesto su morada en la pobreza humana, y nuestra pobreza tiene morada en el cielo, Dios es nuestra luz, Dios es nuestra vida, Dios llena nuestra tierra de luz y de vida.

Que tu Espíritu, Señor, nos ilumine, nos abra el sentido de las Escrituras santas y nos lleve a la verdad plena.

Octava de Pascua
Telmo; Sulpicio y Serviano; Inés de Montepulciano

Oficio propio / B
He 3,1-10 / Sal 104 / Lc 24,13-35

Lucas 24,13-35

Aquel mismo día, el primero de la semana, dos de los discípulos de Jesús iban caminando a una aldea llamada Emaús, distante de Jerusalén unos sesenta estadios; iban conversando entre ellos de todo lo que había sucedido. Mientras conversaban y discutían, Jesús en persona se acercó y se puso a caminar con ellos. Pero sus ojos no eran capaces de reconocerlo. Él les dijo: «¿Qué conversación es esa que traéis mientras vais de camino?». Ellos se detuvieron con aire entristecido. Y uno de ellos, que se llamaba Cleofás, le respondió: «¿Eres tú el único forastero en Jerusalén que no sabe lo que ha pasado allí estos días?». Él les dijo: «¿Qué?». Ellos le contestaron: «Lo de Jesús el Nazareno, que fue un profeta poderoso en obras y palabras, ante Dios y ante todo el pueblo; cómo lo entregaron los sumos sacerdotes y nuestros jefes para que lo condenaran a muerte, y lo crucificaron. Nosotros esperábamos que él iba a liberar a Israel, pero, con todo esto, ya estamos en el tercer día desde que esto sucedió. Es verdad que algunas mujeres de nuestro grupo nos han sobresaltado, pues habiendo ido muy de mañana al sepulcro, y no habiendo encontrado su cuerpo, vinieron diciendo que incluso habían visto una aparición de ángeles, que dicen que está vivo. Algunos de los nuestros fueron también al sepulcro y lo encontraron como habían dicho las mujeres; pero a él no lo vieron». Entonces él les dijo: «¡Qué necios y torpes sois para creer lo que dijeron los profetas! ¿No era necesario que el Mesías padeciera esto y entrara así en su gloria?». Y, comenzando por Moisés y siguiendo por todos los profetas, les explicó lo que se refería a él en todas las Escrituras. Llegaron cerca de la aldea adonde iban y él simuló que iba a seguir caminando; pero ellos lo apremiaron, diciendo: «Quédate con nosotros, porque atardece y el día va de caída». Y entró para quedarse con ellos. Sentado a la mesa con ellos, tomó el pan, pronunció la bendición, lo partió y se lo iba dando. A ellos se les abrieron los ojos y lo reconocieron. Pero él desapareció de su vista... (vv. 32-35).

Lucas 24,35-48

En aquel tiempo, los discípulos de Jesús contaron lo que les había pasado por el camino y cómo lo habían reconocido al partir el pan. Estaban hablando de estas cosas, cuando él se presentó en medio de ellos y les dice: «Paz a vosotros». Pero ellos, aterrorizados y llenos de miedo, creían ver un espíritu. Y él les dijo: «¿Por qué os alarmáis?, ¿por qué surgen dudas en vuestro corazón? Mirad mis manos y mis pies: soy yo en persona. Palpadme y daos cuenta de que un espíritu no tiene carne y huesos, como veis que yo tengo». Dicho esto, les mostró las manos y los pies. Pero como no acababan de creer por la alegría, y seguían atónitos, les dijo: «¿Tenéis ahí algo de comer?». Ellos le ofrecieron un trozo de pez asado. Él lo tomó y comió delante de ellos. Y les dijo: «Esto es lo que os dije mientras estaba con vosotros: que era necesario que se cumpliera todo lo escrito en la Ley de Moisés y en los Profetas y Salmos acerca de mí». Entonces les abrió el entendimiento para comprender las Escrituras. Y les dijo: «Así está escrito: el Mesías padecerá, resucitará de entre los muertos al tercer día y en su nombre se proclamará la conversión para el perdón de los pecados a todos los pueblos, comenzando por Jerusalén. Vosotros sois testigos de esto».

Enviados de Cristo resucitado

Si somos del día de la resurrección, si hemos muerto y resucitado con Cristo, si en comunión con él hemos sido «adquiridos por Dios», entonces proclamaremos «las hazañas del que nos llamó a salir de las tinieblas y entrar en su luz maravillosa». Si somos del día de la resurrección, somos «los hijos de los profetas, los hijos de la alianza que hizo Dios con nuestros padres», somos los herederos de la bendición de Dios a Abrahán. Si somos del día de la resurrección, en nombre de Cristo resucitado somos enviados, con la fuerza de lo alto, «a predicar la conversión y el perdón de los pecados a todos los pueblos»: No hay Iglesia sin testigos de la resurrección. No hay Iglesia sin predicación. No hay Iglesia sin misión de transformar el mundo, de reconciliar a los pecadores, movidos por la fuerza del Espíritu Santo.

Octava de Pascua
Cayo; Sotero; Lucas; Miles; Parmenio; Bta. Mª Gabriela Sagheddu

Oficio propio / B
He 4,1-12 / Sal 117 / Jn 21,1-14

Juan 21,1-14

En aquel tiempo, Jesús se apareció otra vez a los discípulos junto al lago de Tiberíades. Y se apareció de esta manera: Estaban juntos Simón Pedro, Tomás, apodado el Mellizo; Natanael, el de Caná de Galilea; los Zebedeos y otros dos discípulos suyos. Simón Pedro les dice: «Me voy a pescar». Ellos contestan: «Vamos también nosotros contigo». Salieron y se embarcaron; y aquella noche no cogieron nada. Estaba ya amaneciendo, cuando Jesús se presentó en la orilla; pero los discípulos no sabían que era Jesús. Jesús les dice: «Muchachos, ¿tenéis pescado?». Ellos contestaron: «No». Él les dice: «Echad la red a la derecha de la barca y encontraréis». La echaron, y no podían sacarla, por la multitud de peces. Y aquel discípulo a quien Jesús amaba le dice a Pedro: «Es el Señor». Al oír que era el Señor, Simón Pedro, que estaba desnudo, se ató la túnica y se echó al agua. Los demás discípulos se acercaron en la barca, porque no distaban de tierra más que unos doscientos codos, remolcando la red con los peces. Al saltar a tierra, ven unas brasas con un pescado puesto encima y pan. Jesús les dice: «Traed de los peces que acabáis de coger». Simón Pedro subió a la barca y arrastró hasta la orilla la red repleta de peces grandes: ciento cincuenta y tres. Y aunque eran tantos, no se rompió la red. Jesús les dice: «Vamos, almorzad». Ninguno de los discípulos se atrevía a preguntarle quién era, porque sabían bien que era el Señor. Jesús se acerca, toma el pan y se lo da, y lo mismo el pescado. Esta fue la tercera vez que Jesús se apareció a los discípulos después de resucitar de entre los muertos.

Sabían que era el Señor

Hoy la palabra de Dios te acerca al misterio de tu tarea: Te vas de pesca, Iglesia en misión, sales, te embarcas, te afanas durante toda la noche, ¡y esa noche no pescas nada! Pudieras pensar: ha sido un tiempo perdido, un trabajo inútil, un esfuerzo sin recompensa. Pero no es así: sin tu esfuerzo en la noche no habría lugar para la palabra de Jesús en el amanecer.

Octava de Pascua

Jorge; Adalberto; Egidio de Asís; Juan de Hólar; Bta. Teresa Mª de la Cruz

Oficio propio / B
He 4,13-21 / Sal 117 / Mc 16,9-15

Marcos 16,9-15

Jesús, resucitado al amanecer del primer día de la semana, se apareció primero a María Magdalena, de la que había echado siete demonios. Ella fue a anunciárselo a sus compañeros, que estaban de duelo y llorando. Ellos, al oírle decir que estaba vivo y que lo había visto, no la creyeron. Después se apareció en figura de otro a dos de ellos que iban caminando al campo. También ellos fueron a anunciarlo a los demás, pero no los creyeron. Por último, se apareció Jesús a los Once, cuando estaban a la mesa, y les echó en cara su incredulidad y dureza de corazón, porque no habían creído a los que lo habían visto resucitado. Y les dijo: «Id al mundo entero y proclamad el Evangelio a toda la creación».

Contar lo que hemos visto

«Es imposible callar lo que hemos visto y oído». Si has conocido la luz del día de la resurrección, si has resucitado con Cristo, si por la fe has entrado en la tierra que mana leche y miel, si por la fe has visto la tierra llena de la misericordia de Dios, si aprendiste a ver a Cristo en tu camino, si has comido y bebido con él, si eres su discípulo y su enviado, no podrás callar lo que has visto y oído. Si has recibido el Espíritu de Jesús, si te ha rodeado la paz del Resucitado, si te ha alcanzado la alegría de la resurrección, no podrás callar lo que has visto y oído. Con Cristo resucitado y con todos los que son de Cristo, proclamarás al mundo entero el evangelio que has recibido, contarás lo que has vivido, no callarás lo que has conocido de Dios: «El Señor es mi fuerza y mi energía, él es mi salvación... Dad gracias al Señor porque es bueno, porque es eterna su misericordia». Una Iglesia sin relato sería una Iglesia muerta.

«Cantaré eternamente las misericordias del Señor, anunciaré tu fidelidad por todas las edades. La misericordia es un edificio eterno; más que el cielo has afianzado tu fidelidad» (Salmo 89).

24
domingo

Fidel de Sigmaringa; Gregorio de Elvira; Pedro de San José de Betancur; Mª Eufrasia Pelletier

2ª salt. / B
He 5,12-16 / Sal 117 / Ap 1,9-11a. 12-13.17-19 / Jn 20,19-31

Hechos 5,12-16

Por mano de los apóstoles se realizaban muchos signos y prodigios en medio del pueblo. Todos se reunían con un mismo espíritu en el pórtico de Salomón; los demás no se atrevían a juntárseles, aunque la gente se hacía lenguas de ellos; más aún, crecía el número de los creyentes, una multitud tanto de hombres como de mujeres, que se adherían al Señor. La gente sacaba los enfermos a las plazas, y los ponía en catres y camillas, para que, al pasar Pedro, su sombra, por lo menos, cayera sobre alguno. Acudía incluso mucha gente de las ciudades cercanas a Jerusalén, llevando a enfermos y poseídos de espíritu inmundo, y todos eran curados.

Salmo 117,2-4.22-24.25-27a

R. Dad gracias al Señor porque es bueno, porque es eterna su misericordia. (O bien: Aleluya).

Apocalipsis 1,9-11a.12-13.17-19

Yo, Juan, vuestro hermano y compañero en la tribulación, en el reino y en la perseverancia en Jesús, estaba desterrado en la isla llamada Patmos a causa de la palabra de Dios y del testimonio de Jesús. El día del Señor fui arrebatado en espíritu y escuché detrás de mí una voz potente como de trompeta que decía: «Lo que estás viendo, escríbelo en un libro y envíalo a las siete iglesias». Me volví para ver la voz que hablaba conmigo, y, vuelto, vi siete candelabros de oro, y en medio de los candelabros como un Hijo de hombre, vestido de una túnica talar, y ceñido el pecho con un cinturón de oro. Cuando lo vi, caí a sus pies como muerto. Pero él puso su mano derecha sobre mí, diciéndome: «No temas; yo soy el Primero y el Último, el Viviente; estuve muerto, pero ya ves: vivo por los siglos de los siglos, y tengo las llaves de la muerte y del abismo. Escribe, pues, lo que estás viendo: lo que es y lo que ha de suceder después de esto.

Juan 20,19-31

Al anochecer de aquel día, el primero de la semana, estaban los discípulos en una casa, con las puertas cerradas por miedo a los judíos. Y en esto entró Jesús, se puso en medio y les dijo: «Paz a vosotros». Y, diciendo esto, les enseñó las manos y el costado. Y los discípulos se llenaron de alegría al ver al Señor. Jesús repitió: «Paz a vosotros. Como el Padre me ha enviado, así también os envío yo». Y, dicho esto, sopló sobre ellos y les dijo: «Recibid el Espíritu Santo; a quienes les perdonéis los pecados, les quedan perdonados; a quienes se los retengáis, les quedan retenidos». Tomás, uno de los Doce, llamado el Mellizo, no estaba con ellos cuando vino Jesús. Y los otros discípulos le decían: «Hemos visto al Señor». Pero él les contestó: «Si no veo en sus manos la señal de los clavos, si no meto el dedo en el agujero de los clavos y no meto la mano en su costado, no lo creo». A los ocho días, estaban otra vez dentro los discípulos y Tomás con ellos. Llegó Jesús, estando cerradas las puertas, se puso en medio y dijo: «Paz a vosotros». Luego dijo a Tomás: «Trae tu dedo, aquí tienes mis manos; trae tu mano y métela en mi costado; y no seas incrédulo, sino creyente». Contestó Tomás: «¡Señor mío y Dios mío!». Jesús le dijo: «¿Porque me has visto has creído? Bienaventurados los que crean sin haber visto». Muchos otros signos, que no están escritos en este libro, hizo Jesús a la vista de los discípulos. Estos han sido escritos para que creáis que Jesús es el Mesías, el Hijo de Dios, y para que, creyendo, tengáis vida en su nombre.

Enviados de Cristo resucitado

Es el primer encuentro de Cristo resucitado con sus discípulos. Y estas son las primeras palabras que él pronuncia: «Paz a vosotros». Luego se identifica como el crucificado que vive: «Les enseñó las manos y el costado»; que es como si les dijese: «Estaba muerto y, ya veis, vivo por los siglos de los siglos». Entonces, los que habían de ser llenados de Espíritu Santo, se llenaron de alegría al ver al Señor. Después, declarando de nuevo alcanzada la paz, Jesús los envía a ellos como el Padre lo había enviado a él, y les da el Espíritu que él había recibido.

S. Marcos, f.
Aniano; Giovanni Piamarta

Oficio de la f. / R
Vol. IV
1Pe 5,5b-14 /
Sal 88 /
Mc 16,15-20

Marcos 16,15-20

En aquel tiempo, se apareció Jesús a los once y les dijo: «Id al mundo entero y proclamad el Evangelio a toda la creación. El que crea y sea bautizado se salvará; el que no crea será condenado. A los que crean, les acompañarán estos signos: echarán demonios en mi nombre, hablarán lenguas nuevas, cogerán serpientes en sus manos y, si beben un veneno mortal, no les hará daño. Impondrán las manos a los enfermos, y quedarán sanos». Después de hablarles, el Señor Jesús fue llevado al cielo y se sentó a la derecha de Dios. Ellos se fueron a predicar por todas partes, y el Señor cooperaba confirmando la palabra con las señales que los acompañaban.

«Id al mundo entero»

Nos envían al mundo entero, y a todos hemos de llevar el mismo mensaje, la misma gracia, la misma revelación: el evangelio. En verdad la mies es mucha, es inmenso el campo, es sobrehumana la tarea. Nada sería posible si el Señor no estuviese a nuestro lado, si él no fuese nuestra fuerza. Hoy lo escuchas en la comunidad eclesial, hoy lo recibes y comulgas con él, y sabes que están llenas de verdad las palabras de su promesa: «Yo estoy con vosotros todos los días hasta el fin del mundo». Y tú, Iglesia de Cristo, vas a tu tarea, vas a los pobres con el evangelio que has recibido para ellos, y predicas a Cristo crucificado, fuerza de Dios y sabiduría de Dios. Nada tendrás que decir si no eres pobre. Nadie te creerá si no eres pobre. No resplandecerá la sabiduría de tu evangelio si no brilla en ti la fuerza de tu comunión con Cristo crucificado. Que los pobres canten eternamente contigo las misericordias del Señor.

Concédenos, Señor, que, siguiendo las huellas de Cristo pobre y crucificado, llevemos a los pobres el evangelio de la salvación.

S. Isidoro de Sevilla, f.
Nª Sra. del Buen Consejo; Gregorio y Domingo; Marcelino; Rafael Arnáiz

Oficio de la f. / B
Vol. IV
1Cor 2,1-10 / Sal 118 / Mt 5,13-16

Mateo 5,13-16

En aquel tiempo, dijo Jesús a sus discípulos: «Vosotros sois la sal de la tierra. Pero si la sal se vuelve sosa, ¿con qué la salarán? No sirve más que para tirarla fuera y que la pise la gente. Vosotros sois la luz del mundo. No se puede ocultar una ciudad puesta en lo alto de un monte. Tampoco se enciende una lámpara para meterla debajo del celemín, sino para ponerla en el candelero y que alumbre a todos los de casa. Brille así vuestra luz ante los hombres, para que vean vuestras buenas obras y den gloria a vuestro Padre que está en los cielos».

Amar la sabiduría

«Radiante e inmarcesible es la sabiduría; fácilmente la ven los que la aman y la encuentran los que la buscan». Esa es la sabiduría deseable, esa la más estimable de las riquezas: Buscar lo que amamos y amar lo que nos acerca a la verdad y al bien. «Aprendí la sabiduría sin malicia»: Aprendiste a amar la voluntad del Señor; guardaste en el corazón la palabra que la revela; como quien busca un tesoro, buscaste a Cristo Jesús en quien la Palabra se ha hecho carne; estudiaste con pasión la cruz de Cristo, en la que resplandece la fuerza de Dios, la gloria de Dios; allí, aprendiste la sabiduría «y la repartiste sin envidia, no te guardaste sus riquezas». Para ti el libro de la sabiduría es Cristo crucificado. Lo puedes decir con el Apóstol: «Líbreme Dios de gloriarme si no es en la cruz de nuestro Señor Jesucristo». En verdad, la tuya es sabiduría que viene de lo alto, pues viene de la cruz y de Dios.

Que tu Espíritu, Señor, ilumine las tinieblas de nuestro corazón y nos enseñe el mensaje de la cruz, necedad para los que se pierden, fuerza de Dios y sabiduría de Dios para los que se salvan.

Nª Sra. de Montserrat; Zita de Luca; Pedro Armengol; Bta. Mª Antonia Bandrés

II de Pascua
2ª salt. / B
He 5,17-26 /
Sal 33 /
Jn 3,16-21

Juan 3,16-21

Tanto amó Dios al mundo, que entregó a su Unigénito, para que todo el que cree en él no perezca, sino que tenga vida eterna. Porque Dios no envió a su Hijo al mundo para juzgar al mundo, sino para que el mundo se salve por él. El que cree en él no será juzgado; el que no cree ya está juzgado, porque no ha creído en el nombre del Unigénito de Dios. Este es el juicio: que la luz vino al mundo, y los hombres prefirieron la tiniebla a la luz, porque sus obras eran malas. Pues todo el que obra el mal detesta la luz, y no se acerca a la luz, para no verse acusado por sus obras. En cambio, el que obra la verdad se acerca a la luz, para que se vea que sus obras están hechas según Dios.

Iglesia con historia

En sí mismo, Dios es amor. En su relación con nosotros, Dios escribió una historia de amor. Si olvidas tu historia, si olvidas las obras que Dios ha realizado en tu favor, podrás declarar que hay Dios, pero no serás la Iglesia que él ha liberado para que tú seas su pueblo, para que él sea tu Dios. Tanto nos amó Dios que nos liberó; tanto nos amó que nos creó; tanto nos amó que nos redimió; tanto nos amó que nos «entregó a su Unigénito para que no perezca ninguno de los que creen en él». Lee tu historia de amor, Iglesia de Dios; narra tu historia de amor; vive tu historia de amor. Deja que la fe te lleve al corazón del misterio, pues el amor de Dios te ha dado un Hijo, y con ese Hijo se te ha dado la vida, con ese Hijo ha venido a ti la salvación. Él es el ángel del Señor que acampa en torno a ti y te protege. Hoy, en la Eucaristía, el amor que es Dios, te entrega la vida que es Cristo Jesús.

Que tu Espíritu, Dios Padre nuestro, nos guíe al conocimiento de tu amor, amor sin medida, manifestado al mundo en el don de tu Unigénito, nuestro Señor Jesucristo.

Juan 3,31-36

El que viene de lo alto está por encima de todos. El que es de la tierra es de la tierra y habla de la tierra. El que viene del cielo está por encima de todos. De lo que ha visto y ha oído da testimonio, y nadie acepta su testimonio. El que acepta su testimonio certifica que Dios es veraz. El que Dios envió habla las palabras de Dios, porque no da el Espíritu con medida. El Padre ama al Hijo y todo lo ha puesto en su mano. El que cree en el Hijo posee la vida eterna; el que no crea al Hijo no verá la vida, sino que la ira de Dios pesa sobre él.

Iglesia de testigos

«Testigos de esto somos nosotros y el Espíritu Santo». La historia que narras no es la de otro sino la tuya. No eres un narrador sino un testigo que ha vivido las cosas de las que da fe. No hablas de un creador sino de tu Creador. No hablas de un redentor sino de tu Redentor. No hablas de un dios sino de tu Dios y Señor. No hablas de una pascua sino de tu Pascua. El Salmista declara que el Señor está cerca de los atribulados, que salva a los abatidos, que libra de todos los males al justo. Y tú, mirando a Cristo y recordando tu propia historia, confirmas la verdad de su declaración: «Si el afligido invoca al Señor, él lo escucha». Es verdad: «El Padre ama al Hijo y todo lo ha puesto en su mano». Esta es una historia de afligidos, atribulados, abatidos, es una historia de pobres que gritaron al Señor y fueron escuchados, es la historia de un Hijo que se hizo de los pobres para enaltecerlos con él. «¡Y de eso somos testigos nosotros y el Espíritu Santo!».

Haznos dóciles, Señor, a la inspiración del Espíritu Santo, para que, con nuestras palabras y nuestras obras, demos testimonio de Cristo que ha resucitado y vive en nosotros.

Sta. Catalina de Siena, f.
Hugo de Cluny; Pedro de Verona; Roberto de Molesmes

Oficio de la f. / B
Vol. IV
1Jn1,5–2,2 / Sal 102 / Mt 11,25-30

Mateo 11,25-30

En aquel tiempo, tomó la palabra Jesús y dijo: «Te doy gracias, Padre, Señor del cielo y de la tierra, porque has escondido estas cosas a los sabios y entendidos, y se las has revelado a los pequeños. Sí, Padre, así te ha parecido bien. Todo me ha sido entregado por mi Padre, y nadie conoce al Hijo más que el Padre, y nadie conoce al Padre sino el Hijo y aquel a quien el Hijo se lo quiera revelar. Venid a mí todos los que estáis cansados y agobiados, y yo os aliviaré. Tomad mi yugo sobre vosotros y aprended de mí, que soy manso y humilde de corazón, y encontraréis descanso para vuestras almas. Porque mi yugo es llevadero y mi carga ligera».

«Yo os aliviaré»

Jesús conoció de cerca una humanidad uncida sin esperanza al yugo opresivo de la pobreza, de la exclusión, de la esclavitud, «muchedumbres extenuadas y abandonadas, como ovejas que no tienen pastor». Para esa humanidad era y es el imperativo evangélico: «Venid a mí todos los que estáis cansados y agobiados, y yo os aliviaré». Algo me dice que Jesús te propone que te acerques a él, que te dejes uncir a su yugo, y que él va a tirar del carro contigo, que él va a remover contigo la tierra de tu siembra. Solo te pide que aprendas de él, que es manso y humilde de corazón.«Cristo nuestro Señor fue entregado»: Lo oyes, lo crees y recuerdas al que, por amor, se hizo luz para los ciegos, libertad para los oprimidos, salud para los enfermos, perdón para los pecadores. Lo oyes, lo crees y recibes al que hoy se te ofrece, pan del cielo, pan multiplicado en la mesa de tu Eucaristía.

Que tu Espíritu, Señor, haga de nosotros imágenes vivas de Cristo Jesús, entregados como él, por amor, al servicio de Dios y de los pobres.

S. Pío V, m.l.
Amador, Pedro y Luis; José Benito Cottolengo; María de la Encarnación Guyart

II de Pascua
2ª salt. / B
He 6,1-7 /
Sal 32 /
Jn 6,16-21

Juan 6,16-21

Al oscurecer, los discípulos de Jesús bajaron al mar, embarcaron y empezaron la travesía hacia Cafarnaún. Era ya noche cerrada, y todavía Jesús no los había alcanzado; soplaba un viento fuerte, y el lago se iba encrespando. Habían remado unos veinticinco o treinta estadios, cuando vieron a Jesús que se acercaba a la barca, caminando sobre el mar, y se asustaron. Pero él les dijo: «Soy yo, no temáis». Querían recogerlo a bordo, pero la barca tocó tierra en seguida, en el sitio adonde iban.

Diáconos

«Que tu misericordia, Señor, venga sobre nosotros, como lo esperamos de ti». La misericordia de Dios es su amor compasivo que le hace sentir como propio el desvalimiento de los que sufren. Pedimos su misericordia y encontramos que al Señor se le conmueven de compasión las entrañas ante el hijo que vuelve de lejos, ante el viajero abandonado medio muerto al borde del camino, ante la viuda en lágrimas, madre de aquel hijo único que sacaban a enterrar. Pedimos la misericordia que necesitamos, y encontramos un amor que nos lleva a donde nunca hubiéramos soñado llegar, pues Cristo Jesús, el amor compasivo de Dios, desea que estemos con él y contemplemos la gloria que él tiene. Pedimos misericordia y nos encontramos resucitados con Cristo, tocando tierra con Cristo en el destino a donde él va. La misericordia hizo a Dios diácono de todos, e hizo de nosotros imitadores de Dios al servicio de los pobres.

«Como un padre siente ternura por sus hijos, así tú, Señor, sientes ternura por tus fieles; danos entrañas de misericordia ante toda miseria humana» (De la liturgia).

1 domingo

José Obrero; Jeremías; Orencio y Paciencia; Peregrino

3ª salt. / B
He 5,27b-32.40b-41 / Sal 29 / Ap 5,11-14 / Jn 21,1-19 [breve: Jn 21,1-14]

Hechos 5,27b-32.40b-41

En aquellos días, el sumo sacerdote interrogó a los apóstoles, diciendo: «¿No os habíamos ordenado formalmente no enseñar en ese Nombre? En cambio, habéis llenado Jerusalén con vuestra enseñanza y queréis hacernos responsables de la sangre de ese hombre». Pedro y los apóstoles replicaron: «Hay que obedecer a Dios antes que a los hombres. El Dios de nuestros padres resucitó a Jesús, a quien vosotros matasteis, colgándolo de un madero. Dios lo ha exaltado con su diestra, haciéndolo jefe y salvador, para otorgar a Israel la conversión y el perdón de los pecados. Testigos de esto somos nosotros y el Espíritu Santo, que Dios da a los que lo obedecen». Prohibieron a los apóstoles hablar en nombre de Jesús, y los soltaron. Ellos, pues, salieron del Sanedrín contentos de haber merecido aquel ultraje por el Nombre.

Salmo 29,2 y 4.5-6.11 y 12a y 13b

R. Te ensalzaré, Señor, porque me has librado. (O bien: Aleluya).

Apocalipsis 5,11-14

Yo, Juan, miré, y escuché la voz de muchos ángeles alrededor del trono, de los vivientes y de los ancianos, y eran miles de miles, miríadas de miríadas, y decían con voz potente: «Digno es el Cordero degollado de recibir el poder, la riqueza, la sabiduría, la fuerza, el honor, la gloria y la alabanza». Y escuché a todas las criaturas que hay en el cielo, en la tierra, bajo la tierra, en el mar –todo cuanto hay en ellos–, que decían: «Al que está sentado en el trono y al Cordero la alabanza, el honor, la gloria y el poder por los siglos de

mayo

los siglos». Y los cuatro vivientes respondían: «Amén». Y los ancianos se postraron y adoraron.

Juan 21,1-14 (breve)

En aquel tiempo, Jesús se apareció otra vez a los discípulos junto al lago de Tiberíades. Y se apareció de esta manera: Estaban juntos Simón Pedro, Tomás, apodado el Mellizo; Natanael, el de Caná de Galilea; los Zebedeos y otros dos discípulos suyos. Simón Pedro les dice: «Me voy a pescar». Ellos contestan: «Vamos también nosotros contigo». Salieron y se embarcaron; y aquella noche no cogieron nada. Estaba ya amaneciendo, cuando Jesús se presentó en la orilla; pero los discípulos no sabían que era Jesús. Jesús les dice: «Muchachos, ¿tenéis pescado?». Ellos contestaron: «No». Él les dice: «Echad la red a la derecha de la barca y encontraréis». La echaron, y no podían sacarla, por la multitud de peces. Y aquel discípulo a quien Jesús amaba le dice a Pedro: «Es el Señor». Al oír que era el Señor, Simón Pedro, que estaba desnudo, se ató la túnica y se echó al agua. Los demás discípulos se acercaron en la barca, porque no distaban de tierra más que unos doscientos codos, remolcando la red con los peces. Al saltar a tierra, ven unas brasas con un pescado puesto encima y pan. Jesús les dice: «Traed de los peces que acabáis de coger». Simón Pedro subió a la barca y arrastró hasta la orilla la red repleta de peces grandes: ciento cincuenta y tres. Y aunque eran tantos, no se rompió la red. Jesús les dice: «Vamos, almorzad». Ninguno de los discípulos se atrevía a preguntarle quién era, porque sabían bien que era el Señor. Jesús se acerca, toma el pan y se lo da, y lo mismo el pescado. Esta fue la tercera vez que Jesús se apareció a los discípulos después de resucitar de entre los muertos.

Cristo ha resucitado y la luz de su resurrección ilumina nuestra vida: Aclama al Señor tierra entera, cantad himnos a su gloria.

S. Atanasio, m.o.
Nª Sra. de Araceli;
Boris y Gleb; Zoe

III de Pascua
3ª salt. / B
He 6,8-15 /
Sal 118 /
Jn 6,22-29

Juan 6,22-29

Después de que Jesús hubo saciado a cinco mil hombres, sus discípulos lo vieron caminando sobre el mar. Al día siguiente, la gente que se había quedado al otro lado del mar notó que allí no había habido más que una barca y que Jesús no había embarcado con sus discípulos, sino que sus discípulos se habían marchado solos. Entretanto, unas barcas de Tiberíades llegaron cerca del sitio donde habían comido el pan después que el Señor había dado gracias. Cuando la gente vio que ni Jesús ni sus discípulos estaban allí, se embarcaron y fueron a Cafarnaún en busca de Jesús. Al encontrarlo en la otra orilla del lago, le preguntaron: «Maestro, ¿cuándo has venido aquí?». Jesús les contestó: «En verdad, en verdad os digo: me buscáis no porque habéis visto signos, sino porque comisteis pan hasta saciaros. Trabajad no por el alimento que perece, sino por el alimento que perdura para la vida eterna, el que os dará el Hijo del hombre; pues a este lo ha sellado el Padre, Dios». Ellos le preguntaron: «Y, ¿qué tenemos que hacer para realizar las obras de Dios?». Respondió Jesús: «La obra de Dios es esta: que creáis en el que él ha enviado».

Cristo, nuestra vida

Todos hablan de Jesús: lo hace Esteban, lleno de gracia, y lo hacen también sus acusadores, llenos de envidia. Todos buscan a Jesús, pero no porque hayan visto en él al enviado de Dios, sino porque han comido pan hasta saciarse y lo han comido gratis. Cristo Jesús es el centro de nuestra celebración y de nuestra historia personal: él es la palabra que sale de la boca de Dios para que tengamos vida; él es nuestra paz, el pacificador, el operador de paz, la fuente de donde procede la paz que llena nuestro corazón. Buscando a Jesús en la Eucaristía, no buscamos un alimento que perece, sino el que perdura para la vida eterna, el que nos da el Señor resucitado, el pan que es Cristo resucitado. Dichosa tú, Iglesia convocada a este sagrado banquete; dichosa tú que, sentada a los pies del Señor, escuchas su palabra y caminas en la voluntad de Dios; dichosa tú que, creyendo en Jesús, comulgando con él, recibes la vida eterna.

Stos. Felipe y Santiago, f.

Alejandro I; Violeta; Emilia; Juvenal; Bta. Mª Leonia Paradis

Oficio de la f. / R
Vol. IV
1Cor 15,1-8 / Sal 18 / Jn 14,6-14

Juan 14,6-14

En aquel tiempo, dijo Jesús a Tomás: «Yo soy el camino y la verdad y la vida. Nadie va al Padre sino por mí». «Si me conocierais a mí, conoceríais también a mi Padre. Ahora ya lo conocéis y lo habéis visto». Felipe le dice: «Señor, muéstranos al Padre y nos basta». Jesús le replica: «Hace tanto que estoy con vosotros, ¿y no me conoces, Felipe? Quien me ha visto a mí ha visto al Padre. ¿Cómo dices tú: "Muéstranos al Padre"? ¿No crees que yo estoy en el Padre, y el Padre en mí? Lo que yo os digo no lo hablo por cuenta propia. El Padre, que permanece en mí, él mismo hace las obras. Creedme: yo estoy en el Padre y el Padre en mí. Si no, creed a las obras. En verdad, en verdad os digo: el que cree en mí, también él hará las obras que yo hago, y aun mayores, porque yo me voy al Padre. Y lo que pidáis en mi nombre, yo lo haré, para que el Padre sea glorificado en el Hijo. Si me pedís algo en mi nombre, yo lo haré».

Apóstoles de Cristo

Celebramos lo que nos proponemos imitar; recordamos a los apóstoles porque nos disponemos a serlo. En el corazón de nuestra fe está Cristo Jesús, digamos mejor, el misterio de Cristo Jesús, pues nunca abarcaremos lo que creemos, y, orando, habremos de indagar con humildad y perseverancia lo que se nos pide anunciar a toda la creación: Cristo Jesús, imagen visible de Dios invisible, rostro de Dios Padre ante los ojos de los discípulos, camino que lleva a la verdad, verdad que nos da la vida. Hoy, Iglesia que en tu acción de gracias escuchas, crees y comulgas la palabra de Dios, hoy tu fe te permite ver a Cristo Jesús, te lleva de la mano al camino que es Cristo Jesús, te ilumina con la verdad que es Cristo Jesús, te enriquece con la vida de Dios que es Cristo Jesús. Si has visto a Jesús, en él habrás visto al Padre, y ese será el evangelio que habrás de llevar a los pobres.

Que tu Iglesia, Señor, proclame tu gloria; que diga bien de ti la vida de sus hijos; que, conociéndote a ti, todos por la fe reciban en herencia la vida eterna.

José María Rubio;
Gotardo;
Bto. Ceferino Giménez Malla;
Bta. Francisca Paula de Jesús (Nhá Chica)

III de Pascua
3ª salt. / B
He 8,1b-8 /
Sal 65 /
Jn 6,35-40

Juan 6,35-40

En aquel tiempo, dijo Jesús al gentío: «Yo soy el pan de vida. El que viene a mí no tendrá hambre, y el que cree en mí no tendrá sed jamás; pero, como os he dicho, me habéis visto y no creéis. Todo lo que me da el Padre vendrá a mí, y al que venga a mí no lo echaré afuera, porque he bajado del cielo no para hacer mi voluntad, sino la voluntad del que me ha enviado. Esta es la voluntad del que me ha enviado: que no pierda nada de lo que me dio, sino que lo resucite en el último día. Esta es la voluntad de mi Padre: que todo el que ve al Hijo y cree en él tenga vida eterna, y yo lo resucitaré en el último día».

Cristo en el corazón y en los labios

Los persiguen, se dispersan, y por donde van, difunden el evangelio, llevan la buena noticia que es Cristo. No hablan de lo que han perdido ni de la injusticia que han padecido ni del futuro incierto que les espera. Aquella Iglesia, no importa si perseguida y dispersada, habla del que es su vida, de Cristo resucitado. Eso, el evangelio que es Cristo, es lo que la Iglesia lleva en el corazón, y eso hace de ella una Iglesia en misión, una comunidad evangelizadora. Nada hay que se pueda comparar a Cristo Jesús: «Él ilumina a los redimidos por su sangre»; él es el pan que ha bajado del cielo para que tengamos vida y la tengamos en abundancia. Verle a él, creer en él, es abrir nuestra vida a la vida de Dios. No habrá Iglesia en misión si no hay evangelio en el corazón de sus hijos, si Cristo no alienta en la palabra y en la vida de los fieles. La alegría de los pobres dará fe de que somos una Iglesia en misión.

Que tu Espíritu, Señor, venga sobre nosotros, para que, transformados en Cristo Jesús, llevemos a los pobres el evangelio del Reino, la buena noticia con que Dios los visita.

Nª Sra. de Gracia; Nª Sra. de África; Máximo de Jerusalén; Martín de Finojosa

III de Pascua
3ª salt. / B
He 8,26-40 / Sal 65 / Jn 6,44-51

Juan 6,44-51

En aquel tiempo, dijo Jesús al gentío: «Nadie puede venir a mí si no lo atrae el Padre que me ha enviado. Y yo lo resucitaré en el último día. Está escrito en los profetas: "Serán todos discípulos de Dios". Todo el que escucha al Padre y aprende, viene a mí. No es que alguien haya visto al Padre, a no ser el que está junto a Dios: ese ha visto al Padre. En verdad, en verdad os digo: el que cree tiene vida eterna. Yo soy el pan de la vida. Vuestros padres comieron en el desierto el maná y murieron; este es el pan que baja del cielo, para que el hombre coma de él y no muera. Yo soy el pan vivo que ha bajado del cielo; el que coma de este pan vivirá para siempre. Y el pan que yo daré es mi carne por la vida del mundo».

Es Pascua

Es la Pascua del Señor: Es el tiempo de Cristo resucitado, es el tiempo de la Iglesia en la que Cristo vive, es el tiempo del Espíritu Santo que resucitó a Jesús y lleva a la Iglesia por los caminos de la humanidad. El Espíritu del Señor suscita preguntas en quien, aun sin saberlo, busca a Cristo Jesús. Y el mismo Espíritu, a ese hambriento de salvación, le envía un mensajero que le anuncie la buena noticia de Jesús. Bautizado, aquel hombre proseguirá lleno de alegría su camino. Y el mensajero seguirá evangelizando, llenando de alegría, los poblados por donde pase. Es Pascua: es tiempo de evangelio y de alegría; es tiempo para que nos hagamos discípulos de Dios, entremos en el misterio de la palabra de los profetas, vayamos a Cristo Jesús, creamos en él, y, comulgando con él, comiendo de ese pan vivo que ha bajado del cielo, tengamos vida eterna. Es Pascua: ¡Aclama al Señor, tierra entera!

«Cantemos al Señor; sublime es su victoria. Mi fuerza y mi poder es el Señor; él fue mi salvación» (De la liturgia).

Domingo Savio; Pedro Nolasco; Judit; Benedicta; Heliodoro; Francisco de Laval

III de Pascua
3ª salt. / B
He 9,1-20 /
Sal 116 /
Jn 6,52-59

Juan 6,52-59

En aquel tiempo, disputaban los judíos entre sí: «¿Cómo puede este darnos a comer su carne?». Entonces Jesús les dijo: «En verdad, en verdad os digo: si no coméis la carne del Hijo del hombre y no bebéis su sangre, no tenéis vida en vosotros. El que come mi carne y bebe mi sangre tiene vida eterna, y yo lo resucitaré en el último día. Mi carne es verdadera comida, y mi sangre es verdadera bebida. El que come mi carne y bebe mi sangre habita en mí y yo en él. Como el Padre que vive me ha enviado, y yo vivo por el Padre, así, del mismo modo, el que me come vivirá por mí. Este es el pan que ha bajado del cielo: no como el de vuestros padres, que lo comieron y murieron; el que come este pan vivirá para siempre». Esto lo dijo Jesús en la sinagoga, cuando enseñaba en Cafarnaún.

Tú eres la casa de Dios

Si no te sorprende es que no has prestado atención: «El que come mi carne y bebe mi sangre habita en mí y yo en él». Y si piensas que, habiendo escuchado las palabras, ya has entendido el significado, es que no has empezado a creer. Tú, que celebras la Eucaristía y comulgas en ella, ya no preguntas: «¿Cómo puede este darnos a comer su carne?»; lo crees y es suficiente. Pero sería poco comprensible y muy lamentable que yo no me preguntase: «¿Cómo habita el Señor en mí?, ¿cómo habito yo en el Señor?», pues son palabras de Jesús que llevan derechas al corazón de la fe. Creer en el Hijo del hombre, comer su carne, beber su sangre: esa es la obra que Dios quiere. Creyendo y comiendo, no has cumplido un rito sino dispuesto una casa, en ti para el Hijo de Dios, en el Hijo de Dios para ti. No te sorprenda que a Saulo le diga el Señor: «¿Por qué me persigues?», pues en cada perseguido, el Señor estaba en «su casa».

Que tu Espíritu, Señor Dios nuestro, nos enseñe a realizar tu obra, a creer, a comulgar, a amar a Jesús en los hermanos, a cuidar de Jesús en los pobres.

Nª Sra. de la Victoria; Nª Sra. Divina Pastora; Benedicto II; Gisela; Rosa Venerini; Bta. María de San José Alvarado

III de Pascua
3ª salt. / B
He 9,31-42 /
Sal 115 /
Jn 6,60-69

Juan 6,60-69

En aquel tiempo, muchos de los discípulos de Jesús dijeron: «Este modo de hablar es duro, ¿quién puede hacerle caso?». Sabiendo Jesús que sus discípulos lo criticaban, les dijo: «¿Esto os escandaliza?, ¿y si vierais al Hijo del hombre subir adonde estaba antes? El Espíritu es quien da vida; la carne no sirve para nada. Las palabras que os he dicho son espíritu y vida. Y, con todo, hay algunos de entre vosotros que no creen». Pues Jesús sabía desde el principio quiénes no creían y quién lo iba a entregar. Y dijo: «Por eso os he dicho que nadie puede venir a mí si el Padre no se lo concede». Desde entonces, muchos discípulos suyos se echaron atrás y no volvieron a ir con él. Entonces Jesús les dijo a los Doce: «¿También vosotros queréis marcharos?». Simón Pedro le contestó: «Señor, ¿a quién vamos a acudir? Tú tienes palabras de vida eterna; nosotros creemos y sabemos que tú eres el Santo de Dios».

Un misterio de unidad

Si no te iluminase la luz de Cristo resucitado, si no te animase la fuerza de su Espíritu, no serías la Iglesia de Cristo. Nadie lo verá más que tú, nadie sino tú misma lo puede saber: que eres más de Dios que del mundo; que perteneces más a la vida de la Trinidad que al hogar mismo en el que has nacido. Fíjate: el Padre te ha llevado a Jesús; en Cristo Jesús has reconocido al Santo consagrado por Dios; de Cristo Jesús has recibido el Espíritu que te guía y te consuela. Las palabras de Jesús son palabras de vida eterna para ti. Encontrándote con Cristo resucitado has encontrado al que es tu Vida; creyendo en él te has sumergido en la Vida eterna; sepultada con él en el bautismo, has resucitado con él a la vida nueva. Ese es tu misterio, Iglesia Cristo. Solo tú lo puedes conocer. A los demás podrás hacerlo visible en la unidad de tus hijos.

«Te pedimos humildemente que el Espíritu Santo congregue en la unidad a cuantos participamos del Cuerpo y de la Sangre de Cristo» (Liturgia eucarística).

Jornada Mundial de Oración por las Vocaciones
Jornada y Colecta de Vocaciones Nativas

Nª Sra. de la Salud; Bonifacio IV; Magdalena de Canossa; Víctor de Milán; Bta. Ulrike Nish

4ª salt. / B
He 13,14.43-52 / Sal 99 / Ap 7,9.14b-17 / Jn 10,27-30

Hechos 13,14.43-52

En aquellos días, Pablo y Bernabé continuaron desde Perge y llegaron a Antioquía de Pisidia. El sábado entraron en la sinagoga y tomaron asiento. Muchos judíos y prosélitos adoradores de Dios siguieron a Pablo y Bernabé, que hablaban con ellos exhortándolos a perseverar fieles a la gracia de Dios. El sábado siguiente, casi toda la ciudad acudió a oír la palabra del Señor. Al ver el gentío, los judíos se llenaron de envidia y respondían con blasfemias a las palabras de Pablo. Entonces Pablo y Bernabé dijeron con toda valentía: «Teníamos que anunciaros primero a vosotros la palabra de Dios; pero como la rechazáis y no os consideráis dignos de la vida eterna, sabed que nos dedicamos a los gentiles. Así nos lo ha mandado el Señor: “Yo te he puesto como luz de los gentiles, para que lleves la salvación hasta el confín de la tierra”». Cuando los gentiles oyeron esto, se alegraron y alababan la palabra del Señor; y creyeron los que estaban destinados a la vida eterna. La palabra del Señor se iba difundiendo por toda la región. Pero los judíos incitaron a las señoras distinguidas, adoradoras de Dios, y a los principales de la ciudad, provocaron una persecución contra Pablo y Bernabé y los expulsaron de su territorio. Estos sacudieron el polvo de los pies contra ellos y se fueron a Iconio. Los discípulos, por su parte, quedaban llenos de alegría y de Espíritu Santo.

Salmo 99,1b-2.3.5

R. Nosotros somos su pueblo y ovejas de su rebaño. (O bien: Aleluya).

Apocalipsis 7,9.14b-17

Yo, Juan, vi una muchedumbre inmensa, que nadie podría contar, de todas las naciones, razas, pueblos y lenguas, de pie delante del trono y delante del Cordero, vestidos con vestiduras blancas y con palmas en sus manos. Y uno de los ancianos me dijo: «Estos son los que vienen de la gran tribulación: han lavado y blanqueado sus vestiduras en la sangre del Cordero. Por eso están ante el trono de Dios, dándole culto día y noche en su templo. El que se sienta en el trono acampará entre ellos. Ya no pasarán hambre ni sed, no les hará daño el sol ni el bochorno. Porque el Cordero que está delante del trono los apacentará y los conducirá hacia fuentes de aguas vivas. Y Dios enjugará toda lágrima de sus ojos».

Juan 10,27-30

En aquel tiempo, dijo Jesús: «Mis ovejas escuchan mi voz, y yo las conozco, y ellas me siguen, y yo les doy la vida eterna; no perecerán para siempre, y nadie las arrebatará de mi mano. Lo que mi Padre me ha dado es más que todas las cosas, y nadie puede arrebatar nada de la mano de mi Padre. Yo y el Padre somos uno».

«El Cordero será su pastor»

Porque Cristo Jesús es nuestro Cordero, por eso es nuestro Pastor. Fíjate, Iglesia redimida con su sangre, fíjate en el Buen Pastor que da su vida por ti, que te conduce hacia fuentes de aguas vivas. Cristo es nuestro Pastor, porque es el Cordero que, muriendo, destruyó nuestra muerte, el que, resucitando, restauró la vida. Cristo es tu Pastor porque él es tu Pascua: por este Cordero sin mancha atravesaste los umbrales del Reino de los cielos, y en él, en su muerte y en su resurrección, todos hemos muerto y resucitado. Cristo es tu Pastor, porque es el Cordero que vive para siempre, y no cesa de ofrecerse por ti, de interceder por todos ante Dios. Hoy, porque Cristo es tu Pastor, dices con el corazón y la voz de tus hijos: «Somos tu pueblo, Señor, somos las ovejas de tu rebaño»; si tú nos guías, nos apacienta la bondad, la misericordia, la lealtad. Hoy, en tu Eucaristía, comerás y beberás la vida que solo tu Pastor puede darte.

«Aclama al Señor, tierra entera», pues en Cristo Jesús, él nos ha manifestado su misericordia y su fidelidad.

Luisa de Marillac; Gregorio de la Berrueza; Pacomio; Jorge Preca

IV de Pascua
4ª salt. / B
He 11,1-18 /
Sal 41 /
Jn 10,1-10

Juan 10,1-10

En aquel tiempo, dijo Jesús: «En verdad, en verdad os digo: el que no entra por la puerta en el aprisco de las ovejas, sino que salta por otra parte, ese es ladrón y bandido; pero el que entra por la puerta es pastor de las ovejas. A este le abre el guarda y las ovejas atienden a su voz, y él va llamando por el nombre a sus ovejas y las saca fuera. Cuando ha sacado todas las suyas camina delante de ellas, y las ovejas lo siguen, porque conocen su voz; a un extraño no lo seguirán, sino que huirán de él, porque no conocen la voz de los extraños». Jesús les puso esta comparación, pero ellos no entendieron de qué les hablaba. Por eso añadió Jesús: «En verdad, en verdad os digo: yo soy la puerta de las ovejas. Todos los que han venido antes de mí son ladrones y bandidos; pero las ovejas no los escucharon. Yo soy la puerta: quien entre por mí se salvará y podrá entrar y salir, y encontrará pastos. El ladrón no entra sino para robar y matar y hacer estragos; yo he venido para que tengan vida y la tengan abundante».

Aprende del Señor

Escucha el reproche que le hacen a Pedro: «Has entrado en casa de incircuncisos y has comido con ellos». Aquellos acusadores olvidaban que Jesús, a quien reconocían constituido por Dios como Mesías y Señor, había entrado en casa de publicanos y pecadores, había comido con ellos, se había hecho impuro con la impureza de los leprosos, de las mujeres, de los cadáveres. Tú, Iglesia en oración, aprendes del Señor: te haces discípula de Jesús y aprendes escuchando el evangelio y comulgando. En el evangelio se te muestra el Buen Pastor que camina delante de sus ovejas, que busca las que se han perdido, que las busca donde se han perdido, que no teme mancharse y herirse y dar la vida por encontrarlas. Y en la comunión, ves dónde se pierde el Señor por encontrarte, dónde entra el Buen Pastor para buscarte.

Envía, Señor, tu luz y tu verdad: que ellas nos guíen a la escuela de Jesús, para que aprendamos a amar como tú amas.

S. Juan de Ávila, m.o.
Virgen de los Desamparados; Damián de Molokai; Antonio de Florencia; Job

IV de Pascua
4ª salt. / B
He 11,19-26 / Sal 86 / Jn 10,22-30

Juan 10,22-30

Se celebraba en Jerusalén la fiesta de la Dedicación del templo. Era invierno, y Jesús se paseaba en el templo por el pórtico de Salomón. Los judíos, rodeándolo, le preguntaban: «¿Hasta cuándo nos vas a tener en suspenso? Si tú eres el Mesías, dínoslo francamente». Jesús les respondió: «Os lo he dicho, y no creéis; las obras que yo hago en nombre de mi Padre, esas dan testimonio de mí. Pero vosotros no creéis, porque no sois de mis ovejas. Mis ovejas escuchan mi voz, y yo las conozco, y ellas me siguen, y yo les doy la vida eterna; no perecerán para siempre, y nadie las arrebatará de mi mano. Lo que mi Padre me ha dado es más que todas las cosas, y nadie puede arrebatar nada de la mano de mi Padre. Yo y el Padre somos uno».

«Escuchan mi voz y me siguen»

En la Eucaristía y en la vida nos damos siempre cita con el Buen Pastor. Nosotros escuchamos su voz: él nos conoce. Nosotros le seguimos: él nos da la vida eterna. El Buen Pastor nos conoce, no de oídas, no de lejos... Para él somos los amados por quienes ha dado su vida, el tesoro en que ha puesto su corazón. Nosotros somos su gloria: ves que habla de nosotros cuando le preguntan por lo que él es, y se gloría de conocernos, de buscarnos, de alimentarnos, de curarnos, de darnos la vida dándonos su vida. Vivimos por él: ¡Los que viven, han nacido en él! «El Señor escribirá en el registro de los pueblos: «Este ha nacido allí». Y cantarán mientras danzan: «Todas mis fuentes están en ti». Hoy, escuchando la palabra, creyendo y comulgando, te sumerges en la fuente de la vida que es Cristo Jesús. Hoy, escuchando, creyendo y comulgando, te haces gloria de Cristo Buen Pastor.

Con alegría demos gloria a Dios, porque ha establecido su reinado el Señor, el Buen Pastor de nuestras almas.

Francisco de Jerónimo; Felisa; Fabio; Bto. Domingo Iturrate

IV de Pascua
4ª salt. / B
He 12,24–13,5a /
Sal 66 /
Jn 12,44-50

Juan 12,44-50

En aquel tiempo, Jesús gritó diciendo: «El que cree en mí, no cree en mí, sino en el que me ha enviado. Y el que me ve a mí, ve al que me ha enviado. Yo he venido al mundo como luz, y así, el que cree en mí no quedará en tinieblas. Al que oiga mis palabras y no las cumpla, yo no lo juzgo, porque no he venido para juzgar al mundo, sino para salvar al mundo. El que me rechaza y no acepta mis palabras tiene quien lo juzgue: la palabra que yo he pronunciado, esa lo juzgará en el último día. Porque yo no he hablado por cuenta mía; el Padre que me envió es quien me ha ordenado lo que he de decir y cómo he de hablar. Y sé que su mandato es vida eterna. Por tanto, lo que yo hablo, lo hablo como me ha encargado el Padre».

Dar la vida, anunciar el evangelio

Si alguien te pregunta por la vida, por tu vida, será normal que, asombrada y agradecida, confieses, Iglesia amada de Dios, que tu vida es Cristo Jesús. Pero no entenderán tu confesión sino aquellos que, por la fe, la esperanza y el amor, hayan puesto ya a Cristo Jesús en el centro de sus vidas. «Bajo el cielo no se ha dado a los hombres otro nombre por el que debamos salvarnos»: la Vida se llama Cristo resucitado. Él es la Luz del mundo. Esa Luz, esa Vida, que es Cristo, llega a ti como palabra, como mensaje, como evangelio, y entra en ti por la fe. Entonces, junto con el misterio de la palabra por la que has nacido a la vida, se te desvela el misterio de tu vocación misionera; si hoy comulgas, escucharás dentro de ti la voz de la misión: «Yo os he escogido y os he destinado para que vayáis y deis fruto y vuestro fruto dure». Necesitamos dar lo que hemos recibido, habremos de anunciar el evangelio que hemos creído.

Te daré gracias entre las naciones, Señor, contaré tu fama a mis hermanos (De la liturgia).

Stos. Nereo y Aquiles / S. Pancracio, m.l.
Domingo de la Calzada; Epifanio; Bto. Álvaro del Portillo

IV de Pascua
4ª salt. / B
He 13,13-25 / Sal 88 / Jn 13,16-20

Juan 13,16-20

Cuando Jesús terminó de lavar los pies a sus discípulos les dijo: «En verdad, en verdad os digo: el criado no es más que su amo, ni el enviado es más que el que lo envía. Puesto que sabéis esto, dichosos vosotros si lo ponéis en práctica. No lo digo por todos vosotros; yo sé bien a quiénes he elegido, pero tiene que cumplirse la Escritura: "El que compartía mi pan me ha traicionado". Os lo digo ahora, antes de que suceda, para que cuando suceda creáis que yo soy. En verdad, en verdad os digo: el que recibe a quien yo envíe me recibe a mí; y el que me recibe a mí recibe al que me ha enviado».

Cristo en ti

El evangelio te lleva a un momento muy especial de la manifestación de Jesús: «Cuando terminó de lavar los pies a sus discípulos». Y tú, Iglesia en oración contemplativa, haces memoria de tu Señor, «el testigo fiel, el primogénito de entre los muertos»: Cristo Jesús lavó tu vida en la santidad de la suya, la hermoseó en su obediencia de Hijo, te liberó de tus pecados en el río de gracia de su sangre. Tu Maestro y Señor se puso a tus pies para servirte. Ni siquiera en el cielo ha dejado de ser tu servidor el que nunca ha dejado de ser el Señor del universo. Pero no se te revela este misterio para el solo asombro sino que va reclamando de ti la imitación, pues «no es el criado más que su amo», y «puesto que sabéis esto, dichosos vosotros si lo ponéis en práctica». Dichosa tú, Iglesia cuerpo de Cristo, si el Señor te encuentra arrodillada a los pies de la humanidad, si en ti el Señor continúa lavando los pies de los pobres.

Tú, Señor, estás con nosotros todos los días hasta el fin del mundo.
No permitas que nos apartemos de ti.

Virgen María de Fátima, m.l.
Pedro Regalado; Mª Dominica Mazzarello; Anacleto; Bta. Juliana de Norwich

IV de Pascua
4ª salt. / B
He 13,26-33 / Sal 2 / Jn 14,1-6

Juan 14,1-6

En aquel tiempo, dijo Jesús a sus discípulos: «No se turbe vuestro corazón, creed en Dios y creed también en mí. En la casa de mi Padre hay muchas moradas; si no, os lo habría dicho, porque me voy a prepararos un lugar. Cuando vaya y os prepare un lugar, volveré y os llevaré conmigo, para que donde estoy yo estéis también vosotros. Y adonde yo voy, ya sabéis el camino». Tomás le dice: «Señor, no sabemos adónde vas, ¿cómo podemos saber el camino?». Jesús le responde: «Yo soy el camino y la verdad y la vida. Nadie va al Padre sino por mí».

Destino: el Padre

Has escuchado el decreto del Señor: «Tú eres mi hijo: yo te he engendrado hoy». Lo entiendes dicho de Cristo Jesús, y en Cristo Jesús lo entiendes dicho de ti. En Cristo somos el horizonte de Dios, y eso significa que no somos de la muerte sino de la vida, que no somos de la tierra sino del cielo, que nuestro destino es la fuente misma de la que hemos nacido: el Padre. A él vamos, no por necesidad sino por fe, no a la fuerza sino por opción de amor hecha en libertad. En Cristo Jesús somos de Dios y vamos a Dios: el Padre es el horizonte de nuestra vida. Y por fe entramos también en el camino que lleva al Padre: creemos en Cristo Jesús, esperamos en él, lo amamos, lo seguimos, lo recibimos, comulgamos con él, vamos por donde él va, vamos a donde él va. No me atrae otro horizonte, no quiero seguir otro camino. Vengo contigo, Jesús, para hacer la voluntad del Padre, para llevar a los pobres el reino de Dios.

«Padre del cielo, venga a nosotros tu reino, hágase tu voluntad en la tierra como en el cielo».

S. Matías, apóstol, f.
Miguel Garikoitz; Teodora Guerin

Oficio de la f. / R
Vol. IV
He 1,15-17.20-26 / Sal 112 / Jn 15,9-17

Juan 15,9-17

En aquel tiempo, dijo Jesús a sus discípulos: «Como el Padre me ha amado, así os he amado yo; permaneced en mi amor. Si guardáis mis mandamientos, permaneceréis en mi amor; lo mismo que yo he guardado los mandamientos de mi Padre y permanezco en su amor. Os he hablado de esto para que mi alegría esté en vosotros, y vuestra alegría llegue a plenitud. Este es mi mandamiento: que os améis unos a otros como yo os he amado. Nadie tiene amor más grande que el que da la vida por sus amigos. Vosotros sois mis amigos si hacéis lo que yo os mando. Ya no os llamo siervos, porque el siervo no sabe lo que hace su señor: a vosotros os llamo amigos, porque todo lo que he oído a mi Padre os lo he dado a conocer. No sois vosotros los que me habéis elegido, soy yo quien os he elegido y os he destinado para que vayáis y deis fruto, y vuestro fruto permanezca. De modo que lo que pidáis al Padre en mi nombre os lo dé. Esto os mando: que os améis unos a otros».

Amados y elegidos

No pienses que se dice del apóstol Matías sin que se diga de ti: «Yo os he elegido para que vayáis y deis fruto, y vuestro fruto dure». La suerte ha caído sobre ti, Iglesia de elegidos, pues te ha rodeado el amor de quien elige. Lo puedes decir con el Salmista y con el Apóstol: «Alabad, siervos del Señor, alabad el nombre del Señor» que «levanta del polvo al desvalido, alza de la basura al pobre». Lo puedes decir con María de Nazaret: «Proclama mi alma la grandeza del Señor», que «enaltece a los humildes». Has sido elegida porque eres amada. Grábalo en tu corazón: «Como el Padre me ha amado, así os he amado yo; permaneced en mi amor». Sobre este misterio de amor descansa hoy tu alegría. Amada, elegida, enviada. Este es el mandato que hemos recibido: «Que nos amemos unos a otros como el Señor nos ha amado».

Concédenos, Señor, que permaneciendo en la escucha de tu palabra y en la comunión de tu amor, recibamos en herencia la plenitud de tu alegría.

Isidro labrador;
Eufrasio;
Indalecio

1ª salt. / B
He 14,21b-27 /
Sal 144 /
Ap 21,1-5a /
Jn 13,31-33a.
34-35

Hechos 14,21b-27

En aquellos días, Pablo y Bernabé volvieron a Listra, a Iconio y a Antioquía, animando a los discípulos y exhortándolos a perseverar en la fe, diciéndoles que hay que pasar por muchas tribulaciones para entrar en el reino de Dios. En cada Iglesia designaban presbíteros, oraban, ayunaban y los encomendaban al Señor, en quien habían creído. Atravesaron Pisidia y llegaron a Panfilia. Y después de predicar la Palabra en Perge, bajaron a Atalía y allí se embarcaron para Antioquía, de donde los habían encomendado a la gracia de Dios para la misión que acababan de cumplir. Al llegar, reunieron a la Iglesia, les contaron lo que Dios había hecho por medio de ellos y cómo había abierto a los gentiles la puerta de la fe.

Salmo 144,8-9.10-11.12-13ab

R. Bendeciré tu nombre por siempre, Dios mío, mi rey. (O bien: Aleluya).

Apocalipsis 21,1-5a

Yo, Juan, vi un cielo nuevo y una tierra nueva, pues el primer cielo y la primera tierra desaparecieron, y el mar ya no existe. Y vi la ciudad santa, la nueva Jerusalén que descendía del cielo, de parte de Dios, preparada como una esposa que se ha adornado para su esposo. Y oí una gran voz desde el trono que decía: «He aquí la morada de Dios entre los hombres, y morará entre ellos, y ellos serán su pueblo, y el "Dios con ellos" será su Dios». Y enjugará toda lágrima de sus ojos, y ya no habrá muerte, ni duelo, ni llanto, ni dolor, porque lo primero ha desaparecido. Y dijo el que está sentado en el trono: «Mira, hago nuevas todas las cosas».

Juan13,31-33a.34-35

Cuando salió Judas del cenáculo, dijo Jesús: «Ahora es glorificado el Hijo del hombre, y Dios es glorificado en él. Si Dios es glorificado en él, también Dios lo glorificará en sí mismo: pronto lo glorificará. Hijitos, me queda poco de estar con vosotros. Os doy un mandamiento nuevo: que os améis unos a otros; como yo os he amado, amaos también unos a otros. En esto conocerán todos que sois discípulos míos: si os amáis unos a otros».

El amor que hace nuevas todas las cosas

Considéralo el uniforme de la institución, la señal por la que puedan ser reconocidos los discípulos de Jesús; es también el testamento de Jesús, el mandato nuevo, su mandato, el que da a los suyos cuando ya le queda poco de estar con ellos: «Que os améis unos a otros como yo os he amado». Este mandato, acogido, abrazado, cumplido, es el que hace nueva la tierra, nuevo el cielo, nueva la ciudad santa. Este mandato, acogido, abrazado, cumplido, hace de ti, Iglesia de Cristo, la morada del amor, la morada de Dios con los hombres. El amor que es Dios, enjugará las lágrimas de los que lloran: «Ya no habrá muerte, ni luto, ni llanto, ni dolor». El amor con que eres amada en Cristo, el amor con que Dios ama en ti, ese amor hace nuevo el universo. Asómate en la Eucaristía al abismo de ese amor. Escuchando la palabra que te habla de él y comulgando, te penetra el amor que hace nuevas todas las cosas.

«Ven, Espíritu Santo, llena los corazones de tus fieles, enciende en ellos el fuego de tu amor y renueva la faz de la tierra» (De la liturgia).

Gema Galgani;
Juan Nepomuceno;
Andrés Bobola;
Ubaldo

V de Pascua
1ª salt. / B
He 14,5-18 /
Sal 113B /
Jn 14,21-26

Juan 14,21-26

En aquel tiempo, dijo Jesús a sus discípulos: «El que acepta mis mandamientos y los guarda, ese me ama; y el que me ama será amado por mi Padre, y yo también lo amaré y me manifestaré a él». Le dijo Judas, no el Iscariote: «Señor, ¿qué ha sucedido para que te reveles a nosotros y no al mundo?». Respondió Jesús y le dijo: «El que me ama guardará mi palabra, y mi Padre lo amará, y vendremos a él y haremos morada en él. El que no me ama no guarda mis palabras. Y la palabra que estáis oyendo no es mía, sino del Padre que me envió. Os he hablado de esto ahora que estoy a vuestro lado, pero el Paráclito, el Espíritu Santo, que enviará el Padre en mi nombre, será quien os lo enseñe todo y os vaya recordando todo lo que os he dicho».

Discípulos de Dios

Lo oirás dos veces, una como aleluya, otra como evangelio; y además lo encontrarás resaltado por el Leccionario en el título del evangelio: «El Paráclito, que enviará el Padre, os lo enseñará todo». Este Paráclito o Defensor –el Espíritu Santo– es el verdadero catequista de los seguidores de Jesús. Él es el maestro que nos lo enseñará todo. Él es para la Iglesia la memoria de todo lo que Jesús ha dicho. En esta escuela aprendes a reconocer la presencia de Cristo resucitado, el Buen Pastor que dio la vida por ti. Este fuego de Dios es el maestro del amor con que has de amar, de la fidelidad con que has de guardar la palabra de Jesús, de la fe con que has de acoger la revelación de Dios. Este viento de santidad es la gracia que hermosea la casa en la que el Padre y el Hijo vendrán a habitar. Lo recibes de Cristo resucitado: lo recibes para ser de Cristo, para ser transformado en él, para resucitar con él, para guardar tu vida en su paz.

Haznos dóciles, Señor, a la inspiración de tu Espíritu, para que gustemos siempre el bien y gocemos de su consuelo (De la liturgia).

S. Pascual Bailón, m.l.
Ervedo; Bta. Antonia Mesina; Bto. Ivan Ziatyk

V de Pascua
1ª salt. / B
He 14,19-28 / Sal 144 / Jn 14,27-31a

Juan 14,27-31a

En aquel tiempo, dijo Jesús a sus discípulos: «La paz os dejo, mi paz os doy; no os la doy yo como la da el mundo. Que no se turbe vuestro corazón ni se acobarde. Me habéis oído decir: "Me voy y vuelvo a vuestro lado". Si me amarais, os alegraríais de que vaya al Padre, porque el Padre es mayor que yo. Os lo he dicho ahora, antes de que suceda, para que cuando suceda creáis. Ya no hablaré mucho con vosotros, pues se acerca el príncipe de este mundo; no es que él tenga poder sobre mí, pero es necesario que el mundo comprenda que yo amo al Padre, y que, como el Padre me ha ordenado, así actúo».

Herederos de la paz

No puedes ignorar lo que dice Cristo resucitado: «Era necesario que el Mesías padeciera y resucitara de entre los muertos para entrar en su gloria». A lo que ahí se le llama «gloria», en el evangelio se le llama «Padre», pues es al Padre a donde va Jesús por el camino de su pasión y de su resurrección. Entra en esa historia de amor que es la vida y la muerte de Jesús: «Es necesario que el mundo comprenda que yo amo al Padre, y que lo que el Padre me manda yo lo hago». Entra y aprende, pues en Cristo Jesús, tú que eres su Iglesia, su cuerpo, podrás contemplar la forma de vida a la que eres llamada, conocer el amor que has de aprender, admirar la obediencia que has de imitar. «Si morimos con él, viviremos con él». Imita el amor y la obediencia de Jesús, y recibirás en herencia la paz de Jesús, la paz del Hijo de Dios, la paz del amado de Dios. Entonces contarás a todos lo que Dios ha hecho contigo.

Que nunca nos apartemos, Señor, de tu voluntad, que agradezcamos siempre tus beneficios, que vivamos siempre en tu paz.

S. Juan I, m.l.
Rafaela María; Félix de Cantalicio; Mª Josefa del Corazón de Jesús; Leonardo Murialdo

V de Pascua
1ª salt. / B
He 15,1-6 / Sal 121 / Jn 15,1-8

Juan 15,1-8

En aquel tiempo, dijo Jesús a sus discípulos: «Yo soy la verdadera vid, y mi Padre es el labrador. A todo sarmiento que no da fruto en mí lo arranca, y a todo el que da fruto lo poda, para que dé más fruto. Vosotros ya estáis limpios por la palabra que os he hablado; permaneced en mí, y yo en vosotros. Como el sarmiento no puede dar fruto por sí, si no permanece en la vid, así tampoco vosotros, si no permanecéis en mí. Yo soy la vid, vosotros los sarmientos; el que permanece en mí y yo en él, ese da fruto abundante; porque sin mí no podéis hacer nada. Al que no permanece en mí lo tiran fuera, como el sarmiento, y se seca; luego los recogen y los echan al fuego, y arden. Si permanecéis en mí y mis palabras permanecen en vosotros, pedid lo que deseáis, y se realizará. Con esto recibe gloria mi Padre, con que deis fruto abundante; así seréis discípulos míos».

Permanecer en Cristo

Escucha la invitación de Jesús: «Permaneced en mí y yo en vosotros». Escucha y considera el significado que tiene para la fe el verbo «permanecer»: Es más que un «vente conmigo». Es más que un «quédate conmigo». Es como si el Señor te hubiese dicho: «Pon tu morada dentro de mí»; mejor aún: «Quédate a vivir en mí». Claro que habrás de contemplar la otra dimensión del mismo misterio, pues también se dijo: «Y yo en vosotros», que es algo así como comprometerse el Señor a poner su morada en ti, a quedarse a vivir en ti. Los dos sois uno; los dos, un solo cuerpo; los dos, una vid y sus sarmientos; solo el que permanece en Cristo y Cristo en él, solo ese da fruto abundante. Pon tu morada en la vida que es Cristo Jesús. Sube a la casa del Señor. Atraviesa los umbrales de la vida; quédate en Cristo Jesús: «¡Qué alegría cuando me dijeron: "Vamos a la casa del Señor"!». Feliz permanencia en el Señor.

«Quédate con nosotros, Señor, porque atardece y el día va de caída» (Lc 24,9).

Agustín Novello; Celestino V; Ivo de Bretaña; Emiliana; Juan de Cetina; Bta. Pina Suriano

V de Pascua
1ª salt. / B
He 15,7-21 /
Sal 95 /
Jn 15,9-11

Juan 15,9-11

En aquel tiempo, dijo Jesús a sus discípulos: «Como el Padre me ha amado, así os he amado yo; permaneced en mi amor. Si guardáis mis mandamientos, permaneceréis en mi amor; lo mismo que yo he guardado los mandamientos de mi Padre y permanezco en su amor. Os he hablado de esto para que mi alegría esté en vosotros, y vuestra alegría llegue a plenitud».

«Permaneced en mi amor»

Hoy escuchas la declaración asombrosa: «Como el Padre me ha amado, así os he amado yo». Por la fe, has entrado en el misterio de amor que es Dios, te has sumergido en el caudal de amor que va del Padre a Jesús y que es el fundamento del universo. Has entrado, te has sumergido, y oyes que te invitan a permanecer en el amor que has conocido. Si hablamos de ti, Iglesia de Cristo, hablamos necesariamente de amor. Y si hablamos de amor, hablamos de alegría y de alegría en plenitud: eres Iglesia para el amor y en la alegría. Hoy escuchas el mandato: «Permaneced en mi amor», en el amor que recibe el predilecto, en el amor con que nos ama el más amado. En ese amor se calmará la fuerza de la discusión; de él nacerán palabras amigas de la comunión; por él se abrirá camino el silencio que dispone a la escucha de las obras de Dios. Si permaneces en el amor, contarás a todos los pueblos las maravillas del Señor.

Que tus fieles, Señor, realicen todas sus obras fortalecidos y movidos por el amor (De las bendiciones sobre el pueblo).

S. Bernardino de Siena, m.l.
Ivo de Chartres; Protasio Chong; Arcángel Tadini

V de Pascua
1ª salt. / B
He 15,22-31 /
Sal 56 /
Jn 15,12-17

Juan 15,12-17

En aquel tiempo, dijo Jesús a sus discípulos: «Este es mi mandamiento: que os améis unos a otros como yo os he amado. Nadie tiene amor más grande que el que da la vida por sus amigos. Vosotros sois mis amigos si hacéis lo que yo os mando. Ya no os llamo siervos, porque el siervo no sabe lo que hace su señor: a vosotros os llamo amigos, porque todo lo que he oído a mi Padre os lo he dado a conocer. No sois vosotros los que me habéis elegido, soy yo quien os he elegido y os he destinado para que vayáis y deis fruto, y vuestro fruto permanezca. De modo que lo que pidáis al Padre en mi nombre os lo dé. Esto os mando: que os améis unos a otros».

El mandato del amor

Al promulgar su mandamiento, el Señor no dijo simplemente: «Que os améis unos a otros». Tampoco dijo que nos amásemos según nuestra capacidad de amar. Nos mandó lo imposible al mismo tiempo que lo hacía posible: «Que os améis unos a otros como yo os he amado». Y solo después de haber puesto ese fundamento, podrá ya decir sin más: «Que os améis unos a otros». Me pregunto qué hicimos del mandamiento, qué hicimos del amor que lo sustenta, qué hicimos de Jesús, qué hicimos de nuestro hermano. Este solo mandamiento, este único fundamento, habrían hecho luminosa la historia de la Iglesia, la vida de cada uno de nosotros. Me pregunto por qué no hemos escrito una historia de luz, por qué tantas sombras en sus páginas, por qué tantas lágrimas, por qué tantos hermanos por los que el Amor nos pregunta y de los que no sabemos dar razón. «Esto os mando» –dice el Señor–: «Que os améis unos a otros». ¡Todo es cuestión de amor!

Que tus fieles, Señor, se dispongan interiormente al bien, para que realicen todas sus obras movidos por tu amor (De las bendiciones sobre el pueblo).

Stos. Cristóbal Magallanes y comp., m.l.
Eugenio de Mazenod; Felicia y Gisela; Sinesio

V de Pascua
1ª salt. / B
He 16,1-10 / Sal 99 / Jn 15,18-21

Juan 15,18-21

En aquel tiempo, dijo Jesús a sus discípulos: «Si el mundo os odia, sabed que me ha odiado a mí antes que a vosotros. Si fuerais del mundo, el mundo os amaría como cosa suya, pero como no sois del mundo, sino que yo os he escogido sacándoos del mundo, por eso el mundo os odia. Recordad lo que os dije: "No es el siervo más que su amo". Si a mí me han perseguido, también a vosotros os perseguirán; si han guardado mi palabra, también guardarán la vuestra. Y todo eso lo harán con vosotros a causa de mi nombre, porque no conocen al que me envió».

Eres siempre del Amor

Si eres de Cristo, habrás experimentado ya de muchas maneras el odio que el mundo le ha tenido y le tiene a él. Es una paradoja: Ese Unigénito entregado que es la medida del amor que Dios le tiene al mundo, ese Hijo que a todos nos amó hasta el extremo, hasta dar la vida por nosotros, ese Maestro que nos mandó amar como él nos ha amado, ha visto recaer sobre sí mismo el odio del mundo, un odio persistente, perseverante, como solo el amor merecería serlo. Es un escándalo: ese Unigénito entregado, ese Dios entrañable, cercano y compasivo, bien pudiera llamarse «Amor odiado». Si eres de Cristo y el mundo te odia y te persigue, recuerda que tu Maestro es el primero entre los odiados, es el que va delante de los perseguidos; recuerda que no es el siervo más que su amo; recuerda que es el Señor quien en ti, en su cuerpo que es la Iglesia, continúa padeciendo persecución; recuerda que eres siempre del Amor.

Afianza, Señor, el corazón de tus fieles y fortalécelos con tu gracia para que se amen con sincero amor fraterno (De las bendiciones sobre el pueblo).

22
domingo

Joaquina Vedruna; Rita de Casia; Humildad de Faenza; Miguel Hu Dinh Hi

2ª salt. / B
He 15,1-2.22-29 / Sal 66 / Ap 21,10-14. 22-23 (o bien: Ap 22, 12-14.16-17.20) / Jn 14,23-29 (o bien: Jn 17,20-26)

Hechos 15,1-2.22-29

En aquellos días, unos que bajaron de Judea se pusieron a enseñar a los hermanos que, si no se circuncidaban conforme al uso de Moisés, no podían salvarse. Esto provocó un altercado y una violenta discusión con Pablo y Bernabé; y se decidió que Pablo, Bernabé y algunos más de entre ellos subieran a Jerusalén a consultar a los apóstoles y presbíteros sobre esta controversia. Entonces los apóstoles y los presbíteros con toda la Iglesia acordaron elegir a algunos de ellos para mandarlos a Antioquía con Pablo y Bernabé. Eligieron a Judas llamado Barsabás y a Silas, miembros eminentes entre los hermanos, y enviaron por medio de ellos esta carta: «Los apóstoles y los presbíteros hermanos saludan a los hermanos de Antioquía, Siria y Cilicia provenientes de la gentilidad. Habiéndonos enterado de que algunos de aquí, sin encargo nuestro, os han alborotado con sus palabras, desconcertando vuestros ánimos, hemos decidido, por unanimidad, elegir a algunos y enviároslos con nuestros queridos Bernabé y Pablo, hombres que han entregado su vida al nombre de nuestro Señor Jesucristo. Os mandamos, pues, a Silas y a Judas, que os referirán de palabra lo que sigue: Hemos decidido, el Espíritu Santo y nosotros, no imponeros más cargas que las indispensables: que os abstengáis de carne sacrificada a los ídolos, de sangre, de animales estrangulados y de uniones ilegítimas. Haréis bien en apartaros de todo esto. Saludos».

Salmo 66,2-3.5.6 y 8

R. Oh, Dios, que te alaben los pueblos, que todos los pueblos te alaben. (O bien: Aleluya).

Apocalipsis 21,10-14.22-23

El ángel me llevó en espíritu a un monte grande y elevado, y me mostró la ciudad santa de Jerusalén que descendía del cielo, de parte de Dios, y tenía la gloria de Dios; su resplandor era semejante a una piedra muy preciosa, como piedra de jaspe cristalino. Tenía una muralla grande y elevada, tenía doce puertas y sobre las puertas doce ángeles y nombres grabados que son las doce tribus de Israel. Al oriente tres puertas, al norte tres puertas, al sur tres puertas, al poniente tres puertas, y la muralla de la ciudad tenía doce cimientos y sobre ellos los nombres de los doce apóstoles del Cordero. Y en ella no vi santuario, pues el Señor, Dios todopoderoso, es su santuario, y también el Cordero. Y la ciudad no necesita del sol ni de la luna que la alumbre, pues la gloria del Señor la ilumina, y su lámpara es el Cordero.

Juan 14,23-29

En aquel tiempo, dijo Jesús a sus discípulos: «El que me ama guardará mi palabra, y mi Padre lo amará, y vendremos a él y haremos morada en él. El que no me ama no guarda mis palabras. Y la palabra que estáis oyendo no es mía, sino del Padre que me envió. Os he hablado de esto ahora que estoy a vuestro lado, pero el Paráclito, el Espíritu Santo, que enviará el Padre en mi nombre, será quien os lo enseñe todo y os vaya recordando todo lo que os he dicho. La paz os dejo, mi paz os doy; no os la doy yo como la da el mundo. Que no se turbe vuestro corazón ni se acobarde. Me habéis oído decir: "Me voy y vuelvo a vuestro lado". Si me amarais, os alegraríais de que vaya al Padre, porque el Padre es mayor que yo. Os lo he dicho ahora, antes de que suceda, para que cuando suceda creáis».

Levantar la ciudad santa

A ti, Iglesia en camino, se te ha concedido contemplar, a la luz de la fe, la ciudad hacia la que caminas, proyecto de Dios, arquitectura de su amor. Esa ciudad no es mito de futuro sino construcción que se levanta en la hora presente. La que has visto que bajaba del cielo, sube hoy de la tierra, se levanta sobre la palabra de Dios escuchada y guardada, sube de la mano del Espíritu que nos habita y nos transforma, sube hermoseada por el amor, luminosa de humanidad redimida, purificada, liberada, agraciada, sube resplandeciente de humildes que Dios ha enaltecido, de pobres en los que se ha fijado el Señor.

23
lunes
Juana Antida Thouret; Bto. Julián de san Agustín

VI de Pascua
2ª salt. / B
He 16,11-15 /
Sal 149 /
Jn 15,26–16,4a

Juan 15,26–16,4a

En aquel tiempo, dijo Jesús a sus discípulos: «Cuando venga el Paráclito, que os enviaré desde el Padre, el Espíritu de la verdad, que procede del Padre, él dará testimonio de mí; y también vosotros daréis testimonio, porque desde el principio estáis conmigo. Os he hablado de esto, para que no os escandalicéis. Os excomulgarán de la sinagoga; más aún, llegará incluso una hora cuando el que os dé muerte pensará que da culto a Dios. Y esto lo harán porque no han conocido ni al Padre ni a mí. Os he hablado de esto para que, cuando llegue la hora, os acordéis de que yo os lo había dicho».

Una Iglesia de testigos

Asómate al misterio del «Amor odiado»: es en ese abismo donde el Espíritu de la verdad dará testimonio de Jesús; es en esa noche donde también nosotros hemos de dar testimonio. No pienses, sin embargo, que el Espíritu será testigo sin ti, o que tú lo vas a ser sin el Espíritu: Serás tú, será tu vida, el testimonio que da el Espíritu. Habiendo recibido el Espíritu de Cristo Jesús, eres presencia viva de Cristo Jesús en medio de los hombres, y ese es tu testimonio, ese es el testimonio que el Espíritu le da en ti a Cristo Jesús. Somos una Iglesia de ungidos por el Espíritu de Cristo Jesús, somos una Iglesia de testigos de Cristo Jesús, representamos a Cristo Jesús en el mundo, ponemos a Cristo Jesús ante los ojos de todos, nuestro destino es inseparable del destino de Cristo Jesús, del destino del «Amor odiado», del Amor perseguido, del Amor extremo: somos una Iglesia de testigos de Cristo Jesús.

Envía, Señor, tu Espíritu sobre nosotros, para que, transformados en Cristo, demos testimonio de él ante los hombres.

Susana; Ester; María Auxiliadora; Vicente de Lérins; Bto. Luis Ceferino Moreau

VI de Pascua
2ª salt. / B
He 16,22-34 / Sal 137 / Jn 16,5-11

Juan 16,5-11

En aquel tiempo, dijo Jesús a sus discípulos: «Ahora me voy al que me envió, y ninguno de vosotros me pregunta: "¿Adónde vas?". Sino que, por haberos dicho esto, la tristeza os ha llenado el corazón. Sin embargo, os digo la verdad: os conviene que yo me vaya; porque si no me voy, no vendrá a vosotros el Paráclito. En cambio, si me voy, os lo enviaré. Y cuando venga, dejará convicto al mundo acerca de un pecado, de una justicia y de una condena. De un pecado, porque no creen en mí; de una justicia, porque me voy al Padre, y no me veréis; de una condena, porque el príncipe de este mundo está condenado».

«El Paráclito»

Lo dice Jesús: «Si no me voy, no vendrá a vosotros el Paráclito... si me voy, os lo enviaré». Fíjate en el nombre de este enviado: «El Paráclito». Los discípulos lo necesitan, pues Jesús se aparta de ellos y les invade la tristeza de esa ausencia; Jesús va a la pasión y en los discípulos queda el escándalo de esa hora final. Necesitan al Paráclito, el Defensor. Jesús se lo enviará, y para ellos será la Pascua, pues pasarán de la tristeza a la alegría, del escándalo al testimonio, del miedo, que cierra las puertas, a la libertad, que los hará viandantes de todos los caminos. Vendrá el Defensor que necesitan los discípulos; vendrá y los defenderá a ellos defendiendo a Jesús: «Dejando convicto al mundo de que hay pecado, justicia y sentencia», haciendo evidente la culpa de los que no han creído, la inocencia de Jesús a quien el Padre acredita, y la condena del príncipe de este mundo. El Paráclito nos devuelve, con Cristo resucitado, la alegría y la paz.

Concédenos, Señor, con tu protección y tu gracia, perfecto amor a los hermanos y una entrega total a tu servicio (De las bendiciones sobre el pueblo).

25

miércoles

S. Beda el Venerable/ S. Gregorio VII / Sta. Mª Magdalena de Pazzi, m.l.
Magdalena Sofía Barat; Vicenta Mª López Vicuña

VI de Pascua
2ª salt. / B
He 17,15.22–18,1 /
Sal 148 /
Jn 16,12-15

Juan 16,12-15

En aquellos días, dijo Jesús a sus discípulos: «Muchas cosas me quedan por deciros, pero no podéis cargar con ellas por ahora; cuando venga él, el Espíritu de la verdad, os guiará hasta la verdad plena. Pues no hablará por cuenta propia, sino que hablará de lo que oye y os comunicará lo que está por venir. Él me glorificará, porque recibirá de lo mío y os lo anunciará. Todo lo que tiene el Padre es mío. Por eso os he dicho que recibirá y tomará de lo mío y os lo anunciará».

«El Espíritu de la verdad»

«Cuando venga él, el Espíritu de la verdad, os guiará hasta la verdad plena». El Espíritu guiará a los discípulos al conocimiento del evangelio de Jesús, les abrirá el misterio de las bienaventuranzas, los introducirá en el designio de Dios. El Espíritu te desvelará, Iglesia peregrina, el significado de los signos de Jesús, figuras lejanas de la realidad celeste de tus sacramentos. Solo el Espíritu de la verdad puede hacer que confieses al Señor cuando dices Jesús, y que reconozcas en la cotidianidad de la vida la espléndida luz de su presencia. Solo el Espíritu de la verdad puede guiarte para que aprendas a Cristo en la Escritura, para que toda la Escritura te hable de él. Solo el Espíritu de la verdad puede llevarte a Cristo Jesús, transformarte en él, llenar de él tu vida, hasta que sea él, más que tú misma, quien viva en ti. Solo el Espíritu de la verdad puede hacer que hoy escuches a Cristo y comulgues con él.

Ven, Espíritu Santo, enciende en nosotros el fuego de tu amor y guíanos a la verdad plena, para que gustemos siempre el bien y gocemos de tu consuelo (De la liturgia).

S. Felipe Neri, m.o.
Mariana de Jesús Paredes; Pedro Sanz Jordá; Eleuterio; Desiderio (Didier) de Vienne

VI de Pascua
2ª salt. / B
He 18,1-8 /
Sal 97 /
Jn 16,16-20

Juan 16,16-20

En aquel tiempo, dijo Jesús a sus discípulos: «Dentro de poco ya no me veréis, pero dentro de otro poco me volveréis a ver». Comentaron entonces algunos discípulos: «¿Qué significa eso de "dentro de poco ya no me veréis, pero dentro de otro poco me volveréis a ver", y eso de "me voy al Padre"?». Y se preguntaban: «¿Qué significa ese "poco"? No entendemos lo que dice». Comprendió Jesús que querían preguntarle y les dijo: «¿Estáis discutiendo de eso que os he dicho: "Dentro de poco ya no me veréis, y dentro de otro poco me volveréis a ver"? En verdad, en verdad os digo: vosotros lloraréis y os lamentaréis, mientras el mundo estará alegre; vosotros estaréis tristes, pero vuestra tristeza se convertirá en alegría».

De la tristeza a la alegría

La cosa va con nosotros, con los discípulos de Jesús: «Lloraréis y os lamentaréis». Es un anuncio de muerte: lamentos y lloros son expresión de duelo en la casa. Si nacer es venir a la luz en la que se nos ve, morir es entrar en la oscuridad donde no vemos ni somos vistos; si de la muerte hablan lloros y lamentos, de la muerte habla el enunciado: «Ya no me veréis». Y también se intuye la misma presencia oscura cuando Jesús dice: «Me voy al Padre». Si nos visita la muerte, la sombra que la sigue es la tristeza: «Vosotros estaréis tristes, pero vuestra tristeza se convertirá en alegría». Desaparecerá la sombra, la tristeza, porque habrá desaparecido la muerte que la proyectaba. Y al corazón de los discípulos volverá la alegría porque volverán a ver al Señor: el Señor volverá a estar junto a ellos. Para ellos y para nosotros, a Cristo Jesús lo hace presente el Espíritu de Dios, y solo la fe nos sumerge en la alegría de esa presencia.

«Véante mis ojos, dulce Jesús bueno; véante mis ojos, muérame yo luego» (santa Teresa de Jesús).

S. Agustín de Canterbury, m.l.
Bruno de Wurzburgo;
Eutropio de Orange

VI de Pascua
2ª salt. / B
He 18,9-18 /
Sal 46 /
Jn 16,20-23a

Juan 16,20-23a

En aquel tiempo, dijo Jesús a sus discípulos: «En verdad, en verdad os digo: vosotros lloraréis y os lamentaréis, mientras el mundo estará alegre; vosotros estaréis tristes, pero vuestra tristeza se convertirá en alegría. La mujer, cuando va a dar a luz, siente tristeza, porque ha llegado su hora; pero, en cuanto da a luz al niño, ni se acuerda del apuro, por la alegría de que al mundo le ha nacido un hombre. También vosotros ahora sentís tristeza; pero volveré a veros, y se alegrará vuestro corazón, y nadie os quitará vuestra alegría. Ese día no me preguntaréis nada».

«Volveré a veros»

Antes les había dicho: «Me volveréis a ver». Ahora, Jesús les dice: «Volveré a veros». Si la ausencia de Jesús llevaba aparejada nuestra tristeza, la presencia –«el verse»– lleva consigo la alegría: «Se alegrará vuestro corazón y nadie os quitará vuestra alegría». Presta atención a la mirada de Jesús: «Volveré a veros». ¿Cómo puede «volver a vernos» el que siempre nos ve? ¿Cómo puede volver junto a nosotros el que nunca se apartó de nuestro lado? Nuestra tristeza no nace de Jesús, de que él se vaya y deje de vernos, sino de nosotros, que no le vemos y no vemos que él nos ve. Presta atención a esa mirada, pues en ella está el amanecer de tu alegría: ¡Ver que nos ve! ¡Fijarnos en el que nos mira! ¡Gozar con la presencia del que nos ama! Porque tu fe lo ve, hoy lo escuchas. Porque tu fe lo ve, hoy lo recibes. Porque tu fe lo ve, hoy te gozas en su presencia. Porque tu fe lo ve siempre, nadie te quitará tu alegría.

«El Señor nos bendiga y nos guarde, haga brillar su rostro sobre nosotros y nos conceda su favor, vuelva su mirada a nosotros y nos conceda la paz» (De la liturgia).

Andrés Salos;
Germán de París;
Lanfranco de Canterbury;
Bto. Stefan Wyszyński

VI de Pascua
2ª salt. / B
He 18,23-28 /
Sal 46 /
Jn 16,23b-28

Juan 16,23b-28

En aquel tiempo, dijo Jesús a sus discípulos: «En verdad, en verdad os digo: si pedís algo al Padre en mi nombre, os lo dará. Hasta ahora no habéis pedido nada en mi nombre; pedid, y recibiréis, para que vuestra alegría sea completa. Os he hablado de esto en comparaciones; viene la hora en que ya no hablaré en comparaciones, sino que os hablaré del Padre claramente. Aquel día pediréis en mi nombre, y no os digo que yo rogaré al Padre por vosotros, pues el Padre mismo os quiere, porque vosotros me queréis y creéis que yo salí de Dios. Salí del Padre y he venido al mundo, otra vez dejo el mundo y me voy al Padre».

«El Padre os quiere»

Con palabras de Jesús, esto sería la encarnación: «Salí del Padre y he venido al mundo». Y esto sería la resurrección en la que desemboca la encarnación: «Otra vez dejo el mundo y me voy al Padre». El mensajero se dispone a volver a quien nos lo había enviado. El sacramento del amor de Dios vuelve a quien nos lo había entregado. El que había venido a traernos el conocimiento del Padre, ahora se va a prepararnos un lugar en su casa: «Padre, este es mi deseo: que los que me confiaste estén conmigo donde yo estoy». No te asombres que se te diga: «El Padre mismo os quiere», pues al lado de Jesús has sentido cada día el calor de ese amor, has conocido que Dios estaba contigo, y sabes que nada te negará el que no se reservó siquiera su propio Hijo. Sabes que «el Padre mismo te quiere», y pides confiadamente lo que no contradice las exigencias de ese amor. Escuchas, comulgas, pides, esperas y amas.

«Proclama mi alma la grandeza del Señor, se alegra mi espíritu en Dios, mi salvador, porque ha mirado la humildad de su esclava» (Del Magníficat).

Pablo VI; Maximino; Úrsula Ledóchowska; Bto. José Gerard; Bto. José Kowalski; Bta. Elia de San Clemente

Oficio de la s. / B
He 1,1-11 / Sal 46 / Ef 1,17-23 (o bien: Heb 9,24-28; 10, 19-23) / Lc 24,46-53

Hechos 1,1-11

En mi primer libro, Teófilo, escribí de todo lo que Jesús hizo y enseñó desde el comienzo hasta el día en que fue llevado al cielo, después de haber dado instrucciones a los apóstoles que había escogido, movido por el Espíritu Santo. Se les presentó él mismo después de su pasión, dándoles numerosas pruebas de que estaba vivo, apareciéndoseles durante cuarenta días y hablándoles del reino de Dios. Una vez que comían juntos, les ordenó que no se alejaran de Jerusalén, sino: «aguardad que se cumpla la promesa del Padre, de la que me habéis oído hablar, porque Juan bautizó con agua, pero vosotros seréis bautizados con Espíritu Santo dentro de no muchos días». Los que se habían reunido, le preguntaron, diciendo: «Señor, ¿es ahora cuando vas a restaurar el reino a Israel?». Les dijo: «No os toca a vosotros conocer los tiempos o momentos que el Padre ha establecido con su propia autoridad; en cambio, recibiréis la fuerza del Espíritu Santo que va a venir sobre vosotros y seréis mis testigos en Jerusalén, en toda Judea y Samaría y "hasta el confín de la tierra"». Dicho esto, a la vista de ellos, fue elevado al cielo, hasta que una nube se lo quitó de la vista. Cuando miraban fijos al cielo, mientras él se iba marchando, se les presentaron dos hombres vestidos de blanco, que les dijeron: «Galileos, ¿qué hacéis ahí plantados mirando al cielo? El mismo Jesús que ha sido tomado de entre vosotros y llevado al cielo, volverá como lo habéis visto marcharse al cielo».

Salmo 46,2-3.6-7.8-9

R. Dios asciende entre aclamaciones; el Señor, al son de trompetas. (O bien: Aleluya).

Efesios 1,17-23

Hermanos: El Dios de nuestro Señor Jesucristo, el Padre de la gloria, os dé espíritu de sabiduría y revelación para conocerlo, e ilumine los ojos de vuestro corazón para que comprendáis cuál es la esperanza a la que os llama, cuál la riqueza de gloria que da en herencia a los santos, y cuál la extraordinaria grandeza de su poder en favor de nosotros, los creyentes, según la eficacia de su fuerza poderosa, que desplegó en Cristo, resucitándolo de entre los muertos y sentándolo a su derecha en el cielo, por encima de todo principado, poder, fuerza y dominación, y por encima de todo nombre conocido, no solo en este mundo, sino en el futuro. Y «todo lo puso bajo sus pies», y lo dio a la Iglesia, como Cabeza, sobre todo. Ella es su cuerpo, plenitud del que llena todo en todos.

Lucas 24,46-53

En aquel tiempo, dijo Jesús a sus discípulos: «Así está escrito: el Mesías padecerá, resucitará de entre los muertos al tercer día y en su nombre se proclamará la conversión para el perdón de los pecados a todos los pueblos, comenzando por Jerusalén. Vosotros sois testigos de esto. Mirad, yo voy a enviar sobre vosotros la promesa de mi Padre; vosotros, por vuestra parte, quedaos en la ciudad hasta que os revistáis de la fuerza que viene de lo alto». Y los sacó hasta cerca de Betania y, levantando sus manos, los bendijo. Y mientras los bendecía, se separó de ellos, y fue llevado hacia el cielo. Ellos se postraron ante él y se volvieron a Jerusalén con gran alegría; y estaban siempre en el templo bendiciendo a Dios.

Una herencia de esperanza

A la luz de la fe has visto a Dios limitarse por amor en el mundo que ha creado. Has visto a Dios concebido y vulnerable, como un hijo de hombre, en el seno de una madre. Lo has visto bajar hasta lo hondo de la condición humana: envuelto en pañales como un niño, ungido como un siervo para evangelizar a los pobres, desnudo como un criminal en una cruz, envuelto en un sudario y puesto en un sepulcro, llorado como un muerto entre los muertos. Ahora lo ves glorificado, «encumbrado sobre todo», con un nombre que sobrepasa todo nombre, «de modo que al nombre de Jesús, toda rodilla se doble». Y sabes que el Señor ya puede comenzar a «separarse» de los suyos, pues, al verlo en su gloria, conocieron la esperanza. En su Ascensión, Cristo Jesús se separó de sus discípulos dejándoles como herencia y misión una esperanza cierta y una gran alegría.

S. Fernando, m.l.
Félix; Juana de Arco;
Bto. Otto Neururer

VII de Pascua
3ª salt. / B
He 19,1-8 /
Sal 67 /
Jn 16,29-33

Juan 16,29-33

En aquel tiempo, los discípulos dijeron a Jesús: «Ahora sí que hablas claro y no usas comparaciones. Ahora vemos que lo sabes todo y no necesitas que te pregunten; por ello creemos que has salido de Dios». Les contestó Jesús: «¿Ahora creéis? Pues mirad: está para llegar la hora, mejor, ya ha llegado, en que os disperséis cada cual por su lado y a mí me dejéis solo. Pero no estoy solo, porque está conmigo el Padre. Os he hablado de esto, para que encontréis la paz en mí. En el mundo tendréis luchas; pero tened valor: yo he vencido al mundo».

«Yo he vencido al mundo»

«Se levanta Dios, y se dispersan sus enemigos». Las palabras son del Salmista, pero el sentido es el que le da tu fe. Tú ves a Dios levantado en alto: ves a tu Señor crucificado, ves glorificado al Hijo de Dios. Y ves que se dispersan sus enemigos: se rompen las cadenas, se borran los pecados, va de vencida la muerte; «como el humo, se disipan» los miedos; «como la cera ante el fuego», se derrite la tristeza. Para los discípulos, es la hora de la dispersión: el miedo los apartará de Jesús. Aun entonces, sobre todo entonces, ellos estarán en la mente de Jesús, en la memoria del amor: no los dejará desamparados el amigo al que han dejado solo. Volverá, y con él volverán la alegría y la paz del corazón. Volverá, y se llenarán de luz los días de nuestra vida: «Tendréis luchas, pero tened valor: yo he vencido al mundo». Escuchas, comulgas: tu Señor ha vuelto, está contigo y te deja en herencia su alegría.

«Tu cruz adoramos, Señor, y tu santa resurrección alabamos y glorificamos. Por tu cruz ha venido la alegría al mundo entero» (De la liturgia).

Visitación de la Virgen María, f.
Petronila; Amelia; Wilmar; Lupicinio; Camila Bautista

Oficio de la f. / B
Vol. IV
Rom 12,9-16b / Sal Is 12,2-6 / Lc 1,39-56

Lucas 1,39-56

En aquellos días, María se levantó y se puso en camino deprisa hacia la montaña, a una ciudad de Judá; entró en casa de Zacarías y saludó a Isabel. Aconteció que, en cuanto Isabel oyó el saludo de María, saltó la criatura en su vientre. Se llenó Isabel de Espíritu Santo y, levantando la voz, exclamó: «¡Bendita tú entre las mujeres, y bendito el fruto de tu vientre! ¿Quién soy yo para que me visite la madre de mi Señor? Pues, en cuanto tu saludo llegó a mis oídos, la criatura saltó de alegría en mi vientre. Bienaventurada la que ha creído, porque lo que le ha dicho el Señor se cumplirá». María dijo: «Proclama mi alma la grandeza del Señor, "se alegra mi espíritu en Dios, mi salvador; porque ha mirado la humildad de su esclava". Desde ahora me felicitarán todas las generaciones, porque el Poderoso ha hecho obras grandes en mí: "su nombre es santo, y su misericordia llega a sus fieles de generación en generación". Él hace proezas con su brazo: dispersa a los soberbios de corazón, "derriba del trono a los poderosos y enaltece a los humildes, a los hambrientos los colma de bienes y a los ricos los despide vacíos. Auxilia a Israel, su siervo, acordándose de la misericordia" –como lo había prometido a nuestros padres– en favor de Abrahán y su descendencia por siempre». María se quedó con Isabel unos tres meses y volvió a su casa.

Os contaré... lo cantaré

Lo dice María de Nazaret, lo puede decir con ella su prima Isabel, y lo puede decir también la Iglesia que hoy celebra el misterio de la Visitación: «Fieles de Dios, venid a escuchar; os contaré lo que el Señor ha hecho conmigo». María, Isabel, los hijos de la Iglesia, cada uno tiene su historia de Dios, su historia de gracia, su historia de amor que contar. Cada uno tiene su motivo de gozo, su historia de amor que cantar. Dichosa tú, María, dichosa tú, Isabel, dichosa tú, Iglesia de Dios, porque habéis creído, porque lo que el Señor os ha dicho se cumplirá. Hoy, Iglesia visitada en la Eucaristía por tu salvador, eres tú la que proclama a María «bendita entre las mujeres».

S. Justino, m.o.
Nª Sra. de la Luz; Íñigo; Aníbal Mª de Francia

VII de Pascua
3ª salt. / R
He 20,28-38 / Sal 67 / Jn 17,11b-19

Juan 17,11b-19

En aquel tiempo, levantando los ojos al cielo, oró Jesús diciendo: «Padre santo, guárdalos en tu nombre, a los que me has dado, para que sean uno, como nosotros. Cuando estaba con ellos, yo guardaba en tu nombre a los que me diste, y los custodiaba, y ninguno se perdió, sino el hijo de la perdición, para que se cumpliera la Escritura. Ahora voy a ti, y digo esto en el mundo para que tengan en sí mismos mi alegría cumplida. Yo les he dado tu palabra, y el mundo los ha odiado porque no son del mundo, como tampoco yo soy del mundo. No ruego que los retires del mundo, sino que los guardes del maligno. No son del mundo, como tampoco yo soy del mundo. Santifícalos en la verdad: tu palabra es verdad. Como tú me enviaste al mundo, así yo los envío también al mundo. Y por ellos yo me santifico a mí mismo, para que también ellos sean santificados en la verdad.

De Dios por la fe

Aunque Jesús habla a los discípulos que están con él en la Última Cena, lo que allí se les dice a ellos, hoy se nos dice a nosotros en la Eucaristía que celebramos. Jesús nos ha entregado la palabra de la verdad, y nosotros la hemos acogido, hemos creído. Y porque somos el pueblo de la palabra de Dios, somos de Cristo y, en Cristo, somos de Dios. Por eso el mundo nos odia, porque no somos del mundo. Nuestra relación con el mundo será de enfrentamiento, de permanente confrontación. Por eso Jesús levanta los ojos al Padre para hablarle de nuestra necesidad, para pedir que nos guarde en las sílabas de su nombre, en las entrañas maternas de su santidad y de su verdad. Allí somos amados, en ese nombre somos guardados, custodiados, preservados del mundo que nos odia y del mal que lo posee. Hoy, escuchando la palabra de Dios y comulgando, Cristo viene a nosotros para ser nuestro; nosotros vamos a Cristo para ser de Dios.

junio

Stos. Marcelino y Pedro, m.l.
Erasmo de Formia; Dictino de Astorga; Juan de Ortega

VII de Pascua
3ª salt. / B
He 22,30; 23,6-11 / Sal 15 / Jn 17,20-26

Juan 17,20-26

En aquel tiempo, levantando los ojos al cielo, oró Jesús diciendo: «No solo por ellos ruego, sino también por los que crean en mí por la palabra de ellos, para que todos sean uno, como tú, Padre, en mí, y yo en ti, que ellos también sean uno en nosotros, para que el mundo crea que tú me has enviado. Yo les he dado la gloria que tú me diste, para que sean uno, como nosotros somos uno; yo en ellos, y tú en mí, para que sean completamente uno, de modo que el mundo sepa que tú me has enviado y que los has amado a ellos como me has amado a mí. Padre, este es mi deseo: que los que me has dado estén conmigo donde yo estoy y contemplen mi gloria, la que me diste, porque me amabas, antes de la fundación del mundo. Padre justo, si el mundo no te ha conocido, yo te he conocido, y estos han conocido que tú me enviaste. Les he dado a conocer y les daré a conocer tu nombre, para que el amor que me tenías esté en ellos, y yo en ellos».

«Que todos sean uno»

Lo había pedido antes para los Doce; lo pide ahora para los que han de creer en él: «Que todos sean uno». «Que sean uno» como los sarmientos de la vid son una sola vid. «Que sean uno» como lo es el Padre con Jesús, como lo es Jesús con el Padre. «Que sean uno» con una unidad que solo en el Padre y en Jesús llega a plenitud, solo del Padre y de Jesús puede proceder, solo en comunión con el Padre y con Jesús se puede realizar. Solo el Espíritu de Dios puede realizar la unidad que es Dios y a la que somos llamados los que creemos. Y solo esa unidad tiene fuerza de testimonio para que el mundo crea que Jesús es el enviado del Padre. La falta de unidad no es solo evidencia de nuestra falta de fe; es también negación de la unidad de Dios, de la misión del Hijo, del amor con que Dios nos ha amado. No separes jamás lo que Dios ha unido.

Escúchanos, Señor Dios nuestro; danos tu Espíritu de amor, para que, fortalecidos con el Cuerpo y la Sangre de tu Hijo, formemos en Cristo un solo cuerpo y un solo espíritu.

S. Carlos Luanga y comp., m.o.
Clotilde; Juan Grande; Bto. Francisco Díaz

VII de Pascua
3ª salt. / R
He 25,13b-21 /
Sal 102 /
Jn 21,15-19

Juan 21,15-19

Habiéndose aparecido Jesús a sus discípulos, después de comer, le dice a Simón Pedro: «Simón, hijo de Juan, ¿me amas más que estos?». Él le contestó: «Sí, Señor, tú sabes que te quiero». Jesús le dice: «Apacienta mis corderos». Por segunda vez le pregunta: «Simón, hijo de Juan, ¿me amas?». Él le contesta: «Sí, Señor, tú sabes que te quiero». Él le dice: «Pastorea mis ovejas». Por tercera vez le pregunta: «Simón, hijo de Juan, ¿me quieres?». Se entristeció Pedro de que le preguntara por tercera vez: «¿Me quieres?» y le contestó: «Señor, tú conoces todo, tú sabes que te quiero». Jesús le dice: «Apacienta mis ovejas. En verdad, en verdad te digo: cuando eras joven, tú mismo te ceñías e ibas adonde querías; pero, cuando seas viejo, extenderás las manos, otro te ceñirá y te llevará adonde no quieras». Esto dijo aludiendo a la muerte con que iba a dar gloria a Dios. Dicho esto, añadió: «Sígueme».

En la escuela del Espíritu

Maestro y memoria: eso es en la vida de un creyente el Espíritu de Jesús. Él nos lo enseñará todo y nos irá recordando lo que Jesús ha dicho, lo que Dios es, lo que nosotros hemos vivido. Solo él conoce la intimidad de Dios y solo él puede darla a conocer. Solo él sabe del amor de Dios, del amor con que Cristo nos amó y se entregó por nosotros. Solo él sabe de la bondad de Dios, de su santidad, de sus beneficios, de su soberanía, de su gloria. Solo él conoce nuestro corazón, nuestros deseos, nuestras fragilidades, nuestros logros y nuestros pecados. En la escuela del Espíritu, aprendiendo lo que Dios es para nosotros, aprendemos lo que estamos llamados a vivir en nuestra relación con él: aprendemos a bendecir al que es nuestro bien, el todo bien, el sumo bien; aprendemos a amar al que nos amó tanto que nos entregó a su Unigénito; aprendemos a ocuparnos de los pobres que Dios ama.

Oh Dios, que nos has iluminado con la luz del Espíritu Santo, haznos dóciles a su inspiración, para que, recordando tus beneficios, te amemos con todo el corazón y te bendigamos con nuestra vida.

Francisco Caracciolo;
Cornelio de Armagh;
Felipe Smaldone;
Elizabeth Hesselblad

VII de Pascua
3ª salt. / B
He 28,16-20.
30-31 /
Sal 10 /
Jn 21,20-25

Juan 21,20-25

En aquel tiempo, Pedro, volviéndose, vio que los seguía el discípulo a quien Jesús amaba, el mismo que en la cena se había apoyado en su pecho y le había preguntado: «Señor, ¿quién es el que te va a entregar?». Al verlo, Pedro dice a Jesús: «Señor, y este, ¿qué?». Jesús le contesta: «Si quiero que se quede hasta que yo venga, ¿a ti qué? Tú sígueme». Entonces se empezó a correr entre los hermanos el rumor de que ese discípulo no moriría. Pero no le dijo Jesús que no moriría, sino: «Si quiero que se quede hasta que yo venga, ¿a ti qué?». Este es el discípulo que da testimonio de todo esto y lo ha escrito; y nosotros sabemos que su testimonio es verdadero. Muchas otras cosas hizo Jesús. Si se escribieran una por una, pienso que ni el mundo entero podría contener los libros que habría que escribir.

Escribir nuestro evangelio

Se cierra el libro de los Hechos de la Iglesia, pero no se cierra su historia, la que escribimos hasta el fin de los tiempos los discípulos de Jesús y el Espíritu Santo. «Os enviaré el Espíritu de la verdad –dice el Señor–; él os enseñará la verdad plena». No hay discípulo de Jesús si no hay discípulo del Espíritu Santo. Los que son de Jesús desean el Espíritu de Jesús, piden el Espíritu de Jesús, se dejan llevar y recrear y divinizar por el Espíritu de Jesús. En los discípulos, el Espíritu glorifica a Jesús, pues todo lo que el Espíritu nos comunica, todo lo que hace en nosotros, lo recibe de Jesús. No escribas la página de tu vida sin esta divina inspiración. No digas sino lo que atestigua dentro de ti este Maestro de la verdad. Entonces, tus palabras y tu vida darán testimonio de Jesús, lo glorificarán, serán el evangelio que tú escribes para que todos crean, y tu evangelio será verdadero.

Ven, Espíritu Santo, manda tu luz desde el cielo y haz de nosotros testigos fieles del evangelio.

5 domingo

DÍA DE LA ACCIÓN CATÓLICA
Y DEL APOSTOLADO SEGLAR

Bonifacio; Ciriaco; Nª Sra. del Rocío; Faustino; Doroteo; Nicandro

Oficio de la s. / R
He 2,1-11 / Sal 103 / 1Cor 12,3b-7.12-13 (o bien: Rom 8,8-17) / Jn 20,19-23 (o bien: Jn 14,15-16. 23b-26)

Hechos 2,1-11

Al cumplirse el día de Pentecostés, estaban todos juntos en el mismo lugar. De repente, se produjo desde el cielo un estruendo, como de viento que soplaba fuertemente, y llenó toda la casa donde se encontraban sentados. Vieron aparecer unas lenguas, como llamaradas, que se dividían, posándose encima de cada uno de ellos. Se llenaron todos de Espíritu Santo y empezaron a hablar en otras lenguas, según el Espíritu les concedía manifestarse. Residían entonces en Jerusalén judíos devotos venidos de todos los pueblos que hay bajo el cielo. Al oírse este ruido, acudió la multitud y quedaron desconcertados, porque cada uno los oía hablar en su propia lengua. Estaban todos estupefactos y admirados, diciendo: «¿No son galileos todos esos que están hablando? Entonces, ¿cómo es que cada uno de nosotros los oímos hablar en nuestra lengua nativa? Entre nosotros hay partos, medos, elamitas y habitantes de Mesopotamia, de Judea y Capadocia, del Ponto y Asia, de Frigia y Panfilia, de Egipto y de la zona de Libia que limita con Cirene; hay ciudadanos romanos forasteros, tanto judíos como prosélitos; también hay cretenses y árabes; y cada uno los oímos hablar de las grandezas de Dios en nuestra propia lengua».

Salmo 103,1ab y 24ac.29bc-30.31 y 34

R. Envía tu Espíritu, Señor, y repuebla la faz de la tierra. (O bien: Aleluya).

1 Corintios 12,3b-7.12-13

Hermanos: Nadie puede decir: «Jesús es Señor», sino por el Espíritu Santo. Y hay diversidad de carismas, pero un mismo Espíritu; hay diversidad de ministerios, pero un mismo Señor; y hay diversidad de actuaciones, pero un mismo Dios que obra todo en todos. Pero a cada cual se le otorga la manifestación del Espíritu para el bien común.

Pues, lo mismo que el cuerpo es uno y tiene muchos miembros, y todos los miembros del cuerpo, a pesar de ser muchos, son un solo cuerpo, así es también Cristo. Pues todos nosotros, judíos y griegos, esclavos y libres, hemos sido bautizados en un mismo Espíritu, para formar un solo cuerpo. Y todos hemos bebido de un solo Espíritu.

Juan 14,15-16.23b-26

En aquel tiempo, dijo Jesús a sus discípulos: «Si me amáis, guardaréis mis mandamientos. Y yo le pediré al Padre que os dé otro Paráclito, que esté siempre con vosotros. El que me ama guardará mi palabra, y mi Padre lo amará, y vendremos a él y haremos morada en él. El que no me ama no guarda mis palabras. Y la palabra que estáis oyendo no es mía, sino del Padre que me envió. Os he hablado de esto ahora que estoy a vuestro lado, pero el Paráclito, el Espíritu Santo, que enviará el Padre en mi nombre, será quien os lo enseñe todo y os vaya recordando todo lo que os he dicho».

«Se llenaron todos de Espíritu Santo»

Lo dice el evangelio: «Yo le pediré al Padre que os dé otro Paráclito, que esté siempre con vosotros». Esa era la promesa, y los discípulos la vieron cumplida en el día de Pentecostés, cuando «se llenaron todos de Espíritu Santo y hablaban de las maravillas de Dios». Y ese es el misterio que hoy celebramos: la efusión del Espíritu sobre la Iglesia; la unción sagrada de los que son enviados para que lleven la buena noticia a los pobres; una epifanía de lenguas de fuego sobre esos ungidos, sobre los enviados, para que su palabra ilumine las mentes y encienda los corazones de todos con la llama del amor. Ese es el misterio que hoy revivimos escuchando y comulgando. Ese es el misterio por el que hoy bendecimos al Señor: «¡Dios mío, qué grande eres! ¡La tierra está llena de tus criaturas!».

«Ven, Espíritu Santo, llena los corazones de tus fieles y enciende en ellos la llama de tu amor» (De la liturgia).

Virgen María, Madre de la Iglesia, m.o.
Norberto; Marcelino Champagnat; Alejandro de Fiesole; Gerardo de los Tintori; Bonifacia Rodríguez

Oficio de la m. / B
Gén 3,9-15. 20 (o bien: He 1,12-14) / Sal 86 / Jn 19,25-34

Juan 19,25-34

En aquel tiempo, junto a la cruz de Jesús estaban su madre, la hermana de su madre, María la de Cleofás, y María, la Magdalena. Jesús, al ver a su madre y junto a ella al discípulo al que amaba, dijo a su madre: «Mujer, ahí tienes a tu hijo». Luego dijo al discípulo: «Ahí tienes a tu madre». Y desde aquella hora, el discípulo la recibió como algo propio. Después de esto, sabiendo Jesús que ya todo estaba cumplido, para que se cumpliera la Escritura, dijo: «Tengo sed». Había allí un jarro lleno de vinagre. Y, sujetando una esponja empapada en vinagre a una caña de hisopo, se la acercaron a la boca. Jesús, cuando tomó el vinagre, dijo: «Está cumplido». E, inclinando la cabeza, entregó el espíritu. Los judíos entonces, como era el día de la Preparación, para que no se quedaran los cuerpos en la cruz el sábado, porque aquel sábado era un día grande, pidieron a Pilato que les quebraran las piernas y que los quitaran. Fueron los soldados, le quebraron las piernas al primero y luego al otro que habían crucificado con él; pero al llegar a Jesús, viendo que ya había muerto, no le quebraron las piernas, sino que uno de los soldados, con la lanza, le traspasó el costado, y al punto salió sangre y agua.

«Ahí tienes a tu hijo. Ahí tienes a tu madre»

Extraña anunciación: no la hace un ángel bajado del cielo; la hace el Hijo levantado en la cruz. No la precede un «alégrate», ni siquiera un saludo; solo se pronuncia la palabra que a la mujer –a la madre de Jesús– le da nuevos hijos, y que al discípulo amado –a ti, que has creído en Jesús– le da como madre la madre de Jesús. En Nazaret, a la doncella la habían llamado «llena de gracia»; ahora la llaman solo «mujer». Entonces se le había anunciado un hijo en un misterio de gozo; ahora se le anuncia otro hijo –otros hijos– en un misterio de dolor. Entonces y ahora, a todos nos envuelve el mismo amor sin medida, la misma misericordia sin límite, la misma infinita bondad: amor en el gozo, amor en el dolor, amor del Padre, del Hijo y del Espíritu, amor de nuestra madre del cielo. Entonces y ahora se nos revela un misterio de gracia.

Antonio Mª Gianelli; Pablo de Constantinopla; Bta. Ana de San Bartolomé

X del T.O.
Vol. III año par
2ª salt. / V
1Re 17,7-16 /
Sal 4 /
Mt 5,13-16

Mateo 5,13-16

En aquel tiempo, dijo Jesús a sus discípulos: «Vosotros sois la sal de la tierra. Pero si la sal se vuelve sosa, ¿con qué la salarán? No sirve más que para tirarla fuera y que la pise la gente. Vosotros sois la luz del mundo. No se puede ocultar una ciudad puesta en lo alto de un monte. Tampoco se enciende una lámpara para meterla debajo del celemín, sino para ponerla en el candelero y que alumbre a todos los de casa. Brille así vuestra luz ante los hombres, para que vean vuestras buenas obras y den gloria a vuestro Padre que está en los cielos».

Discípulos de la Luz

Lo has oído cuando te bendicen: «El Señor haga brillar su rostro sobre vosotros y os conceda su favor». Lo pides hoy con las palabras del Salmista: «Haz brillar sobre nosotros la luz de tu rostro». Tu Dios no es una idea sin rostro: Tu Dios es un rostro de luz. Y la Luz se hizo carne, y vino a los suyos, y los llamó para hacerlos discípulos de la Luz, para que, ellos también, los que habitaban en tinieblas y en sombra de muerte, aprendiesen a ser luz. Al modo de Dios, que es Luz concediendo su favor, dando anchura en el aprieto, escuchando a quien lo invoca; al modo de Cristo Jesús, que es Luz del mundo enseñando, sanando, salvando; al modo de Dios y de Cristo Jesús, que hacen brillar su luz sobre buenos y malos, justos e injustos, Tú, Iglesia cuerpo de Cristo, has de ser luz del mundo, has de alumbrar a los hombres, para que, viendo tus obras de luz, den gloria al Padre que en esas obras se manifiesta.

Señor Jesús, Dios de Dios, Luz de Luz, enséñanos a amar a todos como tú nos amas, para que podamos iluminar a todos como tú nos iluminas.

Salustiano; Jacques Berthieu; Bta. Mª del Divino Corazón; María Teresa Chiramel

X del T.O.
2ª salt. / V
1Re 18,20-39 /
Sal 15 /
Mt 5,17-19

Mateo 5,17-19

En aquel tiempo, dijo Jesús a sus discípulos: «No creáis que he venido a abolir la Ley y los Profetas: no he venido a abolir, sino a dar plenitud. En verdad os digo que antes pasarán el cielo y la tierra que deje de cumplirse hasta la última letra o tilde de la ley. El que se salte uno solo de los preceptos menos importantes y se lo enseñe así a los hombres será el menos importante en el reino de los cielos. Pero quien los cumpla y enseñe será grande en el reino de los cielos».

Instrúyeme

Has escuchado repetida la confesión de fe: «El Señor es el Dios verdadero», confesión que significa: no hay Dios fuera de ti, Señor; no tengo bien fuera de ti. Y porque también tú, que celebras la Eucaristía, lo reconoces y confiesas, a tu Dios acudes, en él te refugias, de él esperas que te proteja. Porque «el Señor es el Dios verdadero», él es todo lo que deseas, él es tu heredad, «tu suerte está en su mano». Porque «el Señor es el Dios verdadero», a él le pides que te instruya en sus sendas, que te dé la gracia de caminar con lealtad en su presencia, que te enseñe el sendero de la vida». Y él mismo se te hizo camino y verdad y vida: vino a dar cumplimiento a lo que la ley y los profetas habían anunciado; vino a dar plenitud a lo que, con la ley y los profetas, había comenzado; y la profecía y la ley se hicieron evangelio. Hazte discípulo de la plenitud. Hazte discípulo de la palabra de Dios.

«Enséñame, Señor, tus leyes, instrúyeme en el camino de tus decretos: correré por él cuando me ensanches el corazón» (Salmo 118).

Jesucristo, sumo y eterno sacerdote, f.

Efrén; José de Anchieta; Bta. Ana Mª Giannetti Taigi; Bto. Luis Boccardo

Oficio de la f. / B
Vol. IV

Is 6,1-4.8 (o bien: Heb 2,10-18) / Sal 22 / Jn 17,1-2.9.14-26

Juan 17,1-2.9.14-26

En aquel tiempo, Jesús, levantando los ojos al cielo, dijo: «Padre, ha llegado la hora, glorifica a tu Hijo, para que tu Hijo te glorifique a ti y, por el poder que tú le has dado sobre toda carne, dé la vida eterna a todos los que le has dado. Te ruego por ellos; no ruego por el mundo, sino por estos que tú me diste, porque son tuyos. Yo les he dado tu palabra, y el mundo los ha odiado porque no son del mundo, como tampoco yo soy del mundo. No ruego que los retires del mundo, sino que los guardes del maligno. No son del mundo, como tampoco yo soy del mundo. Santifícalos en la verdad: tu palabra es verdad. Como tú me enviaste al mundo, así yo los envío también al mundo. Y por ellos yo me santifico a mí mismo, para que también ellos sean santificados en la verdad. No solo por ellos ruego, sino también por los que crean en mí por la palabra de ellos, para que todos sean uno, como tú, Padre, en mí, y yo en ti, que ellos también sean uno en nosotros, para que el mundo crea que tú me has enviado. Yo les he dado la gloria que tú me diste, para que sean uno, como nosotros somos uno; yo en ellos, y tú en mí, para que sean completamente uno, de modo que el mundo sepa que tú me has enviado y que los has amado a ellos como me has amado a mí. Padre, este es mi deseo: que los que me has dado estén conmigo donde yo estoy y contemplen mi gloria, la que me diste, porque me amabas, antes de la fundación del mundo. Padre justo, si el mundo no te ha conocido, yo te he conocido, y estos han conocido que tú me enviaste. Les he dado a conocer y les daré a conocer tu nombre, para que el amor que me tenías esté en ellos, y yo en ellos».

«Acuérdate, Señor, de tu Iglesia extendida por toda la tierra, y con todos los pastores que cuidan de tu pueblo, llévala a su perfección por la caridad» (De la Plegaria eucarística II).

Críspulo; Timoteo; Amancio; Mauricio; Bto. Eduardo Pope

X del T.O.
2ª salt. / V
1Re 19,9a. 11-16 /
Sal 26 /
Mt 5,27-32

Mateo 5,27-32

En aquel tiempo, dijo Jesús a sus discípulos: «Habéis oído que se dijo: "No cometerás adulterio". Pero yo os digo: todo el que mira a una mujer deseándola, ya ha cometido adulterio con ella en su corazón. Si tu ojo derecho te induce a pecar, sácatelo y tíralo. Más te vale perder un miembro que ser echado entero en la "gehenna". Si tu mano derecha te induce a pecar, córtatela y tírala, porque más te vale perder un miembro que ir a parar entero a la "gehenna". Se dijo: "El que repudie a su mujer, que le dé acta de repudio". Pero yo os digo que si uno repudia a su mujer –no hablo de unión ilegítima– la induce a cometer adulterio, y el que se casa con la repudiada comete adulterio».

Busca el rostro del Dios verdadero

Al profeta se le dijo: «Sal y ponte de pie en el monte ante el Señor: ¡El Señor va a pasar!». A ti te han invitado a entrar y sentarte a la mesa del Señor. El profeta oyó una brisa suave y salió afuera, a la entrada de la cueva; entonces oyó una voz. Para ti, en la mesa eucarística, el Señor dispuso, banquete de manjares suculentos, su Palabra y su Cuerpo. Tú oyes la Palabra aunque no oigas la voz. Tú reconoces la presencia de Dios en el cuerpo de su Hijo que recibes y en el que te transformas. Tú has venido a sentarte a la mesa del Señor, y el Señor ha entrado a morar en tu casa, en tu corazón. Tú has venido a buscar el rostro de Dios, y tu Dios, que te invitaba a buscarlo, te esperaba buscándote a ti. Esta es nuestra vida: Buscar al único, buscar al verdadero, buscarlo solo a él, amarlo solo a él. De ese amor es sacramento el amor del hombre y la mujer, amor que solo puede ser uno, único, verdadero. Otro amor sería idolatría.

Tu nombre, oh Dios, es amor. Amarte con todo el corazón, con toda el alma, con todo el ser, eso deseamos, eso buscamos, eso pedimos. Enséñanos a amar como nos amas, y que, quienes vean las obras de tu amor, encuentren una razón para vivir.

S. Bernabé, m.o.
Mª Rosa Molas; Adelaida; Fortunato

X del T.O.
2ª salt. / R
He 11,21b-26; 13,1-3 / Sal 97 / Mt 5,33-37 (o bien: Mt 10,7-13)

Mateo 5,33-37

En aquel tiempo, dijo Jesús a sus discípulos: «Habéis oído que se dijo a los antiguos: "No jurarás en falso" y "Cumplirás tus juramentos al Señor". Pero yo os digo que no juréis en absoluto: ni por el cielo, que es el trono de Dios; ni por la tierra, que es estrado de sus pies; ni por Jerusalén, que es la ciudad del Gran Rey. Ni jures por tu cabeza, pues no puedes volver blanco o negro un solo cabello. Que vuestro hablar sea sí, sí, no, no. Lo que pasa de ahí viene del Maligno».

Enviado en misión

Celebramos la memoria de un apóstol, Bernabé, de un enviado en misión. El mandato que él ha recibido, es el que hoy recibes tú: «Id». Os ha ungido el Espíritu del Señor, habéis recibido el don de la fe. Habéis conocido todo lo que el Hijo oyó a su Padre y habréis de darlo a conocer. Escuchando, habéis recibido la palabra de Dios; comulgando, habéis recibido el cuerpo de Cristo. Habéis escuchado y comulgado el sacramento que es Cristo. Mucho se os ha dado, gratis lo habéis recibido, todo y gratis lo habéis de dar. Con vosotros, el Señor da a conocer su victoria; por vosotros, el Señor revela a las naciones su justicia; en vosotros, el Señor ha hecho maravillas; vosotros sois memoria viva de su misericordia y de su fidelidad. No tengas miedo, Iglesia en misión; va contigo el que te envía, va contigo el que has de anunciar: «Id».

Ven, Espíritu Santo, llena los corazones de tus fieles, para que, encendidos en el fuego de tu amor, llevemos a todas las gentes la buena noticia que es Cristo Jesús.

12 domingo

DÍA PRO ORANTIBUS

Juan de Sahagún; León III; Gaspar Luis Bertoni

Oficio de la s. / B
Prov 8,22-31 /
Sal 8 /
Rom 5,1-5 /
Jn 16,12-15

Proverbios 8,22-31

Esto dice la Sabiduría de Dios: «El Señor me creó al principio de sus tareas, al comienzo de sus obras antiquísimas. En un tiempo remoto fui formada, antes de que la tierra existiera. Antes de los abismos fui engendrada, antes de los manantiales de las aguas. Aún no estaban aplomados los montes, antes de las montañas fui engendrada. No había hecho aún la tierra y la hierba, ni los primeros terrones del orbe. Cuando colocaba los cielos, allí estaba yo; cuando trazaba la bóveda sobre la faz del abismo; cuando sujetaba las nubes en la altura, y fijaba las fuentes abismales; cuando ponía un límite al mar, cuyas aguas no traspasan su mandato; cuando asentaba los cimientos de la tierra, yo estaba junto a él, como arquitecto, y día tras día lo alegraba, todo el tiempo jugaba en su presencia: jugaba con la bola de la tierra, y mis delicias están con los hijos de los hombres».

Salmo 8,4-5.6-7.8-9

R. ¡Señor, Dios nuestro, qué admirable es tu nombre en toda la tierra!

Romanos 5,1-5

Hermanos: Habiendo sido justificados en virtud de la fe, estamos en paz con Dios, por medio de nuestro Señor Jesucristo, por el cual hemos obtenido además por la fe el acceso a esta gracia, en la cual nos encontramos; y nos gloriamos en la esperanza de la gloria de Dios. Más aún, nos gloriamos incluso en las tribulaciones, sabiendo que la tribulación produce paciencia, la paciencia, virtud probada, la virtud probada, esperanza, y la esperanza no defrauda, porque el amor de Dios ha sido derramado en nuestros corazones por el Espíritu Santo que se nos ha dado.

Juan 16,12-15

En aquel tiempo, dijo Jesús a sus discípulos: «Muchas cosas me quedan por deciros, pero no podéis cargar con ellas por ahora; cuando venga él, el Espíritu de la verdad, os guiará hasta la verdad plena. Pues no hablará por cuenta propia, sino que hablará de lo que oye y os comunicará lo que está por venir. Él me glorificará, porque recibirá de lo mío y os lo anunciará. Todo lo que tiene el Padre es mío. Por eso os he dicho que recibirá y tomará de lo mío y os lo anunciará».

El misterio al que pertenecemos

En la Iglesia aprendiste a decir: «Soy cristiano por la gracia de Dios». Y, si alguien te preguntase qué significa ese «soy cristiano», tú, en la fe de la Iglesia, podrías decirle: soy porta-palabras de Dios, soy porta-misterios divinos, soy un discípulo de la verdad, un discípulo de Cristo Jesús, un discípulo del Espíritu de Dios. En la fe, soy un visitado por la justicia de Dios, por la paz con Dios, por la gracia de Dios, también por la esperanza de que me alcance la gloria de Dios. En la fe, «porque el amor de Dios ha sido derramado en nuestros corazones con el Espíritu Santo que se nos ha dado», soy un habitado por Dios, un templo de Dios, soy morada santa de la Santísima Trinidad. Y más aún: Por la fe somos hijos, y, en nuestros corazones, el Espíritu del Hijo hace verdadera la palabra más honda del misterio al que pertenecemos: ¡Abba! ¡Padre! El misterio de Dios guarda el secreto de nuestra identidad.

Bendito eres, Señor, Dios de nuestros padres, bendito tu nombre santo y glorioso. A ti gloria y alabanza por los siglos (Liturgia del día).

S. Antonio de Padua, m.o.
Fándila; Hipólito

XI del T.O.
3ª salt. / B
1Re 21,1-16 /
Sal 5 /
Mt 5,38-42

Mateo 5,38-42

En aquel tiempo, dijo Jesús a sus discípulos: «Habéis oído que se dijo: "Ojo por ojo, diente por diente". Pero yo os digo: no hagáis frente al que os agravia. Al contrario, si uno te abofetea en la mejilla derecha, preséntale la otra; al que quiera ponerte pleito para quitarte la túnica, dale también el manto; a quien te requiera para caminar una milla, acompáñale dos; a quien te pide, dale, y al que te pide prestado, no lo rehúyas».

Discípulos de la paz

La tierra está ensangrentada desde el principio: la ambición mata, la economía mata, el egoísmo mata, la indiferencia mata. Desde el principio sobreabundan los canallas que señalan a las víctimas: ideologías, razonamientos, informaciones, políticas. Desde lo hondo sube hasta Dios el clamor de los pobres, de los apedreados, de los crucificados: «Señor, escucha... atiende a mis gemidos, haz caso de mis gritos de auxilio». Y desde Dios, desde la pasión de Dios, hasta lo hondo, hasta la pasión del hombre, llega una palabra de revelación, una palabra que es luz para el camino de los pobres. Es Cristo abofeteado el que dice: «Si uno te abofetea en la mejilla derecha, preséntale la otra». Es Cristo despojado de su túnica el que dice: «dale también la capa». Es Cristo requerido a recorrer la vía dolorosa, el que se ofrece a caminar con el hombre la vida entera. Comulga con Cristo: comulga el evangelio que has creído. Comulga y ama.

«Ven, Espíritu divino, brisa en las horas de fuego, gozo que enjuga las lágrimas y reconforta en los duelos. Ven, dulce huésped del alma» (Liturgia de Pentecostés).

Eliseo; Metodio el Confesor; Ricardo de St. Vanne; Bta. Mª Cándida de la Eucaristía; Bta. Albertina

XI del T.O.
3ª salt. / V
1Re 21,17-29 / Sal 50 / Mt 5,43-48

Mateo 5,43-48

En aquel tiempo, dijo Jesús a sus discípulos: «Habéis oído que se dijo: "'Amarás a tu prójimo' y aborrecerás a tu enemigo". Pero yo os digo: amad a vuestros enemigos y rezad por los que os persiguen, para que seáis hijos de vuestro Padre celestial, que hace salir su sol sobre malos y buenos, y manda la lluvia a justos e injustos. Porque, si amáis a los que os aman, ¿qué premio tendréis? ¿No hacen lo mismo también los publicanos? Y, si saludáis solo a vuestros hermanos, ¿qué hacéis de extraordinario? ¿No hacen lo mismo también los gentiles? Por tanto, sed perfectos, como vuestro Padre celestial es perfecto».

Libres para amar

Es una historia vieja de siglos: Venderse, haciendo lo que el Señor reprueba, venderse para alcanzar sabiduría, para robar, para matar. Y si nos vendemos, esclavos somos: del fruto que ambicionamos, de la viña que robamos, de las riquezas que nos poseen. Si hablamos de pecado, y es necesario que de él hablemos, hablamos de aquello a lo que nos hemos vendido, de lo que nos esclaviza, de lo que se ha quedado con nuestra vida. Y si por gracia germina dentro de mí el deseo de ser libre, entonces, desde el deseo, ha de subir hasta Dios el clamor de mi súplica: «Misericordia, Dios mío, por tu bondad». La misericordia pedida me devolverá la libertad perdida. Entonces, odioso y amado, enemigo y perdonado, escucho del Señor el mandato que certifica mi liberación: «Ama, como yo te he amado». Y mis ojos van de la cruz del Hijo al corazón del Padre, y de Dios aprendo un amor que a nadie deja fuera de su calor.

«Ven, Espíritu Santo, llena los corazones de tus fieles y enciende en ellos la llama de tu amor. Entra hasta el fondo del alma, divina luz, y enriquécenos» (Liturgia de Pentecostés).

Sta. Mª Micaela del Santísimo Sacramento, m.l.
Germana Cousin; Vito, Modesto y Crescencia

XI del T.O.
3ª salt. / V
2Re 2,1. 6-14 /
Sal 30 /
Mt 6,1-6.16-18

Mateo 6,1-6.16-18

En aquel tiempo, dijo Jesús a sus discípulos: «Cuidad de no practicar vuestra justicia delante de los hombres para ser vistos por ellos; de lo contrario no tenéis recompensa de vuestro Padre celestial. Por tanto, cuando hagas limosna, no mandes tocar la trompeta ante ti, como hacen los hipócritas en las sinagogas y por las calles para ser honrados por la gente; en verdad os digo que ya han recibido su recompensa. Tú, en cambio, cuando hagas limosna, que no sepa tu mano izquierda lo que hace tu derecha; así tu limosna quedará en secreto y tu Padre, que ve en lo secreto, te recompensará. Cuando oréis, no seáis como los hipócritas, a quienes les gusta orar de pie en las sinagogas y en las esquinas de las plazas, para que los vean los hombres. En verdad os digo que ya han recibido su recompensa. Tú, en cambio, cuando ores, entra en tu cuarto, cierra la puerta y ora a tu Padre, que está en lo secreto, y tu Padre, que ve en lo secreto, te lo recompensará. Cuando ayunéis, no pongáis cara triste, como los hipócritas que desfiguran sus rostros para hacer ver a los hombres que ayunan. En verdad os digo que ya han recibido su paga. Tú, en cambio, cuando ayunes, perfúmate la cabeza y lávate la cara, para que tu ayuno lo note, no los hombres, sino tu Padre, que está en lo escondido; y tu Padre, que ve en lo escondido, te recompensará».

Lo escondido

Dios tiene querencia por lo escondido, tanto que de él se dice: «En verdad, tú eres un Dios escondido». Tanto se escondió de Elías el Señor que el profeta llegó a desearse la muerte. Y Eliseo pregunta: «¿Dónde está el Dios de Elías? Dios reserva a sus fieles una bondad asombrosa, y la despliega a la vista de todos, escondiendo a sus fieles en lo escondido de Dios, en el asilo personal de su presencia, en el secreto de su tabernáculo. Lo llevamos grabado en el corazón de la fe: «Nuestra vida está escondida con Cristo en Dios». Nuestra morada está en la intimidad de Dios. No la profanes exhibiendo en las plazas la limosna que solo han de ver los ojos de Dios.

Aureliano; Benón; Quirico y Julita; Lutgarda

XI del T.O.
3ª salt. / V
Eclo 48,1-14 /
Sal 96 /
Mt 6,7-15

Mateo 6,7-15

En aquel tiempo, dijo Jesús a sus discípulos: «Cuando recéis, no uséis muchas palabras, como los gentiles, que se imaginan que por hablar mucho les harán caso. No seáis como ellos, pues vuestro Padre sabe lo que os hace falta antes de que lo pidáis. Vosotros orad así: "Padre nuestro que estás en el cielo, santificado sea tu nombre, venga a nosotros tu reino, hágase tu voluntad en la tierra como en el cielo, danos hoy nuestro pan de cada día, perdona nuestras ofensas, como también nosotros perdonamos a los que nos ofenden, no nos dejes caer en la tentación, y líbranos del mal". Porque si perdonáis a los hombres sus ofensas, también os perdonará vuestro Padre celestial, pero si no perdonáis a los hombres, tampoco vuestro Padre perdonará vuestras ofensas».

Su nombre es «¡Abba!, ¡Padre!»

Un profeta como un fuego es arrebatado por un torbellino a la altura, por tropeles de fuego hacia el cielo. Como un fuego arrebatado, que no extinguido, el profeta vive y mantiene viva la esperanza del pueblo de Dios. «Nadie pudo sujetar su espíritu». Ese profeta es fuego precursor de Dios, avanza delante de él. El espíritu que había recibido, lo hizo proclamar la soberanía del único Dios, su grandeza revelada en sus maravillas, en sus obras asombrosas. Tú, Iglesia de Cristo, en Cristo has conocido una soberanía divina insospechada, maravillas que el profeta de fuego ni siquiera pudo soñar, obras que ni siquiera él pudo ver. En Cristo, en el cuerpo de Cristo, del que somos miembros, hemos recibido un espíritu de hijos adoptivos que nos hace gritar: «¡Abba!, ¡Padre!». Y si «¡Abba!, ¡Padre!», es el nombre del único Dios, si lo que somos es hijos del único Dios, nuestra palabra de encuentro con el Señor será siempre: «Padre nuestro».

«Me sé sostenida en brazos de mi Padre. Si yo no me suelto, él nunca me suelta... Abrazo de luz, reposo de amor... alma confortada, niña arrebujada en brazos de mi Dios (Edith Stein).

Ismael y Samuel; Rainiero; Lancelot; Alberto Chmielowski

XI del T.O.
3ª salt. / V
2Re 11,1-4. 9-18.20 / Sal 131 / Mt 6,19-23

Mateo 6,19-23

En aquel tiempo, dijo Jesús a sus discípulos: «No atesoréis para vosotros tesoros en la tierra, donde la polilla y la carcoma los roen y donde los ladrones abren boquetes y los roban. Haceos tesoros en el cielo, donde no hay polilla ni carcoma que los roen, ni ladrones que abren boquetes y roban. Porque donde está tu tesoro, allí estará tu corazón. La lámpara del cuerpo es el ojo. Si tu ojo está sano, tu cuerpo entero tendrá luz; pero si tu ojo está enfermo, tu cuerpo entero estará a oscuras. Si, pues, la luz que hay en ti está oscura, ¡cuánta será la oscuridad!».

Un Reino para los pobres

Aunque la primera lectura de este día nos traiga a la memoria un elenco espantoso de asesinatos y violencia, más que un recordatorio de la violencia humana que todos conocemos por experiencia, es una confesión de la predilección de Dios por Sion, de la fidelidad de Dios a sus promesas, a su alianza. Porque Dios es fiel, un niño se salva de la muerte, vive escondido en la casa de Dios, y, a su tiempo, es ungido rey. Ahora, dejado ese reino de miserias humanas, fíjate en el reino de Dios que ha llegado con Jesús de Nazaret. En él son reyes los pobres, son dichosos los que lloran, son bienaventurados los hambrientos de justicia y los operadores de paz. Ese es un tesoro que, «atesorado en el cielo», quien lo encuentra, ya no podrá vivir sin él, todo le parecerá despreciable comparado con él, tanto que valdrá la pena dejarlo todo por tenerlo solo a él y guardarlo en el corazón.

Danos un corazón de pobre que no sepa vivir sin ti. Danos un corazón de amar que no sepa vivir sin los hermanos.

Ciriaco y Paula; Marina; Gregorio Juan Barbarigo; Simplicio; Calógero

XI del T.O.
3ª salt. / V
2Crón 24,17-25 /
Sal 88 /
Mt 6,24-34

Mateo 6,24-34

En aquel tiempo, dijo Jesús a sus discípulos: «Nadie puede servir a dos señores. Porque despreciará a uno y amará al otro; o, al contrario, se dedicará al primero y no hará caso del segundo. No podéis servir a Dios y al dinero. Por eso os digo: no estéis agobiados por vuestra vida pensando qué vais a comer, ni por vuestro cuerpo pensando con qué os vais a vestir. ¿No vale más la vida que el alimento, y el cuerpo que el vestido? Mirad los pájaros del cielo: no siembran ni siegan, ni almacenan y, sin embargo, vuestro Padre celestial los alimenta. ¿No valéis vosotros más que ellos? ¿Quién de vosotros, a fuerza de agobiarse, podrá añadir una hora al tiempo de su vida? ¿Por qué os agobiáis por el vestido? Fijaos cómo crecen los lirios del campo: ni trabajan ni hilan. Y os digo que ni Salomón, en todo su fasto, estaba vestido como uno de ellos. Pues si a la hierba, que hoy está en el campo y mañana se arroja al horno, Dios la viste así, ¿no hará mucho más por vosotros, gente de poca fe? No andéis agobiados pensando qué vais a comer, o qué vais a beber, o con qué os vais a vestir. Los paganos se afanan por esas cosas. Ya sabe vuestro Padre celestial que tenéis necesidad de todo eso. Buscad sobre todo el reino de Dios y su justicia; y todo esto se os dará por añadidura. Por tanto, no os agobiéis por el mañana, porque el mañana traerá su propio agobio. A cada día le basta su desgracia».

Recuperar una página perdida

¿Perdida?, ¿olvidada?, ¿arrancada?, tal parece haber sido la suerte de esta página evangélica que nos emplaza a escoger a quién queremos honrar, a quién queremos dedicarnos. La fe intuye que se trata de una página que pertenece al corazón del evangelio. Jesús lo dice para siempre y claramente: «no podéis servir a Dios y al dinero». El dinero no se conforma con menos que nuestra vida, y eso hace de él un ídolo, y, si lo escogemos, hacemos de nuestra vida una idolatría. La opción por el dinero es una prostitución que conlleva abandono de Dios, menosprecio de su sabiduría, negación de su providencia.

DÍA Y COLECTA DE LA CARIDAD

Romualdo; Gervasio y Protasio; Juliana Falconieri; Modesto Andlauer; Remi Isoré

Oficio de la s. / B
Gén 14,18-20 /
Sal 109 /
1Cor 11,23-26 /
Lc 9,11b-17

Génesis 14,18-20

En aquellos días, Melquisedec, rey de Salén, sacerdote del Dios altísimo, sacó pan y vino, y le bendijo diciendo: «Bendito sea Abrán por el Dios altísimo, creador de cielo y tierra; bendito sea el Dios altísimo, que te ha entregado tus enemigos». Y Abrán le dio el diezmo de todo.

Salmo 109,1bcde.2.3.4

R. Tú eres sacerdote eterno, según el rito de Melquisedec.

1 Corintios 11,23-26

Hermanos: Yo he recibido una tradición, que procede del Señor y que a mi vez os he transmitido: que el Señor Jesús, en la noche en que iba a ser entregado, tomó pan y, pronunciando la Acción de Gracias, lo partió y dijo: «Esto es mi cuerpo, que se entrega por vosotros. Haced esto en memoria mía». Lo mismo hizo con el cáliz, después de cenar, diciendo: «Este cáliz es la nueva alianza en mi sangre; haced esto cada vez que lo bebáis, en memoria mía». Por eso, cada vez que coméis de este pan y bebéis del cáliz, proclamáis la muerte del Señor, hasta que vuelva.

Lucas 9,11b-17

En aquel tiempo, Jesús hablaba a la gente del reino y sanaba a los que tenían necesidad de curación. El día comenzaba a declinar. Entonces, acercándose los Doce, le dijeron: Despide a la gente; que vayan a las aldeas y cortijos de alrededor a buscar alojamiento y comida, porque aquí estamos en descampado». Él les contestó: «Dadles vosotros de comer». Ellos replicaron: «No tenemos más que cinco panes y dos peces; a no ser que vayamos a comprar de comer para toda esta gente». Porque eran unos cinco mil hombres. Entonces dijo a sus discípulos: «Haced que se sienten en grupos de unos cincuenta cada uno». Lo hicieron así y dispusieron que se sentaran todos. Entonces, tomando él los cinco panes y los dos peces y alzando la mirada al cielo, pronunció la bendición sobre ellos, los partió y se los iba dando a los discípulos para que se los sirvieran a la gente. Comieron todos y se saciaron, y recogieron lo que les había sobrado: doce cestos de trozos.

Un misterio de plenitud y gratuidad

Algunos piensan que los creyentes vamos por el mundo con la idea triste de ganar prosélitos. Un día sabrán que solo vamos ofreciendo pan, un pan del cielo, que contiene en sí todo deleite. Dicho sencillamente: Todo se nos da con Cristo, todo se nos da por gracia. Y no habría más que añadir. Se nos pide que recibamos lo que por gracia se nos ofrece. Al comenzar la existencia, cada uno de nosotros ha vivido en el seno de la propia madre un entrañable misterio de plenitud y de gratuidad. Allí recibimos todo lo que necesitábamos para ser en cada momento, para abrirnos al futuro, para desarrollar nuestras posibilidades. Allí todo se nos ha dado con amor y todo ha sido para nosotros puro regalo. Así, en la Eucaristía, el creyente todo lo recibe, todo se le regala: recibimos, agradecemos, contemplamos, saboreamos, imitamos y amamos. Y aprendemos a dar, como Cristo Jesús, el pan de nuestra vida: ¡Todo por nada!

Oh sagrado banquete, en el que recibimos a Cristo y aprendemos de él a dar a los pobres el pan de nuestra vida.

20
lunes
Juan de Matera;
Silverio; Florentina

XII del T.O.
4ª salt. / V
2Re 17,5-8.
13-15a.18 /
Sal 59 /
Mt 7,1-5

Mateo 7,1-5

En aquel tiempo, dijo Jesús a sus discípulos: «No juzguéis, para que no seáis juzgados. Porque seréis juzgados como juzguéis vosotros, y la medida que uséis, la usarán con vosotros. ¿Por qué te fijas en la mota que tiene tu hermano en el ojo y no reparas en la viga que llevas en el tuyo? ¿Cómo puedes decirle a tu hermano: "Déjame que te saque la mota del ojo", teniendo una viga en el tuyo? Hipócrita: sácate primero la viga del ojo; entonces verás claro y podrás sacar la mota del ojo de tu hermano».

Deja el juicio a la misericordia

El juicio sobre la vida de los demás no nos corresponde a nosotros sino a Dios. Incluso el juicio sobre nuestra propia vida, no podemos arriesgarnos a pronunciarlo nosotros, sino que hemos de dejarlo a la palabra de Dios. Solo ella, «que es viva y eficaz, juzga los deseos e intenciones del corazón». Ese juez, único competente para juzgar, te desvela además un misterio asombroso: como juzgues, serás juzgado; como midas, serás medido; recibirás lo que des; te harán a ti lo que tú hayas hecho a los demás. Y no serán los demás quienes te devuelvan la moneda: será el Señor, tu Dios. Lo cual quiere decir que él ha dejado en tu mano el juicio que vas o no a tener, la medida con que te vas a medir, el trato que vas a recibir. Y ese mismo juez, la palabra de Dios escuchada y comulgada, nos recuerda hoy que, en nuestra relación con los demás, solo cabe la misericordia que recibimos del Señor.

Señor, los días de nuestra vida son para nosotros el tiempo de tu misericordia: que nuestras palabras y acciones sean para nuestros hermanos memoria continua de tu gracia.

S. Luis Gonzaga, m.o.
Ramón de Roda; Inocencio de Mérida; Demetria

XII del T.O.
4ª salt. / B
2Re 19,9b-11.14-21.31-35a.36 / Sal 47 / Mt 7,6.12-14

Mateo 7,6.12-14

En aquel tiempo, dijo Jesús a sus discípulos: «No deis lo santo a los perros, ni les echéis vuestras perlas a los cerdos; no sea que las pisoteen con sus patas y después se revuelvan para destrozaros. Así, pues, todo lo que deseáis que los demás hagan con vosotros, hacedlo vosotros con ellos; pues esta es la Ley y los Profetas. Entrad por la puerta estrecha. Porque ancha es la puerta y espacioso el camino que lleva a la perdición, y muchos entran por ellos. ¡Qué estrecha es la puerta y qué angosto el camino que lleva a la vida! Y pocos dan con ellos».

El bien en nuestras manos

La regla áurea –«tratad a los demás como queréis que ellos os traten»– representa una adquisición universal de la conciencia ética: haz lo que te agradaría que te hiciesen; evita lo que te dolería si te lo hiciesen. Pero en el contexto del evangelio, el dicho de Jesús va más allá de la regla áurea y de su dimensión ética, y se nos presenta como concreción del principio general: «La medida que uséis, la usarán con vosotros». Jesús vuelve a poner en nuestras manos lo que un día vamos a recibir; y no porque nos vayan a devolver el bien que hayamos hecho los beneficiarios de ese bien, sino porque nos lo devolverá el Señor, nuestro Dios, que «usará con nosotros la medida que hayamos usado». Escuchando y comulgando la palabra de Dios, los hijos de la Iglesia nos hacemos uno con Cristo Jesús, para ser, como Cristo Jesús, luz del mundo, para pasar con él haciendo el bien.

«Concede, Señor, a tu pueblo, con tu protección y tu gracia, perfecto amor a los hermanos y una entrega total a tu servicio» (De las oraciones sobre el pueblo).

S. Paulino de Nola / Stos. Juan Fisher y Tomás Moro, m.l.
Inocencio V; Albano; Acacio de Armenia

XII del T.O.
4ª salt. / V
2Re 22,8-13; 23, 1-3 / Sal 118 / Mt 7,15-20

Mateo 7,15-20

En aquel tiempo, dijo Jesús a sus discípulos: «Cuidado con los profetas falsos; se acercan con piel de oveja, pero por dentro son lobos rapaces. Por sus frutos los conoceréis. ¿Acaso se cosechan uvas de las zarzas o higos de los cardos? Así, todo árbol sano da frutos buenos; pero el árbol dañado da frutos malos. Un árbol sano no puede dar frutos malos, ni un árbol dañado dar frutos buenos. El árbol que no da fruto bueno se tala y se echa al fuego. Es decir, que por sus frutos los conoceréis».

En todo, la verdad

En todo, pero de modo especial en lo que se refiere a Dios, a su palabra, a sus mensajeros, precisamente porque Dios es misterio, porque misterio es también su palabra y fácilmente creíbles resultan los falsos profetas, habremos de identificar criterios de discernimiento que nos ayuden a no apartarnos del camino de la verdad. Consideremos en primer lugar la verdad de nuestro ser cristianos: lo seremos si permanecemos en Cristo, si Cristo permanece en nosotros. Y de esa permanencia, de esa pertenencia, será testimonio creíble y eficaz el fruto abundante y bueno que dé nuestra vida: Por el fruto nos conocerán. A su vez, por sus frutos podremos reconocer al verdadero y al falso profeta. En comunión con Jesús, buscad el camino de la ley del Señor, guardadla de todo corazón, haced del cumplimiento de la voluntad del Padre vuestro alimento de cada día, y vuestra vida hablará con verdad del misterio de Dios.

«Muéstrame, Señor, el camino de tus leyes, enséñame a cumplir tu voluntad, guíame por la senda de tus mandatos, porque ella es mi gozo» (Salmo 118).

Natividad de san Juan Bautista, s. (traslado)
José Cafasso; Zenón; Lisberto; Jacob e Israel; Bta. Rafaela Santina

Oficio de la s. / B
Vol. IV
Is 49,1-6 / Sal 138 / He 13,22-26 / Lc 1,57-66.80

Lucas 1,57-66.80

A Isabel se le cumplió el tiempo del parto y dio a luz un hijo. Se enteraron sus vecinos y parientes de que el Señor le había hecho una gran misericordia, y se alegraban con ella. A los ocho días vinieron a circuncidar al niño, y querían llamarlo Zacarías, como su padre; pero la madre intervino diciendo: «¡No! Se va a llamar Juan». Y le dijeron: «Ninguno de tus parientes se llama así». Entonces preguntaban por señas al padre cómo quería que se llamase. Él pidió una tablilla y escribió: «Juan es su nombre». Y todos se quedaron maravillados. Inmediatamente se le soltó la boca y la lengua, y empezó a hablar bendiciendo a Dios. Los vecinos quedaron sobrecogidos, y se comentaban todos estos hechos por toda la montaña de Judea. Y todos los que los oían reflexionaban diciendo: «Pues ¿qué será este niño?». Porque la mano del Señor estaba con él. El niño crecía y se fortalecía en el espíritu, y vivía en lugares desiertos hasta los días de su manifestación a Israel.

Cuando todo es gracia

Es gracia la fecundidad de Isabel, pues viene de Dios lo que no puede venir de la esterilidad. Es gracia la vida de su hijo, puro don de la misericordia. Es gracia el conocimiento que aquel hijo tiene de la salvación, y lo es la danza con que la anuncia en el seno materno. Es gracia el nacimiento del niño, lo es el nombre de Juan, y lo es la misión que se le confía. El que, todavía huésped del seno materno, había reconocido al Señor, enclaustrado luego en una mazmorra, se interrogará sobre el valor de su vida derrochada, sobre el sentido de su pobreza radical: «En vano me he cansado». El que en el seno materno había conocido sin preguntar, en el seno del abandono preguntará para conocer: «¿Eres tú el que ha de venir o hemos de esperar a otro?». La noche, la de Juan y la tuya, también es gracia. ¡Todo es gracia cuando se vive desde la fe!

Bendito sea el Señor Dios de Israel, porque nos ha llenado de alegría visitándonos con su gracia.

Sagrado Corazón de Jesús, s.
Fausto; Longinos; Teodulfo; Fermín; María Guadalupe García (Madre Lupita)

Oficio de la s. / B
Vol. I (C)
Ez 34,11-16 / Sal 22 / Rom 5,5b-11 / Lc 15,3-7

Lucas 15,3-7

En aquel tiempo, Jesús dijo a los fariseos y a los escribas esta parábola: «¿Quién de vosotros que tiene cien ovejas y pierde una de ellas, no deja las noventa y nueve en el desierto y va tras la descarriada, hasta que la encuentra? Y, cuando la encuentra, se la carga sobre los hombros, muy contento; y, al llegar a casa, reúne a los amigos y a los vecinos, y les dice: "¡Alegraos conmigo!, he encontrado la oveja que se me había perdido". Os digo que así también habrá más alegría en el cielo por un solo pecador que se convierta que por noventa y nueve justos que no necesitan convertirse».

Cuando todo habla de Dios

Él es quien lo dice y quien se compromete con palabras de promesa: «Yo mismo apacentaré mis ovejas». Y eres tú, Iglesia congregada de entre los pueblos, la que haces memoria agradecida de la ternura de Dios contigo, del corazón con que Dios te ha amado: recuerdas y celebras a Cristo Jesús, el Pastor que salió a buscar las ovejas que se le habían perdido, que recogió a las descarriadas, que vendó a las heridas, que curó a las enfermas; recuerdas y celebras al buen Pastor que dio su vida por sus ovejas. Es él quien dice, mientras lleva a cumplimiento la promesa de la profecía: «Yo soy el buen pastor, conozco a mis ovejas y las mías me conocen». Es él quien te lleva tan adentro de su corazón que parece no tener más riqueza que tú ni más alegría: «¡Alegraos!, he encontrado la oveja que se me había perdido». Nos buscó hasta dar la vida por nosotros. Hoy comulgamos la evidencia del amor que Dios nos tiene.

Derrama, Señor, tu gracia sobre nosotros, para que, acercándonos al Corazón abierto de nuestro Salvador, podamos beber con gozo de la fuente de la salvación.

Inm. Corazón de María, m.o.
Guillermo de Vercelli; Domingo Henares; Orosia; Máximo de Turín; Próspero

XII del T.O.
4ª salt. / B
Lam 2,2.10-14. 18-19 / Sal 73 / Lc 2,41-51

Lucas 2,41-51

Los padres de Jesús solían ir cada año a Jerusalén por la fiesta de la Pascua. Cuando cumplió doce años, subieron a la fiesta según la costumbre y, cuando terminó, se volvieron; pero el niño Jesús se quedó en Jerusalén, sin que lo supieran sus padres. Estos, creyendo que estaba en la caravana, anduvieron el camino de un día y se pusieron a buscarlo entre los parientes y conocidos; al no encontrarlo, se volvieron a Jerusalén buscándolo. Y sucedió que, a los tres días, lo encontraron en el templo, sentado en medio de los maestros, escuchándolos y haciéndoles preguntas. Todos los que le oían quedaban asombrados de su talento y de las respuestas que daba. Al verlo, se quedaron atónitos, y le dijo su madre: «Hijo, ¿por qué nos has tratado así? Tu padre y yo te buscábamos angustiados». Él les contestó: «¿Por qué me buscabais? ¿No sabíais que yo debía estar en las cosas de mi Padre?». Pero ellos no comprendieron lo que les dijo. Él bajó con ellos y fue a Nazaret y estaba sujeto a ellos. Su madre conservaba todo esto en su corazón.

En el corazón

De la mano de la Iglesia nos acercamos hoy al misterio del Corazón Inmaculado de María, la Madre de Jesús, nuestra Madre del cielo. La liturgia nos recuerda que, mientras todos se admiraban de lo que los pastores decían de Jesús, «María conservaba todas estas cosas, meditándolas en su corazón». Y después de aquella angustia de Pascua, cuando Jesús se quedó en Jerusalén sin que lo supieran sus padres, de «su Madre» se dice que «conservaba todo esto en su corazón». María guarda en el corazón perplejidades de madre, preocupaciones de madre, anhelos de madre, dolores de madre. María guarda en el corazón cosas de las que no alcanza el significado, cosas que la sobrepasan, la oscuridad del misterio en que está envuelta la vida de su hijo. María lleva en su corazón a ese Hijo que antes llevó en su seno y, en ese Hijo, nos lleva a todos los que estamos en comunión con él.

Pelayo; David de Tesalónica; Antelmo de Chignin; Josemaría Escrivá; José María Robles

1ª salt. / V
1Re 19,16b.19-21 / Sal 15 / Gál 5,1.13-18 / Lc 9,51-62

1 Reyes 19,16b.19-21

En aquellos días, el Señor dijo a Elías en el monte Horeb: «Unge profeta sucesor tuyo a Eliseo, hijo se Safat, de Abel Mejolá». Partió Elías de allí y encontró a Eliseo, hijo de Safat, quien se hallaba arando. Frente a él tenía doce yuntas; él estaba con la duodécima. Pasó Elías a su lado y le echó su manto encima. Entonces Eliseo abandonó los bueyes y echó a correr tras Elías, diciendo: «Déjame ir a despedir a mi padre y a mi madre y te seguiré». Elías le respondió: «Anda y vuélvete, pues ¿qué te he hecho?». Eliseo volvió atrás, tomó la yunta de bueyes y los ofreció en sacrificio. Con el yugo de los bueyes asó la carne y la entregó al pueblo para que comiera. Luego se levantó, siguió a Elías y se puso a su servicio.

Salmo 15,1b-2a y 5.7-8.9-10.11

R. Tú eres, Señor, el lote de mi heredad.

Gálatas 5,1.13-18

Hermanos: Para la libertad nos ha liberado Cristo. Manteneos, pues, firmes, y no dejéis que vuelvan a someteros a yugos de esclavitud. Vosotros, hermanos, habéis sido llamados a la libertad; ahora bien, no utilicéis la libertad como estímulo para la carne; al contrario, sed esclavos unos de otros por amor. Porque toda la ley se cumple en una sola frase, que es: «Amarás a tu prójimo como a ti mismo». Pero, cuidado, pues mordiéndoos y devorándoos unos a otros acabaréis por destruiros mutuamente. Frente a ello, yo os digo: caminad según el Espíritu y no realizaréis los deseos de la carne; pues la carne desea contra el espíritu y el espíritu contra la carne; efectivamente, hay entre ellos un antagonismo tal que no hacéis lo que quisierais. Pero si sois conducidos por el Espíritu, no estáis bajo la ley.

Lucas 9,51-62

Cuando se completaron los días en que iba a ser llevado al cielo, Jesús tomó la decisión de ir a Jerusalén. Y envió mensajeros delante de él. Puestos en camino, entraron en una aldea de samaritanos para hacer los preparativos. Pero no lo recibieron, porque su aspecto era el de uno que caminaba hacia Jerusalén. Al ver esto, Santiago y Juan, discípulos suyos, le dijeron: «Señor, ¿quieres que digamos que baje fuego del cielo que acabe con ellos?». Él se volvió y los regañó. Y se encaminaron hacia otra aldea. Mientras iban de camino, le dijo uno: «Te seguiré adondequiera que vayas». Jesús le respondió: «Las zorras tienen madrigueras, y los pájaros del cielo nidos, pero el Hijo del hombre no tiene donde reclinar la cabeza». A otro le dijo: «Sígueme». Él respondió: «Señor, déjame primero ir a enterrar a mi padre». Le contestó: «Deja que los muertos entierren a sus muertos; tú vete a anunciar el reino de Dios». Otro le dijo: «Te seguiré, Señor. Pero déjame primero despedirme de los de mi casa». Jesús le contestó: «Nadie que pone la mano en el arado y mira hacia atrás vale para el reino de Dios».

El Señor, mi heredad, mi bien

El Salmista, para quien «el Señor será su heredad», su único bien, todo su bien, anticipa, como figura profética, la relación de Cristo Jesús con el Padre del cielo. Solo en Jesús el hombre llega a decir a Dios con toda verdad: «Tú eres mi heredad», no tengo bien fuera de ti. Solo en el Altísimo Hijo de Dios, hecho hombre por nosotros, Dios lo es todo para el hombre y el hombre se adhiere en todo a la voluntad de Dios. Solo el Hijo amado de Dios recorre con fidelidad el camino que lleva al Padre. Nosotros deseamos seguir sus huellas, seguirlas de cerca, tan de cerca que, en realidad, lo que deseamos es llegar a la plena comunión con él, a ser uno con él. El cielo se asombrará, hermano mío, hermana mía, cuando en él resuenen hoy las palabras de tu salmo: «Yo digo al Señor: "Tú eres mi bien"». En una sola voz, el Padre oirá la del Hijo más amado y la de la Iglesia, la de Cristo Jesús y la tuya.

«Tú eres el santo, Señor Dios único, el que hace maravillas. Tú eres el bien, el todo bien, el sumo bien, Señor Dios vivo y verdadero» (san Francisco de Asís).

S. Cirilo de Alejandría, m.l.
Nª Sra. del Perpetuo Socorro; Arialdo; Margarita Bays

XIII del T.O.
1ª salt. / V
Am 2,6-10.13-16 /
Sal 49 /
Mt 8,18-22

Mateo 8,18-22

En aquel tiempo, viendo Jesús que lo rodeaba mucha gente, dio orden de cruzar a la otra orilla. Se le acercó un escriba y le dijo: «Maestro, te seguiré adonde vayas». Jesús le respondió: «Las zorras tienen madrigueras y los pájaros nidos, pero el Hijo del hombre no tiene donde reclinar la cabeza». Otro, que era de los discípulos, le dijo: «Señor, déjame ir primero a enterrar a mi padre». Jesús le replicó: «Tú, sígueme y deja que los muertos entierren a sus muertos».

«Sígueme»

Profeta, Salmista y Evangelista se dan la mano para que veamos la salvación de Dios, para que sigamos el buen camino de su voluntad. El profeta denuncia: «Revuelcan en el polvo al desvalido... se acuestan sobre ropas dejadas en fianza». Y por boca del Salmista, el Señor amonesta: «Atención, los que olvidáis a Dios», los que os apartáis de sus mandatos, los que despreciáis su alianza. Y en la comunidad reunida, unos a otros nos exhortamos hoy, diciendo: «No endurezcáis vuestro corazón; escuchad la voz del Señor». Ahora, en el evangelio, a cada uno de nosotros, Jesús nos dice: «Tú sígueme». Y entiendo que he de ir con él, para aprender a ir como él, hasta que sea tan como él, que en mí ya no viva yo sino él. Entonces, a mi lado, como al lado de Jesús, los pobres serán evangelizados; y en mi vida, como en la vida de Jesús, el mandato del Señor será mi pan de cada día. Escucha al que te llama, comulga con él y síguelo.

Instrúyenos, Señor, con la palabra de la verdad, oriéntanos con el evangelio de la salvación y haznos siempre ricos en caridad fraterna (De las oraciones sobre el pueblo).

S. Ireneo de Lyon, m.o.
Paulo I; Rais; Benigno

XIII del T.O.
1ª salt. / R
Am 3,1-8; 4, 11-12 / Sal 5 / Mt 8,23-27

Mateo 8,23-27

En aquel tiempo, subió Jesús a la barca, y sus discípulos lo siguieron. En esto se produjo una tempestad tan fuerte, que la barca desaparecía entre las olas; él dormía. Se acercaron y lo despertaron gritándole: «¡Señor, sálvanos, que perecemos!». Él les dice: «¿Por qué tenéis miedo, hombres de poca fe?». Se puso en pie, increpó a los vientos y al mar y vino una gran calma. Los hombres se decían asombrados: «¿Quién es este, que hasta el viento y el mar lo obedecen?».

Volvemos a hablar de seguimiento de Jesús

En el evangelio se dice que «Subió Jesús a la barca, y sus discípulos lo siguieron». Es el mismo verbo que utilizó aquel discípulo que había dicho: «Te seguiré»; y es el mismo que Jesús había utilizado cuando a otro discípulo le dijo: «Sígueme». El significado parece obvio: vente conmigo, sube conmigo a la barca. Pero no porque ese sea el significado obvio, ha de ser el significado último. Subiendo con Jesús a la barca, aquellos seguidores «cobardes», aquellos seguidores de poca fe, habrán de aprender a creer, a confiar, a esperar en el Señor, a esperar en su palabra; aquellos aprendices de seguidores habrán de preguntarse sobre Jesús, habrán de adentrarse en el misterio de Jesús, habrán de recorrer, guiados por el Espíritu de Jesús, el largo camino que lleva desde la cobardía a la osadía, desde la poca fe a la confianza plena, desde el propio mundo al mundo de Jesús, a la comunión con Jesús.

Concede, Señor, que tus fieles se dispongan interiormente al seguimiento de tu Hijo, para que, transformados en él, te sirvamos de todo corazón.

Stos. Pedro y Pablo, s.
Benedicta; Casio; Siro de Génova

Oficio de la s. / R
Vol. IV
He 12,1-11 / Sal 33 / 2Tim 4, 6-8.17-18 / Mt 16,13-19

Mateo 16,13-19

En aquel tiempo, al llegar a la región de Cesarea de Filipo, Jesús preguntó a sus discípulos: «¿Quién dice la gente que es el Hijo del hombre?». Ellos contestaron: «Unos que Juan el Bautista, otros que Elías, otros que Jeremías o uno de los profetas». Él les preguntó: «Y vosotros, ¿quién decís que soy yo?». Simón Pedro tomó la palabra y dijo: «Tú eres el Mesías, el Hijo del Dios vivo». Jesús le respondió: «¡Bienaventurado tú, Simón, hijo de Jonás!, porque eso no te lo ha revelado ni la carne ni la sangre, sino mi Padre que está en los cielos. Ahora yo te digo: tú eres Pedro, y sobre esta piedra edificaré mi Iglesia, y el poder del infierno no la derrotará. Te daré las llaves del reino de los cielos; lo que ates en la tierra quedará atado en los cielos, y lo que desates en la tierra quedará desatado en los cielos».

«¿Me amas?»

Tres veces has oído la pregunta. El amor de Jesús se te ha revelado en su entrega: «Nadie tiene amor más grande que el que da la vida por sus amigos». Es el amor de Pedro el que se ha escondido tras el velo de sus negaciones. Quien dijo tres veces: «No lo conozco», es invitado a confesar tres veces: «Tú sabes que te quiero». En realidad, es el amor de la Iglesia a su Señor, es mi amor a Cristo Jesús el que ha de ser confesado, no ya tres veces sino treinta veces tres, pues he perdido la cuenta de las veces que lo he negado. Hoy, Iglesia esposa de Cristo, en la hora de nuestra comunión con él, se nos deja oír la pregunta: «¿Me amas?». Y tú le respondes: «Señor, tú lo sabes todo, tú sabes que te quiero». En esa hora, en esa comunión, mientras el corazón se te llena de Cristo, la casa se te llena de cristos, el corazón se te llena de Dios y la casa de pobres. Hoy se te pregunta: «¿Me amas?». Mañana te examinarán del amor.

Que nuestra vida, Señor, pregone la obra de tus manos; que tu amor, derramado en nuestros corazones con el Espíritu Santo que se nos ha dado, nos haga servidores de los pobres y ministros del evangelio.

Stos. Protomártires romanos, m.l.
Marcial; Teobaldo; Bto. Basilio Velychovskyj

XIII del T.O.
1ª salt. / V
Am 7,10-17 / Sal 18 / Mt 9,1-8

Mateo 9,1-8

En aquel tiempo, subió Jesús a una barca, cruzó a la otra orilla y fue a su ciudad. En esto le presentaron un paralítico, acostado en una camilla. Viendo la fe que tenían, dijo al paralítico: «¡Ánimo, hijo!, tus pecados te son perdonados». Algunos de los escribas se dijeron: «Este blasfema». Jesús, sabiendo lo que pensaban, les dijo: «¿Por qué pensáis mal en vuestros corazones? ¿Qué es más fácil, decir: "Tus pecados te son perdonados", o decir: "Levántate y echa a andar"? Pues, para que veáis que el Hijo del hombre tiene potestad en la tierra para perdonar pecados –entonces dice al paralítico–: "Ponte en pie, coge tu camilla y vete a tu casa"». Se puso en pie y se fue a su casa. Al ver esto, la gente quedó sobrecogida y alababa a Dios, que da a los hombres tal potestad.

Detrás de cada voz está el aire de Dios

El amor de Dios a su pueblo está detrás de las palabras del profeta: «Ve y profetiza a mi pueblo» –dice «a mi pueblo», como quien dice «a mi hijo»–. De Dios hablan las estrofas de tu salmo, pues cuando dices «la ley del Señor», «el precepto del Señor», «los mandatos del Señor», «la norma del Señor», estás hablando de «la voluntad del Señor», estás hablando de «tu Dios» verdadero, justo, perfecto, dulce, descanso del alma. Y de Dios en persona se habla cuando se dice: «Dios estaba en Cristo reconciliando al mundo consigo». El Apóstol dijo «reconciliando», y tú entiendes: «perdonando pecados», sanando enfermos, levantando postrados, resucitando muertos. Y lo entiendes así porque eso es lo que tú misma, Iglesia reconciliada, vives con tu Dios. Hoy escuchas con fe, comulgas con amor, y sabes que se dice para ti: «Ponte en pie, coge tu camilla y vete a tu casa». También detrás de tu Eucaristía está el aire de Dios.

Enséñanos, Señor, a reconocer tu presencia en los pobres, a reconocer cumplido en la Eucaristía que celebramos el evangelio que escuchamos.

Ester; Oliverio Plunkett; Atilano Cruz; Justino Orona; Bto. Antonio Rosmini

XIII del T.O.
1ª salt. / V
Am 8,4-6.9-12 /
Sal 118 /
Mt 9,9-13

Mateo 9,9-13

En aquel tiempo, al pasar vio Jesús a un hombre llamado Mateo sentado al mostrador de los impuestos, y le dijo: «Sígueme». Él se levantó y lo siguió. Y estando en la casa, sentado a la mesa, muchos publicanos y pecadores, que habían acudido, se sentaban con Jesús y sus discípulos. Los fariseos, al verlo, preguntaron a los discípulos: «¿Cómo es que vuestro maestro come con publicanos y pecadores?». Jesús lo oyó y dijo: «No tienen necesidad de médico los sanos, sino los enfermos. Andad, aprended lo que significa "Misericordia quiero y no sacrificio": que no he venido a llamar a justos sino a pecadores».

Hambre

«Enviaré hambre, no de pan, sino de escuchar la palabra del Señor». Fíjate, Iglesia hambrienta y sedienta, fíjate en los verbos que nombran lo que hambreas: «Te busco de todo corazón; mi alma se consume deseando tus mandamientos; mira cómo ansío tus decretos; abro la boca y respiro, ansiando tus mandamientos». Tienes ansia de Dios, como del aire que respiras, como del agua que la cierva busca para no morir de sed. Escuchando las palabras del profeta, pudieras pensar que tu Dios te amenazaba con privarte del aire y del agua. Orando con el Salmista, te confesaste hambrienta y sedienta de Dios. Ahora es el Señor mismo quien te invita a respirar: «Venid a mí todos los que estáis cansados y agobiados, y yo os aliviaré». Ahora es la palabra la que te busca a ti, es Dios el que se te ofrece como un pan, es Dios el que se consume deseando tenerte con él; es Dios el que se sienta a tu mesa, sencillamente porque tú lo necesitas.

Ven, Señor, siéntate a nuestra mesa de enfermos sanados, de pecadores perdonados; hablaremos contigo de amor y de misión, y te daremos gracias por haber venido a nuestro lado.

Justo; Otón; Sinforosa; Bernardino Realino; Bta. Eugenia Joubert

XIII del T.O.
1ª salt. / V
Am 9,11-15 / Sal 84 / Mt 9,14-17

Mateo 9,14-17

En aquel tiempo, los discípulos de Juan se acercan a Jesús, preguntándole: «¿Por qué nosotros y los fariseos ayunamos a menudo y, en cambio, tus discípulos no ayunan?». Jesús les dijo: «¿Es que pueden guardar luto los amigos del esposo, mientras el esposo está con ellos? Llegarán días en que les arrebatarán al esposo, y entonces ayunarán. Nadie echa un remiendo de paño sin remojar a un manto pasado; porque la pieza tira del manto y deja un roto peor. Tampoco se echa vino nuevo en odres viejos; porque revientan los odres: se derrama el vino y los odres se estropean; el vino nuevo se echa en odres nuevos y así las dos cosas se conservan».

Abundancia

Cuando hablamos de la abundancia que viene de Dios, hablamos de la lluvia, de la tierra y de su fruto, hablamos de paz y de misericordia, de fidelidad y de justicia. Esa abundancia se puede describir con el lenguaje de la ensoñación poética: «El que ara sigue de cerca al segador, el que pisa las uvas, al sembrador; los montes manarán vino, y fluirán los collados». Como se puede también describirla evocando la imagen sencilla y sugerente del pastor y su rebaño: «Mis ovejas escuchan mi voz y yo las conozco y ellas me siguen»; ahí es el Pastor el nombre de la abundancia; con él, tú lo sabes, nada te falta. Pero hay todavía otro nombre para esa abundancia con la que el Señor te ha visitado, y es el de «banquete nupcial», al que has sido invitada como Iglesia de los amigos del novio. El día en que el novio te sea arrebatado, harás duelo porque te falta, y lo buscarás para cuidarlo.

Haz, Señor, que tu Iglesia, por la abundancia de misericordia, sea para los pobres un sacramento de tu amor, y que nuestras privaciones sean siempre anunciación de solidaridad con los necesitados.

3
domingo

Tomás apóstol;
Nª Sra. de Sonsoles;
León II; Eutiquiano;
Jacinto; Menelao

2ª salt. / V
Is 66,10-14c /
Sal 65 /
Gál 6,14-18 /
Lc 10,1-12.17-20
[breve: Lc 10,1-9]

JORNADA DE RESPONSABILIDAD DEL TRÁFICO

Isaías 66,10-14c

Festejad a Jerusalén, gozad con ella, todos los que la amáis; alegraos de su alegría, los que por ella llevasteis luto; mamaréis a sus pechos y os saciaréis de sus consuelos, y apuraréis las delicias de sus ubres abundantes. Porque así dice el Señor: «Yo haré derivar hacia ella, como un río, la paz, como un torrente en crecida, las riquezas de las naciones. Llevarán en brazos a sus criaturas y sobre las rodillas las acariciarán; como a un niño a quien su madre consuela, así os consolaré yo, y en Jerusalén seréis consolados. Al verlo, se alegrará vuestro corazón, y vuestros huesos florecerán como un prado, se manifestará a sus siervos la mano del Señor».

Salmo 65,1b-3a.4-5.6-7a.16 y 20

R. Aclamad al Señor, tierra entera.

Gálatas 6,14-18

Hermanos: Dios me libre de gloriarme si no es en la cruz de nuestro Señor Jesucristo, por la cual el mundo está crucificado para mí, y yo para el mundo. Pues lo que cuenta no es la circuncisión ni la incircuncisión, sino la nueva criatura. La paz y la misericordia de Dios vengan sobre todos los que se ajustan a esta norma; también sobre el Israel de Dios. En adelante, que nadie me moleste, pues yo llevo en mi cuerpo las marcas de Jesús. La gracia de nuestro Señor Jesucristo esté con vuestro espíritu, hermanos. Amén.

Lucas 10,1-12.17-20

En aquel tiempo, designó el Señor otros setenta y dos, y los mandó delante de él, de dos en dos, a todos los pueblos y lugares adonde pensaba ir él. Y les decía: «La mies es abundante y los obreros pocos; rogad, pues, al dueño de la mies que envíe obreros a su mies. ¡Poneos en camino! Mirad que os envío como corderos en medio de lobos. No llevéis bolsa, ni alforja, ni sandalias; y no saludéis a nadie por el camino. Cuando entréis en una casa, decid primero: "Paz a esta casa". Y si allí hay gente de paz, descansará sobre ellos vuestra paz; si no, volverá a vosotros. Quedaos en la misma casa, comiendo y bebiendo de lo que tengan: porque el obrero merece su salario. No andéis cambiando de casa en casa. Si entráis en una ciudad y os reciben, comed lo que os pongan, curad a los enfermos que haya en ella, y decidles: "El reino de Dios ha llegado a vosotros". [Pero si entráis en una ciudad y no os reciben, saliendo a sus plazas, decid: "Hasta el polvo de vuestra ciudad, que se nos ha pegado a los pies, nos lo sacudimos sobre vosotros. De todos modos, sabed que el reino de Dios ha llegado". Os digo que aquel día será más llevadero para Sodoma que para esa ciudad». Los setenta y dos volvieron con alegría diciendo: «Señor, hasta los demonios se nos someten en tu nombre». Él les dijo: «Estaba viendo a Satanás caer del cielo como un rayo. Mirad: os he dado el poder de pisotear serpientes y escorpiones y todo poder del enemigo, y nada os hará daño alguno. Sin embargo, no estéis alegres porque se os someten los espíritus; estad alegres porque vuestros nombres están inscritos en el cielo».]

Mensajeros de paz

«Dios me libre de gloriarme si no es en la cruz de nuestro Señor Jesucristo, por la cual, el mundo está crucificado para mí y yo para el mundo». Quise quedar abrazado a esa cruz, a ese Crucificado, porque solo él tiene palabras de vida, porque solo él es el camino que lleva a la vida. Quise quedarme con él... y ¡él me envió!, a los pueblos y lugares adonde quería ir: «Mirad que os envío –dijo– como corderos en medio de lobos». El Príncipe de la paz nos envía con su paz, para llevarla a la gente de paz. Y nos pusimos en camino con el mandato –la autoridad– de curar a los enfermos, y de anunciar que ha llegado para todos el Reino de Dios. Adonde llega Cristo, llega la paz, y tú, Iglesia cuerpo de Cristo, eres el mensajero que va adonde Cristo quiere llegar; contigo va la paz que Dios ofrece a todos los pobres, pues todos caben en su corazón.

4

lunes

Sta. Isabel de Portugal, m.l.

Laureano; Valentín de Berriochoa; Ageo; Oseas; Udalrico; Bto. Pier Giorgio Frassati

XIV del T.O.
2ª salt. / V
Os 2,16.17b-18. 21-22 / Sal 144 / Mt 9,18-26

Mateo 9,18-26

En aquel tiempo, mientras Jesús hablaba, se acercó un jefe de los judíos que se arrodilló ante él y le dijo: «Mi hija acaba de morir. Pero ven tú, impón tu mano sobre ella y vivirá». Jesús se levantó y lo siguió con sus discípulos. Entre tanto, una mujer que sufría flujos de sangre desde hacía doce años, se le acercó por detrás y le tocó la orla del manto, pensando que con solo tocarle el manto se curaría. Jesús se volvió y al verla le dijo: «¡Ánimo, hija! Tu fe te ha salvado». Y en aquel momento quedó curada la mujer. Jesús llegó a casa de aquel jefe y, al ver a los flautistas y el alboroto de la gente, dijo: «¡Retiraos! La niña no está muerta, está dormida». Se reían de él. Cuando echaron a la gente, entró él, cogió a la niña de la mano y ella se levantó. La noticia se divulgó por toda aquella comarca.

«Yo la cortejaré»

Has escuchado las palabras de la profecía: «Yo la cortejaré, me la llevaré al desierto, le hablaré al corazón». Te sugiero una comprensión atrevida de ese propósito divino, y es que lo veas realizándose en el evangelio que hoy se proclama: Dios, en Cristo Jesús, corteja a su pueblo sanando sus heridas abiertas; Dios le habla al corazón tomándolo de la mano y resucitándolo. El que dijo: «Me la llevaré al desierto», por amor se ha dejado atraer al desierto impuro de nuestros flujos de sangre, de nuestros hijos muertos. Déjalo que se llegue a ti, su Iglesia amada, déjalo que te tome de la mano, que se case contigo en derecho y justicia, en misericordia, en compasión, en fidelidad. Acércate a él por la fe, toca el borde de su manto, comulga con él, sumérgete en la inmensa bondad de tu Dios, bendícelo y alaba su nombre por siempre jamás, porque en Cristo Jesús, por medio del evangelio, destruyó la muerte y sacó a la luz la vida.

Ayúdanos, Señor, a comprender que, cuando vienes a nosotros en tu palabra, en tu Eucaristía, en los hermanos, en los pobres, nos visitas con tu misericordia y nos ofreces tu salvación.

S. Antonio María Zaccaría, m.I.
Guillermo de Hirsau; Filomena; Numeriano

XIV del T.O.
2ª salt. / V
Os 8,4-7.11.13 / Sal 113B / Mt 9,32-38

Mateo 9,32-38

En aquel tiempo, le llevaron a Jesús un endemoniado mudo. Y después de echar al demonio, el mudo habló. La gente decía admirada: «Nunca se ha visto en Israel cosa igual». En cambio, los fariseos decían: «Este echa los demonios con el poder del jefe de los demonios». Jesús recorría todas las ciudades y aldeas, enseñando en sus sinagogas, proclamando el evangelio del reino y curando toda enfermedad y toda dolencia. Al ver a las muchedumbres, se compadecía de ellas, porque estaban extenuadas y abandonadas, «como ovejas que no tienen pastor». Entonces dice a sus discípulos: «La mies es abundante, pero los trabajadores son pocos; rogad, pues, al Señor de la mies que mande trabajadores a su mies».

Una mies de pobres

Lo has oído tantas veces que la frase te resulta familiar: «La mies es abundante, pero los trabajadores son pocos». La has oído y la has situado normalmente en contextos de discernimiento vocacional, como si se tratase de llamar a alguien en concreto a un particular ministerio. Y probablemente nunca te has parado a pensar de qué mies habla Jesús y cuál va a ser la tarea de los trabajadores. Jesús habla de «las gentes», esas que tú mismo puedes encontrar si, como Jesús, recorres ciudades y aldeas. La vida de Jesús se cruzó con «gentes extenuadas y abandonadas, como ovejas que no tienen pastor». Para esa mies, para esas «gentes», pide Jesús trabajadores, hombres y mujeres que anuncien el evangelio del Reino, curen todas las enfermedades, curen todas las dolencias; hombres y mujeres que sientan la preocupación de Dios por su mies, la compasión de Jesús por los pobres.

Cristo Jesús, siendo rico, se hizo pobre, para enriquecernos con su pobreza. Que el Espíritu de Jesús nos haga de Dios y de los pobres.

6

miércoles

Sta. María Goretti, m.l.
Isaías; Nazaria Ignacia March

XIV del T.O.
2ª salt. / V
Os 10,1-3.7-8.12 /
Sal 104 /
Mt 10,1-7

Mateo 10,1-7

En aquel tiempo, Jesús llamó a sus doce discípulos y les dio autoridad para expulsar espíritus inmundos y curar toda enfermedad y toda dolencia. Estos son los nombres de los doce apóstoles: el primero, Simón, llamado Pedro, y Andrés, su hermano; Santiago, el de Zebedeo, y Juan, su hermano; Felipe y Bartolomé, Tomás y Mateo el publicano; Santiago el de Alfeo, y Tadeo; Simón el de Caná, y Judas Iscariote, el que lo entregó. A estos doce los envió Jesús con estas instrucciones: «No vayáis a tierra de paganos ni entréis en las ciudades de Samaría, sino id a las ovejas descarriadas de Israel. Id y proclamad que ha llegado el reino de los cielos».

Como Jesús

Se habla de la misión de los doce discípulos; se habla de tu misión, Iglesia cuerpo de Cristo. Jesús te envía como él fue enviado por el Padre: Te comunica autoridad de la que él ha recibido. Como Jesús, la recibes para expulsar espíritus inmundos, para curar toda enfermedad y dolencia. Como Jesús, vas y proclamas que el reino de los cielos está cerca: Contigo, en tus palabras, en la vida de tus hijos, el reino de Dios sale al encuentro de los pobres. El Señor ha venido y ha llovido sobre la tierra su justicia. Y tú, como Jesús, desciendes a los caminos de los últimos, te acercas a los desechados de la tierra, te encuentran cercana y premurosa los olvidados, y todos, los últimos, los desechados, los olvidados, todos experimentan que Dios ha bajado contigo a la soledad en la que parecían abandonados. Hoy escuchas y eres enviada. Hoy comulgas, y tú en Cristo, Cristo en ti, salís con el evangelio al encuentro de los pobres.

Ilumínanos, Señor, para que, con nuestras palabras y nuestra vida, anunciemos tu evangelio, proclamemos tus maravillas, y se alegren con tu salvación todos los que te buscan.

Fermín; Benedicto XI; Bta. María Romero Meneses; Bto. Pedro To Rot

XIV del T.O.
2ª salt. / V
Os 11,1-4. 8c-9 /
Sal 79 /
Mt 10,7-15

Mateo 10,7-15

En aquel tiempo, dijo Jesús a sus apóstoles: «Id y proclamad que ha llegado el reino de los cielos. Curad enfermos, resucitad muertos, limpiad leprosos, arrojad demonios. Gratis habéis recibido, dad gratis. No os procuréis en la faja oro, plata ni cobre; ni tampoco alforja para el camino, ni dos túnicas, ni sandalias, ni bastón; bien merece el obrero su sustento. Cuando entréis en una ciudad o aldea, averiguad quién hay allí de confianza y quedaos en su casa hasta que os vayáis. Al entrar en una casa, saludadla con la paz; si la casa se lo merece, vuestra paz vendrá a ella. Si no se lo merece, la paz volverá a vosotros. Si alguno no os recibe o no escucha vuestras palabras, al salir de su casa o de la ciudad, sacudid el polvo de los pies. En verdad os digo que el día del juicio les será más llevadero a Sodoma y Gomorra, que a aquella ciudad».

Siempre como Jesús

Lo que Jesús ha hecho, es lo que nos pide que hagamos: «Id y proclamad que el reino de los cielos está cerca». A donde él va, a donde tú vayas, va el reino de Dios. Si te quedas lejos de los pobres, se quedará lejos de ellos el reino de los cielos. Evangelizar es hacer presente el reino de Dios «curando enfermos, resucitando muertos, limpiando leprosos, echando demonios». Ese evangelio está en tus manos, tanto que si tú no vas a los pobres, el reino de los cielos no se les acerca, no llega a sus vidas: casi se diría que nosotros somos el evangelio aunque solo seamos unos evangelizados, a los que se ha confiado al mismo tiempo la misión de evangelizar, de «dar gratis lo que gratis hemos recibido». No podrás curar si no has sido curado; no podrás resucitar a otro si tú no has resucitado; no sabrás qué es el evangelio si no has sido evangelizado. Recibe el reino de Dios y llévalo contigo a los pobres.

Padre nuestro del cielo, santificado sea tu nombre, venga a nosotros tu reino, para que, haciendo tu voluntad, lo acerquemos a la vida de los pobres.

Adrián III;
Eugenio III;
Amando

XIV del T.O.
2ª salt. / V
Os 14,2-10 /
Sal 50 /
Mt 10,16-23

Mateo 10,16-23

En aquel tiempo, dijo Jesús a sus apóstoles: «Mirad que yo os envío como ovejas entre lobos; por eso, sed sagaces como serpientes y sencillos como palomas. Pero ¡cuidado con la gente!, porque os entregarán a los tribunales, os azotarán en las sinagogas y os harán comparecer ante gobernadores y reyes por mi causa, para dar testimonio ante ellos y ante los gentiles. Cuando os entreguen, no os preocupéis de lo que vais a decir o de cómo lo diréis: en aquel momento se os sugerirá lo que tenéis que decir, porque no seréis vosotros los que habléis, sino que el Espíritu de vuestro Padre hablará por vosotros. El hermano entregará al hermano a la muerte, el padre al hijo; se rebelarán los hijos contra sus padres y los matarán. Y seréis odiados por todos a causa de mi nombre; pero el que persevere hasta el final, se salvará. Cuando os persigan en una ciudad, huid a otra. En verdad os digo que no terminaréis con las ciudades de Israel antes de que vuelva el Hijo del hombre».

Imperativos de misión

Los discípulos de Jesús, por serlo, estaremos siempre en situación de vulnerabilidad, expuestos al peligro, «como ovejas entre lobos». A todos habremos de anunciar el evangelio, pero Jesús nos previene, para que no nos escandalice el fracaso, el rechazo, el odio. Y nos deja tres imperativos de misión: «Sed sagaces y sencillos», con astucia de serpiente y sencillez de paloma. «Sed precavidos con la gente», pues os entregarán a los tribunales como una amenaza para la sociedad; «así daréis testimonio» de la fe que profesáis. Y, cuando os arresten, «no os preocupéis de lo que vais a decir o de cómo lo diréis»; en esa hora nos hará fuertes la memoria de las palabras de Jesús y la presencia del Espíritu de Dios «que hablará por nosotros». En comunión con Cristo, somos su cuerpo, participamos en su misión, y nos unge su Espíritu para dar testimonio de nuestra fe.

Que tu Espíritu, Señor, nos revele la gracia del evangelio y nos guíe por los caminos de la misión para anunciarlo a los pobres.

Stos. Agustín Zhao Rong y comp., m.l.
Juliana; Verónica Giuliani; Paulina

XIV del T.O.
2ª salt. / V
Is 6,1-8 /
Sal 92 /
Mt 10,24-33

Mateo 10,24-33

En aquel tiempo, dijo Jesús a sus apóstoles: «Un discípulo no es más que su maestro, ni un esclavo más que su amo; ya le basta al discípulo con ser como su maestro y al esclavo como su amo. Si al dueño de casa lo han llamado Belzebú, ¡cuánto más a los criados! No les tengáis miedo, porque nada hay encubierto, que no llegue a descubrirse; ni nada hay escondido, que no llegue a saberse. Lo que os digo en la oscuridad, decidlo a la luz, y lo que os digo al oído, pregonadlo desde la azotea. No tengáis miedo a los que matan el cuerpo, pero no pueden matar el alma. No; temed al que puede llevar a la perdición alma y cuerpo en la "gehenna". ¿No se venden un par de gorriones por un céntimo? Y, sin embargo, ni uno solo cae al suelo sin que lo disponga vuestro Padre. Pues vosotros hasta los cabellos de la cabeza tenéis contados. Por eso, no tengáis miedo: valéis más vosotros que muchos gorriones. A quien se declare por mí ante los hombres, yo también me declararé por él ante mi Padre que está en los cielos. Y si uno me niega ante los hombres, yo también lo negaré ante mi Padre que está en los cielos».

«No tengáis miedo»

Es obvio que el Señor, a sus discípulos, no les prometió la luna, no los sedujo con palabrería engañosa, no les ocultó el lado oscuro de la misión que les confiaba: «Si al dueño de la casa lo han llamado Belcebú, ¡cuánto más a los criados!». Si a Jesús lo crucificaron, nada de extraño que intenten también crucificar a los suyos. Muchos abandonaron a Jesús por lo que decía, otros por lo que exigía, y otros por lo que presagiaba. Pero quedaron los atrevidos, los que pese a todo, le han dicho: «Aquí estoy, mándame». A esos locos, Jesús les deja en herencia la certeza de una dicha que solo ellos podrán experimentar: «Dichosos vosotros, porque el Espíritu de Dios reposa sobre vosotros»; y, con palabras de fe, los inmuniza contra el miedo: Habéis visto que Dios cuida incluso de los gorriones, y sabéis que «no hay comparación entre vosotros y los gorriones»: «No tengáis miedo».

10
domingo

Nª Sra. de Atocha; Cristóbal; Carmelo Bolta y Francisco Pinazo; Bto. Ascanio Nicanor

3ª salt. / V
Dt 30,10-14 / Sal 68 (o bien: Sal 18) / Col 1,15-20 / Lc 10,25-37

Deuteronomio 30,10-14

Moisés habló al pueblo, diciendo: «Escucha la voz del Señor, tu Dios, observando sus preceptos y mandatos, lo que está escrito en el libro de esta ley, y vuelve al Señor, tu Dios, con todo tu corazón y con toda tu alma. Porque este precepto que yo te mando hoy no excede tus fuerzas, ni es inalcanzable. No está en el cielo, para poder decir: "¿Quién de nosotros subirá al cielo y nos lo traerá y nos lo proclamará, para que lo cumplamos?". Ni está más allá del mar, para poder decir: "¿Quién de nosotros cruzará el mar y nos lo traerá y nos lo proclamará, para que lo cumplamos?". El mandamiento está muy cerca de ti: en tu corazón y en tu boca, para que lo cumplas».

Salmo 68,14 y 17.30-31.33-34.36ab y 37

R. Humildes, buscad al Señor, y revivirá vuestro corazón.

Colosenses 1,15-20

Cristo Jesús es imagen del Dios invisible, primogénito de toda criatura; porque en él fueron creadas todas las cosas: celestes y terrestres, visibles e invisibles. Tronos y Dominaciones, Principados y Potestades; todo fue creado por él y para él. Él es anterior a todo y todo se mantiene en él. Él es también la cabeza del cuerpo: de la Iglesia. Él es el principio, el primogénito de entre los muertos, y así es el primero en todo. Porque en él quiso Dios que residiera toda la plenitud. Y por él y para él quiso reconciliar todas las cosas, las del cielo y las de la tierra, haciendo la paz por la sangre de su cruz.

Lucas 10,25-37

En aquel tiempo, se levantó un maestro de la ley y preguntó a Jesús para ponerlo a prueba: «Maestro, ¿qué tengo que hacer para heredar la vida eterna?». Él le dijo: «¿Qué está escrito en la ley? ¿Qué lees en ella?». Él respondió: «"Amarás al Señor, tu Dios, con todo tu corazón y con toda tu alma y con toda tu fuerza" y con toda tu mente. Y "a tu prójimo como a ti mismo"». Él le dijo: «Has respondido correctamente. Haz esto y tendrás la vida». Pero el maestro de la ley, queriendo justificarse, dijo a Jesús: «¿Y quién es mi prójimo?». Respondió Jesús diciendo: «Un hombre bajaba de Jerusalén a Jericó, cayó en manos de unos bandidos, que lo desnudaron, lo molieron a palos y se marcharon, dejándolo medio muerto. Por casualidad, un sacerdote bajaba por aquel camino y, al verlo, dio un rodeo y pasó de largo. Y lo mismo hizo un levita que llegó a aquel sitio: al verlo dio un rodeo y pasó de largo. Pero un samaritano que iba de viaje llegó adonde estaba él y, al verlo, se compadeció, y acercándose, le vendó las heridas, echándoles aceite y vino, y, montándolo en su propia cabalgadura, lo llevó a una posada y lo cuidó. Al día siguiente, sacando dos denarios, se los dio al posadero y le dijo: "Cuida de él, y lo que gastes de más yo te lo pagaré cuando vuelva". ¿Cuál de estos tres te parece que ha sido prójimo del que cayó en manos de los bandidos?». Él dijo: «El que practicó la misericordia con él». Jesús le dijo: «Anda y haz tú lo mismo».

Y la Palabra se hizo tu prójimo

«El mandamiento está muy cerca de ti: en tu corazón y en tu boca, para que lo cumplas». Ese mandamiento que se te hizo cercano, es para ti un sacramento de la cercanía de Dios a tu vida. En el mandamiento, Dios se hizo tu prójimo para que pudieses escuchar su voz, buscar humildemente a tu Señor, convertirte a él con todo el corazón y con toda el alma. El Señor, tu Dios, que en el mandamiento se había hecho tu huésped, en su Palabra encarnada se hizo tu prójimo, samaritano compasivo de tu necesidad: se llegó adonde estabas tú y, al verte, se compadeció de ti, se te acercó, te vendó las heridas, te cuidó y, cuando hubo de continuar su camino, no lo hizo sin dejar a otro el encargo de cuidarte en todo lo que necesitases. Y el que practicó misericordia contigo por el misterio de la encarnación, se hace hoy tu prójimo en el misterio de la Eucaristía: Dios más cercano.

S. Benito, f.
Pío I; Abundio; Olga; Sabino; Jenaro

Oficio de la f. / B *Vol.IV*
Prov 2,1-9 /
Sal 33 /
Mt 19,27-29

Mateo 19,27-29

En aquel tiempo, dijo Pedro a Jesús: «Ya ves, nosotros lo hemos dejado todo y te hemos seguido; ¿qué nos va a tocar?». Jesús les dijo: «En verdad os digo: cuando llegue la renovación y el Hijo del hombre se siente en el trono de su gloria, también vosotros, los que me habéis seguido, os sentaréis en doce tronos para juzgar a las doce tribus de Israel. Todo el que por mí deja casa, hermanos o hermanas, padre o madre, hijos o tierras, recibirá cien veces más y heredará la vida eterna».

Dichosa tú y bendecida

La liturgia de la palabra traza hoy el perfil espiritual del abad san Benito: él es el hombre que «ha puesto en el Señor su confianza»; él es el hijo que «presta atención a la prudencia y la busca como un tesoro»; él es el creyente que bendice al Señor en todo momento, que se acoge a él confiadamente, que lleva siempre en los labios su alabanza. Él es el hombre dichoso y bendecido, que todo lo ha dejado por seguir a Jesús, por escuchar a Jesús, por ser de Jesús: dichoso y bendecido, porque, imitando a Jesús, se ha confiado al amor del Padre que cuida de las aves del cielo y viste los lirios del campo; dichoso y bendecido, porque pobre de corazón recibe en herencia el reino de los cielos. Dichosa tú y bendecida, comunidad eclesial, que hoy dejas sobre el altar la pobreza de tu vida, la humildad de tu servicio, tu pequeñez de creyente, y recibes en herencia al que es la dicha de los santos, la gloria del cielo.

Concédenos, Señor, que prefiriendo tu amor a todas las cosas, sigamos de cerca los pasos de Jesús, para ser como Jesús bendecidos y dichosos.

Luis Martin y
Mª Celia Guérin;
Juan Gualberto; José
Fernández de Ventosa;
Teodoro y Juan

XV del T.O.
3ª salt. / V
Is 7,1-9 /
Sal 47 /
Mt 11,20-24

Mateo 11,20-24

En aquel tiempo, se puso Jesús a recriminar a las ciudades donde había hecho la mayor parte de sus milagros, porque no se habían convertido: «¡Ay de ti, Corozaín, ay de ti, Betsaida! Si en Tiro y en Sidón se hubieran hecho los milagros que en vosotras, hace tiempo que se habrían convertido, cubiertas de sayal y ceniza. Pues os digo que el día del juicio les será más llevadero a Tiro y a Sidón que a vosotras. Y tú, Cafarnaún, ¿piensas escalar el cielo? Bajarás al abismo. Porque si en Sodoma se hubieran hecho los milagros que en ti, habría durado hasta hoy. Pues os digo que el día del juicio le será más llevadero a Sodoma que a ti».

Tu futuro es Cristo resucitado

En la Jerusalén bíblica, ciudad de Dios, altura hermosa, alegría de toda la tierra, se puede ver una figura de la Iglesia, ciudad que Dios ha fundado para siempre. Lo que se dice de una y de otra lo decimos desde Dios, de quien confesamos que las ha querido, que las ha fundado, que las ha levantado, que ha previsto para ellas un futuro de eternidad. Pero ese edificio, del que Dios es el arquitecto, se levanta todo él sobre la fe, subsiste si subsiste la fe. Nos lo recuerda el profeta: «Si no creéis, no subsistiréis». Las ciudades de Corozaín, Betsaida y Cafarnaún, en las que Jesús realizó los signos que invitaban a la conversión del corazón al reino de Dios, han renunciado al fundamento: han ignorado la palabra que revela el designio de Dios y se han quedado sin la fe, se han quedado sin futuro. «Ojalá escuchéis hoy la voz del Señor». Escucha, cree, comulga: Tu futuro es Cristo resucitado.

Concédenos, Señor, confiar siempre en ti, que eres la Roca perpetua, para que nuestro ánimo esté firme en ti, y mantengamos tu paz en nuestro corazón.

S. Enrique, m.l.
Clelia Barbieri;
Joel; Silas;
Mildred; Sara;
Bto. Mariano de Jesús

XV del T.O.
3ª salt. / V
Is 10,5-7.13-16 /
Sal 93 /
Mt 11,25-27

Mateo 11,25-27

En aquel tiempo, tomó la palabra Jesús y dijo: «Te doy gracias, Padre, Señor del cielo y de la tierra, porque has escondido estas cosas a los sabios y entendidos, y se las has revelado a los pequeños. Sí, Padre, así te ha parecido bien. Todo me ha sido entregado por mi Padre, y nadie conoce al Hijo más que el Padre, y nadie conoce al Padre sino el Hijo y aquel a quien el Hijo se lo quiera revelar».

Adelgazar

A Dios le irrita que, olvidada su gracia, consideremos ganado lo que él nos ha regalado; le irrita que nos apropiemos de lo que nos da. Obesos de soberbia decimos: «Con la fuerza de mi mano lo he hecho, cambié las fronteras de las naciones, saqueé sus tesoros, cogí como un nido las riquezas de los pueblos». Y Dios se dispone a adelgazarnos por si aún quisiéramos entender: «El Señor de los ejércitos meterá enfermedad en nuestra gordura, y debajo del hígado nos encenderá una fiebre como incendio de fuego». Y no lo hará tanto por su gloria negada, cuanto por su pueblo, al que humillamos como si el Señor lo hubiese rechazado, como si Dios hubiese abandonado su heredad. Jesús, que conoce de cerca al Padre, al Señor del cielo y de la tierra, lo bendice, porque «ha revelado los secretos del reino a la gente sencilla», a los adelgazados que nunca cambiarán fronteras, que solo escuchan, suplican, comulgan, esperan y aman.

Danos, Señor, el Espíritu del amor, el Espíritu de tu Hijo, que nos enseñe a ser como Jesús mansos y humildes de corazón.

S. Camilo de Lelis, m.l.
Francisco Solano; Adela

XV del T.O.
3ª salt. / V
Is 26,7-9.12.16-19 / Sal 101 / Mt 11,28-30

Mateo 11,28-30

En aquel tiempo, tomó la palabra Jesús y dijo: «Venid a mí todos los que estáis cansados y agobiados, y yo os aliviaré. Tomad mi yugo sobre vosotros y aprended de mí, que soy manso y humilde de corazón, y encontraréis descanso para vuestras almas. Porque mi yugo es llevadero y mi carga ligera».

Uncidos con Jesús

En mi tierra, en tiempos pasados, era familiar la imagen de la yunta de bueyes o de vacas que, uncidos por el yugo, arrastraban el pesado carro gallego, como lo era, en los días de mayo, la yunta tirando del arado que levantaba la tierra para la siembra del maíz. Jesús conoció de cerca una humanidad uncida sin esperanza al yugo opresivo de la pobreza, de la exclusión, de la esclavitud, «muchedumbres extenuadas y abandonadas, como ovejas que no tienen pastor». Para esa humanidad era y es el imperativo evangélico: «Venid a mí todos los que estáis cansados y agobiados, y yo os aliviaré». Algo me dice que Jesús te propone que te acerques a él, que te dejes uncir a su yugo, y que él va a tirar del carro contigo, que él va a remover contigo la tierra de tu siembra. Solo te pide que aprendas de él, que es manso y humilde de corazón. Escúchalo, aprende, comulga con él, y él llevará contigo el peso de tu vida.

Bendice, alma mía, al Señor, y todo mi ser a su santo nombre, porque es compasivo y misericordioso, y nos colma de gracia y de ternura.

S. Buenaventura, m.o.
José de Tesalónica; Angelina de Montegiove; Deusdedit; Vladimiro

XV del T.O.
3ª salt. / B
Is 38,1-6.21-22. 7-8 / Sal Is 38,10-16 / Mt 12,1-8

Mateo 12,1-8

En aquel tiempo, atravesó Jesús en sábado un sembrado; los discípulos, que tenían hambre, empezaron a arrancar espigas y a comérselas. Los fariseos, al verlo, le dijeron: «Mira, tus discípulos están haciendo una cosa que no está permitida en sábado». Les replicó: «¿No habéis leído lo que hizo David, cuando él y sus hombres sintieron hambre? Entró en la casa de Dios y comieron de los panes de la proposición, cosa que no les estaba permitida ni a él ni a sus compañeros, sino solo a los sacerdotes. ¿Y no habéis leído en la ley que los sacerdotes pueden violar el sábado en el templo sin incurrir en culpa? Pues os digo que aquí hay uno que es más que el templo. Si comprendierais lo que significa "quiero misericordia y no sacrificio", no condenaríais a los inocentes. Porque el Hijo del hombre es señor del sábado».

Es el Señor

Lo es de la ley y lo es del sábado, como lo es de la vida y de la muerte: «El Hijo del hombre es Señor del sábado». Porque es el Señor, escucha la oración, ve las lágrimas, añade años a los días de la vida. Porque es el Señor, quiere misericordia y no sacrificio. Porque es nuestro Señor, se ocupa de nosotros, es nuestra libertad, y pone nuestro bien por encima de la ley y del sábado. Aquel rey al que fue concedida una curación inesperada proclamó en su oración al Señor: «Detuviste mi alma ante la tumba vacía». Aquel rey era figura de Cristo resucitado; y las palabras de su oración se llenan de sentido y de verdad si es Cristo resucitado quien las pronuncia: «Detuviste mi alma ante la tumba vacía». Y en Cristo, tú que eres su cuerpo, ya participas de su vida divina. El que dijo: «Quiero misericordia y no sacrificio», es el Señor, que te alimenta con espigas del cielo, con la vida de su Hijo.

Servir a Dios es reinar. Seguir a Jesús es vivir.

Virgen María del Monte Carmelo, m.o.
Mª Magdalena Postel;
Bta. Guadalupe Ortiz de Landázuri

XV del T.O.
3ª salt. / B
Miq 2,1-5 / Sal 9 / Mt 12,14-21

Mateo 12,14-21

En aquel tiempo, al salir de la sinagoga, los fariseos planearon el modo de acabar con Jesús. Pero Jesús se enteró, se marchó de allí y muchos lo siguieron. Él los curó a todos, mandándoles que no lo descubrieran. Así se cumplió lo dicho por medio del profeta Isaías: «Mirad a mi siervo, mi elegido, mi amado, en quien me complazco. Sobre él pondré mi espíritu para que anuncie el derecho a las naciones. No porfiará, no gritará, nadie escuchará su voz por las calles. La caña cascada no la quebrará, la mecha vacilante no la apagará, hasta llevar el derecho a la victoria; en su nombre esperarán las naciones».

En las manos de Dios

«¡Ay de los que meditan maldades; al amanecer las cumplen, porque tienen el poder!». Es obvio que son muchos los que se acuerdan de los humildes para robarlos: «Codician los campos y los roban», codician las casas, «y se apoderan de ellas». Y pareciera también que Dios olvida a los desposeídos: «¿Por qué te quedas lejos, Señor? La soberbia del impío oprime al infeliz». Así lo vio el profeta. Así lo había visto el Salmista. Y así lo has visto tú, Iglesia de pobres que Dios ama. Pero todos sabéis de Dios y de su mirada y de su voluntad: «Pero tú ves las penas y los trabajos, tú miras y los tomas en tus manos». Fíjate en Jesús: Es el siervo de Dios, su elegido, su amado, su predilecto; él es cumplimiento de la palabra de Dios a los pobres, médico de Dios para los enfermos; él se hizo portador de nuestra debilidad para hacernos portadores de su Espíritu. En Cristo, Dios nos toma en sus manos y nos reconcilia consigo.

Que tu Espíritu, Señor, venga sobre nosotros y nos enseñe la humildad paciente de tu Hijo amado: Haz de cada uno de nosotros una imagen viva de Cristo Jesús.

Alejo; Gregorio Escribano; León IV; Marcelina; Justa y Rufina; Colomán

4ª salt. / V
Gén 18,1-10a /
Sal 14 /
Col 1,24-28 /
Lc 10,38-42

Génesis 18,1-10a

En aquellos días, el Señor se apareció a Abrahán junto a la encina de Mambré, mientras él estaba sentado a la puerta de la tienda, en lo más caluroso del día. Alzó la vista y vio tres hombres frente a él. Al verlos, corrió a su encuentro desde la puerta de la tienda, se postró en tierra y dijo: «Señor mío, si he alcanzado tu favor, no pases de largo junto a tu siervo. Haré que traigan agua para que os lavéis los pies y descanséis junto al árbol. Mientras, traeré un bocado de pan para que recobréis fuerzas antes de seguir, ya que habéis pasado junto a la casa de vuestro siervo». Contestaron: «Bien, haz lo que dices». Abrahán entró corriendo en la tienda donde estaba Sara y le dijo: «Aprisa, prepara tres cuartillos de flor de harina, amásalos y haz unas tortas». Abrahán corrió enseguida a la vacada, escogió un ternero hermoso y se lo dio a un criado para que lo guisase de inmediato. Tomó también cuajada, leche y el ternero guisado y se lo sirvió. Mientras él estaba bajo el árbol, ellos comían. Después le dijeron: «¿Dónde está Sara, tu mujer?». Contestó: «Aquí, en la tienda». Y uno añadió: «Cuando yo vuelva a verte, dentro del tiempo de costumbre, Sara habrá tenido un hijo».

Salmo 14,2-3a.3bc-4ab.5

R. Señor, ¿quién puede hospedarse en tu tienda?

Colosenses 1,24-28

Hermanos: Ahora me alegro de mis sufrimientos por vosotros: así completo en mi carne lo que falta a los padecimientos de Cristo, en favor de su cuerpo que es la Iglesia, de la cual Dios me ha nombrado servidor, conforme al encargo que me ha sido encomendado en orden a vosotros: llevar a plenitud la palabra de Dios, el misterio escondido desde siglos y generaciones y revelado ahora a sus santos, a quienes Dios ha querido dar a conocer cuál es la riqueza de la gloria de este misterio entre los gentiles, que es Cristo en vosotros, la esperanza de la gloria. Nosotros anunciamos a ese Cristo; amonestamos a todos, enseñamos a todos, con todos los recursos de la sabiduría, para presentarlos a todos perfectos en Cristo.

Lucas 10,38-42

En aquel tiempo, entró Jesús en una aldea, y una mujer llamada Marta lo recibió en su casa. Esta tenía una hermana llamada María, que, sentada junto a los pies del Señor, escuchaba su palabra. Marta, en cambio, andaba muy afanada con los muchos servicios; hasta que, acercándose, dijo: «Señor, ¿no te importa que mi hermana me haya dejado sola para servir? Dile que me eche una mano». Respondiendo, le dijo el Señor: «Marta, Marta, andas inquieta y preocupada con muchas cosas; solo una es necesaria. María, pues, ha escogido la parte mejor, y no le será quitada».

A Dios se va por el hombre

Este es el misterio que te dispones a vivir: Tú recibes al Señor en tu intimidad, y esperas que el Señor te reciba en la suya. El amor es la llave de la hospitalidad. Por el amor, al hombre a quien has visto, al Señor a quien recibes, ofreces con humildad la sombra de tu tienda y el pan de tu mesa. Y si preguntas: «Señor, ¿quién puede hospedarse en tu tienda?», si buscas el camino que lleva a la casa de Dios, porque deseas vivir siempre en unión con él, una voz interior te responde: «El que procede honradamente y practica la justicia». Tú buscas el camino que da acceso a la casa de Dios, y la voz interior te recuerda tus deberes con el prójimo. Te lo dice el Espíritu que alienta en las palabras del salmo: A Dios se va por el hombre. No podrías recibir a Dios en tu casa si no recibieses con él a los pobres que él ama; y no entrarás en la casa de Dios si no llevas contigo a los pobres que tú amas.

Por amor nos has creado, Señor, por amor nos has redimido, y del amor con que amemos a tus hijos, has hecho la llave de nuestra eternidad contigo.

Bruno; Leoncio; Nemesio; Federico de Utrecht; Bto. Tiburcio Arnaiz; Bartolomé de los Mártires

XVI del T.O.
4ª salt. / V
Miq 6,1-4.6-8 /
Sal 49 /
Mt 12,38-42

Mateo 12,38-42

En aquel tiempo, algunos escribas y fariseos dijeron a Jesús: «Maestro, queremos ver un milagro tuyo». Él les contestó: «Esta generación perversa y adúltera exige una señal; pues no se le dará más signo que el del profeta Jonás. Tres días y tres noches estuvo Jonás en el vientre del cetáceo: pues tres días y tres noches estará el Hijo del hombre en el seno de la tierra. Los hombres de Nínive se alzarán en el juicio contra esta generación y harán que la condenen; porque ellos se convirtieron con la proclamación de Jonás, y aquí hay uno que es más que Jonás. Cuando juzguen a esta generación, la reina del Sur se levantará y hará que la condenen, porque ella vino desde los confines de la tierra, para escuchar la sabiduría de Salomón, y aquí hay uno que es más que Salomón».

Lo que Dios desea de ti

No digas que no sabes qué es el bien, pues te lo han explicado claramente: «Que respetes el derecho, que ames la misericordia, y que andes humilde con tu Dios». No pienses en comprar a Dios, pues no se deja sobornar. No le ofendas haciendo de su casa un lugar de mercado. No te hagas despreciable queriendo comprar el amor. Hónralo con agradecimiento. Sigue a Jesús, y verás la salvación. Escucha la voz del Señor, acoge a Cristo Jesús en tu vida, y entrarás en el descanso de Dios. Y no pidas más signo que esa palabra que viene del cielo, no pidas más evidencia que ese amor manifestado en el don del Hijo único de Dios, no te hagas reo de haber despreciado al Dios altísimo menospreciando su palabra y a su Hijo. Escucha su lamento: «Pueblo mío, ¿qué te hice o en qué te ofendí?». Escucha, comulga el amor de Dios que se te ofrece, y sean los días de tu vida un sacrificio de alabanza sobre el altar de tu Dios.

«Venid, aclamemos al Señor, demos vítores a la roca que nos salva, entremos a su presencia dándole gracias, aclamándolo con cantos» (Salmo 94).

Áurea; Arsenio el Grande; Símaco

XVI del T.O.
4ª salt. / V
Miq 7,14-15. 18-20 /
Sal 84 /
Mt 12,46-50

Mateo 12,46-50

En aquel tiempo, estaba Jesús hablando a la gente, cuando su madre y sus hermanos se presentaron fuera, tratando de hablar con él. Uno se lo avisó: «Tu madre y tus hermanos están fuera y quieren hablar contigo». Pero él contestó al que le avisaba: «¿Quién es mi madre y quiénes son mis hermanos?». Y, extendiendo su mano hacia sus discípulos, dijo: «Estos son mi madre y mis hermanos. El que haga la voluntad de mi Padre que está en los cielos, ese es mi hermano y mi hermana y mi madre».

Comulgar la misericordia

Lo dices en tu oración: «Muéstranos, Señor, tu misericordia y danos tu salvación», y el mismo Jesús, que es la misericordia de Dios hecha carne, el sacramento de la salvación que Dios te ofrece, pondrá en ti su morada: «El que me ama, guardará mi palabra, y mi Padre lo amará, y vendremos a él». La palabra que viene de Dios a nosotros, si la acogemos, crea entre nosotros y Dios vínculos más fuertes que los de sangre o de amistad. Escuchar y guardar la palabra de Dios es nuestro modo de decir a Dios: «Hágase tu voluntad»; es nuestro modo de decirle que lo amamos. Escuchar y guardar su palabra es abrir la puerta de nuestra vida para que el Padre y el Hijo vengan a habitar en nosotros. Escuchar y guardar la palabra de Dios, cumplir la voluntad de nuestro Padre del cielo, nos hace familia de Dios: hermanos y hermanas y madres de Jesús. Escucha, guarda, comulga la misericordia y la salvación que has pedido.

Ahora, Señor, puedes dejar a tu siervo irse en paz, porque, en Cristo Jesús, mis ojos han visto el sacramento de tu salvación, el cuerpo de tu misericordia.

S. Apolinar, m.l.
Elías; José Mª Díaz Sanxurxo; Elia; Btas. Rita Dolores Pujalte y Francisca Aldea

XVI del T.O.
4ª salt. / V
Jer 1,1.4-10 /
Sal 70 /
Mt 13,1-9

Mateo 13,1-9

Aquel día salió Jesús de casa y se sentó junto al mar. Y acudió a él tanta gente que tuvo que subirse a una barca; se sentó y toda la gente se quedó de pie en la orilla. Les habló muchas cosas en parábolas: «Salió el sembrador a sembrar. Al sembrar, una parte cayó al borde del camino; vinieron los pájaros y se la comieron. Otra parte cayó en terreno pedregoso, donde apenas tenía tierra, y como la tierra no era profunda brotó enseguida; pero en cuanto salió el sol, se abrasó y por falta de raíz se secó. Otra cayó entre abrojos, que crecieron y la ahogaron. Otra cayó en tierra buena y dio fruto: una, ciento; otra, sesenta; otra, treinta. El que tenga oídos, que oiga».

En ti, Cristo sale a sembrar

Se lo dice el Señor a Jeremías: «Te nombré profeta». Pero tú haces bien si esas palabras las entiendes ahora dichas de Jesús, palabra de Dios hecha carne, sembrador que salió a sembrar su semilla, profeta en quien Dios puso sus palabras, crucificado a quien Dios ha constituido Mesías y Señor. Y haces bien si las entiendes de ti misma, Iglesia cuerpo de Cristo, pues en él has sido ungida para ser con él sacerdote, profeta y rey. Y de ninguno de ellos te separas cuando haces tuyas las palabras del Salmista: «Mi boca contará tu salvación, Señor», no dejaré de contar tus maravillas: Somos en Cristo una Iglesia de profetas; somos una comunidad en misión; Dios ha puesto en nuestra boca el evangelio de la salvación para los pobres. En ti, Cristo continúa saliendo a sembrar la semilla del reino de Dios, la palabra de la vida. Y no te preocupes si no sabes hablar, pues en comunión con Cristo, hablará de Dios y de su reino toda tu vida.

Te damos gracias, Señor, porque nos has amado y nos has predestinado a ser en Cristo sembradores de tu palabra, mensajeros de tu salvación.

21

jueves

S. Lorenzo de Brindis, m.l.

Arbogastro; Daniel; Víctor de Marsella; Práxedes

XVI del T.O.
4ª salt. / V
Jer 2,1-3. 7-8.12-13 / Sal 35 / Mt 13,10-17

Mateo 13,10-17

En aquel tiempo, se acercaron los discípulos a Jesús y le preguntaron: «¿Por qué les hablas en parábolas?». Él les contestó: «A vosotros se os han dado a conocer los secretos del reino de los cielos y a ellos no. Porque al que tiene se le dará y tendrá de sobra, y al que no tiene, se le quitará hasta lo que tiene. Por eso les hablo en parábolas, porque miran sin ver y escuchan sin oír ni entender. Así se cumple en ellos la profecía de Isaías: "Oiréis con los oídos sin entender; miraréis con los ojos sin ver; porque está embotado el corazón de este pueblo, son duros de oído, han cerrado los ojos; para no ver con los ojos, ni oír con los oídos, ni entender con el corazón, ni convertirse para que yo los cure". Pero bienaventurados vuestros ojos porque ven y vuestros oídos porque oyen. En verdad os digo que muchos profetas y justos desearon ver lo que veis y no lo vieron, y oír lo que oís y no lo oyeron».

Llevar el reino de Dios en nuestra vida

La gloria de Dios es que el hombre viva; y la vida del hombre está en el amor de su Dios. Dios es para nosotros fuente de agua viva en la que apagar nuestra sed de eternidad. En esa fuente bebe quien escucha y guarda la palabra de Dios. En el tiempo de la preparación, Dios, su palabra, su reino, se habían hecho cercanos al hombre por la voz de los profetas. En la plenitud de los tiempos, Dios, su palabra, su reino, van con Jesús, en las palabras de Jesús, en la vida de Jesús. Y en el tiempo de la Iglesia, si tú bebes en esa fuente de agua viva, si acoges con la sencillez de los pequeños los secretos del reino, Dios, su palabra, su reino, irán también contigo, en tus palabras y en tu vida. El nombre de tu Dios es amor. El sacramento que nos lo revela es la vida entregada de Jesús. Dichosa tú, Iglesia cuerpo de Cristo, si en la vida de tus hijos, todos podrán reconocer el reino de Dios que ha llegado.

Padre del cielo, santificado sea tu nombre, venga a nosotros tu reino.

Sta. María Magdalena, f.
Cirilo de Antioquía

Oficio de la f. / B
Vol. IV
Cant 3,1-4b
(o bien: 2Cor 5,14-17) /
Sal 62 /
Jn 20,1-2.11-18

Juan 20,1-2.11-18

El primer día de la semana, María la Magdalena fue al sepulcro al amanecer, cuando aún estaba oscuro, y vio la losa quitada del sepulcro. Echó a correr y fue donde estaban Simón Pedro y el otro discípulo, a quien Jesús amaba, y les dijo: «Se han llevado del sepulcro al Señor y no sabemos dónde lo han puesto». Estaba María fuera, junto al sepulcro, llorando. Mientras lloraba, se asomó al sepulcro y vio dos ángeles vestidos de blanco, sentados, uno a la cabecera y otro a los pies, donde había estado el cuerpo de Jesús. Ellos le preguntan: «Mujer, ¿por qué lloras?». Ella les contesta: «Porque se han llevado a mi Señor y no sé dónde lo han puesto». Dicho esto, se vuelve y ve a Jesús, de pie, pero no sabía que era Jesús. Jesús le dice: «Mujer, ¿por qué lloras?, ¿a quién buscas?». Ella, tomándolo por el hortelano, le contesta: «Señor, si tú te lo has llevado, dime dónde lo has puesto y yo lo recogeré». Jesús le dice: «¡María!». Ella se vuelve y le dice: «¡Rabbuní!», que significa: «¡Maestro!». Jesús le dice: «No me retengas, que todavía no he subido al Padre. Pero, anda, ve a mis hermanos y diles: "Subo al Padre mío y Padre vuestro, al Dios mío y Dios vuestro"». María la Magdalena fue y anunció a los discípulos: «He visto al Señor y ha dicho esto».

Hoy escucharás tu nombre

A esta mujer la definen el ansia, la búsqueda, la sed. Porque busca y no encuentra, la encontramos llorando: ¡Lágrimas de ausencia! ¡Llanto de no saber! Cuando escuche su nombre y reconozca al Señor a quien busca, entonces, de lo hondo de su corazón, toda ella, todo su ser, subirá en una sola palabra: «¡Maestro!», y se postrará a los pies de su Señor. Y la que, hasta ahora buscaba llorando, se vuelve testigo que anuncia a los discípulos el misterio de Cristo resucitado. Esta mujer es figura de la Iglesia, de la esposa enamorada de Jesús y apremiada por el amor, la esposa que ya no vive para sí, sino para el que murió y resucitó por ella. Hoy, en la Eucaristía, también tú escucharás tu nombre y sabrás que tu Señor vive para ti.

Sta. Brígida, f.
Bernardo, Gracia y María de Alcira; Juan Casiano; Juana de Orvieto; Bta. Margarita Mª López

Oficio de la f. / B
Vol. IV
Gál 2,19-20 / Sal 33 / Jn 15,1-8

Juan 15,1-8

En aquel tiempo, dijo Jesús a sus discípulos: «Yo soy la verdadera vid, y mi Padre es el labrador. A todo sarmiento que no da fruto en mí lo arranca, y a todo el que da fruto lo poda, para que dé más fruto. Vosotros ya estáis limpios por la palabra que os he hablado; permaneced en mí, y yo en vosotros. Como el sarmiento no puede dar fruto por sí, si no permanece en la vid, así tampoco vosotros, si no permanecéis en mí. Yo soy la vid, vosotros los sarmientos; el que permanece en mí y yo en él, ese da fruto abundante; porque sin mí no podéis hacer nada. Al que no permanece en mí lo tiran fuera, como el sarmiento, y se seca; luego los recogen y los echan al fuego, y arden. Si permanecéis en mí y mis palabras permanecen en vosotros, pedid lo que deseáis, y se realizará. Con esto recibe gloria mi Padre, con que deis fruto abundante; así seréis discípulos míos».

Un perfil espiritual

La liturgia de la fiesta de santa Brígida nos permite trazar un perfil espiritual que puede ser, al mismo tiempo, el suyo y el de la comunidad eclesial: somos una comunidad de rescatados, de libertos de Dios, en otro tiempo esclavos de la ley y del pecado, ahora libres porque el Hijo de Dios nos amó y se entregó por nosotros. No te asombres de la armonía de contrarios que el Espíritu de Dios hace posible: Liberados por Cristo, nos hacemos siervos de Cristo; liberados por el amor, nos hacemos siervos del amor, hasta que también de nosotros, que escuchamos, creemos y comulgamos, podamos decir: «Vivo yo, pero no soy yo, es Cristo quien vive en mí». Entonces escucharás en la intimidad del corazón el imperativo del amor que te ha liberado: «Permaneced en mi amor», poned vuestra casa en mi amor. Bendice al Señor, Iglesia de Cristo, pregona sus maravillas, canta sus misericordias.

Ilumínanos, Señor, con la luz de tu Espíritu Santo, para que, dóciles a su inspiración, cumplamos en todo tu voluntad y lleguemos a ser hermanos, hermanas y madres de Cristo Jesús.

Sarbelio Makhlûf; Cristina; Bta. Mª del Pilar de San Francisco de Borja; Bto. Cristóbal de santa Catalina

1ª salt. / V
Gén 18,20-32 /
Sal 137 /
Col 2,12-14 /
Lc 11,1-13

Génesis 18,20-32

En aquellos días, el Señor dijo: «El clamor contra Sodoma y Gomorra es fuerte y su pecado es grave: voy a bajar, a ver si realmente sus acciones responden a la queja llegada a mí; y si no, lo sabré». Los hombres se volvieron de allí y se dirigieron a Sodoma, mientras Abrahán seguía en pie ante el Señor. Abrahán se acercó y le dijo: «¿Es que vas a destruir al inocente con el culpable? Si hay cincuenta inocentes en la ciudad, ¿los destruirás y no perdonarás el lugar por los cincuenta inocentes que hay en él? ¡Lejos de ti tal cosa!, matar al inocente con el culpable, de modo que la suerte del inocente sea como la del culpable; ¡lejos de ti! El juez de toda la tierra, ¿no hará justicia?». El Señor contestó: «Si encuentro en la ciudad de Sodoma cincuenta inocentes, perdonaré a toda la ciudad en atención a ellos». Abrahán respondió: «¡Me he atrevido a hablar a mi Señor, yo que soy polvo y ceniza! Y si faltan cinco para el número de cincuenta inocentes, ¿destruirás, por cinco, toda la ciudad?». Respondió el Señor: «No la destruiré, si es que encuentro allí cuarenta y cinco». Abrahán insistió: «Quizá no se encuentren más que cuarenta». Él dijo: «En atención a los cuarenta, no lo haré». Abrahán siguió hablando: «Que no se enfade mi Señor si sigo hablando. ¿Y si se encuentran treinta?». Él contestó: «No lo haré, si encuentro allí treinta». Insistió Abrahán: «Ya que me he atrevido a hablar a mi Señor, ¿y si se encuentran allí veinte?». Respondió el Señor: «En atención a los veinte, no la destruiré». Abrahán continuó: «Que no se enfade mi Señor si hablo una vez más: ¿Y si se encuentran diez?». Contestó el Señor: «En atención a los diez, no la destruiré».

Salmo 137,1bcd-2a.2bcd-3.6-7ab.7c-8

R. Cuando te invoqué, me escuchaste, Señor.

Colosenses 2,12-14

Hermanos: Por el bautismo fuisteis sepultados con Cristo y habéis resucitado con él, por la fe en la fuerza de Dios que lo resucitó de los muertos. Y a vosotros, que estabais muertos por vuestros pecados y la incircuncisión de vuestra carne, os vivificó con él. Canceló la nota de cargo que nos condenaba con sus cláusulas contrarias a nosotros; la quitó de en medio, clavándola en la cruz.

Lucas 11,1-13

Una vez que estaba Jesús orando en cierto lugar, cuando terminó, uno de sus discípulos le dijo: «Señor, enséñanos a orar, como Juan enseñó a sus discípulos». Él les dijo: «Cuando oréis, decid: "Padre, santificado sea tu nombre, venga tu reino, danos cada día nuestro pan cotidiano, perdónanos nuestros pecados, porque también nosotros perdonamos a todo el que nos debe, y no nos dejes caer en tentación"». Y les dijo: «Suponed que alguno de vosotros tiene un amigo, y viene durante la medianoche y le dice: "Amigo, préstame tres panes, pues uno de mis amigos ha venido de viaje y no tengo nada que ofrecerle"; y, desde dentro, aquel le responde: "No me molestes; la puerta ya está cerrada; mis niños y yo estamos acostados; no puedo levantarme para dártelos"; os digo que, si no se levanta y se los da por ser amigo suyo, al menos por su importunidad se levantará y le dará cuanto necesite. Pues yo os digo a vosotros: pedid y se os dará, buscad y hallaréis, llamad y se os abrirá; porque todo el que pide recibe, y el que busca halla, y al que llama se le abre. ¿Qué padre entre vosotros, si su hijo le pide un pez, le dará una serpiente en lugar del pez? ¿O si le pide un huevo, le dará un escorpión? Si vosotros, pues, que sois malos, sabéis dar cosas buenas a vuestros hijos, ¿cuánto más el Padre del cielo dará el Espíritu Santo a los que le piden?».

Lo decimos en comunión con Cristo, nuestro Señor; lo decimos movidos por el Espíritu Santo que se nos ha dado: «Padre nuestro».

Santiago, apóstol, s.
Alberto; Florencio; Valentina

Oficio de la s. / R
Vol. IV
He 4,33; 5,12. 27-33; 12,2 / Sal 66 / 2Cor 4,7-15 / Mt 20,20-28

Mateo 20,20-28

En aquel tiempo, se acercó a Jesús la madre de los hijos de Zebedeo con sus hijos y se postró para hacerle una petición. Él le preguntó: «¿Qué deseas?». Ella contestó: «Ordena que estos dos hijos míos se sienten en tu reino, uno a tu derecha y el otro a tu izquierda». Pero Jesús replicó: «No sabéis lo que pedís. ¿Podéis beber el cáliz que yo he de beber?». Contestaron: «Podemos». Él les dijo: «Mi cáliz lo beberéis; pero sentarse a mi derecha o a mi izquierda no me toca a mí concederlo, es para aquellos para quienes lo tiene reservado mi Padre». Los otros diez, al oír aquello, se indignaron contra los dos hermanos. Y llamándolos, Jesús les dijo: «Sabéis que los jefes de los pueblos los tiranizan y que los grandes los oprimen. No será así entre vosotros: el que quiera ser grande entre vosotros, que sea vuestro servidor, y el que quiera ser primero entre vosotros, que sea vuestro esclavo. Igual que el Hijo del hombre no ha venido a ser servido sino a servir y a dar su vida en rescate por muchos».

Agradecer y aprender

El nombre del apóstol Santiago va unido a la difusión de la fe cristiana en España, y eso, para quienes aquí la hemos recibido, es motivo de agradecimiento muy particular al Señor, pues de la voz de este amigo de Jesús nos ha llegado el evangelio, el bautismo en la Única y divina Trinidad, el don del Espíritu, la comunión en el cuerpo de Cristo que es la Iglesia: «Oh Dios, que te alaben los pueblos, que todos los pueblos te alaben». Hoy damos gracias por este testigo que nos anunció el reino de Dios, y, junto con el Apóstol, en la escuela de Jesús, nos disponemos a aprender el camino por el que va Jesús, porque deseamos ser como él, bajar con él hasta el último lugar entre los hombres, abrazar su destino, beber su cáliz. Esta es la fe luminosa, que nos aparta de ambiciones de dominio, de la seducción del poder, y nos hace servidores de todos, esclavos de todos, como Jesús, de quien aprendemos, con quien comulgamos.

S. Joaquín y Sta. Ana, m.o.
Angelina; Olimpio; Valente; Bto. Tito Brandsma

XVII del T.O.
1ª salt. / B
Jer 14,17-22 / Sal 78 / Mt 13,36-43

Mateo 13,36-43

En aquel tiempo, Jesús dejó a la gente y se fue a casa. Los discípulos se le acercaron a decirle: «Explícanos la parábola de la cizaña en el campo». Él les contestó: «El que siembra la buena semilla es el Hijo del hombre; el campo es el mundo; la buena semilla son los ciudadanos del reino; la cizaña son los partidarios del Maligno; el enemigo que la siembra es el diablo; la cosecha es el final de los tiempos y los segadores los ángeles. Lo mismo que se arranca la cizaña y se echa al fuego, así será al final de los tiempos: el Hijo del hombre enviará a sus ángeles y arrancarán de su reino todos los escándalos y a todos los que obran iniquidad, y los arrojarán al horno de fuego; allí será el llanto y el rechinar de dientes. Entonces los justos brillarán como el sol en el reino de su Padre. El que tenga oídos, que oiga».

«Recuerda, Señor, y no rompas tu alianza»

El oráculo del profeta es un lamento: lágrimas de dolor; lágrimas de un dolor que seca las fuentes de donde las lágrimas nacen. ¡Muertos a espada! ¡Desfallecidos de hambre! Incluso los que tendrían que ver e iluminar vagan sin sentido. No menosprecies la interpretación que en el evangelio se hace de la parábola de la cizaña en el campo, pues esa interpretación nos recuerda «el fin del tiempo» y lo que entonces sucederá, y es por eso mismo una apremiante llamada a la conversión, a que abandonemos las obras de la corrupción y abracemos las obras de la justicia. Pero la parábola era, sobre todo, memoria de la «lentitud» de Dios para la ira, revelación de que, para Dios, el tiempo es un sacramento de paciencia, de bondad, de ternura; y para nosotros, el tiempo representa siempre una ocasión de salvación. Por la misericordia compasiva de nuestro Dios, para el creyente el tiempo está transido de eternidad, de bienaventuranza.

Padre del cielo, que en la plenitud de los tiempos nos entregaste a tu Hijo hecho hombre, concédenos que el tiempo de nuestra vida nos sirva para transformarnos en él y entregarnos a ti. Amén.

Aurelio de Córdoba y comp.; Cucufate; Clemente de Ochrida; Pantaleón

XVII del T.O.
1ª salt. / V
Jer 15,10.16-21 /
Sal 58 /
Mt 13,44-46

Mateo 13,44-46

En aquel tiempo, dijo Jesús al gentío: «El reino de los cielos se parece a un tesoro escondido en el campo: el que lo encuentra, lo vuelve a esconder y, lleno de alegría, va a vender todo lo que tiene y compra el campo. El reino de los cielos se parece también a un comerciante de perlas finas, que al encontrar una de gran valor se va a vender todo lo que tiene y la compra».

«Dios es mi refugio en el peligro»

Habla aún el profeta que lo fue a su pesar. Hombre de paz, a quien Dios, más que su propia madre, engendró hombre de pleitos y contiendas. Profeta que anticipa de algún modo lo que será Jesús de Nazaret. El profeta devoraba las palabras del Señor. Jesús es la Palabra hecha carne. Para el profeta, la palabra de Dios era su gozo, la alegría de su corazón. Para Jesús, la Palabra es él mismo, es su propio ser; y hacer la voluntad del Padre, cumplir en todo momento su voluntad, es para Jesús el alimento de cada día. Para el profeta y para Jesús, Dios es escudo, refugio, alcázar, muralla de bronce inexpugnable. Si el profeta fue figura de Jesús, tú eres su imagen. El profeta anticipó de alguna manera lo que Jesús sería. Tú continúas en el mundo lo que Jesús fue. Solo necesitas haberlo encontrado –encontrar el tesoro, encontrar la perla de gran valor–, y haberte quedado con él por la fe.

Padre nuestro, que en Cristo Jesús has revelado a los pequeños los secretos de tu reino, danos la alegría de haberlo encontrado y la prontitud de dejarlo todo para entrar en él. Amén.

Catalina Tomás;
Inocencio I; Víctor I;
Nazario y Celso;
Bto. David Carlos

XVII del T.O.
1ª salt. / V
Jer 18,1-6 /
Sal 145 /
Mt 13,47-53

Mateo 13,47-53

En aquel tiempo, dijo Jesús al gentío: «El reino de los cielos se parece también a la red que echan en el mar y recoge toda clase de peces: cuando está llena, la arrastran a la orilla, se sientan y reúnen los buenos en cestos y los malos los tiran. Lo mismo sucederá al final de los tiempos: saldrán los ángeles, separarán a los malos de los buenos y los echarán al horno de fuego. Allí será el llanto y el rechinar de dientes. ¿Habéis entendido todo esto?». Ellos le responden: «Sí». Él les dijo: «Pues bien, un escriba que se ha hecho discípulo del reino de los cielos es como un padre de familia que va sacando de su tesoro lo nuevo y lo antiguo». Cuando Jesús acabó estas parábolas, partió de allí.

«Dichoso aquel a quien auxilia el Dios de Jacob»

No temas las manos del alfarero. Has oído bien: «como está el barro en manos del alfarero, así estáis vosotros en mi mano». Lo has oído, y lo has creído. Has reconocido sobre tu vida las manos de Dios. Y no has sentido el vértigo de estar en manos de un poderoso, sino la confianza de estar en manos de quien te ama. Por eso, de tus labios no salió un lamento sino una alabanza: «Alaba, alma mía, al Señor: alabaré al Señor mientras viva»; y en tu corazón no guardaste una angustia sino una bienaventuranza: «Dichoso aquel a quien auxilia el Dios de Jacob». Y aprendiste a confiar, no en otras manos, en ninguna otra mano, en ningún otro Dios, que solo sería otro Dios de barro como tú, sino solo en tu Dios alfarero, tu Dios de manos que mueve su amor eterno, su amor de Padre, su amor por ti. Y ya solo desearás quedar en su red barredera y ser de su reino para siempre.

Que tu Iglesia, Señor, sea un recinto de verdad y de amor, de libertad, de justicia y de paz, para que todos encuentren en ella un motivo de esperanza. Amén.

Stos. Marta, María y Lázaro, m.o.
María; Olav II; Urbano II; Adán; Beatriz

XVII del T.O.
1ª salt. / B
Jer 26,1-9 / Sal 68 / Jn 11,19-27 (o bien: Lc 10,38-42)

Juan 11,19-27

En aquel tiempo, muchos judíos habían ido a ver a Marta y a María para darles el pésame por su hermano. Cuando Marta se enteró de que llegaba Jesús, salió a su encuentro, mientras María se quedó en casa. Y dijo Marta a Jesús: «Señor, si hubieras estado aquí no habría muerto mi hermano. Pero aún ahora sé que todo lo que pidas a Dios, Dios te lo concederá». Jesús le dijo: «Tu hermano resucitará». Marta respondió: «Sé que resucitará en la resurrección en el último día». Jesús le dijo: «Yo soy la resurrección y la vida: el que cree en mí, aunque haya muerto, vivirá; y el que está vivo y cree en mí, no morirá para siempre. ¿Crees esto?». Ella le contestó: «Sí, Señor: yo creo que tú eres el Cristo, el Hijo de Dios, el que tenía que venir al mundo».

«Si hubieras estado aquí»

Jesús, ese hijo tan especial, tuvo familia de acogida en Nazaret: una madre, un padre. Y, cuando se apartó de ella para hacerse huésped de los caminos del Reino, sin un dónde para reclinar la cabeza, se le hicieron familia discípulos y discípulas, amigos y amigas. Marta, con María y Lázaro, fueron para Jesús una familia muy especial. Habían compartido horas de intimidad, de gozo, de revelación. Hoy el evangelio recuerda horas de dolor y tristeza. Marta expresa lo que saldría a borbotones de nuestro pobre corazón, de la oscuridad de nuestra fe: «Si hubieras estado aquí». Ella y nosotros habremos de descubrir que no es Jesús el que está ausente de nosotros, que son nuestros ojos los que han de aprender a verlo, que es nuestro corazón el que ha de encontrar caminos para desahogarse con el amor. No digas: «Si hubieras estado aquí». Di: «Si estoy contigo», Jesús, estoy siempre con la resurrección y la vida que eres tú.

Que tu Espíritu, Señor, deje tatuadas en la mano, en la frente, en el corazón de tus fieles las palabras de tu revelación: «Yo soy la resurrección y la vida». Amén.

S. Pedro Crisólogo, m.I.
Braulio María, Federico y comp.; Bto. Eduardo Powell; Bto. Faustino

XVII del T.O.
1ª salt. / V
Jer 26,11-16.24 / Sal 68 / Mt 14,1-12

Mateo 14,1-12

En aquel tiempo, oyó el tetrarca Herodes lo que se contaba de Jesús y dijo a sus cortesanos: «Ese es Juan el Bautista, que ha resucitado de entre los muertos, y por eso las fuerzas milagrosas actúan en él». Es que Herodes había mandado prender a Juan y lo había metido en la cárcel encadenado, por motivo de Herodías, mujer de su hermano Filipo; porque Juan le decía que no le era lícito vivir con ella. Quería mandarlo matar, pero tuvo miedo de la gente, que lo tenía por profeta. El día del cumpleaños de Herodes, la hija de Herodías danzó delante de todos y le gustó tanto a Herodes, que juró darle lo que pidiera. Ella, instigada por su madre, le dijo: «Dame ahora mismo en una bandeja la cabeza de Juan el Bautista». El rey lo sintió, pero, por el juramento y los invitados, ordenó que se la dieran, y mandó decapitar a Juan en la cárcel. Trajeron la cabeza en una bandeja, se la entregaron a la joven y ella se la llevó a su madre. Sus discípulos recogieron el cadáver, lo enterraron, y fueron a contárselo a Jesús.

«Dichosos los perseguidos por causa de la justicia»

El evangelio habla de Juan el Bautista. Nosotros, mientras recordamos su martirio, nos fijamos también en Cristo Jesús, en el testimonio de su vida y de su muerte, reconocemos a Cristo en su cuerpo que es la Iglesia, lo reconocemos en cada uno de los fieles, y evocamos con gozo las palabras de la bienaventuranza: «Dichosos los perseguidos por causa de la justicia, porque de ellos es el reino de los cielos». El perseguidor solo busca destruir, decapitar, crucificar, borrar de la faz de la tierra la memoria del justo. Eso es lo que busca, pero no lo que encuentra, pues solo conseguirá enaltecer a quienes pretendía humillar, entrega el reino de los cielos a quienes deseaba ver excluidos de la vida, hace dichosos a los que pretendía hacer desdichados.

Que canten de alegría las naciones, porque tú, Señor, riges el mundo con justicia, trastornas los planes de los poderosos y enalteces a los humildes.

Ignacio de Loyola; Fabio; Germán de Auxerre; Juan Colombini

2ª salt. / V
Ecl 1,2; 2,21-23 /
Sal 89 /
Col 3,1-5.9-11 /
Lc 12,13-21

Eclesiastés 1,2; 2,21-23

¡Vanidad de vanidades! –dice Qohélet–. ¡Vanidad de vanidades; todo es vanidad! Hay quien trabaja con sabiduría, ciencia y acierto, y tiene que dejarle su porción a uno que no ha trabajado. También esto es vanidad y grave dolencia. Entonces, ¿qué saca el hombre de todos los trabajos y preocupaciones que lo fatigan bajo el sol? De día su tarea es sufrir y penar; de noche no descansa su mente. También esto es vanidad.

Salmo 89,3-4.5-6.12-13.14 y 17

R. Señor, tú has sido nuestro refugio de generación en generación.

Colosenses 3,1-5.9-11

Hermanos: Si habéis resucitado con Cristo, buscad los bienes de allá arriba, donde Cristo está sentado a la derecha de Dios; aspirad a los bienes de arriba, no a los de la tierra. Porque habéis muerto; y vuestra vida está con Cristo escondida en Dios. Cuando aparezca Cristo, vida vuestra, entonces también vosotros apareceréis gloriosos, juntamente con él. En consecuencia, dad muerte a todo lo terreno que hay en vosotros: la fornicación, la impureza, la pasión, la codicia y la avaricia, que es una idolatría. ¡No os mintáis unos a otros!: os habéis despojado del hombre viejo, con sus obras, y os habéis revestido de la nueva condición que, mediante el conocimiento, se va renovando a imagen de su Creador, donde no hay griego y judío, circunciso e incircunciso, bárbaro, escita, esclavo y libre, sino Cristo, que lo es todo, y en todos.

Lucas 12,13-21

En aquel tiempo, dijo uno de entre la gente a Jesús: «Maestro, dile a mi hermano que reparta conmigo la herencia». Él le dijo: «Hombre, ¿quién me ha constituido juez o árbitro entre vosotros?». Y les dijo: «Mirad: guardaos de toda clase de codicia. Pues, aunque uno ande sobrado, su vida no depende de sus bienes». Y les propuso una parábola: «Las tierras de un hombre rico produjeron una gran cosecha. Y empezó a echar cálculos, diciéndose: "¿Qué haré? No tengo donde almacenar la cosecha". Y se dijo: "Haré lo siguiente: derribaré los graneros y construiré otros más grandes, y almacenaré allí todo el trigo y mis bienes. Y entonces me diré a mí mismo: alma mía, tienes bienes almacenados para muchos años; descansa, come, bebe, banquetea alegremente". Pero Dios le dijo: "Necio, esta noche te van a reclamar el alma, y ¿de quién será lo que has preparado?". Así es el que atesora para sí y no es rico ante Dios».

Atesoramos lo que damos

La palabra proclamada deja a la vista vanidad de proyectos e inconsistencia de realizaciones. Necedad sería que alguien se postrase ante dioses que no pueden salvar, y pronunciase su oración ante ídolos que tienen oídos y no pueden oír. Pero que alguien ponga el corazón en la riqueza, resulta idolatría mayor y devoción más necia, pues a ese tirano que no ve, no oye, no toca, no habla, el hombre habrá entregado «de día, dolores, penas y fatigas», y de noche, por servirlo, habrá negado al corazón el descanso. Tu riqueza, Iglesia santa, es la palabra del Señor, el Cuerpo de Cristo, el amor de Dios derramado en tu corazón. Riqueza inestimable para ti quiso el Señor que fuesen los pobres, los abandonados al borde del camino, los sin voz, sin derechos, sin papeles, sin futuro. Algo me dice, Iglesia de Cristo, que atesoras para la eternidad lo que ahora distribuyes a los pobres: atesoramos lo que damos.

Que el Espíritu de Jesús nos enseñe la sabiduría del evangelio y nos lleve por el camino del amor y de la paz.

1
lunes

S. Alfonso María de Ligorio, m.o.
Fe, Esperanza y Caridad; Pedro ad Vincula; Pedro Fabro

XVIII del T.O.
2ª salt. / B
Jer 28,1-17 /
Sal 118 /
Mt 14,13-21

Mateo 14,13-21

En aquel tiempo, al enterarse Jesús de la muerte de Juan el Bautista, se marchó de allí en barca, a solas, a un lugar desierto. Cuando la gente lo supo, lo siguió por tierra desde los poblados. Al desembarcar vio Jesús una multitud, se compadeció de ella y curó a los enfermos. Como se hizo tarde, se acercaron los discípulos a decirle: «Estamos en despoblado y es muy tarde, despide a la multitud para que vayan a las aldeas y se compren comida». Jesús les replicó: «No hace falta que vayan, dadles vosotros de comer». Ellos le replicaron: «Si aquí no tenemos más que cinco panes y dos peces». Les dijo: «Traédmelos». Mandó a la gente que se recostara en la hierba y tomando los cinco panes y los dos peces, alzando la mirada al cielo, pronunció la bendición, partió los panes y se los dio a los discípulos; los discípulos se los dieron a la gente. Comieron todos y se saciaron y recogieron doce cestos llenos de sobras. Comieron unos cinco mil hombres, sin contar mujeres y niños.

Es Pascua

Recuerda las palabras del evangelio: «La gente lo siguió desde los poblados». Aquellas gentes siguen a Jesús porque recuerdan sus hechos; lo siguen porque necesitan de él; y ese «seguir a Jesús» es la forma que tienen de «pedir a Jesús». Es esta una oración que lleva dentro la verdad de la vida, sus preocupaciones, sus amarguras, sus dolores, sus enfermedades. Esa oración es un grito sin palabras, una pobreza a la vista, una pregunta clamorosa al silencio de Dios. Esa oración no se escucha, se ve. Por eso el evangelio dice: «Vio Jesús una multitud», y tú, al oír esas palabras, entendiste que Jesús acogió, vio la pobreza, escuchó el grito, «sintió compasión y curó a los enfermos».

agosto

S. Eusebio de Vercelli / S. Pedro J. Eymard, m.I.
Nª Sra. de los Ángeles; Esteban I

XVIII del T.O.
2ª salt. / V
Jer 30,1-2.12b-15.18-22 / Sal 101 / Mt 14,22-36

Mateo 14,22-36

Después que la gente se hubo saciado, enseguida Jesús apremió a sus discípulos a que subieran a la barca y se le adelantaran a la otra orilla, mientras él despedía a la gente. Y después de despedir a la gente subió al monte a solas para orar. Llegada la noche estaba allí solo. Mientras tanto la barca iba ya muy lejos de tierra, sacudida por las olas, porque el viento era contrario. A la cuarta vela de la noche se les acercó Jesús andando sobre el mar. Los discípulos, viéndole andar sobre el agua, se asustaron y gritaron de miedo, diciendo que era un fantasma. Jesús les dijo enseguida: «¡Ánimo, soy yo, no tengáis miedo!». Pedro le contestó: «Señor, si eres tú, mándame ir a ti sobre el agua». Él le dijo: «Ven». Pedro bajó de la barca y echó a andar sobre el agua acercándose a Jesús; pero, al sentir la fuerza del viento, le entró miedo, empezó a hundirse y gritó: «Señor, sálvame». Enseguida Jesús extendió la mano, lo agarró y le dijo: «¡Hombre de poca fe! ¿Por qué has dudado?». En cuanto subieron a la barca amainó el viento. Los de la barca se postraron ante él diciendo: «Realmente eres Hijo de Dios». Terminada la travesía, llegaron a tierra en Genesaret. Y los hombres de aquel lugar apenas lo reconocieron, pregonaron la noticia por toda aquella comarca y le trajeron a todos los enfermos. Le pedían tocar siquiera la orla de su manto. Y cuantos la tocaban quedaban curados.

«¡Ánimo, soy yo!»

La travesía penosa del lago en noche de viento contrario es figura de cuanto los discípulos, y Pedro de modo particular, habrían de vivir cuando Jesús, en los días de su pasión «subió al monte a solas para orar», y «llegada la noche, estaba allí solo». Entonces la barca, la comunidad de los que siguen a Jesús, sería sacudida como nunca antes lo había sido y nunca después lo será, y Pedro, vencido por el miedo, empezará a hundirse y gritará su oración: «Señor, sálvame». Para los discípulos y para Pedro la respuesta a su grito llegará «enseguida», cuando el Señor resucitado suba de nuevo a la barca: «¡Ánimo, soy yo, no tengáis miedo!».

Lidia; Nicodemo; Cira; Gustavo; Bto. Francisco Bandrés

XVIII del T.O.
2ª salt. / V
Jer 31,1-7 /
Sal Jer 31,10-13 /
Mt 15,21-28

Mateo 15,21-28

En aquel tiempo, Jesús se retiró a la región de Tiro y Sidón. Entonces una mujer cananea, saliendo de uno de aquellos lugares, se puso a gritarle: «Ten compasión de mí, Señor, Hijo de David. Mi hija tiene un demonio muy malo». Él no le respondió nada. Entonces los discípulos se le acercaron a decirle: «Atiéndela, que viene detrás gritando». Él les contestó: «Solo he sido enviado a las ovejas descarriadas de Israel». Ella se acercó y se postró ante él diciendo: «Señor, ayúdame». Él le contestó: «No está bien tomar el pan de los hijos y echárselo a los perritos». Pero ella repuso: «Tienes razón, Señor; pero también los perritos se comen las migajas que caen de la mesa de los amos». Jesús le respondió: «Mujer, qué grande es tu fe: que se cumpla lo que deseas». En aquel momento quedó curada su hija.

Palabras dichas hoy para ti

Cuando en la celebración eucarística se lee la palabra del Señor, aunque el lector dice: «En aquel tiempo», y pronuncia palabras que hablan de otros, tú, que esas palabras las escuchas creyendo, las entiendes dichas hoy para ti, y sabes que hablan de la comunidad de fe a la que perteneces. Es a ti a quien se dice hoy: «Con amor eterno te amé». Es de ti de quien se habla cuando el profeta anuncia: «El Señor ha salvado a su pueblo». Hoy eres tú la mujer, que necesitada y creyente, le gritas al Señor tu necesidad: «Ten compasión de mí». Hoy eres tú la madre que se postra ante él y le pides: «Señor, socórreme». Hoy eres tú la que se sienta a la mesa de los hijos para comer el pan de la salvación. Hoy la humildad de tu fe se encuentra con el amor eterno de tu Dios, y oyes la palabra que has pedido: «Que se cumpla lo que deseas». Hoy, el amor convierte en gozo tu tristeza, porque Dios te ha visitado y redimido.

«Bendito sea el Señor, Dios de Israel, porque ha visitado y redimido a su pueblo» (Cántico de Zacarías).

S. Juan María Vianney, m.o.
Eleuterio; Ía; Rubén; Tertuliano; Bto. Gundisalvo Gonzalo; Bto. Enrique Angelelli

XVIII del T.O.
2ª salt. / B
Jer 31,31-34 / Sal 50 / Mt 16,13-23

Mateo 16,13-23

En aquel tiempo, al llegar a la región de Cesarea de Filipo, Jesús preguntó a sus discípulos: «¿Quién dice la gente que es el Hijo del hombre?». Ellos contestaron: «Unos que Juan el Bautista, otros que Elías, otros que Jeremías o uno de los profetas». Él les preguntó: «Y vosotros, ¿quién decís que soy yo?». Simón Pedro tomó la palabra y dijo: «Tú eres el Mesías, el Hijo del Dios vivo». Jesús le respondió: «¡Bienaventurado tú, Simón, hijo de Jonás!, porque eso no te lo ha revelado ni la carne ni la sangre, sino mi Padre que está en los cielos. Ahora yo te digo: tú eres Pedro, y sobre esta piedra edificaré mi Iglesia, y el poder del infierno no la derrotará. Te daré las llaves del reino de los cielos; lo que ates en la tierra quedará atado en los cielos, y lo que desates en la tierra quedará desatado en los cielos». Y les mandó a los discípulos que no dijesen a nadie que él era el Mesías. Desde entonces comenzó Jesús a manifestar a sus discípulos que tenía que ir a Jerusalén y padecer allí mucho por parte de los ancianos, sumos sacerdotes y escribas, y que tenía que ser ejecutado y resucitar al tercer día. Pedro se lo llevó aparte y se puso a increparlo: «¡Lejos de ti tal cosa, Señor! Eso no puede pasarte». Jesús se volvió y dijo a Pedro: «¡Ponte detrás de mí, Satanás! Eres para mí piedra de tropiezo, porque tú piensas como los hombres, no como Dios».

Conjugar el nombre con la cruz

Pobre Simón, que pasa de Pedro a Satanás, y no es porque Jesús tenga cambios bruscos de humor, sino porque Simón se arma él solito un lío con el misterio de Dios. Para conocer a Jesús, lo mismo que para conocer a Dios, si el discípulo «piensa como los hombres», se hará de Jesús y de Dios un ídolo a la medida de sus pensamientos. Para saber quién es Jesús, habrá de revelárnoslo el Padre del cielo, habrá que dejarse llevar por el Espíritu de Jesús. Entonces, como Jesús, con Jesús, sabremos conjugar el nombre de Mesías con lo que el Mesías va a padecer, con la ignominia de su cruz, con el abandono en la muerte, con la certeza de la resurrección.

Dedicación de la basílica de Santa María, m.l.
Nª Sra. de las Nieves; Bto. Federico Janssoone

XVIII del T.O.
2ª salt. / V
Nah 2,1.3; 3,1-3.6-7 / Sal Dt 32, 35-41 / Mt 16,24-28

Mateo 16,24-28

En aquel tiempo, dijo Jesús a sus discípulos: «Si alguno quiere venir en pos de mí, que se niegue a sí mismo, tome su cruz y me siga. Porque quien quiera salvar su vida, la perderá; pero el que la pierda por mí, la encontrará. ¿Pues de qué le servirá a un hombre ganar el mundo entero, si pierde su alma? ¿O qué podrá dar para recobrarla? Porque el Hijo del hombre vendrá, con la gloria de su Padre, entre sus ángeles, y entonces pagará a cada uno según su conducta. En verdad os digo que algunos de los aquí presentes no gustarán la muerte hasta que vean al Hijo del hombre en su reino».

Hablamos todavía de Jesús y de cruz

No temas aceptarla aunque la propuesta te parezca inaceptable: «El que quiera venirse conmigo, que se niegue a sí mismo, que cargue con su cruz y me siga». No temas aceptarla, pues has entendido bien: Jesús camina delante de ti, y sabes adónde va, y vas con él al Padre, de donde él ha venido. Vas con él y vas como él, negándote a ti mismo y cargando con tu cruz: con tus anhelos, tus esperanzas, tus frustraciones, tus preocupaciones, tus miedos, tus fracasos, tus dolores, la enfermedad, la agonía, la muerte. Hablamos todavía de Jesús, de la cruz y de la vida. Negarse a sí mismo y cargar con la cruz para seguir a Jesús, pudiera parecer que es perder la vida. Dejar el camino de Jesús para ganar el mundo entero –tentación diabólica–, pudiera parecerte que es ganar la vida. No la pierdas intentando salvarla. No la pierdas en lo que no es Jesús. Dichosa tú, si amas y te encaminas por donde va Jesús.

Ven, Espíritu Santo, y enciende en nosotros el fuego de tu amor, para que, siguiendo de cerca a Jesús, entreguemos nuestra vida al servicio del reino de Dios.

Transfiguración del Señor, f.
Hormisdas; Justo y Pastor; Bta. Mª Francisca de Jesús

Oficio de la f. / B
Vol. IV
Dan 7,9-10.13-14 (o bien: 2Pe 1, 16-19) / Sal 96 / Lc 9,28b-36

Lucas 9,28b-36

En aquel tiempo, tomó Jesús a Pedro, a Juan y a Santiago y subió a lo alto del monte para orar. Y, mientras oraba, el aspecto de su rostro cambió y sus vestidos brillaban de resplandor. De repente, dos hombres conversaban con él: eran Moisés y Elías, que, apareciendo con gloria, hablaban de su éxodo, que él iba a consumar en Jerusalén. Pedro y sus compañeros se caían de sueño, pero se espabilaron y vieron su gloria y a los dos hombres que estaban con él. Mientras estos se alejaban de él, dijo Pedro a Jesús: «Maestro, ¡qué bueno es que estemos aquí! Haremos tres tiendas: una para ti, otra para Moisés y otra para Elías». No sabía lo que decía. Todavía estaba diciendo esto, cuando llegó una nube que los cubrió con su sombra. Se llenaron de temor al entrar en la nube. Y una voz desde la nube decía: «Este es mi Hijo, el Elegido, escuchadlo». Después de oírse la voz, se encontró Jesús solo. Ellos guardaron silencio y, por aquellos días, no contaron a nadie nada de lo que habían visto.

Una luz sobre el camino de la cruz

«Cuando Cristo se manifieste, seremos semejantes a él, porque lo veremos tal cual es». Eso es lo que hoy nos recuerda la madre Iglesia mientras hacemos nuestra comunión con Cristo Jesús. Ahora lo recibimos en la oscuridad del misterio; entonces, cuando él se manifieste, veremos la gloria de ese Hijo con el que hoy comulgamos. Lo que él es, lo que ahora recibimos, lo que un día hemos de ver, eso es lo que nosotros somos a la luz de la fe: somos hijos en el Hijo, amados en el Amado, elegidos en el Elegido. Lo somos ya, aunque hayamos de esperar el tiempo de la manifestación para que podamos ver lo que somos. En la gloria de Cristo transfigurado, se nos revela la claridad que un día ha de brillar en el cuerpo de Cristo que es la Iglesia. A los que seguimos a Jesús por el camino de la cruz, la madre Iglesia nos lleva a la montaña de la transfiguración para que nuestro camino se ilumine de esperanza.

Que tu Espíritu, Señor, venga sobre nosotros, para que, escuchando siempre la palabra de tu Hijo, seamos un día coherederos de su gloria.

7
domingo

Sixto II y comp.;
Cayetano;
Alberto de Trápani;
Jordán Forzaté

3ª salt. / V
Sab 18,6-9 /
Sal 32 / Heb 11,1-2.
8-19 [breve: He 11,
1-2.8-12] /
Lc 12,32-48
[breve: Lc 12,35-40]

Sabiduría 18,6-9

La noche de la liberación les fue preanunciada a nuestros antepasados, para que, sabiendo con certeza en qué promesas creían, tuvieran buen ánimo. Tu pueblo esperaba la salvación de los justos y la perdición de los enemigos, pues con lo que castigaste a los adversarios, nos glorificaste a nosotros, llamándonos a ti. Los piadosos hijos de los justos ofrecían sacrificios en secreto y establecieron unánimes esta ley divina: que los fieles compartirían los mismos bienes y peligros, después de haber cantado las alabanzas de los antepasados.

Salmo 32,1 y 12.18-19.20 y 22

R. Dichoso el pueblo que el Señor se escogió como heredad.

Hebreos 11,1-2.8-12 (breve)

Hermanos: La fe es fundamento de lo que se espera, y garantía de lo que no se ve. Por ella son recordados los antiguos. Por la fe obedeció Abrahán a la llamada y salió hacia la tierra que iba a recibir en heredad. Salió sin saber adónde iba. Por fe vivió como extranjero en la tierra prometida, habitando en tiendas, y lo mismo Isaac y Jacob, herederos de la misma promesa, mientras esperaba la ciudad de sólidos cimientos cuyo arquitecto y constructor iba a ser Dios. Por la fe también Sara, siendo estéril, obtuvo "vigor para concebir" cuando ya le había pasado la edad, porque consideró fiel al que se lo prometía. Y así, de un hombre, marcado ya por la muerte, nacieron hijos numerosos, como las estrellas del cielo y como la arena incontable de las playas.

Lucas 12,32-48

En aquel tiempo, dijo Jesús a sus discípulos: [«No temas, pequeño rebaño, porque vuestro Padre ha tenido a bien daros el reino. Vended vuestros bienes y dad limosna; haceos bolsas que no se estropeen, y un tesoro inagotable en el cielo, adonde no se acercan los ladrones ni roe la polilla. Porque donde está vuestro tesoro, allí estará también vuestro corazón.] Tened ceñida vuestra cintura y encendidas las lámparas. Vosotros estad como los hombres que aguardan a que su señor vuelva de la boda, para abrirle apenas venga y llame. Bienaventurados aquellos criados a quienes el señor, al llegar, los encuentre en vela; en verdad os digo que se ceñirá, los hará sentar a la mesa y, acercándose, les irá sirviendo. Y, si llega a la segunda vigilia o a la tercera y los encuentra así, bienaventurados ellos. Comprended que si supiera el dueño de casa a qué hora viene el ladrón, velaría y no le dejaría abrir un boquete en casa. Lo mismo vosotros, estad preparados, porque a la hora que menos penséis viene el Hijo del hombre». [Pedro le dijo: «Señor, ¿dices esta parábola por nosotros o por todos?». Y el Señor dijo: «¿Quién es el administrador fiel y prudente a quien el señor pondrá al frente de su servidumbre para que reparta la ración de alimento a sus horas? Bienaventurado aquel criado a quien su señor, al llegar, lo encuentre portándose así. En verdad os digo que lo pondrá al frente de todos sus bienes. Pero si aquel criado dijere para sus adentros: "Mi señor tarda en llegar", y empieza a pegarles a los criados y criadas, a comer y beber y emborracharse, vendrá el señor de ese criado el día que no espera y a la hora que no sabe y lo castigará con rigor, y le hará compartir la suerte de los que no son fieles. El criado que, conociendo la voluntad de su señor, no se prepara ni obra de acuerdo con su voluntad, recibirá muchos azotes; pero el que, sin conocerla, ha hecho algo digno de azotes, recibirá menos. Al que mucho se le dio, mucho se le reclamará; al que mucho se le confió, más aún se le pedirá».]

Que tu venida, Señor, nos encuentre en vela; que no dejemos de ansiar tu llegada; que te llevemos siempre en el corazón los que un día hemos de vernos resucitados contigo.

Sto. Domingo de Guzmán, m.o.
Altman; Ciriaco; Juana de Aza

XIX del T.O.
3ª salt. / B
Ez 1,2-5.24-28c / Sal 148 / Mt 17,22-27

Mateo 17,22-27

En aquel tiempo, mientras Jesús y los discípulos recorrían juntos Galilea, les dijo: «El Hijo del hombre será entregado en manos de los hombres, lo matarán, pero resucitará al tercer día». Ellos se pusieron muy tristes. Cuando llegaron a Cafarnaún, los que cobraban el impuesto de las dos dracmas se acercaron a Pedro y le preguntaron: «¿Vuestro Maestro no paga las dos dracmas?». Contestó: «Sí». Cuando llegó a casa, Jesús se adelantó a preguntarle: «¿Qué te parece, Simón? Los reyes del mundo, ¿a quién le cobran impuestos y tasas, a sus hijos o a los extraños?». Contestó: «A los extraños». Jesús le dijo: «Entonces, los hijos están exentos. Sin embargo, para no darles mal ejemplo, ve al mar, echa el anzuelo, coge el primer pez que pique, ábrele la boca y encontrarás una moneda de plata. Cógela y págales por mí y por ti».

Comulgamos la gloria de Dios

Lo que el profeta había visto «era la apariencia visible de la gloria del Señor». Lo que has aprendido de labios del Apóstol es que «Dios nos llamó por medio del evangelio para que sea nuestra la gloria de nuestro Señor Jesucristo». Con el Salmista de la comunidad lo has confesado en tu oración: «Llenos están los cielos y la tierra de tu gloria». Y con el evangelista te fijas en Jesús de Nazaret, en la gloria de Dios hecha carne: «Al Hijo del hombre lo van a entregar en manos de los hombres, lo matarán». Solo el Espíritu de Jesús podrá enseñarnos a armonizar la grandeza insondable de la gloria del Señor y la insondable hondura a la que él ha bajado para hacerse accesible a la pobreza natural de nuestros sentidos. La Gloria de Dios se nos ha hecho accesible como la pequeñez de un niño, como la mano de un carpintero, como la palabra de un maestro, como el grito de un crucificado, como el pan de una comida fraterna.

Haznos dóciles, Señor, a la inspiración de tu Espíritu, para que adoremos humildes la grandeza de tu gloria, y agradezcamos confiados la pequeñez en que nos la has manifestado.

Mateo 25,1-13

En aquel tiempo, dijo Jesús a sus discípulos esta parábola: «El reino de los cielos se parece a diez vírgenes que tomaron sus lámparas y salieron al encuentro del esposo. Cinco de ellas eran necias y cinco eran prudentes. Las necias, al tomar las lámparas, no se proveyeron de aceite; en cambio, las prudentes se llevaron alcuzas de aceite con las lámparas. El esposo tardaba, les entró sueño a todas y se durmieron. A medianoche se oyó una voz: "¡Que llega el esposo, salid a su encuentro!". Entonces se despertaron todas aquellas vírgenes y se pusieron a preparar sus lámparas. Y las necias dijeron a las prudentes: "Dadnos de vuestro aceite, que se nos apagan las lámparas". Pero las prudentes contestaron: "Por si acaso no hay bastante para vosotras y nosotras, mejor es que vayáis a la tienda y os lo compréis". Mientras iban a comprarlo, llegó el esposo, y las que estaban preparadas entraron con él al banquete de bodas, y se cerró la puerta. Más tarde llegaron también las otras vírgenes, diciendo: "Señor, señor, ábrenos". Pero él respondió: "En verdad os digo que no os conozco". Por tanto, velad, porque no sabéis el día ni la hora».

«Nada temo, porque el Señor va conmigo»

Dos historias, las dos de mujer, las dos inseparables: Una historia de amor en un escenario de odio, una historia de paz vivida en el corazón de una guerra, una historia de mansedumbre que se escribe en un mundo de violencia; una historia de exterminio, iluminada por el amor que desposa a Dios con una judía que, por serlo, es odiada, despreciada, desechada. Así, inseparables, la fe encuentra siempre cruz y luz, pasión y resurrección, muerte y vida. El camino de horror que los poderosos han trazado para los odiados, ese y no otro es el camino de fiesta por donde entran los amados en el palacio de Dios. Los que querían borrar de la faz de la tierra la memoria del justo, solo han conseguido hacer memorable su nombre en generaciones. Y si te preguntas por qué los desechados caminan sin miedo llevando su cruz, te dirán: «Nada temo, porque el Señor va conmigo».

S. Lorenzo, f.
Paula; Nicolás Saggio de Longobardi; Btos. Juan Martorell y Pedro Mesonero

Oficio de la f. / R
Vol. IV
2Cor 9,6-10 /
Sal 111 /
Jn 12,24-26

Juan 12,24-26

En aquel tiempo, dijo Jesús a sus discípulos: «En verdad, en verdad os digo: si el grano de trigo no cae en tierra y muere, queda infecundo; pero si muere, da mucho fruto. El que se ama a sí mismo, se pierde, y el que se aborrece a sí mismo en este mundo, se guardará para la vida eterna. El que quiera servirme, que me siga, y donde esté yo, allí también estará mi servidor; a quien me sirva, el Padre lo honrará».

«Dichoso el que se apiada y presta»

El salmo evoca la figura del diácono Lorenzo, que, administrando rectamente los bienes de la Iglesia, reparte limosna a los pobres y da testimonio de que Jesús es el Señor, el único Señor. El Salmista tiene sus razones para decirte: «Dichoso el que se apiada y presta», y las va enumerando en las estrofas de su canto: «El justo jamás vacilará, su recuerdo será perpetuo, no temerá las malas noticias, su corazón está firme en el Señor». Dichoso tú, dirá el Apóstol, «porque al que da de buena gana, lo ama Dios». Dar de buena gana, dar dándose, dar hasta morir en la entrega, es tu modo de seguir a Jesús, es tu modo de servir a Jesús, es tu modo de cuidar de Jesús, es tu modo de amar a Jesús, es el modo humilde y sencillo que el amor te ofrece para llenar de fruto tu vida y dejarla colmada y remecida en las manos de Dios. Dichoso el que se hace siervo de los pobres, porque lo ama Dios.

Que tus fieles, Señor Jesús, te sirvan y te sigan; que se entreguen por entero a ti en la Iglesia y en los pobres; y que un día sean dichosos contigo en tu Reino.

Sta. Clara, m.o.
Susana; Cristina; Digna; Rufino; Bto. Mauricio Tornay

XIX del T.O.
3ª salt. / B
Ez 12,1-12 / Sal 77 / Mt 18,21–19,1

Mateo 18,21–19,1

En aquel tiempo, acercándose Pedro a Jesús le preguntó: «Señor, si mi hermano me ofende, ¿cuántas veces tengo que perdonarlo? ¿Hasta siete veces?». Jesús le contesta: «No te digo hasta siete veces, sino hasta setenta veces siete. Por esto, se parece el reino de los cielos a un rey que quiso ajustar las cuentas con sus criados. Al empezar a ajustarlas, le presentaron uno que debía diez mil talentos. Como no tenía con qué pagar, el señor mandó que lo vendieran a él con su mujer y sus hijos y todas sus posesiones, y que pagara así. El criado, arrojándose a sus pies, le suplicaba diciendo: "Ten paciencia conmigo y te lo pagaré todo". Se compadeció el señor de aquel criado y lo dejó marchar, perdonándole la deuda. Pero al salir, el criado aquel encontró a uno de sus compañeros que le debía cien denarios y, agarrándolo, lo estrangulaba diciendo: "Págame lo que me debes". El compañero, arrojándose a sus pies, le rogaba diciendo: "Ten paciencia conmigo y te lo pagaré". Pero él se negó y fue y lo metió en la cárcel hasta que pagara lo que debía. Sus compañeros, al ver lo ocurrido, quedaron consternados y fueron a contarle a su señor todo lo sucedido. Entonces el señor lo llamó y le dijo: "¡Siervo malvado! Toda aquella deuda te la perdoné porque me lo rogaste. ¿No debías tú también tener compasión de tu compañero, como yo tuve compasión de ti?". Y el señor, indignado, lo entregó a los verdugos hasta que pagara toda la deuda. Lo mismo hará con vosotros mi Padre celestial, si cada cual no perdona de corazón a su hermano». Cuando acabó Jesús estos discursos, partió de Galilea y vino a la región de Judea, al otro lado del Jordán.

Aumenta, Señor, la memoria de nuestra fe, para que, conociendo tus acciones, agradezcamos lo recibido, pidamos perdón por lo que no damos, y perdonemos siempre a quien nos haya ofendido.

Sta. Juana Francisca de Chantal, m.l.
Bto. Isidoro Bakanja; Bta. Victoria Díez

XIX del T.O.
3ª salt. / V
Ez 16,1-15.60.63 (o bien: Ez 16,59-63) / Sal Is 12,2-6 / Mt 19,3-12

Mateo 19,3-12

En aquel tiempo, se acercaron a Jesús unos fariseos y le preguntaron, para ponerlo a prueba: «¿Es lícito a un hombre repudiar a su mujer por cualquier motivo?». Él les respondió: «¿No habéis leído que el Creador, en el principio, los creó hombre y mujer, y dijo: "Por eso dejará el hombre a su padre y a su madre, y se unirá a su mujer, y serán los dos una sola carne"? De modo que ya no son dos, sino una sola carne. Pues lo que Dios ha unido, que no lo separe el hombre». Ellos insistieron: «¿Y por qué mandó Moisés darle acta de divorcio y repudiarla?». Él les contestó: «Por la dureza de vuestro corazón os permitió Moisés repudiar a vuestras mujeres; pero, al principio, no era así. Pero yo os digo que, si uno repudia a su mujer –no hablo de unión ilegítima– y se casa con otra, comete adulterio». Los discípulos le replicaron: «Si esa es la situación del hombre con la mujer, no trae cuenta casarse». Pero él les dijo: «No todos entienden esto, solo los que han recibido ese don. Hay eunucos que salieron así del vientre de su madre, a otros los hicieron los hombres, y hay quienes se hacen eunucos ellos mismos por el reino de los cielos. El que pueda entender, entienda».

«Para que te acuerdes y te sonrojes»

Recuerda: «Te vi... hice alianza contigo... te limpié, te ungí, te vestí de bordado, te ceñí de lino, te revestí de seda». Iglesia de Cristo recuerda el bautismo en el que fuiste lavada, la unción del Espíritu que vino sobre ti, la comunión en la gloria del Hijo con la que fuiste agraciada. Esa es la belleza de las galas con que fuiste ataviada por el amor de tu Dios. Ese amor de alianza de Dios contigo está destinado a ser fiel, a ser total, a ser eterno. De ese amor ha de ser sacramento el amor del hombre y la mujer. Pero, segura de tu belleza, «fornicaste y te prostituiste con el primero que pasaba». Acuérdate y sonrójate. Podrás avergonzarte por lo que tú has hecho. Pero el Señor pretende que no vuelvas a abrir la boca de vergüenza por lo que él ha hecho contigo «perdonándote todo lo que hiciste». Y también de ese amor que todo lo perdona ha de haber sacramento en la vida de tus hijos.

Stos. Ponciano e Hipólito, m.l.
Casiano; Máximo; Benildo Pedro Romançon; Centola; Bto. Joan Roig

XIX del T.O.
3ª salt. / V
Ez 18,1-10.13b. 30-32 / Sal 50 / Mt 19,13-15

Mateo 19,13-15

En aquel tiempo, le presentaron unos niños a Jesús para que les impusiera las manos y orase, pero los discípulos los regañaban. Jesús dijo: «Dejadlos, no impidáis a los niños acercarse a mí; de los que son como ellos es el reino de los cielos». Les impuso las manos y se marchó de allí.

Cosas de niños

Se habla de niños, pero creo que no entenderemos mal si entendemos bebés. Se dice que los acercaron a Jesús, y creo que no imaginamos mal si vemos que son sus madres quienes los acercan, tal vez llevándolos todavía en brazos. El hecho es que aquellos niños se acercan a Jesús, y que Jesús les impone las manos, y que el reino de Dios los ha tocado, los ha envuelto en su ternura. Jesús se marchó de allí, pero el reino de Dios se quedó como bendición y caricia en el corazón de los niños, y los niños se quedaron como bendecidos y acariciados en el corazón del reino de Dios. Escucha como los niños la canción de amor de tu Dios. Que en sus brazos la madre Iglesia te acerque a la comunión con Cristo Jesús. Recíbelo como bendición y caricia de Dios sobre tu vida. Bendecido y acariciado, quédate para siempre en el corazón de Dios. Son cosas de niños, pero de los que son como ellos es el reino de los cielos.

Enséñanos, Señor, a hacernos pequeños como te hiciste tú, y a ofrecerte nuestra pequeñez con el amor con que te nos ofreciste tú.

Maximiliano
Mª Kolbe; Eusebio;
Atanasia; Virginia;
Marcelo de Apamea;
Antonio Primaldo
y comp.

4ª salt. / V
Jer 38,4-6.8-10 /
Sal 39 /
Heb 12,1-4 /
Lc 12,49-53

Jeremías 38,4-6.8-10

En aquellos días, los dignatarios dijeron al rey: «Hay que condenar a muerte a ese Jeremías, pues, con semejantes discursos, está desmoralizando a los soldados que quedan en la ciudad y al resto de la gente. Ese hombre no busca el bien del pueblo, sino su desgracia». Respondió el rey Sedecías: «Ahí lo tenéis, en vuestras manos. Nada puedo hacer yo contra vosotros». Ellos se apoderaron de Jeremías y lo metieron en el aljibe de Malquías, príncipe real, en el patio de la guardia, descolgándolo con sogas. Jeremías se hundió en el lodo del fondo, pues el aljibe no tenía agua. Ebedmélec abandonó el palacio, fue al rey y le dijo: «Mi rey y señor, esos hombres han tratado injustamente al profeta Jeremías al arrojarlo al aljibe, donde sin duda morirá de hambre, pues no queda pan en la ciudad». Entonces el rey ordenó a Ebedmélec el cusita: «Toma tres hombres a tu mando y sacad al profeta Jeremías del aljibe antes de que muera».

Salmo 39,2.3.4.18

R. Señor, date prisa en socorrerme.

Hebreos 12,1-4

Hermanos: Teniendo una nube tan ingente de testigos, corramos, con constancia, en la carrera que nos toca, renunciando a todo lo que nos estorba y al pecado que nos asedia, fijos los ojos en el que inició y completa nuestra fe, Jesús, quien, en lugar del gozo inmediato, soportó la cruz, despreciando la ignominia, y ahora está sentado a la derecha del trono de Dios. Recordad al que soportó tal oposición de los pecadores, y no os canséis ni perdáis el ánimo. Todavía no habéis llegado a la sangre en vuestra pelea contra el pecado.

Lucas 12,49-53

En aquel tiempo, dijo Jesús a sus discípulos: «He venido a prender fuego a la tierra, ¡y cuánto deseo que ya esté ardiendo! Con un bautismo tengo que ser bautizado, ¡y qué angustia sufro hasta que se cumpla! ¿Pensáis que he venido a traer paz a la tierra? No, sino división. Desde ahora estarán divididos cinco en una casa: tres contra dos y dos contra tres; estarán divididos el padre contra el hijo y el hijo contra el padre, la madre contra la hija y la hija contra la madre, la suegra contra su nuera y la nuera contra la suegra».

Un grito desde la noche

La noche es tiempo de salvación y, en la noche, vivimos de fe, con esperanza y sometidos a la ley del amor. Esa noche de gracia y de liberación es también tiempo de contiendas y divisiones, de cruz y de ignominia. Como al profeta, como a Jesús, también a nosotros el príncipe de este mundo nos arroja una y otra vez al aljibe sin agua: como ellos nos hundimos en el fango; como ellos somos liberados de la charca fangosa. Hoy entramos con Cristo Jesús en la hora de su bautismo, pues en la celebración eucarística hacemos comunión con él: aquí nos ofrecemos con Cristo y resucitamos con él. Hoy, con el profeta y con Jesús, con el salmista y con todo el pueblo santo de Dios, vamos diciendo: «Señor, date prisa en socorrerme»; y nuestra oración no es súplica susurrada desde la quietud, sino grito lanzado desde la tormenta, desde la contienda, desde la división, desde la cruz, desde la noche.

Bendito eres tú, Señor, Dios mío, que, en Cristo, tu Hijo, me levantaste de la fosa fatal, de la charca fangosa, del abismo de la muerte, afianzaste mis pies sobre la roca, aseguraste mis pasos, pusiste en mi boca un cántico nuevo.

Asunción de la Virgen María, s.
Nª Sra. de los Reyes; del Olvido; del Alba; de la Paloma; Tarsicio

Oficio de la s. / B
Ap 11,19a; 12,1-6a.10ab / Sal 44 / 1Cor 15,20-27a / Lc 1,39-56

Lucas 1,39-56

En aquellos días, María se levantó y se puso en camino deprisa hacia la montaña, a una ciudad de Judá; entró en casa de Zacarías y saludó a Isabel. Aconteció que, en cuanto Isabel oyó el saludo de María, saltó la criatura en su vientre. Se llenó Isabel de Espíritu Santo y, levantando la voz, exclamó: «¡Bendita tú entre las mujeres, y bendito el fruto de tu vientre! ¿Quién soy yo para que me visite la madre de mi Señor? Pues, en cuanto tu saludo llegó a mis oídos, la criatura saltó de alegría en mi vientre. Bienaventurada la que ha creído, porque lo que le ha dicho el Señor se cumplirá». María dijo: «Proclama mi alma la grandeza del Señor, "se alegra mi espíritu en Dios, mi salvador; porque ha mirado la humildad de su esclava". Desde ahora me felicitarán todas las generaciones, porque el Poderoso ha hecho obras grandes en mí: "su nombre es santo, y su misericordia llega a sus fieles de generación en generación". Él hace proezas con su brazo: dispersa a los soberbios de corazón, "derriba del trono a los poderosos y enaltece a los humildes, a los hambrientos los colma de bienes y a los ricos los despide vacíos. Auxilia a Israel, su siervo, acordándose de la misericordia" –como lo había prometido a "nuestros padres"– en favor de Abrahán y su descendencia por siempre». María se quedó con Isabel unos tres meses y volvió a su casa.

Sierva y bendita

«Apareció una figura portentosa en el cielo: una mujer vestida del sol, la luna por pedestal, coronada con doce estrellas». En aquella figura, Iglesia santa, se te ha concedido admirar la belleza luminosa de tu propio misterio, y atisbar el portento de gracia y santidad que es la Madre del Señor. En la contemplación de la figura celeste, te ves mujer, frágil en tu preñez; en la escucha aprendes que eres reina, que eres hermosa, y que Dios se ha enamorado de ti: «Prendado está el rey de tu belleza; póstrate ante él, que él es tu Señor». En la contemplación, te ves fugitiva; en la escucha, una voz que llega desde el cielo anuncia a tus hijos la victoria.

S. Esteban de Hungría, m.l.
Roque; Arnulfo de Metz; Arnulfo de Soissons; Teódulo; Bta. Petra de S. José

XX del T.O.
4ª salt. / V
Ez 28,1-10 /
Sal Dt 32,26-36 /
Mt 19,23-30 /

Mateo 19,23-30

En aquel tiempo, Jesús dijo a sus discípulos: «En verdad os digo que difícilmente entrará un rico en el reino de los cielos. Lo repito: más fácil le es a un camello pasar por el ojo de una aguja, que a un rico entrar en el reino de los cielos». Al oírlo, los discípulos dijeron espantados: «Entonces, ¿quién puede salvarse?». Jesús se les quedó mirando y les dijo: «Es imposible para los hombres, pero Dios lo puede todo». Entonces dijo Pedro a Jesús: «Ya ves, nosotros lo hemos dejado todo y te hemos seguido; ¿qué nos va a tocar?». Jesús les dijo: «En verdad os digo: cuando llegue la renovación y el Hijo del hombre se siente en el trono de su gloria, también vosotros, los que me habéis seguido, os sentaréis en doce tronos para juzgar a las doce tribus de Israel. Todo el que por mí deja casa, hermanos o hermanas, padre o madre, hijos o tierras, recibirá cien veces más y heredará la vida eterna. Pero muchos primeros serán últimos y muchos últimos primeros».

Pasar un camello por el ojo de una aguja

El joven se había marchado «triste, porque era rico». No así Cristo, que «siendo rico, se hizo pobre para enriquecernos con su pobreza»; y que puso bajo el signo de un banquete, de una alegría pascual, ese camino de pobreza que recorrió con nosotros. Lo sepamos o no, cada uno escoge el camino que va a seguir: o será el del joven rico que se va triste con su riqueza; o será el de Jesús que nos invita a dejarlo todo para entrar con él a la fiesta de los pobres en el reino de Dios. ¡Dejarlo todo por Jesús! ¡Dejarlo todo como Jesús! ¡Dejarlo todo por el reino de Dios! Cada uno habrá de discernir qué significa para él esa locura: Dejar casa, hermanos o hermanas, padre o madre, mujer, hijos o tierras, hasta perderse uno incluso a sí mismo por seguir a Jesús. En la Eucaristía celebras ese empobrecimiento del Hijo de Dios y entras en el Camino que has decidido seguir.

Tú, Señor, que eres el Camino y la Verdad y la Vida, apártame de la tristeza de ser rico y dame la alegría de tu pobreza.

Beatriz de Silva; Jacinto de Polonia; Clara de Montefalco; Mamés; Bto. Pedro de Zúñiga

XX del T.O.
4ª salt. / V
Ez 34,1-11 /
Sal 22 /
Mt 20,1-16a

Mateo 20,1-16a

En aquel tiempo, dijo Jesús a sus discípulos esta parábola: «El reino de los cielos se parece a un propietario que al amanecer salió a contratar jornaleros para su viña. Después de ajustarse con ellos en un denario por jornada, los mandó a la viña. Salió otra vez a media mañana, vio a otros que estaban en la plaza sin trabajo y les dijo: "Id también vosotros a mi viña y os pagaré lo debido". Ellos fueron. Salió de nuevo hacia mediodía y a media tarde, e hizo lo mismo. Salió al caer la tarde y encontró a otros, parados, y les dijo: "¿Cómo es que estáis aquí el día entero sin trabajar?". Le respondieron: "Nadie nos ha contratado". Él les dijo: "Id también vosotros a mi viña". Cuando oscureció, el dueño dijo al capataz: "Llama a los jornaleros y págales el jornal, empezando por los últimos y acabando por los primeros". Vinieron los del atardecer y recibieron un denario cada uno. Cuando llegaron los primeros, pensaban que recibirían más, pero ellos también recibieron un denario cada uno. Al recibirlo se pusieron a protestar contra el amo: "Estos últimos han trabajado solo una hora y los has tratado igual que a nosotros, que hemos aguantado el peso del día y el bochorno". Él replicó a uno de ellos: "Amigo, no te hago ninguna injusticia. ¿No nos ajustamos en un denario? Toma lo tuyo y vete. Quiero darle a este último igual que a ti. ¿Es que no tengo libertad para hacer lo que quiera en mis asuntos? ¿O vas a tener tú envidia porque yo soy bueno?". Así, los últimos serán primeros y los primeros, últimos».

La bondad se hizo carne

Al joven que preguntaba sobre «lo bueno», Jesús le había dicho: «El Bueno es uno solo». Y hoy nos vuelve a hablar de ese único que es Bueno: «¿Es que tú vas a tener envidia porque yo soy bueno?». Tú, creyente, sabes que, si hay algo por lo que Dios es cuestionado, es precisamente su bondad. Así que bueno será si la nombras, si entras en su misterio, si te acoges a ella, si te haces su testigo. En relación con los trabajadores de su viña, has visto que Dios los recompensa más de lo que podrían esperar.

Elena; Alberto Hurtado Cruchaga; Bta. Sancha Szymkowiak

XX del T.O.
4ª salt. / V
Ez 36,23-28 /
Sal 50 /
Mt 22,1-14

Mateo 22,1-14

En aquel tiempo, Jesús volvió a hablar en parábolas a los sumos sacerdotes y a los ancianos del pueblo, diciendo: «El reino de los cielos se parece a un rey que celebraba la boda de su hijo; mandó a sus criados para que llamaran a los convidados, pero no quisieron ir. Volvió a mandar otros criados encargándoles que dijeran a los convidados: "Tengo preparado el banquete, he matado terneros y reses cebadas y todo está a punto. Venid a la boda". Pero ellos no hicieron caso; uno se marchó a sus tierras, otro a sus negocios, los demás agarraron a los criados y los maltrataron y los mataron. El rey montó en cólera, envió sus tropas, que acabaron con aquellos asesinos y prendieron fuego a la ciudad. Luego dijo a sus criados: "La boda está preparada, pero los convidados no se la merecían. Id ahora a los cruces de los caminos y a todos los que encontréis, llamadlos a la boda". Los criados salieron a los caminos y reunieron a todos los que encontraron, malos y buenos. La sala del banquete se llenó de comensales. Cuando el rey entró a saludar a los comensales, reparó en uno que no llevaba traje de fiesta y le dijo: "Amigo, ¿cómo has entrado aquí sin el vestido de boda?". El otro no abrió la boca. Entonces el rey dijo a los servidores: "Atadlo de pies y manos y arrojadlo fuera, a las tinieblas. Allí será el llanto y el rechinar de dientes". Porque muchos son los llamados, pero pocos los elegidos».

Un ruinoso intercambio

¡A Dios le puede el amor! Le puede tanto que se pierde por los que ama. Considera la desproporción en este ruinoso intercambio: «Vosotros seréis mi pueblo y yo seré vuestro Dios». Asómbrate de lo que Dios se lleva y lo que tú te quedas: él se lleva lo que habrá de recoger, de reunir, de purificar, de recrear; y tú te quedas con la alegría de su salvación, con la fiesta de su banquete de bodas, con la abundancia de su gracia, con el don de su Hijo. Él se lleva tu pobreza y tú te quedas con su riqueza. Él se queda contigo y tú te quedas con él. Admirable intercambio, ruinoso intercambio.

S. Juan Eudes / S. Ezequiel Moreno Díaz, m.l.
Jordán de Pisa;
Bernardo Tolomei;
Bartolomé de Simeri

XX del T.O.
4ª salt. / V
Ez 37,1-14 /
Sal 106 /
Mt 22,34-40

Mateo 22,34-40

En aquel tiempo, los fariseos, al oír que Jesús había hecho callar a los saduceos, se reunieron en un lugar y uno de ellos, un doctor de la ley, le preguntó para ponerlo a prueba: «Maestro, ¿cuál es el mandamiento principal de la ley?». Él le dijo: «"Amarás al Señor, tu Dios, con todo tu corazón, con toda tu alma, con toda tu mente". Este mandamiento es el principal y primero. El segundo es semejante a él: "Amarás a tu prójimo como a ti mismo". En estos dos mandamientos se sostienen toda la Ley y los Profetas».

El secreto está en el amor

Si buscas acierto en tus decisiones, pon tus opciones éticas bajo la luz del amor. Si buscas ser instruido en los caminos de Dios, déjate guiar por el consejo del amor. Si quieres saber de Dios, pregúntale al amor, «porque es eterna su misericordia», «porque Dios es amor», amor que hoy nos regala su palabra, amor que hoy se nos entrega en el misterio de la comunión con su Unigénito. No nos ha dado nuestro Dios un código de leyes que resulte difícil de recordar por complicado, o difícil de encontrar por lejano; nos lo ha dejado tan sencillo como amar, tan cercano como el amor, tan resumido como un «amarás»: «Amarás al Señor, tu Dios, con todo tu corazón. Amarás a tu prójimo como a ti mismo». Si amas, guardas en el corazón la voluntad de tu Dios y cumples toda la ley. Si amas, comulgas con el Hijo de Dios y resucitas. Si amas, vives. Si amas, eres hijo, hija, del Padre celestial que es infinito amor.

Concédenos, Señor, que te sirvamos de todo corazón y que amemos y respetemos la creación entera, como tú nos amas, como tú amas lo que has creado.

S. Bernardo, m.o.
Zaqueo;
Cristóbal y Leovigildo;
Filiberto; Samuel;
María de Matías

XX del T.O.
4ª salt. / B
Ez 43,1-7a /
Sal 84 /
Mt 23,1-12

Mateo 23,1-12

En aquel tiempo, habló Jesús a la gente y a sus discípulos, diciendo: «En la cátedra de Moisés se han sentado los escribas y los fariseos: haced y cumplid todo lo que os digan; pero no hagáis lo que ellos hacen, porque ellos dicen, pero no hacen. Lían fardos pesados y se los cargan a la gente en los hombros, pero ellos no están dispuestos a mover un dedo para empujar. Todo lo que hacen es para que los vea la gente: alargan las filacterias y agrandan las orlas del manto; les gustan los primeros puestos en los banquetes y los asientos de honor en las sinagogas; que les hagan reverencias en las plazas y que la gente los llame "rabbí". Vosotros, en cambio, no os dejéis llamar "rabbí", porque uno solo es vuestro maestro y todos vosotros sois hermanos. Y no llaméis padre vuestro a nadie en la tierra, porque uno solo es vuestro Padre, el del cielo. No os dejéis llamar maestros, porque uno solo es vuestro maestro, el Mesías. El primero entre vosotros será vuestro servidor. El que se enaltece será humillado, y el que se humilla será enaltecido».

La clave está siempre en el amor

La clave para dar unidad a cuanto escuchamos hoy en el evangelio continúa estando en el amor. Porque el amor unifica la vida; el amor no deja que los hechos contradigan a las palabras; el amor no deja que lo vivido se ausente de lo enseñado. Si el amor ocupa la cátedra, al tiempo que nos recuerda cuáles son nuestras responsabilidades, nos da la fortaleza necesaria para que podamos asumirlas. El amor no se exhibe, no presume, no busca otra recompensa que no sea la de amar. Dios es amor y, porque es amor, es Padre; y porque es amor único, es el único Padre. Dios es amor, amor que nos envuelve y nos penetra, amor del que venimos y al que vamos y, sin embargo, es amor que permanece oculto, que no deja de ser misterio, que no deja de ser en nuestra vida presencia real de un Dios escondido. Ese amor se nos ha manifestado en la humildad de Cristo Jesús, en su pobreza, en su inefable caridad. Sea él tu único consejero.

Pío X;
Alejandro Hales;
Sidonio; Bta. Victoria Rasoamanarivo

1ª salt. / V
Is 66,18-21 /
Sal 116 /
Heb 12,5-7.11-13 /
Lc 13,22-30

Isaías 66,18-21

Esto dice el Señor: «Yo, conociendo sus obras y sus pensamientos, vendré para reunir las naciones de toda lengua; vendrán para ver mi gloria. Les daré una señal, y de entre ellos enviaré supervivientes a las naciones: a Tarsis, Libia y Lidia (tiradores de arco), Túbal y Grecia, a las costas lejanas que nunca oyeron mi fama ni vieron mi gloria. Ellos anunciarán mi gloria a las naciones. Y de todas las naciones, como ofrenda al Señor, traerán a todos vuestros hermanos, a caballo y en carros y en literas, en mulos y dromedarios, hasta mi santa montaña de Jerusalén –dice el Señor–, así como los hijos de Israel traen ofrendas, en vasos purificados, al templo del Señor. También de entre ellos escogeré sacerdotes y levitas –dice el Señor–».

Salmo 116,1.2

R. Id al mundo entero y proclamad el Evangelio. (O bien: Aleluya).

Hebreos 12,5-7.11-13

Hermanos: Habéis olvidado la exhortación paternal que os dieron: «Hijo mío, no rechaces la corrección del Señor, ni te desanimes por su reprensión; porque el Señor reprende a los que ama y castiga a sus hijos preferidos». Soportáis la prueba para vuestra corrección, porque Dios os trata como a hijos, pues ¿qué padre no corrige a sus hijos? Ninguna corrección resulta agradable, en el momento, sino que duele; pero luego produce fruto apacible de justicia a los ejercitados en ella. Por eso, fortaleced las manos débiles, robusteced las rodillas vacilantes, y caminad por una senda llana: así el pie cojo, no se retuerce, sino que se cura.

Lucas 13,22-30

En aquel tiempo, Jesús pasaba por ciudades y aldeas enseñando y se encaminaba hacia Jerusalén. Uno le preguntó: «Señor, ¿son pocos los que se salvan?». Él les dijo: «Esforzaos en entrar por la puerta estrecha, pues os digo que muchos intentarán entrar y no podrán. Cuando el amo de la casa se levante y cierre la puerta, os quedaréis fuera y llamaréis a la puerta diciendo: "Señor, ábrenos"; pero él os dirá: "No sé quiénes sois". Entonces comenzaréis a decir: "Hemos comido y bebido contigo, y tú has enseñado en nuestras plazas". Pero él os dirá: "No sé de dónde sois. Alejaos de mí todos los que obráis la iniquidad". Allí será el llanto y el rechinar de dientes, cuando veáis a Abrahán, a Isaac y a Jacob y a todos los profetas en el reino de Dios, pero vosotros os veáis arrojados fuera. Y vendrán de oriente y occidente, del norte y del sur, y se sentarán a la mesa en el reino de Dios. Mirad: hay últimos que serán primeros, y primeros que serán últimos».

Comensales a la mesa del reino de Dios

Lo había dicho por el profeta: «Yo vendré para reunir a las naciones de toda lengua: vendrán para ver mi gloria». Ahora lo dice por el Hijo: «Vendrán de oriente y occidente, del norte y del sur, y se sentarán a la mesa en el reino de Dios». Y tú, Iglesia convocada por el Señor al banquete de la Eucaristía, alabas al Señor con todos los pueblos de la tierra, aclamas su misericordia y su fidelidad, porque reconoces cumplida en ti la profecía, y ves realizadas en ti las palabras de Jesús, pues ahora eres tú la que, «con Abrahán, Isaac y Jacob, estás sentada a la mesa en el reino de Dios». Hoy nosotros podemos ir al Señor, porque él ha querido venir a nosotros, porque él se ha hecho camino para que vayamos a él. Si podemos sentarnos hoy a su mesa, es porque él la ha preparado espaciosa para acogernos a todos, abundante para alimentarnos a todos, festiva para alegrarnos a todos. Solo sueña el gozo de verla llena de hijos.

Ilumínanos, Señor, con la luz de tu Espíritu, para que, siguiendo el camino que es Cristo Jesús, lleguemos un día a gozar de la gloria del cielo en el banquete de tu Reino.

Bienaventurada Virgen María Reina, m.o.
Felipe Benizi;
Sigfrido;
Bto. Simeón Lukac

XXI del T.O.
1ª salt. / B
2Tes 1,1-5.11b-12 /
Sal 95 /
Mt 23,13-22

Mateo 23,13-22

En aquel tiempo, Jesús dijo: «¡Ay de vosotros, escribas y fariseos hipócritas, que cerráis a los hombres el reino de los cielos! Ni entráis vosotros, ni dejáis entrar a los que quieren. ¡Ay de vosotros, escribas y fariseos hipócritas, que viajáis por tierra y mar para ganar un prosélito, y cuando lo conseguís, lo hacéis digno de la "gehenna" el doble que vosotros! ¡Ay de vosotros, guías ciegos, que decís: "Jurar por el templo no obliga, jurar por el oro del templo sí obliga"! ¡Necios y ciegos! ¿Qué es más, el oro o el templo que consagra el oro? O también: "Jurar por el altar no obliga, jurar por la ofrenda que está en el altar sí obliga". ¡Ciegos! ¿Qué es más, la ofrenda o el altar que consagra la ofrenda? Quien jura por el altar, jura por él y por cuanto hay sobre él; quien jura por el templo, jura por él y por quien habita en él; y quien jura por el cielo, jura por el trono de Dios y también por el que está sentado en él».

Ojalá escuchéis la voz del Señor

Lo recuerdas: el sueño de Dios era ver llena la sala de su banquete. Pero a Dios le han salido contrincantes peligrosos, y son los hipócritas que van cerrando a los hombres el reino de los cielos; ni entran ellos ni dejan entrar a los que quieren; se afanan por tierra y por mar como si los moviese el celo de la gloria de Dios, pero solo se van buscando a sí mismos y con ellos arrastran a la perdición a los incautos que los siguen. ¡Ay de vosotros!, maestros necios, guías ciegos, enemigos de Dios y de su reino, que rechazáis al enviado del Padre, lo espiáis para acusarlo, enseñáis a odiarlo, crucificáis al más amado. «Ojalá escuchéis hoy la voz del Señor; no endurezcáis el corazón», no rechacéis su gracia, no despreciéis la mesa de su reino. Los que son del Señor, conocen su voz, escuchan su palabra, se convierten a él, comulgan con él y lo siguen: El Señor es glorificado en ellos, y ellos son glorificados en el Señor.

«Oh Dios, que has iluminado los corazones de tus hijos con la luz del Espíritu Santo; haznos dóciles a su inspiración para que gustemos siempre el bien y gocemos de su consuelo».

Sta. Rosa de Lima, m.l.
Claudio; Minervo; Ovidio

XXI del T.O.
1ª salt. / V
2Tes 2,1-3a. 14-17 / Sal 95 / Mt 23,23-26

Mateo 23,23-26

En aquel tiempo, Jesús dijo: «¡Ay de vosotros, escribas y fariseos hipócritas, que pagáis el diezmo de la menta, del anís y del comino, y descuidáis lo más grave de la ley: la justicia, la misericordia y la fidelidad! Esto es lo que habría que practicar, aunque sin descuidar aquello. ¡Guías ciegos, que filtráis el mosquito y os tragáis el camello! ¡Ay de vosotros, escribas y fariseos hipócritas, que limpiáis por fuera la copa y el plato, mientras por dentro estáis rebosando de robo y desenfreno! ¡Fariseo ciego!, limpia primero la copa por dentro y así quedará limpia también por fuera».

Discípulos de la palabra de Dios

La vida del creyente está siempre amenazada por la hipocresía. Esta enemiga del alma se presenta siempre disfrazada de virtud: cuida las apariencias y descuida el corazón, se fija en lo insignificante y no repara en lo que importa, finge amor a la ley, exhibe pasión por la verdad y descuida el derecho, la compasión, la sinceridad. El hipócrita escoge serlo, ama serlo, hace de la hipocresía su forma de vida. El hipócrita es un ciego que ama su ceguera, un sordo que ama su sordera y se niega a ser curado. Solo la fe puede sanar esta enfermedad que es de muerte; solo la palabra de Dios, escuchada, creída, acogida y abrazada, alcanza los secretos del corazón humano, discierne los deseos, saca a la luz las intenciones y hace posible el encuentro de cada uno de nosotros con la verdad de la propia vida. La escuchamos cada día, la amamos, la buscamos, la meditamos, la comulgamos, nos hacemos discípulos de la palabra que es Cristo Jesús.

Ilumina, Señor, nuestros corazones con la luz de tu palabra, juzga nuestros deseos, purifica nuestras intenciones.

S. Bartolomé, f.
Emilia de Vialar; Audoeno; Bta. Mª Encarnación Rosal

Oficio de la f. / R
Vol. IV
Ap 21,9b-14 / Sal 144 / Jn 1,45-51

Juan 1,45-51

En aquel tiempo, Felipe encontró a Natanael y le dijo: «Aquel de quien escribieron Moisés en la ley y los profetas, lo hemos encontrado: Jesús, hijo de José, de Nazaret». Natanael le replicó: «¿De Nazaret puede salir algo bueno?». Felipe le contestó: «Ven y verás». Vio Jesús que se acercaba Natanael y dijo de él: «Ahí tenéis a un israelita de verdad, en quien no hay engaño». Natanael le contesta: «¿De qué me conoces?». Jesús le responde: «Antes de que Felipe te llamara, cuando estabas debajo de la higuera, te vi». Natanael respondió: «Rabí, tú eres el Hijo de Dios, tú eres el Rey de Israel». Jesús le contestó: «¿Por haberte dicho que te vi debajo de la higuera, crees? Has de ver cosas mayores». Y añadió: «En verdad, en verdad os digo: veréis el cielo abierto y a los ángeles de Dios subir y bajar sobre el Hijo del hombre».

Que tus fieles, Señor, proclamen tu gloria

Vamos a hablar de la Iglesia. Al vidente del Apocalipsis se la mostraron como «la novia», «la esposa del Cordero», «la ciudad santa», una Jerusalén nueva «que bajaba del cielo trayendo la gloria de Dios». El vidente contempló lo que seremos, lo que con su gracia Dios va preparando en nosotros por los caminos del tiempo: la novia, la esposa, la Iglesia que, un día último, todos contemplaremos espléndida en su belleza, reflejo de la gloria de Dios. Pero de esa Iglesia última «que brilla como piedra preciosa, como jaspe traslúcido», es anticipación y sacramento la Iglesia que peregrina en la tierra, la comunidad de los fieles, cada uno de nosotros, en quienes ha puesto su morada la Trinidad Santa, hombres y mujeres que proclaman con sus vidas la gloria del reinado de Dios. En verdad el Señor es justo en todos sus caminos, bondadoso en todas sus acciones, justicia y bondad manifestadas sin medida en Cristo Jesús.

Tú, Señor, nos has edificado sobre el cimiento de los apóstoles y nos has enriquecido con su palabra y su ejemplo; haz que seamos en la Iglesia testigos de la belleza gloriosa de tu reino.

S. Luis de Francia / S. José de Calasanz, m.l.
Ginés de Arles; Tomás de Hereford; Mª de Jesús Crucificado

XXI del T.O.
1ª salt. / V
1Cor 1,1-9 / Sal 144 / Mt 24,42-51

Mateo 24,42-51

En aquel tiempo, dijo Jesús a sus discípulos: «Estad en vela, porque no sabéis qué día vendrá vuestro Señor. Comprended que si supiera el dueño de casa a qué hora de la noche viene el ladrón, estaría en vela y no dejaría que abrieran un boquete en su casa. Por eso, estad también vosotros preparados, porque a la hora que menos penséis viene el Hijo del hombre. ¿Quién es el criado fiel y prudente, a quien el señor encarga de dar a la servidumbre la comida a sus horas? Bienaventurado ese criado, si el señor, al llegar, lo encuentra portándose así. En verdad os digo que le confiará la administración de todos sus bienes. Pero si dijere aquel mal siervo para sus adentros: "Mi señor tarda en llegar", y empieza a pegar a sus compañeros, y a comer y a beber con los borrachos, el día y la hora que menos se lo espera, llegará el amo y lo castigará con rigor y le hará compartir la suerte de los hipócritas. Allí será el llanto y el rechinar de dientes».

Un imperativo de fe

La vigilancia es imperativo de fe para el discípulo de Jesús: «Estad en vela, estad preparados». Imperativo reiterado como una alarma: atención a la venida del Señor, a la venida del ladrón, a la venida del Hijo del hombre, a la llegada del amo. Aquel día, el de la venida gloriosa del Mesías Jesús, será día deseado de salvación y temido de condena, esperado de júbilo y sobrecogedor de llanto y rechinar de dientes. De ahí el imperativo reiterado de la vigilancia, pues en nuestras manos está sembrar hoy lo que hemos de cosechar en aquel día. Y así, vivimos en vela, atentos al Señor que ya viene a nosotros en el misterio de su palabra, en la pequeñez de la comunidad en oración, en esa memoria real de su entrega que es la Eucaristía, en la humanidad sufriente de los pobres. Así, creyendo, orando, comulgando, atendiendo la necesidad de cada hermano, nos preparamos para que no nos sorprenda el día del Señor.

Oh Padre, que, en Cristo Jesús, nos has enriquecido en todo, concédenos esperar con amor vigilante el día de su venida.

Sta. Teresa de Jesús Jornet e Ibars, m.o.
Nª Sra. de Czestochowa; Alejandro

XXI del T.O.
1ª salt. / B
1Cor 1,17-25 / Sal 32 / Mt 25,1-13

Mateo 25,1-13

En aquel tiempo, dijo Jesús a sus discípulos esta parábola: «El reino de los cielos se parece a diez vírgenes que tomaron sus lámparas y salieron al encuentro del esposo. Cinco de ellas eran necias y cinco eran prudentes. Las necias, al tomar las lámparas, no se proveyeron de aceite; en cambio, las prudentes se llevaron alcuzas de aceite con las lámparas. El esposo tardaba, les entró sueño a todas y se durmieron. A medianoche se oyó una voz: "¡Que llega el esposo, salid a su encuentro!". Entonces se despertaron todas aquellas vírgenes y se pusieron a preparar sus lámparas. Y las necias dijeron a las prudentes: "Dadnos de vuestro aceite, que se nos apagan las lámparas". Pero las prudentes contestaron: "Por si acaso no hay bastante para vosotras y nosotras, mejor es que vayáis a la tienda y os lo compréis". Mientras iban a comprarlo, llegó el esposo, y las que estaban preparadas entraron con él al banquete de bodas, y se cerró la puerta. Más tarde llegaron también las otras vírgenes, diciendo: "Señor, señor, ábrenos". Pero él respondió: "En verdad os digo que no os conozco". Por tanto, velad, porque no sabéis el día ni la hora».

Velar dormidos, dormir despiertos

Ahora, Iglesia a la espera del Señor, escucha el canto de comunión de tu Eucaristía, la voz que se oyó a medianoche: «¡Que llega el esposo, salid a su encuentro!». Vuelven los imperativos de la fe. El primero es: «Salid a recibir al esposo». El segundo, del todo necesario para que se pueda cumplir el primero, es: «Velad, porque no sabéis el día ni la hora». El evangelio, que abrazamos en la fe, inunda de paradojas nuestra vida, pues todas las doncellas se durmieron, y a todos se nos dice: «Estad despiertos para manteneros en pie ante el Hijo del hombre». ¿Cómo se puede dormir y estar despierto? ¿Cómo se puede estar callado y orar? Habrá de velar siempre la fe, habrá de mantener viva su llama la esperanza, en todo momento habrá de hablar por nosotros el amor, y así recibiremos hoy despiertos al Señor en la Eucaristía, y él nos hallará despiertos en la medianoche de su última venida, aunque entonces todos estemos dormidos.

Sta. Mónica, m.o.
Cesáreo de Arles; Gabriel Mª Nicolás; Oroncio; Bta. Mª Pilar Izquierdo

XXI del T.O.
1ª salt. / B
1Cor 1,26-31 / Sal 32 / Mt 25,14-30

Mateo 25,14-30

En aquel tiempo, dijo Jesús a sus discípulos esta parábola: «Un hombre, al irse de viaje, llamó a sus siervos y los dejó al cargo de sus bienes: a uno le dejó cinco talentos, a otro dos, a otro uno, a cada cual según su capacidad; luego se marchó. El que recibió cinco talentos fue enseguida a negociar con ellos y ganó otros cinco. El que recibió dos hizo lo mismo y ganó otros dos. En cambio, el que recibió uno fue a hacer un hoyo en la tierra y escondió el dinero de su señor. Al cabo de mucho tiempo viene el señor de aquellos siervos y se pone a ajustar las cuentas con ellos. Se acercó el que había recibido cinco talentos y le presentó otros cinco, diciendo: "Señor, cinco talentos me dejaste; mira, he ganado otros cinco". Su señor le dijo: "Bien, siervo bueno y fiel; como has sido fiel en lo poco, te daré un cargo importante; entra en el gozo de tu señor". Se acercó luego el que había recibido dos talentos y dijo: "Señor, dos talentos me dejaste; mira, he ganado otros dos". Su señor le dijo: "¡Bien, siervo bueno y fiel!; como has sido fiel en lo poco, te daré un cargo importante; entra en el gozo de tu señor". Se acercó también el que había recibido un talento y dijo: "Señor, sabía que eres exigente, que siegas donde no siembras y recoges donde no esparces, tuve miedo y fui a esconder tu talento bajo tierra. Aquí tienes lo tuyo". El señor le respondió: "Eres un siervo negligente y holgazán. ¿Con que sabías que siego donde no siembro y recojo donde no esparzo? Pues debías haber puesto mi dinero en el banco, para que, al volver yo, pudiera recoger lo mío con los intereses. Quitadle el talento y dádselo al que tiene diez. Porque al que tiene se le dará y le sobrará, pero al que no tiene, se le quitará hasta lo que tiene. Y a ese siervo inútil echadlo fuera, a las tinieblas; allí será el llanto y el rechinar de dientes"».

Fortalécenos, Señor, con tu gracia, para que nos amemos unos a otros como tú nos has amado.

Agustín; Alejandro de Constantinopla; Fortunato; Junípero Serra; Bto. Aurelio de Vinalesa

2ª salt. / V
Eclo 3,17-20.28-29 / Sal 67 / Heb 12,18-19. 22-24a / Lc 14,1.7-14

Eclesiástico 3,17-20.28-29

Hijo, actúa con humildad en tus quehaceres, y te querrán más que al hombre generoso. Cuanto más grande seas, más debes humillarte, y así alcanzarás el favor del Señor. «Muchos son los altivos e ilustres, pero él revela sus secretos a los mansos». Porque grande es el poder del Señor y es glorificado por los humildes. La desgracia del orgulloso no tiene remedio, pues la planta del mal ha echado en él sus raíces. Un corazón prudente medita los proverbios, un oído atento es el deseo del sabio.

Salmo 67,4-5ac.6-7ab.10-11

R. Tu bondad, oh, Dios, preparó una casa para los pobres.

Hebreos 12,18-19.22-24a

Hermanos: No os habéis acercado a un fuego tangible y encendido, a densos nubarrones, a la tormenta, al sonido de la trompeta; ni al estruendo de las palabras, oído el cual, ellos rogaron que no continuase hablando. Vosotros, os habéis acercado al monte Sion, ciudad del Dios vivo, Jerusalén del cielo, a las miríadas de ángeles, a la asamblea festiva de los primogénitos inscritos en el cielo, a Dios, juez de todos; a las almas de los justos que han llegado a la perfección, y al Mediador de la nueva alianza, Jesús.

Lucas 14,1.7-14

Un sábado, Jesús entró en casa de uno de los principales fariseos para comer y ellos lo estaban espiando. Notando que los convidados escogían los primeros puestos, les decía una parábola: «Cuando te conviden a una boda, no te sientes en el puesto principal, no sea que hayan convidado a otro de más categoría que tú; y venga el que os convidó a ti y al otro, y te diga: "Cédele el puesto a este". Entonces, avergonzado, irás a ocupar el último puesto. Al revés, cuando te conviden, vete a sentarte en el último puesto, para que, cuando venga el que te convidó, te diga: "Amigo, sube más arriba". Entonces quedarás muy bien ante todos los comensales. Porque todo el que se enaltece será humillado; y el que se humilla será enaltecido». Y dijo al que lo había invitado: «Cuando des una comida o una cena, no invites a tus amigos, ni a tus hermanos, ni a tus parientes, ni a los vecinos ricos; porque corresponderán invitándote, y quedarás pagado. Cuando des un banquete, invita a pobres, lisiados, cojos y ciegos; y serás bienaventurado, porque no pueden pagarte; te pagarán en la resurrección de los justos».

«Procede con humildad», «hazte pequeño»

Dios mío, ¿cómo puedo yo hacerme pequeño si he nacido en la condición de esclavo? ¿Adónde puedo bajar si en pecado me concibió mi madre? Entonces la fe recuerda que tu gracia me ha sanado, que tu justicia me ha justificado, que tu amor me ha enaltecido, que me has llamado y llevado a vivir en santa comunión contigo; la fe me dice que me llamas a bajar contigo por el camino del amor y de la entrega, hasta dar la vida contigo; la fe me dice que he sido llamado a vivir en santa comunión con aquel que vino del cielo a la tierra para servir, no para ser servido. El que nos hizo hijos suyos en su Hijo y nos llamó a recorrer con su Hijo el camino de la entrega a los demás, el que hoy nos invita a la comunión sacramental con su Hijo y nos hace en su Hijo herederos de su gloria, el que hoy prepara casa a los desvalidos llamándonos a vivir en Cristo Jesús, él mismo es el que nos dice: «Procede con humildad», «hazte pequeño».

Dios, Padre nuestro, enséñanos a imitar la pobreza, la humildad y la caridad de nuestro Señor Jesucristo.

Martirio de S. Juan Bautista, m.o.
Sabina; Beatriz; Nª Sra. del Mar

XXII del T.O.
2ª salt. / V
1Cor 2,1-5 /
Sal 118 /
Mc 6,17-29

Marcos 6,17-29

En aquel tiempo, Herodes había mandado prender a Juan y lo había metido en la cárcel encadenado. El motivo era que Herodes se había casado con Herodías, mujer de su hermano Filipo, y Juan le decía que no le era lícito tener a la mujer de su hermano. Herodías aborrecía a Juan y quería matarlo, pero no podía, porque Herodes respetaba a Juan, sabiendo que era un hombre justo y santo, y lo defendía. Al escucharlo quedaba muy perplejo, aunque lo oía con gusto. La ocasión llegó cuando Herodes, por su cumpleaños, dio un banquete a sus magnates, a sus oficiales y a la gente principal de Galilea. La hija de Herodías entró y danzó, gustando mucho a Herodes y a los convidados. El rey le dijo a la joven: «Pídeme lo que quieras, que te lo daré». Y le juró: «Te daré lo que me pidas, aunque sea la mitad de mi reino». Ella salió a preguntarle a su madre: «¿Qué le pido?». La madre le contestó: «La cabeza de Juan el Bautista». Entró ella enseguida, a toda prisa, se acercó al rey y le pidió: «Quiero que ahora mismo me des en una bandeja la cabeza de Juan el Bautista». El rey se puso muy triste; pero por el juramento y los convidados no quiso desairarla. Enseguida le mandó a uno de su guardia que trajese la cabeza de Juan. Fue, lo decapitó en la cárcel, trajo la cabeza en una bandeja y se la entregó a la joven; la joven se la entregó a su madre. Al enterarse sus discípulos fueron a recoger el cadáver y lo pusieron en un sepulcro.

Una Iglesia de profetas

Por la fe y la gracia estamos en comunión con Cristo Jesús. Por el agua y el Espíritu Santo, Dios, que nos liberó del pecado y nos dio nueva vida, nos consagró para que fuésemos miembros de Cristo, sacerdote, profeta y rey. Dios nos consagró profetas y nos envió para que en el mundo seamos voz del que nos envía, pregoneros de su mandato, testigos de su querer. Dios nos consagró profetas para que anunciáramos al mundo el evangelio de la salvación. Dichoso tú, pueblo sacerdotal: el Señor es tu esperanza y tu confianza. Sea tu pan de cada día hacer la voluntad del que te ha enviado.

Félix y Adaucto; Juana Jugan; Btos. Ildefonso Schuster, Manuel Medina y Diego Ventaja

XXII del T.O. *2ª salt.* / V
1Cor 2,10b-16 / Sal 144 / Lc 4,31-37

Lucas 4,31-37

En aquel tiempo, Jesús bajó a Cafarnaún, ciudad de Galilea, y los sábados les enseñaba. Se quedaban asombrados de su enseñanza, porque su palabra estaba llena de autoridad. Había en la sinagoga un hombre poseído por un espíritu de demonio inmundo y se puso a gritar con fuerte voz: «¡Basta! ¿Qué tenemos que ver nosotros contigo, Jesús Nazareno? ¿Has venido a acabar con nosotros? Sé quién eres: el Santo de Dios». Pero Jesús le increpó diciendo: «¡Cállate y sal de él!». Entonces el demonio, tirando al hombre por tierra en medio de la gente, salió sin hacerle daño. Quedaron todos asombrados y comentaban entre sí: «¿Qué clase de palabra es esta? Pues da órdenes con autoridad y poder a los espíritus inmundos, y salen». Y su fama se difundía por todos los lugares de la comarca.

Con Jesús, enfrentados al mal

Fíjate en Cristo Jesús y tú, que eres su cuerpo, sabrás de ti. Tienes su palabra, tienes su autoridad, tienes su Espíritu, participas de su santidad. Él en ti, tú en él, unidos en comunión y enfrentados al mal en una lucha que no conocerá tregua, enfrentados al espíritu inmundo para liberar de su opresión a los pobres. Se dice de Jesús: «Un gran profeta ha surgido entre nosotros. Dios ha visitado a su pueblo». Se dice de Jesús; pero si tú repudias la mediocridad del conformismo y devuelves a tus palabras la autoridad que para liberar les viene de Dios, si entras con Jesús en su lucha contra el mal, si te haces como Jesús portador del evangelio de la salvación para los pobres, entonces serán ellos, los pobres, los que digan de ti: «Un gran profeta ha surgido entre nosotros. Dios ha visitado a su pueblo»; y se preguntarán qué tiene tu palabra; y contigo irá llegando la noticia de Jesús a cuantos te conozcan.

Fortalécenos, Señor, con la unción de tu Espíritu para que, libres de todo mal, nos entreguemos de todo corazón a tu servicio.

Ramón Nonato;
Paulino de Tréveris;
Aidano; Abundio;
Bto. Pere Tarrés

XXII del T.O.
2ª salt. / V
1Cor 3,1-9 /
Sal 32 /
Lc 4,38-44

Lucas 4,38-44

En aquel tiempo, al salir Jesús de la sinagoga, entró en la casa de Simón. La suegra de Simón estaba con fiebre muy alta y le rogaron por ella. Él, inclinándose sobre ella, increpó a la fiebre, y se le pasó; ella, levantándose enseguida, se puso a servirles. Al ponerse el sol, todos cuantos tenían enfermos con diversas dolencias se los llevaban, y él, imponiendo las manos sobre cada uno, los iba curando. De muchos de ellos salían también demonios, que gritaban y decían: «Tú eres el Hijo de Dios». Los increpaba y no les dejaba hablar, porque sabían que él era el Mesías. Al hacerse de día, salió y se fue a un lugar desierto. La gente lo andaba buscando y, llegando donde estaba, intentaban retenerlo para que no se separara de ellos. Pero él les dijo: «Es necesario que proclame el reino de Dios también a las otras ciudades, pues para esto he sido enviado». Y predicaba en las sinagogas de Judea.

Escucha, comulga

Contigo, Iglesia de Cristo, a donde vayas, ha de ir la sanación, la liberación, la salvación. Como Jesús, también tú has sido bautizada en Espíritu Santo; en Jesús, eres comunidad de hijos nacidos de Dios; como Jesús, has sido ungida y enviada a evangelizar a los pobres, a proclamar a los ciegos la vista, a los cautivos la libertad, a todos un año de gracia. El reino de Dios se te ha pegado a la vida y no podrás dejar de anunciarlo: ha de ir contigo como iba con Jesús: se acercará a donde tú te acerques, estará donde tú estés. Lo irás realizando con esfuerzo, con dedicación, con determinación, con la vida entregada de tus hijos, hasta que la salvación de Dios se haga realidad cumplida y los hijos de los hombres se vean plenamente libres del mal que todavía los oprime. Escucha al que ha de hablar en tus palabras, comulga con el que ha de ir contigo, y llévalo siempre como evangelio para los pobres.

Envía, Señor, obreros a tu mies, que hagan cercana a los pobres la gloria de tu reinado.

1

jueves

Nª Sra. del Puig; Nª Sra. de la Cinta; Gil; Josué; Simeón Estilita el Viejo

XXII del T.O.
2ª salt. / V
1Cor 3,18-23 /
Sal 23 /
Lc 5,1-11

septiembre

Lucas 5,1-11

En aquel tiempo, la gente se agolpaba en torno a Jesús para oír la palabra de Dios. Estando él de pie junto al lago de Genesaret, vio dos barcas que estaban en la orilla; los pescadores, que habían desembarcado, estaban lavando las redes. Subiendo a una de las barcas, que era la de Simón, le pidió que la apartara un poco de tierra. Desde la barca, sentado, enseñaba a la gente. Cuando acabó de hablar, dijo a Simón: «Rema mar adentro, y echad vuestras redes para la pesca». Respondió Simón y dijo: «Maestro, hemos estado bregando toda la noche y no hemos recogido nada; pero, por tu palabra, echaré las redes». Y, puestos a la obra, hicieron una redada tan grande de peces que las redes comenzaban a reventarse. Entonces hicieron señas a los compañeros, que estaban en la otra barca, para que vinieran a echarles una mano. Vinieron y llenaron las dos barcas, hasta el punto de que casi se hundían. Al ver esto, Simón Pedro se echó a los pies de Jesús diciendo: «Señor, apártate de mí, que soy un hombre pecador». Y es que el estupor se había apoderado de él y de los que estaban con él, por la redada de peces que habían recogido; y lo mismo les pasaba a Santiago y Juan, hijos de Zebedeo, que eran compañeros de Simón. Y Jesús dijo a Simón: «No temas; desde ahora serás pescador de hombres». Entonces sacaron las barcas a tierra y, dejándolo todo, lo siguieron.

Señor, apártame de mí, que no de ti; dame un corazón libre para que, dejándolo todo, te siga a donde quiera que vayas.

viernes

Antolín; Salomón Leclercq; Bto. Francisco Dardán y comp.

XXII del T.O.
2ª salt. / V
1Cor 4,1-5 /
Sal 36 /
Lc 5,33-39

Lucas 5,33-39

En aquel tiempo, los fariseos y los escribas dijeron a Jesús: «Los discípulos de Juan ayunan a menudo y oran, y los de los fariseos también; en cambio, los tuyos, a comer y a beber». Jesús les dijo: «¿Acaso podéis hacer ayunar a los invitados a la boda mientras el esposo está con ellos? Llegarán días en que les arrebatarán al esposo, entonces ayunarán en aquellos días». Les dijo también una parábola: «Nadie recorta una pieza de un manto nuevo para ponérsela a un manto viejo; porque, si lo hace, el nuevo se rompe y al viejo no le cuadra la pieza del nuevo. Nadie echa vino nuevo en odres viejos: porque, si lo hace, el vino nuevo reventará los odres y se derramará, y los odres se estropearán. A vino nuevo, odres nuevos. Nadie que cate vino añejo quiere del nuevo, pues dirá: "El añejo es mejor"».

Escucha, come, bebe

La expresión: «En cambio, los tuyos, a comer y a beber», más que un reproche, es denuncia de una desviación, juicio sobre un comportamiento, condena de una actitud vital, proceso que se incoa, no tanto contra los discípulos de Jesús cuanto contra el propio maestro. El mundo viejo se enfrenta a la novedad del reino de Dios, como si el banquete de bodas de Dios con su pueblo no hubiese llegado con su asombrosa abundancia, como si el novio no estuviese con sus amigos, como si el Señor no hubiese venido a iluminar lo que esconden las tinieblas, como si la luz de Dios no brillase ya sobre los que yacían en las tinieblas, como si la vida no hubiese irrumpido ya en el lugar de los muertos. Sobre la mesa de este banquete nupcial está dispuesta la divina palabra: Escúchala. Está consagrado el pan de la Eucaristía: Come. Está abierta la fuente del Espíritu: Bebe. Solo cuando se lleven al novio, solo entonces ayunarás.

En darnos como nos dio a su Hijo, Dios Padre ha preparado para nosotros el banquete de su reino. Que la abundancia de su gracia nos haga siempre ricos en caridad fraterna.

Lucas 6,1-5

Un sábado, iba Jesús caminando por medio de un sembrado y sus discípulos arrancaban y comían espigas, frotándolas con las manos. Unos fariseos dijeron: «¿Por qué hacéis en sábado lo que no está permitido?». Respondiendo Jesús, les dijo: «¿No habéis leído lo que hizo David, cuando él y sus compañeros sintieron hambre? Entró en la casa de Dios, y tomando los panes de la proposición, que solo está permitido comer a los sacerdotes, comió él y dio a los que estaban con él». Y les decía: «El Hijo del hombre es señor del sábado».

Escucha y comulga

Aunque parezca que los fariseos cuestionan el comportamiento de los discípulos, a quien se pretende siempre cuestionar es al Maestro. Y aunque parezca que se trata de reivindicar la observancia del sábado, de lo que se trata es de desacreditar a Jesús. Las razones personales, las certezas compartidas, la religiosidad común, son murallas que se levantan altísimas entre aquellos fariseos y Jesús: guardan el sábado del Señor y no reconocen al Señor del sábado; observan el descanso del sábado y se obstinan en no entrar en el descanso de Dios que es Cristo Jesús; esperan hacerse gratos a Dios por la observancia del sábado, pero se oponen a Jesús, se apartan del camino que lleva al Padre, se cierran a la verdad que lo revela, rehúsan la vida que viene de él. «El Señor está cerca de los que lo invocan», tan cerca como lo está la palabra proclamada en tu celebración, como el pan consagrado en tu Eucaristía. Escucha y comulga.

Ilumínanos, Señor, con tu Espíritu, para que nuestras certezas no nos aparten de tu verdad, para que nuestras razones no nos aparten de tu amor, para que nuestros ídolos no nos aparten de ti.

Nª Sra. de la Consolación; Rosa de Viterbo; Moisés; Bonifacio I; Rosalía; Bta. Dina Bélanger

3ª salt. / V
Sab 9,13-18 /
Sal 89 /
Flm 9b-10.12-17 /
Lc 14,25-33

Sabiduría 9,13-18

¿Qué hombre conocerá el designio de Dios?, o ¿quién se imaginará lo que el Señor quiere? Los pensamientos de los mortales son frágiles e inseguros nuestros razonamientos, porque el cuerpo mortal oprime el alma y esta tienda terrena abruma la mente pensativa. Si apenas vislumbramos lo que hay sobre la tierra y con fatiga descubrimos lo que está a nuestro alcance, ¿quién rastreará lo que está en el cielo?, ¿quién conocerá tus designios, si tú no le das sabiduría y le envías tu santo espíritu desde lo alto? Así se enderezaron las sendas de los terrestres, los hombres aprendieron lo que te agrada y se salvaron por la sabiduría».

Salmo 89,3-4.5-6.12-13.14 y 17

R. Señor, tú has sido nuestro refugio de generación en generación.

Filemón 9b-10.12-17

Querido hermano: Yo, Pablo, anciano, y ahora prisionero por Cristo Jesús, te recomiendo a Onésimo, mi hijo, a quien engendré en la prisión. Te lo envío como a hijo. Me hubiera gustado retenerlo junto a mí, para que me sirviera en nombre tuyo en esta prisión que sufro por el Evangelio; pero no he querido retenerlo sin contar contigo: así me harás este favor, no a la fuerza, sino con toda libertad. Quizá se apartó de ti por breve tiempo para que lo recobres ahora para siempre; y no como esclavo, sino como algo mejor que un esclavo, como un hermano querido, que si lo es mucho para mí, cuánto más para ti, humanamente y en el Señor. Si me consideras compañero tuyo, recíbelo a él como a mí.

Lucas 14,25-33

En aquel tiempo, mucha gente acompañaba a Jesús; él se volvió y les dijo: «Si alguno viene a mí y no pospone a su padre y a su madre, a su mujer y a sus hijos, a sus hermanos y a sus hermanas, e incluso a sí mismo, no puede ser discípulo mío. Quien no carga con su cruz y viene en pos de mí, no puede ser discípulo mío. Así, ¿quién de vosotros, si quiere construir una torre, no se sienta primero a calcular los gastos, a ver si tiene para terminarla? No sea que, si echa los cimientos y no puede acabarla, se pongan a burlarse de él los que miran, diciendo: "Este hombre empezó a construir y no pudo acabar". ¿O qué rey, si va a dar la batalla a otro rey, no se sienta primero a deliberar si con diez mil hombres podrá salir al paso del que lo ataca con veinte mil? Y si no, cuando el otro está todavía lejos, envía legados para pedir condiciones de paz. Así pues, todo aquel de entre vosotros que no renuncia a todos sus bienes no puede ser discípulo mío».

El futuro está... en el odio

Algo dentro de mí va diciendo que ese odio está hecho de amor; que mi padre y mi madre odiaron la propia vida para proteger la mía; que los mártires de la fe odiaron la propia vida y la entregaron a Cristo Jesús y a quienes los martirizaban; que Jesús de Nazaret odió su vida para que yo pudiese vivir; que la Eucaristía, sacramento del amor que Dios nos tiene, es al mismo tiempo sacramento de ese odio que se nos exige, pues en este divino misterio se nos entrega por entero quien se odia y nos ama, y solo si nos odiamos para amar, solo si nos damos a quienes amamos, podremos ser discípulos de aquel con quien comulgamos. Bajo esa luz se puede releer la carta de Pablo a Filemón: Es como si el apóstol estuviese diciendo a su amigo: Ódiate a ti mismo y ama a tu esclavo. Ese odio, que libera para amar, es condición de futuro para el que ama, para el amado y para el mundo. Paradojas del amor: El futuro está... en el odio.

Llévanos a ti, Señor. Queremos aprender a amar, aprender a odiar, aprender a darlo todo sin esperar más recompensa que la de haber amado con todo el corazón.

lunes

Teresa de Calcuta; Lorenzo Justiniano; Obdulia

XXIII del T.O.
3ª salt. / V
1Cor 5,1-8 /
Sal 5 /
Lc 6,6-11

Lucas 6,6-11

Un sábado, entró Jesús en la sinagoga y se puso a enseñar. Había allí un hombre que tenía la mano derecha paralizada. Los escribas y los fariseos estaban al acecho para ver si curaba en sábado, y encontrar de qué acusarlo. Pero él conocía sus pensamientos y dijo al hombre de la mano atrofiada: «Levántate y ponte en medio». Y, levantándose, se quedó en pie. Jesús les dijo: «Os voy a hacer una pregunta: ¿Qué está permitido en sábado?, ¿hacer el bien o el mal, salvar una vida o destruirla?». Y, echando en torno una mirada a todos, le dijo: «Extiende tu mano». Él lo hizo y su mano quedó restablecida. Pero ellos, ciegos por la cólera, discutían qué había que hacer con Jesús.

Silencio para escuchar y liberar

De lo que se trata es de la relación personal con Jesús de Nazaret. «Ellos, escribas y fariseos, furiosos, discutían qué había que hacer con Jesús». Tú, Iglesia de discípulos, gozosos por lo que han conocido de él, ya sabes lo que has de hacer: escuchar su voz y seguirlo. «Ellos estaban al acecho para ver si Jesús curaba en sábado». Tú haces memoria asombrada de lo que Jesús ha hecho contigo en el día séptimo de Dios, y de lo que Jesús es para todos, también para los que todavía no lo conocen. Ellos callaban, porque solo querían «encontrar de qué acusar» a Jesús. Tú haces silencio para poder escucharlo, para recordar sus obras, para contemplar lo que en Jesús se te revela, para agradecer lo que has contemplado y amar a aquel de quien todo lo has recibido. Ese es el silencio de tu Eucaristía, silencio que te envuelve y te deja a los pies del Señor para que escuches su palabra, lo acojas dentro de ti y te salves.

«Aunque camine por cañadas oscuras, nada temo, porque tú, Señor, eres mi pastor: tu vara y tu cayado me sosiegan» (Salmo 22).

Santa María de Guadalupe; Magno; Zacarías

XXIII del T.O.
3ª salt. / V
1Cor 6,1-11 /
Sal 149 /
Lc 6,12-19

Lucas 6,12-19

En aquellos días, Jesús salió al monte a orar y pasó la noche orando a Dios. Cuando se hizo de día, llamó a sus discípulos, escogió de entre ellos a doce, a los que también nombró apóstoles: Simón, al que puso de nombre Pedro, y Andrés, su hermano; Santiago, Juan, Felipe, Bartolomé, Mateo, Tomás, Santiago el de Alfeo, Simón, llamado el Zelote; Judas el de Santiago y Judas Iscariote, que fue el traidor. Después de bajar con ellos, se paró en una llanura con un grupo grande de discípulos y una gran muchedumbre del pueblo, procedente de toda Judea, de Jerusalén y de la costa de Tiro y de Sidón. Venían a oírlo y a que los curara de sus enfermedades; los atormentados por espíritus inmundos quedaban curados, y toda la gente trataba de tocarlo, porque salía de él una fuerza que los curaba a todos.

Elegidos y enviados

Hablamos aún de relación personal con Jesús. Si podemos decir que somos cristianos, es porque la fe nos ha llevado a Jesús, porque nos hemos acercado a él para escucharlo, porque fuimos a que él nos curara. Escuchando su palabra, conocimos el don de Dios, el amor de Dios, la salvación de Dios. Creyendo, fuimos curados, bautizados en la muerte-resurrección del Señor, ungidos con su Espíritu vivificador, liberados de la esclavitud del pecado y de la muerte. Bautizados, ungidos, liberados, el Señor nos ha elegido para que vayamos y demos fruto y nuestro fruto dure. Somos los pequeños en quienes el Señor se ha fijado, el pueblo que Dios ama, los pecadores que Dios ha purificado, consagrado, perdonado en el nombre de Jesús y por el Espíritu Santo. Ahora, que escuchamos la palabra de Dios y comulgamos el cuerpo resucitado de Cristo Jesús, pedimos que lo recibido dé fruto en nosotros y ese fruto dure hasta la eternidad.

Ven, Espíritu Santo, llena los corazones de tus fieles y enciende en ellos el fuego de tu amor, para que, transformados en Cristo, demos frutos de vida eterna.

Alonso Pacheco;
Juan de Lodi;
Regina

XXIII del T.O.
3ª salt. / V
1Cor 7,25-31 /
Sal 44 /
Lc 6,20-26

Lucas 6,20-26

En aquel tiempo, Jesús, levantando los ojos hacia sus discípulos, les decía: «Bienaventurados los pobres, porque vuestro es el reino de Dios. Bienaventurados los que ahora tenéis hambre, porque quedaréis saciados. Bienaventurados los que ahora lloráis, porque reiréis. Bienaventurados vosotros cuando os odien los hombres, y os excluyan, y os insulten y proscriban vuestro nombre como infame, por causa del Hijo del hombre. Alegraos ese día y saltad de gozo, porque vuestra recompensa será grande en el cielo. Eso es lo que hacían vuestros padres con los profetas. Pero ¡ay de vosotros, los ricos, porque ya habéis recibido vuestro consuelo! ¡Ay de vosotros, los que estáis saciados, porque tendréis hambre! ¡Ay de los que ahora reís, porque haréis duelo y lloraréis! ¡Ay si todo el mundo habla bien de vosotros! Eso es lo que vuestros padres hacían con los falsos profetas».

Comulgar con Lázaro

No lo des por entendido, porque, más que de una paradoja, se trata de una locura: Bienaventurados los pobres; ¡ay de los ricos! Bienaventurados los hambrientos: ¡ay de los que ahora estáis saciados! Bienaventurados los que lloran; ¡ay de los que ahora reís! Lo razonable será que las escuchemos sin escándalo y las olvidemos discretamente. No seré yo quien diga que se trata de una lauda de la pobreza, del hambre o de las lágrimas; pero no creo equivocarme si digo que Jesús mira desde los ojos de Dios, con los ojos de Dios, las discriminaciones, injurias y exclusiones, las lágrimas, el hambre y la pobreza que los discípulos experimentan en su ahora, en el tiempo de su peregrinación hacia Dios. Jesús mira el futuro que, en germen, esa realidad dolorosa lleva dentro. Jesús mira lo que se gesta en el dolor de los pobres. Y tú, que recuerdas lo del pobre Lázaro y el rico epulón, escoges quedarte con Lázaro; escoges comulgar con Cristo Jesús.

Que tu Espíritu, Señor, nos guíe por el camino de la pobreza y humildad de nuestro Señor Jesucristo.

Natividad de la Virgen María, f.
Nª Sra. de Covadonga; Adrián; Bto. Federico Ozanam

Oficio de la f. / B
Vol. IV
Miq 5,1-4a (o bien: Rom 8,28-30) / Sal 12 / Mt 1,1-16.18-23 [breve: Mt 1,18-23]

Mateo 1,18-23 (breve)

La generación de Jesucristo fue de esta manera: María, su madre, estaba desposada con José y, antes de vivir juntos, resultó que ella esperaba un hijo por obra del Espíritu Santo. José, su esposo, como era justo y no quería difamarla, decidió repudiarla en privado. Pero, apenas había tomado esta resolución, se le apareció en sueños un ángel del Señor que le dijo: «José, hijo de David, no temas acoger a María, tu mujer, porque la criatura que hay en ella viene del Espíritu Santo. Dará a luz un hijo y tú le pondrás por nombre Jesús, porque él salvará a su pueblo de sus pecados». Todo esto sucedió para que se cumpliese lo que había dicho el Señor por medio del profeta: «Mirad: la virgen concebirá y dará a luz un hijo y le pondrán por nombre Enmanuel, que significa "Dios-con-nosotros"».

Bendita tú eres

Es la fiesta de la Natividad de la Virgen María, pero lo que llena con su luz nuestra celebración es el misterio de la divina maternidad: «La Virgen dará a luz un Hijo que salvará a su pueblo de los pecados». Celebramos la Natividad de María, porque de ella nació para nosotros el Salvador: recordamos a la Madre mientras nos fijamos en el Hijo; la bendecimos a ella mientras nos revestimos de gracia con él; la admiramos a ella mientras comulgamos con él, y la proclamamos dichosa a ella, porque de ella, por su fe, salió para nosotros «el sol de justicia, Cristo, nuestro Señor». Ahora, virgen Iglesia, mírate en el espejo que es para ti la Virgen Madre de Jesús: como ella, creyendo, llevas al Señor en tu seno; como ella, lo ofreces a la humanidad entera; como ella, te asombras de la gracia de Dios en ti; como ella, eres bendición para todos los pueblos de la tierra. Como ella, si crees, serás bendecida: Bendita ella, bendita tú.

Llévame, Señor, contigo, hasta quedar tan en ti que tú te quedes conmigo, y puedan todos en mí, encontrándome, encontrarte.

viernes

S. Pedro Claver, m.l.
María de la Cabeza; Nª Sra. de Aránzazu; Audomaro; Bta. Ángela Salawa

XXIII del T.O. 3ª salt. / V
1Cor 9,16-19. 22b-27 / Sal 83 / Lc 6,39-42

Lucas 6,39-42

En aquel tiempo, dijo Jesús a los discípulos una parábola: «¿Acaso puede un ciego guiar a otro ciego? ¿No caerán los dos en el hoyo? No está el discípulo sobre su maestro, si bien, cuando termine su aprendizaje, será como su maestro. ¿Por qué te fijas en la mota que tiene tu hermano en el ojo y no reparas en la viga que llevas en el tuyo? ¿Cómo puedes decirle a tu hermano: "Hermano, déjame que te saque la mota del ojo", sin fijarte en la viga que llevas en el tuyo? ¡Hipócrita! Sácate primero la viga de tu ojo, y entonces verás claro para sacar la mota del ojo de tu hermano».

Su palabra, en nosotros; nosotros, en él

Al escuchar el evangelio, los cristianos podemos memorizar las páginas del libro, pero, sobre todo, hemos de interiorizar el modo de ser de una persona: Jesús de Nazaret. Si delante de él confesamos: «Tu palabra, Señor, es verdad», más que manifestar nuestra disposición a apropiarnos de esa palabra, manifestamos nuestra disposición a que ella se apropie de nosotros, a que Cristo Jesús «nos consagre en la verdad». Dichosos los que escuchan su palabra y la cumplen; dichosos los que la reciben y la guardan; dichosos los que, viviendo en ella, la hacen huésped permanente de la propia intimidad; dichosos los que encuentran en ella su fuerza para el camino de la vida. Si de Jesús, que es la Luz, aprendemos a ser luz, podremos ser guías fiables para los demás. Si prestamos atención al Maestro, podremos aspirar a ser como él. Si nos dejamos juzgar por la verdad de su palabra, tendremos la claridad necesaria para no juzgar a nadie.

Hoy solo pido, Señor, quedarme a tus pies para escucharte y fijarme en ti para imitarte.

Nª Sra. de Maravillas; Nicolás; Btos. Alfonso y Alonso; Btos. Francisco Gárate y Jacinto Orfanell

XXIII del T.O.
3ª salt. / V
1Cor 10,14-22 / Sal 115 / Lc 6,43-49

Lucas 6,43-49

En aquel tiempo, decía Jesús a sus discípulos: «No hay árbol bueno que dé fruto malo, ni árbol malo que dé fruto bueno; por ello, cada árbol se conoce por su fruto; porque no se recogen higos de las zarzas, ni se vendimian racimos de los espinos. El hombre bueno, de la bondad que atesora en su corazón saca el bien, y el que es malo, de la maldad saca el mal; porque de lo que rebosa el corazón habla la boca. ¿Por qué me llamáis "Señor, Señor", y no hacéis lo que digo? Todo el que viene a mí, escucha mis palabras y las pone en práctica, os voy a decir a quién se parece: se parece a uno que edificó una casa: cavó, ahondó y puso los cimientos sobre roca; vino una crecida, arremetió el río contra aquella casa, y no pudo derribarla, porque estaba sólidamente construida. El que escucha y no pone en práctica se parece a uno que edificó una casa sobre tierra, sin cimiento; arremetió contra ella el río, y enseguida se derrumbó desplomándose, y fue grande la ruina de aquella casa».

Llevar a Cristo en tu vida

Dichoso el que no sigue el camino de los impíos, «sino que su gozo es la ley del Señor». Dichosos vosotros, hijos de la Iglesia, si encontráis vuestro gozo en la palabra del divino Maestro, dichosos si la guardáis en el corazón y la meditáis: Seréis como un árbol que, plantado al borde de la acequia, da fruto. «Bendito quien confía en el Señor»; bendita tú, asamblea santa, pueblo de hijos que buscan su apoyo en el Señor: Serás como un árbol que, «plantado junto al agua, no deja de dar fruto». Dichoso y bendito tú, si amas al Señor y guardas su palabra, porque el Padre te amará y, con el Hijo, vendrán a ti y en ti pondrán su morada. Ellos vienen hoy a ti en la Eucaristía, y esto es lo que atesoras en tu corazón: la palabra del Señor; el cuerpo de Cristo. De ese tesoro divino de bondad habrás de sacar el bien que vas haciendo en tu vida. Y serás árbol que da fruto, porque llevas a Cristo.

Que unidos a Cristo Jesús por la fe, la esperanza y el amor, demos frutos que permanezcan para la vida eterna.

domingo

Félix y Régula; Juan Gabriel Perboyre; Bto. Buenaventura de Barcelona

4ª salt. / V
Éx 32,7-11.13-14 /
Sal 50 /
1Tim 1,12-17 /
Lc 15,1-32 [breve: Lc 15,1-10]

Éxodo 32,7-11.13-14

En aquellos días, el Señor dijo a Moisés: «Anda, baja de la montaña, que se ha pervertido tu pueblo, el que tú sacaste de Egipto. Pronto se han desviado del camino que yo les había señalado. Se han hecho un becerro de metal, se postran ante él, le ofrecen sacrificios y proclaman: "Este es tu Dios, Israel, el que te sacó de Egipto"». Y el Señor añadió a Moisés: «Veo que este pueblo es un pueblo de dura cerviz. Por eso, déjame: mi ira se va a encender contra ellos hasta consumirlos. Y de ti haré un gran pueblo». Entonces Moisés suplicó al Señor, su Dios: «¿Por qué, Señor, se va a encender tu ira contra tu pueblo, que tú sacaste de Egipto, con gran poder y mano robusta? Acuérdate de tus siervos, Abrahán, Isaac e Israel, a quienes juraste por ti mismo: "Multiplicaré vuestra descendencia como las estrellas del cielo, y toda esta tierra de que he hablado se la daré a vuestra descendencia para que la posea por siempre"». Entonces se arrepintió el Señor de la amenaza que había pronunciado contra su pueblo.

Salmo 50,3-4.12-13.17 y 19

R. Me levantaré, me pondré en camino adonde está mi padre.

1 Timoteo 1,12-17

Querido hermano: Doy gracias a Cristo Jesús, Señor nuestro, que me hizo capaz, se fio de mí y me confió este ministerio, a mí, que antes era un blasfemo, un perseguidor y un insolente. Pero Dios tuvo compasión de mí porque no sabía lo que hacía, pues estaba lejos de la fe; sin embargo, la gracia de nuestro Señor sobreabundó en mí junto con la fe y el amor que tienen su fundamento en Cristo Jesús. Es palabra digna de crédito y merecedora de total aceptación que Cristo Jesús vino al mundo para salvar a los pecadores, y yo soy el primero; pero por esto precisamente se compadeció de mí: para que yo fuese el primero en el que Cristo Jesús mostrase toda su paciencia y para que me convirtiera en un modelo de los que han de creer en él y tener vida eterna. Al Rey de los siglos, inmortal, invisible, único Dios, honor y gloria por los siglos de los siglos. Amén.

Lucas 15,1-10 (breve)

En aquel tiempo, solían acercarse a Jesús todos los publicanos y los pecadores a escucharlo. Y los fariseos y los escribas murmuraban diciendo: «Ese acoge a los pecadores y come con ellos». Jesús les dijo esta parábola: «¿Quién de vosotros que tiene cien ovejas y pierde una de ellas, no deja las noventa y nueve en el desierto y va tras la descarriada, hasta que la encuentra? Y, cuando la encuentra, se la carga sobre los hombros, muy contento; y, al llegar a casa, reúne a los amigos y a los vecinos, y les dice: "¡Alegraos conmigo!, he encontrado la oveja que se me había perdido". Os digo que así también habrá más alegría en el cielo por un solo pecador que se convierta que por noventa y nueve justos que no necesitan convertirse. O ¿qué mujer que tiene diez monedas, si se le pierde una, no enciende una lámpara y barre la casa y busca con cuidado, hasta que la encuentra? Y, cuando la encuentra, reúne a las amigas y a las vecinas y les dice: "¡Alegraos conmigo!, he encontrado la moneda que se me había perdido". Os digo que la misma alegría tendrán los ángeles de Dios por un solo pecador que se convierta».

Para buscarte

Para buscarte como quien busca su oveja perdida, salió el Señor tras de ti: Se abajó, se anonadó, se sometió. Y no volverá a su casa si no es llevándote sobre sus hombros. Para buscarte, «el Verbo se hizo carne y puso su morada entre nosotros», y te habló con palabras del cielo y te atrajo con lazos de amor. Para buscarte, humanidad amada, como quien busca su moneda perdida, Dios se inclinó, se humilló, pues había de buscar en el suelo lo que de lo alto había caído. Y así, en Jesús de Nazaret, lo viste a tus pies, buscando como quien ama, lavando como quien sirve, alegrándose de hallarte como si tú fueses toda su riqueza. Para esperarte, humanidad amada, como quien espera a un hijo perdido.

lunes

Dulce Nombre de María, m.l.
Nª Sra. del Henar; de Fuensanta; Guido; Sara; Siro; Macedonio

XXIV del T.O.
4ª salt. / V
1Cor 11,17-26.33 /
Sal 39 /
Lc 7,1-10

Lucas 7,1-10

En aquel tiempo, cuando Jesús terminó de exponer todas sus enseñanzas al pueblo, entró en Cafarnaún. Un centurión tenía enfermo, a punto de morir, a un criado a quien estimaba mucho. Al oír hablar de Jesús, el centurión le envió unos ancianos de los judíos, rogándole que viniese a curar a su criado. Ellos, presentándose a Jesús, le rogaban encarecidamente: «Merece que se lo concedas, porque tiene afecto a nuestra gente y nos ha construido la sinagoga». Jesús se puso en camino con ellos. No estaba lejos de la casa, cuando el centurión le envió unos amigos a decirle: «Señor, no te molestes, porque no soy digno de que entres bajo mi techo; por eso tampoco me creí digno de venir a ti personalmente. Dilo de palabra y mi criado quedará sano. Porque también yo soy un hombre sometido a una autoridad y con soldados a mis órdenes; y le digo a uno: "Ve", y va; al otro: "Ven", y viene; y a mi criado: "Haz esto", y lo hace». Al oír esto, Jesús se admiró de él y, volviéndose a la gente que lo seguía, dijo: «Os digo que ni en Israel he encontrado tanta fe». Y al volver a casa, los enviados encontraron al siervo sano.

Creer para vivir

Jesús se admiró de la fe del centurión, y cada vez que te acercas a recibir al Señor, tú intentas imitar aquella fe. Pero hoy, la madre Iglesia nos invita a que nos fijemos, no tanto en el centurión, cuanto en el criado que se estaba muriendo y en Jesús que se acerca para curarlo. El criado nos representa, no precisamente por criado, sino porque estaba muriéndose, pues esa es la común situación de necesidad en que yace la humanidad entera. Y esta es la misión que a Jesús se le ha encomendado, la de venir a donde la humanidad está muriendo: venir y sanarla. Sobre las palabras del evangelio de hoy, la Iglesia deja oír la revelación más asombrosa que jamás se haya hecho: «Tanto amó Dios al mundo que entregó a su Hijo único. Todo el que cree en él tiene vida eterna». Creer para vivir. Lo puede decir el criado del centurión: Creí y viví. Hoy lo dices tú, Iglesia de Cristo: Creí en el Hijo único y entregado; creí y viví.

S. Juan Crisóstomo, m.o.
Nª Sra. de Valvanera; Materno; Tobías y Tobit

XXIV del T.O.
4ª salt. / B
1Cor 12,12-14. 27-31a / Sal 99 / Lc 7,11-17

Lucas 7,11-17

En aquel tiempo, iba Jesús camino de una ciudad llamada Naín, y caminaban con él sus discípulos y mucho gentío. Cuando se acercaba a la puerta de la ciudad, resultó que sacaban a enterrar a un muerto, hijo único de su madre, que era viuda; y un gentío considerable de la ciudad la acompañaba. Al verla el Señor, se compadeció de ella y le dijo: «No llores». Y acercándose al ataúd, lo tocó (los que lo llevaban se pararon) y dijo: «¡Muchacho, a ti te lo digo, levántate!». El muerto se incorporó y empezó a hablar, y se lo entregó a su madre. Todos, sobrecogidos de temor, daban gloria a Dios diciendo: «Un gran Profeta ha surgido entre nosotros», y «Dios ha visitado a su pueblo». Este hecho se divulgó por toda Judea y por toda la comarca circundante.

Una comunidad de resucitados

«Dispuso Dios en su sabiduría revelarse a sí mismo» en Cristo Jesús. Lo has visto ya cuando cura la enfermedad del criado del centurión. Míralo ahora camino de Naín. Aquel día «sacaban a enterrar a un muerto, hijo único de su madre, que era viuda». Míralo acercarse al ataúd y tocarlo. Mira cómo se acerca a la muerte y se queda con ella. ¿Por qué se acercó? No se acerca por la fe de la mujer ni por la fe de los que la acompañaban. A este Dios que en Jesús se nos revela, le pierde la mirada: Al ver el Señor a aquella mujer, «se compadeció». A Dios le pierde su amor compasivo. A Dios le conmueve la necesidad de aquella mujer. Hoy no es a aquel joven que sacaban a enterrar, sino que es a nosotros, que nos reunimos en el nombre del Señor, a quienes Jesús dice: «Levántate», resucita. Cristo Jesús nos entrega hoy resucitados a la Iglesia que es nuestra madre: Escucha, levántate, comulga, resucita, da gloria a Dios.

«El Señor es bueno, su misericordia es eterna, su fidelidad por todas las edades».

Exaltación de la Santa Cruz, f.
Cruz; Crescencio; Salustia; Víctor

Oficio de la f. / R
Vol. IV
Núm 21,4b-9 (o bien: Flp 2,6-11) / Sal 77 / Jn 3,13-17

Juan 3,13-17

En aquel tiempo, dijo Jesús a Nicodemo: «Nadie ha subido al cielo sino el que bajó del cielo, el Hijo del hombre. Lo mismo que Moisés elevó la serpiente en el desierto, así tiene que ser elevado el Hijo del hombre, para que todo el que cree en él tenga vida eterna. Porque tanto amó Dios al mundo, que entregó a su Unigénito, para que todo el que cree en él no perezca, sino que tenga vida eterna. Porque Dios no envió a su Hijo al mundo para juzgar al mundo, sino para que el mundo se salve por él. El que cree en él no será juzgado; el que no cree ya está juzgado, porque no ha creído en el nombre del Unigénito de Dios».

Comulgar contigo, Amor crucificado

No mires la cruz sin Jesús. Con Jesús en sus brazos, la cruz, aunque levantada en alto, habla del abajamiento del Hijo de Dios hasta lo hondo de la condición humana; aunque ensangrentada, esa cruz habla de vestiduras blancas lavadas en la sangre del Cordero inmaculado; aunque más dura que la crueldad, esa cruz habla de ternura divina, de abandono confiado de un Hijo en los brazos de Dios. Con Jesús en sus brazos, la cruz es sacramento del amor que Dios nos tiene. He dicho la cruz, y he mirado al Crucificado, al Unigénito entregado para que tengamos vida, al Predilecto que sube de su bautismo llevando consigo cautiva una humanidad purificada. He dicho la cruz, pero no aparto los ojos de la Eucaristía, del cuerpo entregado del Señor, de su sangre derramada para sellar la alianza nueva y eterna entre Dios y su pueblo. He dicho la cruz, pero te adoro a ti, Señor, a ti te bendigo, te escucho y comulgo contigo, Amor crucificado.

«Te bendecimos, Señor, porque con tu cruz has redimido el mundo».

Virgen María de los Dolores, m.o.
Nª Sra. del Camino; Catalina; Nicomedes

XXIV del T.O.
4ª salt. / B
1Cor 15,1-11 /
Sal 117 /
Jn 19,25-27 (o bien: Lc 2,33-35)

Juan 19,25-27

Junto a la cruz de Jesús estaban su madre, la hermana de su madre, María, la de Cleofás, y María, la Magdalena. Jesús, al ver a su madre y junto a ella al discípulo al que amaba, dijo a su madre: «Mujer, ahí tienes a tu hijo». Luego, dijo al discípulo: «Ahí tienes a tu madre». Y desde aquella hora, el discípulo la recibió como algo propio.

Entre anunciaciones

«Cristo, a pesar de ser Hijo, aprendió, sufriendo, a obedecer», y en la escuela del sufrimiento, aprendió obediencia también la Madre del Señor. Virgen del sufrimiento será María ya en el misterio mismo de la anunciación, pues, en decir aquel «sí» a la palabra del mensajero divino, dijo también «sí» al oprobio de una maternidad incomprensible, a la vergüenza de palabras susurradas, al repudio secreto de José que no quiere denunciarla. En decir aquel «hágase», ha dicho «sí» a un misterio que no podrá entender, a un hijo que traerá consigo muchas cosas que guardar en el corazón, y más dolores de los que se pueden guardar en una vida. Pero aún habría otra anunciación, de la que sería ángel el Hijo crucificado. Escucha el mensaje: «Mujer, ahí tienes a tu hijo». Y hay anunciación también para ti: «Ahí tienes a tu madre». Anunciación que ella aceptó con su silencio creyente, y que tú aceptas con todo el amor de que eres capaz.

Yo sé que cuando digo: «Virgen de los dolores», estoy diciendo, Madre, que me has dado a luz sufriendo.

16
viernes

Stos. Cornelio y Cipriano, m.o.
Víctor III; Rogelio y Servideo; Juan Macías; Ludmila

XXIV del T.O.
4ª salt. / R
1Cor 15,12-20 /
Sal 16 /
Lc 8,1-3

Lucas 8,1-3

En aquel tiempo, Jesús iba caminando de ciudad en ciudad y de pueblo en pueblo, proclamando y anunciando la Buena Noticia del reino de Dios, acompañado por los Doce, y por algunas mujeres, que habían sido curadas de espíritus malos y de enfermedades: María la Magdalena, de la que habían salido siete demonios; Juana, mujer de Cusa, un administrador de Herodes; Susana y otras muchas que les servían con sus bienes.

Testigos y mensajeros del reino de Dios

El evangelio deja hoy delante de nosotros un cuadro –los entendidos lo llaman un sumario– del ministerio de Jesús: él va de lugar en lugar, por tierras de Galilea, «predicando y anunciando el reino de Dios». No te equivocas si piensas que a donde va Jesús, va el reino de Dios; no te equivocarás si piensas que Jesús es el reino de Dios, la buena noticia de Dios, que se acerca a los pobres; no te equivocarás si piensas que hoy, en tu Eucaristía, el evangelio del reino viene a ti con Cristo Jesús. Ahora fíjate en los Doce y en el grupo de mujeres que acompañan a Jesús. Son los primeros destinatarios del reino que llega; son los testigos de su llegada: de la predicación de Jesús, de la muerte de Jesús, de su resurrección; son «la gente sencilla» a la que el Padre del cielo ha revelado los secretos del reino. Ellos fueron en aquel tiempo de gracia lo que nosotros estamos llamados a ser hoy: testigos y mensajeros del reino de Dios.

Y si te pido, Señor, llevar tu reino en mi vida, no permitas que mi torpeza me deje sin los secretos que revelas a la gente sencilla.

S. Roberto Belarmino / Sta. Hildegarda de Bingen, m.l.
Columba; Sátiro; Judit; Francisco Mª de Camporosso

XXIV del T.O.
4ª salt. / V
1Cor 15,35-37.42-49 / Sal 55 / Lc 8,4-15

Lucas 8,4-15

En aquel tiempo, habiéndose reunido una gran muchedumbre y gente que salía de toda la ciudad, dijo Jesús en parábola: «Salió el sembrador a sembrar su semilla. Al sembrarla, algo cayó al borde del camino, lo pisaron, y los pájaros del cielo se lo comieron. Otra parte cayó en terreno pedregoso, y, después de brotar, se secó por falta de humedad. Otra parte cayó entre abrojos, y los abrojos, creciendo al mismo tiempo, la ahogaron. Y otra parte cayó en tierra buena, y, después de brotar, dio fruto al ciento por uno». Dicho esto, exclamó: «El que tenga oídos para oír, que oiga». Entonces le preguntaron los discípulos qué significaba esa parábola. Él dijo: «A vosotros se os ha otorgado conocer los misterios del reino de Dios; pero a los demás, en parábolas, "para que viendo no vean y oyendo no entiendan". El sentido de la parábola es este: la semilla es la palabra de Dios. Los del borde del camino son los que escuchan, pero luego viene el diablo y se lleva la palabra de sus corazones, para que no crean y se salven. Los del terreno pedregoso son los que, al oír, reciben la palabra con alegría, pero no tienen raíz; son los que por algún tiempo creen, pero en el momento de la prueba fallan. Lo que cayó entre abrojos son los que han oído, pero, dejándose llevar por los afanes, riquezas y placeres de la vida, se quedan sofocados y no llegan a dar fruto maduro. Los de la tierra buena son los que escuchan la palabra con un corazón noble y generoso, la guardan y dan fruto con perseverancia».

Transformados en la palabra que escuchamos

Vuelven los secretos del reino, y Jesús se los da a conocer a los discípulos. Ahora se trata de la palabra de Dios. Todos oirán hablar de la semilla que el sembrador salió a sembrar; pero solo los discípulos entrarán en el secreto: la semilla es la palabra que viene de Dios, palabra que viene a los hombres, y que, según la disposición de fe de cada uno de ellos, dará su fruto o se perderá. No viene la palabra para sí misma sino para nosotros, no viene para justificar a Dios sino para justificarnos a nosotros.

domingo

Irene; Sofía;
José de Cupertino;
María Purísima de la Cruz

1ª salt. / V
Am 8,4-7 /
Sal 112 /
1Tim 2,1-8 /
Lc 16,1-13 [breve: Lc 16,10-13]

Amós 8,4-7

Escuchad esto, los que pisoteáis al pobre y elimináis a los humildes del país, diciendo: «¿Cuándo pasará la luna nueva, para vender el grano, y el sábado, para abrir los sacos de cereal –reduciendo el peso y aumentando el precio, y modificando las balanzas con engaño– para comprar al indigente por plata y al pobre por un par de sandalias, para vender hasta el salvado del grano?». El Señor lo ha jurado por la Gloria de Jacob: «No olvidaré jamás ninguna de sus acciones».

Salmo 112, 1b-2. 4-6. 7-8

R. Alabad al Señor, que alza al pobre. (O bien: Aleluya).

1 Timoteo 2,1-8

Querido hermano: Ruego, lo primero de todo, que se hagan súplicas, oraciones, peticiones, acciones de gracias, por toda la humanidad, por los reyes y por todos los constituidos en autoridad, para que podamos llevar una vida tranquila y sosegada, con toda piedad y respeto. Esto es bueno y agradable a los ojos de Dios, nuestro Salvador, que quiere que todos los hombres se salven y lleguen al conocimiento de la verdad. Pues Dios es uno, y único también el mediador entre Dios y los hombres: el hombre Cristo Jesús, que se entregó en rescate por todos; este es un testimonio dado a su debido tiempo y para el que fui constituido heraldo y apóstol –digo la verdad, no miento–, maestro de las naciones en la fe y en la verdad. Quiero, pues, que los hombres oren en todo lugar, alzando unas manos limpias, sin ira ni divisiones.

Lucas 16,1-13

En aquel tiempo, dijo Jesús a sus discípulos: [«Un hombre rico tenía un administrador, a quien acusaron ante él de derrochar sus bienes. Entonces lo llamó y le dijo: "¿Qué es eso que estoy oyendo de

S. Jenaro, m.l.
María de Cervelló; Emilia Mª Guillermina de Rodat; Pomposa; Alonso de Orozco

XXV del T.O.
1ª salt. / V
Prov 3,27-34 / Sal 14 / Lc 8,16-18

Lucas 8,16-18

En aquel tiempo, dijo Jesús al gentío: «Nadie que ha encendido una lámpara, la tapa con una vasija o la mete debajo de la cama, sino que la pone en el candelero para que los que entren vean la luz. Pues nada hay oculto que no llegue a descubrirse ni nada secreto que no llegue a saberse y hacerse público. Mirad, pues, cómo oís, pues al que tiene se le dará y al que no tiene se le quitará hasta lo que cree tener».

Revelación y don de quien nos ama

«Atención a cómo escucháis», dice el Señor. Atención, discípulos del reino, a toda palabra que sale de la boca de Dios; en su palabra, Dios viene a nosotros; en ella podemos oír el latido del corazón de Dios. Atención a esa palabra que, por ser de Dios, es su mensaje y es su mensajera. Palabra misterio, palabra don, palabra sacramento, presencia amorosa del que nos la dice. Palabra divina, mojón que guía a la esposa, para que no se pierda, a donde pastorea el amor de su alma. Palabra divina, rumor del amado que llega, que atisba por las ventanas y mira por las celosías. Palabra que nos habla de Dios, nos lleva a Dios, y hace a Dios huésped de nuestro corazón. «Atención a cómo escucháis»: si creemos y escuchamos, si comulgamos y encendemos de Cristo nuestra vida, para que tengan luz todos los que entran en ella, también nosotros, como la divina palabra, seremos revelación y don de quien nos ama.

La gracia de la palabra divina es el precursor que anuncia la gracia del encuentro con el Señor: Ven, Señor Jesús.

ti? Dame cuenta de tu administración, porque en adelante no podrás seguir administrando". El administrador se puso a decir para sí: "¿Qué voy a hacer, pues mi señor me quita la administración? Para cavar no tengo fuerzas; mendigar me da vergüenza. Ya sé lo que voy a hacer para que, cuando me echen de la administración, encuentre quien me reciba en su casa". Fue llamando uno a uno a los deudores de su amo y dijo al primero: "¿Cuánto debes a mi amo?". Este respondió: "Cien barriles de aceite". Él le dijo: "Toma tu recibo; aprisa, siéntate y escribe cincuenta". Luego dijo a otro: "Y tú, ¿cuánto debes?". Él contestó: "Cien fanegas de trigo". Le dice: "Toma tu recibo y escribe ochenta". Y el amo alabó al administrador injusto, porque había actuado con astucia. Ciertamente, los hijos de este mundo son más astutos con su propia gente que los hijos de la luz. Y yo os digo: ganaos amigos con el dinero de iniquidad, para que, cuando os falte, os reciban en las moradas eternas.] El que es fiel en lo poco, también en lo mucho es fiel; el que es injusto en lo poco, también en lo mucho es injusto. Pues, si no fuisteis fieles en la riqueza injusta, ¿quién os confiará la verdadera? Si no fuisteis fieles en lo ajeno, ¿lo vuestro, quién os lo dará? Ningún siervo puede servir a dos señores, porque, o bien aborrecerá a uno y amará al otro, o bien se dedicará al primero y no hará caso del segundo. No podéis servir a Dios y al dinero».

Dime en quién confías, y te diré de quién eres

Jesús lo llamó «dinero de la injusticia», «dinero injusto». Y entiendes que lo de injusto se dice, no solo del dinero mal adquirido, sino sencillamente del dinero, en cuya naturaleza está arrastrar a la injusticia. Entiendes que el dinero es injusto porque reclama que confíes en él, que te entregues a él, que le des tu corazón. El dinero es injusto porque se apropia de lo que corresponde solo a Dios, porque tiene vocación de divinidad, porque, si has entronizado en el corazón a ese dios, por él explotarás al pobre, oprimirás al mísero, ignorarás al marginado, disminuirás la medida, aumentarás el precio, y tú serás tan de la injusticia como lo es tu dinero. El dinero es injusto porque ocupará en tu corazón el lugar que corresponde a los pobres y a Dios. «No podéis servir a Dios y al dinero».

Stos. Andrés Kim, Pablo Chong y comp., m.o.
Agapito I; José María Yermo y Parres

XXV del T.O.
1ª salt. / R
Prov 21,1-6. 10-13 / Sal 118 / Lc 8,19-21

Lucas 8,19-21

En aquel tiempo, vinieron a Jesús su madre y sus hermanos, pero con el gentío no lograban llegar hasta él. Entonces le avisaron: «Tu madre y tus hermanos están fuera y quieren verte». Él respondió diciéndoles: «Mi madre y mis hermanos son estos: los que escuchan la palabra de Dios y la cumplen».

La palabra que deja a Dios en nuestra vida

Primero dijiste: «Guíame, Señor, instrúyeme, enséñame». Y no es que quisieras ser el discípulo sabelotodo, sino que, escuchando y creyendo, buscabas entrar en la bienaventuranza de los que «caminan en la voluntad del Señor, de los que la cumplen y la guardan de todo corazón». Le dijiste: «guíame, instrúyeme, enséñame»; y el Señor te envió su palabra, humana, humilde, familiar, cercana. Le dijiste: «deseé tus mandamientos»; y en la plenitud de los tiempos, «la Palabra se hizo carne y habitó entre nosotros»; la Palabra se hizo nuestra, para que fuese nuestra la Luz y la Vida que, desde el principio, estaba junto a Dios. La palabra vino a ti, y creyéndola, imitando la fe de la madre de Jesús, imitaste también su maternidad. En verdad, «dichosos los que escuchan la palabra de Dios y la cumplen»; dichoso tú, dichosa tú, si recibís la palabra que es Cristo Jesús con un corazón limpio, pues él os llamará: «mi madre y mis hermanos».

El corazón en fiesta va diciendo: «Dichosa tú que has creído, porque lo que te ha dicho el Señor se cumplirá».

septiembre

S. Mateo, f.
Jonás; Ifigenia;
Isacio; Melecio

Oficio de la f. / R
Vol. IV
Ef 4,1-7.11-13 /
Sal 18 /
Mt 9,9-13

Mateo 9,9-13

En aquel tiempo, al pasar vio Jesús a un hombre llamado Mateo sentado al mostrador de los impuestos, y le dijo: «Sígueme». Él se levantó y lo siguió. Y estando en la casa, sentado a la mesa, muchos publicanos y pecadores, que habían acudido, se sentaban con Jesús y sus discípulos. Los fariseos, al verlo, preguntaron a los discípulos: «¿Cómo es que vuestro maestro come con publicanos y pecadores?». Jesús lo oyó y dijo: «No tienen necesidad de médico los sanos, sino los enfermos. Andad, aprended lo que significa "Misericordia quiero y no sacrificio": que no he venido a llamar a justos sino a pecadores».

Te alabamos y te reconocemos

«A ti, Señor, te alabamos; a ti, Señor, te reconocemos». ¿Por qué te alabamos? Porque en el misterio de la encarnación has venido a nosotros, a los que no teníamos un título de justicia para esperarte, sino solo un título de necesidad para llamarte, y tú te compadeciste y viniste a remediarla. Te alabamos y te reconocemos, Señor, a ti que eres médico y medicina de eternidad, porque, estando nosotros enfermos, te acercaste al lecho de nuestra postración y te quedaste con nuestras dolencias. Te alabamos y te reconocemos porque hoy, en el misterio de la Eucaristía, revivimos el evangelio que escuchamos: tú vienes hoy a nosotros, enfermos; tú vuelves hoy a nosotros, pecadores; y, con asombro de los ángeles, enfermos y pecadores nos sentamos hoy contigo a la mesa del reino de los cielos. Te alabamos y te reconocemos, Señor, porque, habiéndonos amado y sanado, a nosotros, pecadores, nos envías a sanar y amar.

Gracias, Señor, por recibirme en tu casa, por sentarme a tu mesa, por llamarme para que lleve tu evangelio a los pobres.

Félix IV;
Bto. Francisco de Posadas;
Bto. Dionisio Pamplona y comp.

XXV del T.O.
1ª salt. / V
Ecl 1,2-11 /
Sal 89 /
Lc 9,7-9

Lucas 9,7-9

En aquel tiempo, el tetrarca Herodes se enteró de lo que pasaba sobre Jesús y no sabía a qué atenerse, porque unos decían que Juan había resucitado de entre los muertos; otros, en cambio, que había aparecido Elías, y otros que había vuelto a la vida uno de los antiguos profetas. Herodes se decía: «A Juan lo mandé decapitar yo. ¿Quién es este de quien oigo semejantes cosas?». Y tenía ganas de verlo.

Él es Jesús, mi salvador

Fíjate en lo que dice Herodes: «¿Quién es este de quien oigo semejantes cosas?». Fíjate, porque esa es la pregunta que en nuestra celebración nos hacemos a propósito de Jesús: «¿Quién es este?». Y esa es también la pregunta que hemos de suscitar en quienes nada conocen de Jesús de Nazaret. Si atiendes a lo que Jesús dice de sí mismo, entonces él es para ti, para todos, «el camino y la verdad y la vida». Lo era desde el principio en Dios; y se hizo camino, y verdad, y vida para ti, viniendo a ti en el misterio de la encarnación; y lo reconoces y acoges hoy como camino y verdad y vida para ti, en el misterio de la Eucaristía. Si atiendes a lo que de Jesús dice la fe de los testigos, los escucharás para conocer, por su testimonio, las «cosas» de Jesús, sus palabras y sus obras, su vida, su muerte y su resurrección. Y si atiendes a tu vida, entonces habrás de reconocer la obra de Dios en ti, y lo llamarás: «Jesús, mi salvador».

Señor, que el amor vaya diciendo los nombres con qué llamarte.
Tal vez todos se encierren, Señor, en saber amarte.

viernes

S. Pío de Pietrelcina, m.o.

Niños mártires de Tlaxcala; Lino; Liberio; Adamnán; Tecla; Bta. Mª de Jesús López de Rivas

XXV del T.O.
1ª salt. / B
Ecl 3,1-11 / Sal 143 / Lc 9,18-22

Lucas 9,18-22

Una vez que Jesús estaba orando solo, lo acompañaban sus discípulos y les preguntó: «¿Quién dice la gente que soy yo?». Ellos contestaron: «Unos, que Juan el Bautista; otros, que Elías, otros dicen que ha resucitado uno de los antiguos profetas». Él les preguntó: «Y vosotros, ¿quién decís que soy yo?». Pedro respondió: «El Mesías de Dios». Él les prohibió terminantemente decírselo a nadie, porque decía: «El Hijo del hombre tiene que padecer mucho, ser desechado por los ancianos, sumos sacerdotes y escribas, ser ejecutado y resucitar al tercer día».

¿Quién eres tú, Jesús?

Me pregunto quién eres tú para mí, Jesús. El apóstol Pedro dijo que eras «el Mesías de Dios». No sé si eso significa hoy algo para quienes te escuchamos: «El Mesías», «el Ungido», el penetrado por el Espíritu de Dios y enviado a los pobres con la buena noticia. Tú añades a la revelación gozosa el escándalo de la cruz: ese Ungido «tiene que padecer mucho, ser desechado, ser ejecutado y resucitar al tercer día». Tú eres el «Ungido de Dios» para amar, el «Mesías de Dios» para servir, el «Mesías-Ungido» para dar la vida en rescate por todos. Dime quién eres, y sabré con quién comulgo en este día de gracia. Dime quién eres, y sabré lo que estoy llamado a ser, lo que se espera que yo sea, lo que pido ser por la unción del Espíritu Santo. Dime quién eres, Jesús, y enséñame a amar como amas, a lavar como tú los pies de mis hermanos, a ser como tú un evangelio para los pobres.

Ven, Espíritu Santo, llena los corazones de tus fieles y enciende en ellos el fuego de tu amor, para que, transformados en Cristo, seamos mensajeros del reino de Dios para los pobres.

Virgen María de la Merced, m.l.
Pacífico de San Severino; Gerardo; Pafnucio

XXV del T.O.
1ª salt. / V
Ecl 11,9–12,8 /
Sal 89 /
Lc 9,43b-45

Lucas 9,43b-45

En aquel tiempo, entre la admiración general por lo que hacía, Jesús dijo a sus discípulos: «Meteos bien en los oídos estas palabras: el Hijo del hombre va a ser entregado en manos de los hombres». Pero ellos no entendían este lenguaje; les resultaba tan oscuro, que no captaban el sentido. Y les daba miedo preguntarle sobre el asunto.

Otra vez la pasión, la de Jesús y la nuestra

Y tú, Jesús, nos hablas otra vez de tu pasión, de tu «entrega en manos de los hombres». «Admirar» lo que haces nada tiene de extraño, pues tus manos van llenas de evangelio para los pobres. «Admirar» es fácil, pues en nada la admiración compromete nuestra vida. «Admirar» se nos queda en sentimiento inútil si no representa una llamada o un estímulo para la fe. Si admiramos y no creemos, no podremos entender la palabra de Jesús: «A este hombre lo van a entregar en manos de los hombres». Si creemos, entonces la admiración por lo que Jesús hace apenas se podrá comparar con el asombro por el destino que a Jesús le espera, por el modo en que Jesús va a destruir nuestra muerte y va a sacar a la luz la vida. Si creemos en el que va a padecer y comulgamos con él, puede que empecemos a intuir que su destino es nuestro destino y que su cruz es parte irrenunciable de nuestra vida: Llévanos, Jesús, contigo por tu camino.

Que tu Espíritu, Señor, nos guíe por el camino de Jesús, al encuentro de los pobres, a la escuela de la cruz.

Nª Sra. de la Fuencisla; Nicolás de Flüe; Marcos Criado; Sergio de Radonez; Bto. José Benito Dusmet

2ª salt. / V
Am 6,1a.4-7 /
Sal 145 /
1Tim 6,11-16 /
Lc 16,19-31

Amós 6,1a.4-7

Esto dice el Señor omnipotente: «¡Ay de aquellos que se sienten seguros en Sion, confiados en la montaña de Samaría! Se acuestan en lechos de marfil, se arrellanan en sus divanes, comen corderos del rebaño y terneros del establo; tartamudean como insensatos e inventan como David instrumentos musicales; beben el vino en elegantes copas, se ungen con el mejor de los aceites pero no se conmueven para nada por la ruina de la casa de José. Por eso irán al destierro, a la cabeza de los deportados, y se acabará la orgía de los disolutos».

Salmo 145,6c-7.8-9a.9bc-10

R. ¡Alaba, alma mía, al Señor! (O bien: Aleluya).

1 Timoteo 6,11-16

Hombre de Dios, busca la justicia, la piedad, la fe, el amor, la paciencia, la mansedumbre. Combate el buen combate de la fe, conquista la vida eterna, a la que fuiste llamado y que tú profesaste noblemente delante de muchos testigos. Delante de Dios, que da vida a todas las cosas, y de Cristo Jesús, que proclamó tan noble profesión de fe ante Poncio Pilato, te ordeno que guardes el mandamiento sin mancha ni reproche hasta la manifestación de nuestro Señor Jesucristo, que, en el tiempo apropiado, mostrará el bienaventurado y único Soberano, Rey de los reyes y Señor de los señores, el único que posee la inmortalidad, que habita una luz inaccesible, a quien ningún hombre ha visto ni puede ver. A él honor y poder eterno. Amén.

Lucas 16,19-31

En aquel tiempo, dijo Jesús a los fariseos: «Había un hombre rico que se vestía de púrpura y de lino y banqueteaba cada día. Y un mendigo llamado Lázaro estaba echado en su portal, cubierto de llagas, y con ganas de saciarse de lo que caía de la mesa del rico. Y hasta los perros venían y le lamían las llagas. Sucedió que murió el mendigo, y fue llevado por los ángeles al seno de Abrahán. Murió también el rico y fue enterrado. Y, estando en el infierno, en medio de los tormentos, levantó los ojos y vio de lejos a Abrahán, y a Lázaro en su seno, y gritando, dijo: "Padre Abrahán, ten piedad de mí y manda a Lázaro que moje en agua la punta del dedo y me refresque la lengua, porque me torturan estas llamas". Pero Abrahán le dijo: "Hijo, recuerda que recibiste tus bienes en tu vida, y Lázaro, a su vez, males: por eso ahora él es aquí consolado, mientras que tú eres atormentado. Y, además, entre nosotros y vosotros se abre un abismo inmenso, para que los que quieran cruzar desde aquí hacia vosotros no puedan hacerlo, ni tampoco pasar de ahí hasta nosotros". Él dijo: "Te ruego, entonces, padre, que le mandes a casa de mi padre, pues tengo cinco hermanos: que les dé testimonio de estas cosas, no sea que también ellos vengan a este lugar de tormento". Abrahán le dice: "Tienen a Moisés y a los profetas: que los escuchen". Pero él le dijo: "No, padre Abrahán. Pero si un muerto va a ellos, se arrepentirán". Abrahán le dijo: "Si no escuchan a Moisés y a los profetas, no se convencerán ni aunque resucite un muerto"».

Un «¡ay!» y una alabanza

Hemos oído un «¡ay!» y, sin embargo, aclamamos diciendo: «Alaba, alma mía, al Señor». El que alaba no es el que lleva una vida disoluta, sino aquel a quien auxilia el Dios de Jacob. Para el disoluto, la riqueza es su dios, y banquetea. Para el creyente, Dios es su riqueza, y alaba. Confía al mendigo Lázaro las palabras de tu alabanza; allí se llenan de verdad, con un sentido que solo el mendigo les puede dar: «Alaba, alma mía, al Señor». Vuelve los ojos al mendigo Jesús, echado en el portal de la humanidad, cubierto de llagas, sediento de mí y de ti; vuelve los ojos al mendigo muerto y resucitado, muerto y glorificado, muerto y enaltecido hasta la derecha de Dios; vuelve los ojos a Cristo y escucha las palabras de su canto, acércate a la verdad de su poema –es también tu canto, Iglesia de Lázaros amados de Dios–: «Alaba, alma mía, al Señor. Él me hizo justicia, él me dio la libertad...».

Stos. Cosme y Damián, m.l.
Cipriano de Antioquía; Teresa Couderc

XXVI del T.O.
2ª salt. / V
Job 1,6-22 /
Sal 16 /
Lc 9,46-50

Lucas 9,46-50

En aquel tiempo, se suscitó entre los discípulos una discusión sobre quién sería el más importante. Entonces Jesús, conociendo los pensamientos de sus corazones, tomó de la mano a un niño, lo puso a su lado y les dijo: «El que acoge a este niño en mi nombre, me acoge a mí; y el que me acoge a mí, acoge al que me ha enviado. Pues el más pequeño de vosotros es el más importante». Entonces Juan tomó la palabra y dijo: «Maestro, hemos visto a uno que expulsaba demonios en tu nombre y se lo hemos prohibido, porque no anda con nosotros». Jesús le respondió: «No se lo impidáis: el que no está contra vosotros, está a favor vuestro».

En la escuela de Jesús

Parece que después de dos milenios los discípulos de Jesús volvamos «a discutir» entre nosotros «quién es el más grande». Y seguramente que en ese superlativo de grandeza, los de hoy como los de ayer, encerramos una idea de prioridad, de supremacía, de poder sobre los demás. Y lo hacemos cerca de Jesús, cerca del que se hizo último de todos, al lado del que bajó hasta lo hondo de la condición humana, de camino con el que se hizo obediente hasta la muerte y muerte de cruz; lo hacemos cerca del que se hizo pequeño como un niño, frágil como un niño, vulnerable como un niño. «Jesús cogió de la mano a un niño»: Te fijas en el niño y ves a Jesús; te fijas en Jesús y ves a un niño. Y si quieres ser grande como Jesús, habrás de hacerte grande como un niño. He dicho grande: puedes entender «pequeño, pequeña» como un niño. Si miramos por los ojos de Dios, «el más pequeño de nosotros es el más grande».

«Señor, mi corazón no es ambicioso, sino que acallo y modero mis deseos, como un niño en brazos de su madre» (Salmo 131).

S. Vicente de Paúl, m.o.
Florentino; Hilario; Leoncio; Marcos; Terencio

XXVI del T.O.
2ª salt. / B
Job 3,1-3. 11-17.20-23 / Sal 87 / Lc 9,51-56

Lucas 9,51-56

Cuando se completaron los días en que iba a ser llevado al cielo, Jesús tomó la decisión de ir a Jerusalén. Y envió mensajeros delante de él. Puestos en camino, entraron en una aldea de samaritanos para hacer los preparativos. Pero no lo recibieron, porque su aspecto era el de uno que caminaba hacia Jerusalén. Al ver esto, Santiago y Juan, discípulos suyos, le dijeron: «Señor, ¿quieres que digamos que baje fuego del cielo que acabe con ellos?». Él se volvió y los regañó. Y se encaminaron hacia otra aldea.

Bajando con Jesús

Si lo habían entendido, los discípulos lo habían ya olvidado, eso de que en el reino de Dios «el más pequeño es el más grande». Ahora Jesús «tomó la decisión de ir a Jerusalén». Puedes decir que Jesús «subió» a Jerusalén, donde se iba a consumar su destino. Y puedes decir también que Jesús, yendo a Jerusalén, baja los últimos peldaños desde Dios hasta el hombre, «baja» a Jerusalén, donde se va a consumar su servicio a la humanidad. Y, mientras Jesús baja para servir, dos de sus discípulos piden autorización para hacer bajar fuego del cielo que castigue a unos samaritanos que no han recibido a Jesús. Decididamente, a los discípulos, eso de bajar y servir no nos va, no hay manera de que lo entendamos; no digamos ya de que lo abracemos. Y, sin embargo, eso es lo que decimos entender y abrazar cuando comulgamos, pues comulgamos con el que «ha venido» –con el que se abajó– «para servir y dar su vida en rescate por todos».

Aunque soy torpe y no alcanzo a saber de ti, que no me falte tu Espíritu, Señor, para que me transforme en ti.

S. Wenceslao / Stos. Lorenzo Ruiz y comp., m.l.
Adolfo y Juan; Antonio de León; Simón de Rojas; Bernardino

XXVI del T.O.
2ª salt. / V
Job 9,1-12.14-16 / Sal 87 / Lc 9,57-62

Lucas 9,57-62

En aquel tiempo, mientras Jesús y sus discípulos iban de camino, le dijo uno: «Te seguiré adondequiera que vayas». Jesús le respondió: «Las zorras tienen madrigueras, y los pájaros del cielo nidos, pero el Hijo del hombre no tiene donde reclinar la cabeza». A otro le dijo: «Sígueme». Él respondió: «Señor, déjame primero ir a enterrar a mi padre». Le contestó: «Deja que los muertos entierren a sus muertos; tú vete a anunciar el reino de Dios». Otro le dijo: «Te seguiré, Señor. Pero déjame primero despedirme de los de mi casa». Jesús le contestó: «Nadie que pone la mano en el arado y mira hacia atrás vale para el reino de Dios».

En el camino de Jesús

Sea que Jesús nos invite a que lo «sigamos», sea que nosotros pidamos «seguirlo», ese verbo de vida cristiana significa «ir detrás de» Jesús, «hacerse discípulo de» Jesús. En el evangelio de hoy encontramos subrayado por el mismo Jesús lo que el seguimiento lleva consigo. Hacerse discípulo de Jesús significa hacerse huésped de los caminos, sin la protección que dan una casa y una familia, reducidos a menos que zorras del campo o pájaros del cielo, que algo tienen siempre que se pueda decir suyo. Hacerse discípulo de Jesús significa romper incluso con los lazos de la piedad y con la ley que los anudaba. El seguidor de Jesús habrá de poder decir como Pedro: «Lo hemos dejado todo y te hemos seguido»; y podrá hacer suyas también las palabras de Pablo: «Por él lo perdí todo, y todo lo estimo basura con tal de ganar a Cristo y existir en él». Hoy me lo dice a mí: «Sígueme». Si escucho y comulgo, acepto entrar en el camino de Jesús.

Que tu Espíritu, Señor, me dé la libertad que necesito para seguirte.

Stos. Arcángeles Miguel, Gabriel y Rafael, f.
David; Eutiquio; Plauto

Oficio de la f. / B
Dan 7,9-10.13-14 (o bien: Ap 12,7-12a) / Sal 137 / Jn 1,47-51

Juan 1,47-51

En aquel tiempo, vio Jesús que se acercaba Natanael y dijo de él: «Ahí tenéis a un israelita de verdad, en quien no hay engaño». Natanael le contesta: «¿De qué me conoces?». Jesús le responde: «Antes de que Felipe te llamara, cuando estabas debajo de la higuera, te vi». Natanael respondió: «Rabí, tú eres el Hijo de Dios, tú eres el Rey de Israel». Jesús le contestó: «¿Por haberte dicho que te vi debajo de la higuera, crees? Has de ver cosas mayores». Y añadió: «En verdad, en verdad os digo: veréis el cielo abierto y a los ángeles de Dios subir y bajar sobre el Hijo del hombre».

Nombres también para ti

Considera los nombres de los arcángeles, porque se dicen con propiedad de Jesús, y se dicen con verdad también de ti. Son nombres que se dan por la misión que a cada uno se confía. Los arcángeles prefiguran lo que Cristo Jesús ha realizado en sí mismo plenamente y nosotros imitamos por comunión con él. Miguel prefigura la manifestación en Cristo Jesús de la absoluta soberanía de Dios y la confesión de esa soberanía en la vida de los fieles. Gabriel significa misteriosamente la plenitud de la fuerza de Dios manifestada en la debilidad de Cristo Jesús, en la cruz de Cristo Jesús, en el cuerpo de Cristo Jesús que es la Iglesia, que son los últimos. Rafael, interpretado como «Medicina de Dios», prefigura la misión de Cristo Jesús, que se hizo para nosotros medicina de inmortalidad; que no vino a buscar justos sino a pecadores; que quiso llamarse Jesús, a la vez Miguel, Gabriel y Rafael; y quiso que te llames como él.

Que nuestra pequeñez hable de la grandeza de Dios. Que nuestra debilidad manifieste la fuerza de Dios. Que nuestra vida dé gloria a Dios.

viernes

S. Jerónimo, m.o.
Honorio; Gregorio el Iluminador

XXVI del T.O.
2ª salt. / B
Job 38,1.12-21; 40,3-5 /
Sal 138 /
Lc 10,13-16

Lucas 10,13-16

En aquel tiempo, dijo Jesús: «¡Ay de ti, Corozaín; ay de ti, Betsaida! Pues si en Tiro y en Sidón se hubieran hecho los milagros que en vosotras, hace tiempo que se habrían convertido, vestidos de sayal y sentados en la ceniza. Por eso el juicio les será más llevadero a Tiro y a Sidón que a vosotras. Y tú, Cafarnaún, ¿piensas escalar el cielo? Bajarás al abismo. Quien a vosotros escucha, a mí me escucha; quien a vosotros rechaza, a mí me rechaza; y quien me rechaza a mí, rechaza al que me ha enviado».

«¡Ay de ti!»

Deja que el lamento de Jesús resuene así, sin más referencia que ese pronombre que te designa: «¡Ay de ti!». El Señor ha venido a ti, le has oído decir palabras que son de luz para la vida, lo has visto realizar signos que te hicieron vislumbrar la belleza de un mundo nuevo, has tenido tan cerca de ti el reino de Dios que lo has tocado con tus manos. «¡Ay de ti!», si has despreciado esa venida, si has ignorado su gracia, sus palabras, su necesidad. El Señor viene hoy a ti en su palabra, en la Eucaristía que recibes, en la comunidad con la que celebras la fe, en los discípulos que te anuncian los misterios del reino de Dios, en los pobres con los que te encuentras. «¡Ay de ti!», si no reconoces el tiempo de su visita, y dejas que se vaya sin ti el que, solo porque te amaba, quiso ser palabra y pan para ti, quiso hacerse para siempre todo tuyo. «No endurezcáis hoy vuestro corazón, escuchad la voz del Señor».

Señor, tú me sondeas y me conoces. Dame la fe que necesito para reconocerte, amarte y caminar siempre contigo.

Sta. Teresa del Niño Jesús, m.o.

Jesús; Remigio; Benito; Julia; Montana; Verísimo

XXVI del T.O.
2ª salt. / B
Job 42,1-3. 5-6.12-17 / Sal 118 / Lc 10,17-24

Lucas 10,17-24

En aquel tiempo, los setenta y dos volvieron con alegría diciendo: «Señor, hasta los demonios se nos someten en tu nombre». Jesús les dijo: «Estaba viendo a Satanás caer del cielo como un rayo. Mirad: os he dado el poder de pisotear serpientes y escorpiones y todo poder del enemigo, y nada os hará daño alguno. Sin embargo, no estéis alegres porque se os someten los espíritus; estad alegres porque vuestros nombres están inscritos en el cielo». En aquella hora, se llenó de alegría en el Espíritu Santo y dijo: «Te doy gracias, Padre, Señor del cielo y de la tierra, porque has escondido estas cosas a los sabios y entendidos, y las has revelado a los pequeños. Sí, Padre, porque así te ha parecido bien. Todo me ha sido entregado por mi Padre, y nadie conoce quién es el Hijo sino el Padre; ni quién es el Padre sino el Hijo y aquel a quien el Hijo se lo quiera revelar». Y, volviéndose a sus discípulos, les dijo aparte: «¡Bienaventurados los ojos que ven lo que vosotros veis! Porque os digo que muchos profetas y reyes quisieron ver lo que vosotros veis, y no lo vieron; y oír lo que vosotros oís, y no lo oyeron».

Nombres escritos en el cielo

Los discípulos vuelven de la misión muy contentos, yo diría que asombrados de lo que han vivido: «¡Hasta los demonios se nos someten en tu nombre!». Han experimentado la misteriosa relación que hay entre aquel poder sobre los demonios y la persona de Jesús. De aquel nombre procede la potestad necesaria para enfrentarse al espíritu del mal. Pero Jesús no ve solo el mal que retrocede; ve también que los nombres de sus discípulos están escritos en el cielo, que es algo así como verlos escritos en el corazón de Dios. Y a Jesús esa visión lo llena «de la alegría del Espíritu Santo».

Ángeles Custodios;
Saturio; Eleuterio;
Olegario

3ª salt. / V
Hab 1,2-3; 2,2-4 /
Sal 94 /
2Tim 1,6-8.13-14 /
Lc 17,5-10

Habacuc 1,2-3; 2,2-4

¿Hasta cuándo, Señor, pediré auxilio sin que me oigas, te gritaré: ¡Violencia!, sin que me salves? ¿Por qué me haces ver crímenes y contemplar opresiones? ¿Por qué pones ante mí destrucción y violencia, y surgen disputas y se alzan contiendas? Me respondió el Señor: Escribe la visión y grábala en tablillas, que se lea de corrido; pues la visión tiene un plazo, pero llegará a su término sin defraudar. Si se atrasa, espera en ella, pues llegará y no tardará. Mira, el altanero no triunfará; pero el justo por su fe vivirá.

Salmo 94,1-2.6-7c.7d-9

R. Ojalá escuchéis hoy la voz del Señor: «No endurezcáis vuestro corazón».

2 Timoteo 1,6-8.13-14

Querido hermano: Te recuerdo que reavives el don de Dios que hay en ti por la imposición de mis manos, pues Dios no nos ha dado un espíritu de cobardía, sino de fortaleza, de amor y de templanza. Así pues, no te avergüences del testimonio de nuestro Señor ni de mí, su prisionero; antes bien, toma parte en los padecimientos por el Evangelio, según la fuerza de Dios. Ten por modelo las palabras sanas que has oído de mí en la fe y el amor que tienen su fundamento en Cristo Jesús. Vela por el precioso depósito con la ayuda del Espíritu Santo que habita en nosotros.

Lucas 17,5-10

En aquel tiempo, los apóstoles le dijeron al Señor: «Auméntanos la fe». El Señor dijo: «Si tuvierais fe como un granito de mostaza, diríais a esa morera: "Arráncate de raíz y plántate en el mar", y os obedecería. ¿Quién de vosotros, si tiene un criado labrando o pastoreando, le dice cuando vuelve del campo: "Enseguida, ven y ponte a la mesa"? ¿No le diréis más bien: "Prepárame de cenar, cíñete y sírveme mientras como y bebo, y después comerás y beberás tú"? ¿Acaso tenéis que estar agradecidos al criado porque ha hecho lo mandado? Lo mismo vosotros: cuando hayáis hecho todo lo que se os ha mandado, decid: "Somos siervos inútiles, hemos hecho lo que teníamos que hacer"».

«¡Si tuvierais fe!»

Hemos preguntado al Señor: «¿Hasta cuándo gritaré, sin que me salves?, y el Señor nos invita a fijar la mirada de la fe en Cristo Jesús: Su palabra es luz que nos ilumina; su Cuerpo es medicina de inmortalidad para nuestras heridas; su amor es nuestra justicia. Jesús es todo lo que el Padre Dios nos puede dar, y es más, mucho más, de lo que nosotros nunca pudiéramos pedir ni imaginar. Vive con fe, porque tu fe, aunque pequeña como grano de mostaza, tiene la fuerza de plantar en el mar el mal que te aflige. Vive con fe, porque el Señor es tu Dios, y su fidelidad es eterna. Vive con fe, y no olvides lo que en esta misma Eucaristía puedes experimentar: «¡Bueno es el Señor para el que espera en él, para el alma que lo busca!». Tú lo buscas, y encuentras al que desde siempre te buscaba. Tú le llamas, y responde el que desde siempre te llamaba. Tú esperas en él, y en Cristo se te ofrece toda la bondad de Dios.

Señor, auméntanos la fe. Que tu palabra nos llene de esperanza y avive en nosotros el ardor de la caridad.

S. Francisco de Borja, m.I.
Andrés de Soveral y comp.; Juana Emilia de Villeneuve; Bto. Columba Marmion

XXVII del T.O.
3ª salt. / V
Gál 1,6-12 /
Sal 110 /
Lc 10,25-37

Lucas 10,25-37

En aquel tiempo, se levantó un maestro de la ley y preguntó a Jesús para ponerlo a prueba: «Maestro, ¿qué tengo que hacer para heredar la vida eterna?». Él le dijo: «¿Qué está escrito en la ley? ¿Qué lees en ella?». Él respondió: «"Amarás al Señor, tu Dios, con todo tu corazón y con toda tu alma y con toda tu fuerza" y con toda tu mente. Y "a tu prójimo como a ti mismo"». Él le dijo: «Has respondido correctamente. Haz esto y tendrás la vida». Pero el maestro de la ley, queriendo justificarse, dijo a Jesús: «¿Y quién es mi prójimo?». Respondió Jesús diciendo: «Un hombre bajaba de Jerusalén a Jericó, cayó en manos de unos bandidos, que lo desnudaron, lo molieron a palos y se marcharon, dejándolo medio muerto. Por casualidad, un sacerdote bajaba por aquel camino y, al verlo, dio un rodeo y pasó de largo. Y lo mismo hizo un levita que llegó a aquel sitio: al verlo dio un rodeo y pasó de largo. Pero un samaritano que iba de viaje llegó adonde estaba él y, al verlo, se compadeció, y acercándose, le vendó las heridas, echándoles aceite y vino, y, montándolo en su propia cabalgadura, lo llevó a una posada y lo cuidó. Al día siguiente, sacando dos denarios, se los dio al posadero y le dijo: "Cuida de él, y lo que gastes de más yo te lo pagaré cuando vuelva". ¿Cuál de estos tres te parece que ha sido prójimo del que cayó en manos de los bandidos?». Él dijo: «El que practicó la misericordia con él». Jesús le dijo: «Anda y haz tú lo mismo».

Prójimos al modo de Dios

Por el misterio de la encarnación, la Palabra eterna que estaba junto a Dios, se hizo nuestro prójimo, se llegó a donde estábamos nosotros, se nos acercó, cargó con nuestros sufrimientos, aguantó nuestros dolores, fue traspasado por nuestras rebeliones. Si te preguntan acerca de tu Dios, puedes decir con verdad que él te sacó de la esclavitud, te arrancó de las tinieblas, te salvó de la muerte; puedes decir que no hay otro Dios, y que amarlo con todo el corazón es camino real para ir a la vida eterna; puedes decir que tu Dios es amor, que es todo corazón, que es tu prójimo.

S. Francisco de Asís, m.o.
Queremón; Petronio; Pedro Damasceno

XXVII del T.O.
3ª salt. / B
Gál 1,13-24 / Sal 138 / Lc 10,38-42

Lucas 10,38-42

En aquel tiempo, entró Jesús en una aldea, y una mujer llamada Marta lo recibió en su casa. Esta tenía una hermana llamada María, que, sentada junto a los pies del Señor, escuchaba su palabra. Marta, en cambio, andaba muy afanada con los muchos servicios; hasta que, acercándose, dijo: «Señor, ¿no te importa que mi hermana me haya dejado sola para servir? Dile que me eche una mano». Respondiendo, le dijo el Señor: «Marta, Marta, andas inquieta y preocupada con muchas cosas; solo una es necesaria. María, pues, ha escogido la parte mejor, y no le será quitada».

Una sola cosa es necesaria

La madre Iglesia ha querido orientarnos a la escucha del evangelio de hoy evocando una bienaventuranza relativa a la palabra de Dios: «Bienaventurados los que escuchan la palabra de Dios y la cumplen». Seguramente que, en los días de nuestra vida, habremos de ocuparnos en muchas cosas; puede que lleguemos incluso a andar inquietos y nerviosos por muchas cosas; pero de una sola entre todas ellas se dice que es necesaria, y esa sola cosa necesaria es la escucha de la palabra de Dios. Así, María, que sentada a los pies de Jesús escuchaba su palabra, es presentada como la mujer sensata que, entre las muchas cosas, ha escogido la única necesaria, ha escogido la mejor parte. María es icono de la Iglesia que vive a la escucha de su Señor. Casi me atrevería, madre Iglesia, a describirte como una comunidad de discípulos que viven pendientes de la palabra de Jesús, hambrientos y sedientos de justicia, hambrientos y sedientos de Dios.

«Como busca la cierva corrientes de agua, así mi alma te busca a ti, Dios mío» (Salmo 41).

Témporas de acción de gracias y de petición, m.o.
Atilano; Froilán; Catrina; Ventura; Faustina Kowalska

Oficio propio / B
Dt 8,7-18 /
Sal 1Crón 29,10-12 /
2Cor 5,17-21 /
Mt 7,7-11

Mateo 7,7-11

En aquel tiempo, dijo Jesús a sus discípulos: «Pedid y se os dará, buscad y encontraréis, llamad y se os abrirá; porque todo el que pide recibe, quien busca encuentra y al que llama se le abre. Si a alguno de vosotros le pide su hijo pan, ¿le dará una piedra?; y si le pide pescado, ¿le dará una serpiente? Pues si vosotros, aun siendo malos, sabéis dar cosas buenas a vuestros hijos, ¡cuánto más vuestro Padre que está en los cielos dará cosas buenas a los que le piden!».

Todo se nos da en Cristo

Vamos a hablar de cosechas y de agradecimiento. Has cosechado, Iglesia amada de Dios: «No te olvides de tu Señor». Has cosechado: «No digas: por mi fuerza me he creado estas riquezas». Has cosechado: Confiesa la grandeza y el poder de tu Señor. Y no olvides que tu cosecha no ha sido solo de frutos de la tierra: En Cristo has sido bendecida y has cosechado toda clase de bienes espirituales y celestiales. Bendigamos al Rey del cielo que, por medio de Cristo nos reconcilió consigo y nos confió el ministerio de la reconciliación. «Cantemos y salmodiemos para nuestro Dios», por el maravilloso don que es su palabra, en la que él cada día se nos entrega. «Démosle gracias» a Dios, porque, haciéndose nuestro prójimo, nos hizo prójimos de su reino. Palabra y reino vienen hoy a ti que, escuchando, has creído, y creyendo, has comulgado. «Cantemos y salmodiemos», porque todo se nos da hoy en el cuerpo de Cristo que recibimos.

Te doy gracias, Señor, de todo corazón; delante de los ángeles tañeré para ti.

S. Bruno, m.l.
Adalberón; Bta. Mª Ana Mogas; Bto. Bartolo Longo

XXVII del T.O.
3ª salt. / V
Gál 3,1-5 / Sal Lc 1,69-75 / Lc 11,5-13

Lucas 11,5-13

En aquel tiempo, dijo Jesús a sus discípulos: «Suponed que alguno de vosotros tiene un amigo, y viene durante la medianoche y le dice: "Amigo, préstame tres panes, pues uno de mis amigos ha venido de viaje y no tengo nada que ofrecerle"; y, desde dentro, aquel le responde: "No me molestes; la puerta ya está cerrada; mis niños y yo estamos acostados; no puedo levantarme para dártelos"; os digo que, si no se levanta y se los da por ser amigo suyo, al menos por su importunidad se levantará y le dará cuanto necesite. Pues yo os digo a vosotros: pedid y se os dará, buscad y hallaréis, llamad y se os abrirá; porque todo el que pide recibe, y el que busca halla, y al que llama se le abre. ¿Qué padre entre vosotros, si su hijo le pide un pez, le dará una serpiente en lugar del pez? ¿O si le pide un huevo, le dará un escorpión? Si vosotros, pues, que sois malos, sabéis dar cosas buenas a vuestros hijos, ¿cuánto más el Padre del cielo dará el Espíritu Santo a los que le piden?».

Pide, busca, llama y recibe

A los pies de Jesús has aprendido la más atrevida de las oraciones: «Padre, santificado sea tu nombre». Ahora, en la misma escuela, aprendes la osadía de la insistencia en reiterar tu oración. Si de un amigo puedes abusar insistiendo con él hasta conseguir el pan que te hace falta para honrar los deberes de la hospitalidad, con toda confianza podrás pedir siempre a tu Padre del cielo lo que necesitas para que él remedie tu necesidad, podrás siempre buscar junto con él para encontrar lo que buscas, podrás siempre llamar a su puerta, no importa si es medianoche para que él te abra y te atienda. No hay amor de padre que se pueda comparar con el amor de tu Dios. Nuestro amor, con ser de malos, sabe dar cosas buenas a los hijos. Tú pide, busca, llama, y del amor que es Dios recibirás toda clase de bienes espirituales y celestiales. Pide, busca, llama y recibe, con el Espíritu Santo, el don de Dios que es Cristo Jesús.

Bienaventurada Virgen María del Rosario, m.o.
Justina

XXVII del T.O.
3ª salt. / B
Gál 3,7-14 /
Sal 110 /
Lc 11,15-26

Lucas 11,15-26

En aquel tiempo, habiendo expulsado Jesús a un demonio, algunos de entre la multitud dijeron: «Por arte de Belzebú, el príncipe de los demonios, echa los demonios». Otros, para ponerlo a prueba, le pedían un signo del cielo. Él, conociendo sus pensamientos, les dijo: «Todo reino dividido contra sí mismo va a la ruina y cae casa sobre casa. Si, pues, también Satanás se ha dividido contra sí mismo, ¿cómo se mantendrá su reino? Pues vosotros decís que yo echo los demonios con el poder de Belzebú. Pero, si yo echo los demonios con el poder de Belzebú, vuestros hijos, ¿por arte de quién los echan? Por eso, ellos mismos serán vuestros jueces. Pero, si yo echo los demonios con el dedo de Dios, entonces es que el reino de Dios ha llegado a vosotros. Cuando un hombre fuerte y bien armado guarda su palacio, sus bienes están seguros, pero, cuando otro más fuerte lo asalta y lo vence, le quita las armas de que se fiaba y reparte su botín. El que no está conmigo está contra mí; el que no recoge conmigo desparrama. Cuando el espíritu inmundo sale de un hombre, da vueltas por lugares áridos, buscando un sitio para descansar, y, al no encontrarlo, dice: "Volveré a mi casa de donde salí". Al volver se la encuentra barrida y arreglada. Entonces va y toma otros siete espíritus peores que él, y se mete a vivir allí. Y el final de aquel hombre resulta peor que el principio».

Cosas de Jesús y tuyas

Bueno será que recordemos cosas de nuestra relación personal con Cristo Jesús. Ignoro por qué, en el evangelio de este día, el Leccionario se conforma con una pobre alusión al hecho que da origen a la polémica que lo sigue. Fíjate en el hecho: «Habiendo expulsado Jesús a un demonio». Lo que Jesús hace, provoca dos reacciones contrarias: «la multitud se quedó admirada»; pero «otros» acusaron a Jesús de colaborar con el demonio. Si crees, admiras. Si no crees, acusas. Ahora, Iglesia cuerpo de Cristo, recuerda lo que el Señor hizo contigo, pues fuiste bautizada en él, justificada en él, para que pudieses oír y hablar, obedecer y agradecer, ser de Dios y ser libre.

Demetrio de Tesalónica; Simeón

XXVII del T.O.
3ª salt. / V
Gál 3,22-29 /
Sal 104 /
Lc 11,27-28

Lucas 11,27-28

En aquel tiempo, mientras Jesús hablaba a la gente, una mujer de entre el gentío, levantando la voz, le dijo: «Bienaventurado el vientre que te llevó y los pechos que te criaron». Pero él dijo: «Mejor, bienaventurados los que escuchan la palabra de Dios y la cumplen».

Siervos de la palabra de Dios

Es así de sencillo: el mandamiento del amor a Dios –el primero y principal de los mandamientos– se concreta en obediencia amorosa a su palabra; los creyentes vivimos pendientes de aquel a quien amamos, pues el amor reclama que en todo busquemos agradarle. Guarda en tu corazón el grito de aquella mujer que llama «dichosa» a la madre de Jesús, por haber sido madre de un hijo así. Y junto a ese grito, guarda la enseñanza de Jesús, que desvela dónde está –y que está al alcance de todos– la fuente de la dicha: «Bienaventurados los que escuchan la palabra de Dios y la cumplen». Dichosa tú, Iglesia de Cristo; dichosa tú, como lo fue la madre de Jesús, pues como ella has creído lo que te ha dicho el Señor, como ella vas diciendo sí a la palabra con que el Señor te visita, como ella amas lo que crees y guardas en el corazón lo que amas. Dichosa tú, que hoy, escuchando y comulgando, te haces hermana y madre de Jesús.

«Como busca la cierva corrientes de agua, así mi alma te busca a ti, Dios mío» (Salmo 40).

Dionisio y comp.;
Juan Leonardi;
Luis Bertrán; Héctor;
John Henry Newman;
Inocencio de la Inmaculada y comp.

4ª salt. / V
2Re 5,14-17 /
Sal 97 /
2Tim 2,8-13 /
Lc 17,11-19

2 Reyes 5,14-17

En aquellos días, el sirio Naamán bajó y se bañó en el Jordán siete veces, conforme a la palabra de Eliseo, el hombre de Dios. Y su carne volvió a ser como la de un niño pequeño: quedó limpio de su lepra. Naamán y toda su comitiva regresaron al lugar donde se encontraba el hombre de Dios. Al llegar, se detuvo ante él exclamando: «Ahora conozco que no hay en toda la tierra otro Dios que el de Israel. Recibe, pues, un presente de tu siervo». Pero Eliseo respondió: «Vive el Señor ante quien sirvo, que no he de aceptar nada». Y le insistió en que aceptase, pero él rehusó. Naamán dijo entonces: «Que al menos le den a tu siervo tierra del país, la carga de un par de mulos, porque tu servidor no ofrecerá ya holocausto ni sacrificio a otros dioses más que al Señor».

Salmo 97,1bcde.2-3ab.3cd-4

R. El Señor revela a las naciones su salvación.

2 Timoteo 2,8-13

Querido hermano: Acuérdate de Jesucristo, resucitado de entre los muertos, nacido del linaje de David, según mi evangelio, por el que padezco hasta llevar cadenas, como un malhechor; pero la palabra de Dios no está encadenada. Por eso lo aguanto todo por los elegidos, para que ellos también alcancen la salvación y la gloria eterna en Cristo Jesús. Es palabra digna de crédito: Pues si morimos con él, también viviremos con él; si perseveramos, también reinaremos con él; si lo negamos, también él nos negará. Si somos infieles, él permanece fiel, porque no puede negarse a sí mismo.

Lucas 17,11-19

Una vez, yendo Jesús camino de Jerusalén, pasaba entre Samaría y Galilea. Cuando iba a entrar en una ciudad, vinieron a su encuentro diez hombres leprosos, que se pararon a lo lejos y a gritos le decían: «Jesús, maestro, ten compasión de nosotros». Al verlos, les dijo: «Id a presentaros a los sacerdotes». Y sucedió que, mientras iban de camino, quedaron limpios. Uno de ellos, viendo que estaba curado, se volvió alabando a Dios a grandes gritos y se postró a los pies de Jesús, rostro en tierra, dándole gracias. Este era un samaritano. Jesús, tomó la palabra y dijo: «¿No han quedado limpios los diez?; los otros nueve, ¿dónde están? ¿No ha habido quien volviera a dar gloria a Dios más que este extranjero?». Y le dijo: «Levántate, vete; tu fe te ha salvado».

El Señor se quedó con nuestra lepra

Diez leprosos habían salido al encuentro de Jesús; los diez se acogieron a la compasión de Jesús; los diez, mientras iban de camino, quedaron limpios. Pero uno de ellos, un samaritano, viendo que estaba curado, se volvió alabando a Dios a grandes gritos, y se echó por tierra a los pies de Jesús, dándole gracias. Este samaritano no grita porque está curado, sino porque Dios lo ha curado; no alaba porque está limpio, sino porque Dios le ha revelado su justicia; y no se postra a los pies de Jesús porque ha estrenado salud, sino porque está agradecido. Diez fueron curados; uno solo es el que alaba. Diez fueron agraciados, pero es uno solo el que vuelve a su casa salvado por su fe. También a nosotros se nos ha revelado la justicia del Señor. Vuelve, Iglesia purificada, vuelve y, postrada a los pies de Jesús, da gracias a tu salvador; vuelve y, con tu alabanza y tu agradecimiento, da gloria al Dios de tu salvación.

Cantad al Señor un cántico nuevo, porque ha tenido compasión de nosotros y nos ha salvado.

Sto. Tomás de Villanueva, m.l.
Paulino de York; Casio y Florencio; Daniel Comboni; Bta. Catalina Irigoyen

XXVIII del T.O.
4ª salt. / V
Gál 4,22-24.26-27.31–5,1 / Sal 112 / Lc 11,29-32

Lucas 11,29-32

En aquel tiempo, la gente se apiñaba alrededor de Jesús, y él se puso a decirles: «Esta generación es una generación perversa. Pide un signo, pero no se le dará más signo que el signo de Jonás. Pues como Jonás fue un signo para los habitantes de Nínive, lo mismo será el Hijo del hombre para esta generación. La reina del Sur se levantará en el juicio contra los hombres de esta generación y hará que los condenen, porque ella vino desde los confines de la tierra para escuchar la sabiduría de Salomón, y aquí hay uno que es más que Salomón. Los hombres de Nínive se alzarán en el juicio contra esta generación y harán que la condenen; porque ellos se convirtieron con la proclamación de Jonás, y aquí hay uno que es más que Jonás».

El signo de la palabra

A los que le exigían una señal del cielo que acreditase su ministerio, Jesús los llamó «generación perversa», expresión que, en el libro del Deuteronomio, describía la infidelidad del pueblo frente al Señor: «Hijos degenerados, se portaron mal con él, generación malvada y pervertida». El lazo de unión entre aquella generación y la que ahora se enfrenta a Jesús es la exigencia obstinada de señales de que Dios camina con ellos. Entonces y ahora, el rechazado era el Señor, su alianza, su palabra. A los que rechazan a Jesús, no se les dará más señal que la de Jonás, es decir, que para ellos la señal será Jesús mismo y su palabra, como lo había sido para los ninivitas Jonás y su predicación. Busca a Jesús, y en él encontrarás, hecha carne, la sabiduría misma de Dios. Busca la palabra que es Jesús, recíbela, y en ella encontrarás la fuerza que necesitas para tu camino, el alimento que necesitas para la vida eterna.

No pido más signo, Señor, que esa palabra divina en la que me hablas, ese pan del cielo con el que me alimentas: Ven, Señor Jesús.

Sta. Mª Soledad Torres Acosta / S. Juan XXIII, m.l.
Nª Sra. de Begoña; Alejandro; Bruno de Colonia; Kenneth

XXVIII del T.O. 4ª salt. / V
Gál 5,1-6 / Sal 118 / Lc 11,37-41

Lucas 11,37-41

En aquel tiempo, cuando Jesús terminó de hablar, un fariseo le rogó que fuese a comer con él. Él entró y se puso a la mesa. Como el fariseo se sorprendió al ver que no se lavaba las manos antes de comer, el Señor le dijo: «Vosotros, los fariseos, limpiáis por fuera la copa y el plato, pero por dentro rebosáis de rapiña y maldad. ¡Necios! El que hizo lo de fuera, ¿no hizo también lo de dentro? Con todo, dad limosna de lo que hay dentro, y lo tendréis limpio todo».

Vivir en libertad

Lo que normalmente llamamos salvación, lo podemos llamar también liberación. Noé fue liberado de sucumbir a la violencia del diluvio. Israel fue liberado en Egipto de la esclavitud del Faraón. Por la fe en Cristo, hemos sido liberados de la esclavitud del pecado y de la muerte. Decir rescate, redención, salvación, es decir entrada en un mundo de libertad. ¡Libertad!: deseable y temible, pedida y rechazada. En realidad, preferimos la esclavitud de la ley a la libertad que nos da la gracia, preferimos la seguridad de la ortodoxia a los riesgos de la compasión, preferimos cumplir a darlo todo, preferimos pagar a perdernos, a dar limosna de lo de dentro, a darnos. «Levantaré mis manos hacia ti», Señor, «recitando tus mandatos», no como quien tiene la arrogancia de haberlos cumplido, sino como quien busca grabarlos en el corazón porque te necesita, porque todo lo espera de ti, también quedar limpio.

Toda mi esperanza está en ti, Señor. Tú, que eres pureza, belleza, gracia, santidad, ten compasión de mí que soy un pecador.

Virgen María del Pilar, f.

Walfrido; Eustaquio; Bto. Carlo Acutis

Oficio de la f. / B *Vol. IV*

1Crón 15,3-4. 15-16; 16,1-2 (o bien: He 1,12-14) / Sal 26 / Lc 11,27-28

Lucas 11,27-28

En aquel tiempo, mientras Jesús hablaba a la gente, una mujer de entre el gentío, levantando la voz, le dijo: «Bienaventurado el vientre que te llevó y los pechos que te criaron». Pero él dijo: «Mejor, bienaventurados los que escuchan la palabra de Dios y la cumplen».

«El Señor me ha exaltado»

Hoy, fijos los ojos en María de Nazaret, al celebrarla bajo la advocación de Nuestra Señora del Pilar, le decimos bendita, dichosa, Madre del Señor. Pero ella, ya sea desde los caminos de su vida, ya sea desde el misterio de la oración litúrgica, nos hace volver la mirada al que es la fuente de toda bendición, al Padre de toda bienaventuranza, y nos dice: Es el Señor el que me ha coronado, es él quien me ha exaltado sobre la columna, el Señor es mi luz y mi salvación, él es la defensa de mi vida. María sabe que todas las generaciones la llamarán dichosa, y que así será sencillamente porque, en ella, «el Poderoso ha hecho obras grandes». Hoy, con toda la Iglesia, recordamos esas maravillas: el Señor la hizo inmaculada, intacta en su virginidad, gloriosa en su descendencia. El Señor nos la dio como Madre y la puso como columna de nube que día y noche nos guía y nos sostiene en el camino de nuestra peregrinación.

En Cristo Jesús tú nos has bendecido, Padre, con toda clase de bienes espirituales y celestiales. Con la Madre de Jesús, la Iglesia te bendice, proclama tu grandeza y goza con tu salvación.

Eduardo el Confesor;
Geraldo de Aurillac;
Teófilo de Antioquía

XXVIII del T.O.
4ª salt. / V
Ef 1,1-10 /
Sal 97 /
Lc 11,47-54

Lucas 11,47-54

En aquel tiempo, dijo el Señor: «¡Ay de vosotros, que edificáis mausoleos a los profetas, a quienes mataron vuestros padres! Así sois testigos de lo que hicieron vuestros padres, y lo aprobáis; porque ellos los mataron y vosotros les edificáis mausoleos. Por eso dijo la Sabiduría de Dios: "Les enviaré profetas y apóstoles: a algunos de ellos los matarán y perseguirán"; y así a esta generación se le pedirá cuenta de la sangre de todos los profetas derramada desde la creación del mundo; desde la sangre de Abel hasta la sangre de Zacarías, que pereció entre el altar y el santuario. Sí, os digo: se le pedirá cuenta a esta generación. ¡Ay de vosotros, maestros de la ley, que os habéis apoderado de la llave de la ciencia: vosotros no habéis entrado y a los que intentaban entrar se lo habéis impedido!». Al salir de allí, los escribas y fariseos empezaron a acosarlo implacablemente y a tirarle de la lengua con muchas preguntas capciosas, tendiéndole trampas para cazarlo con alguna palabra de su boca.

Se le pedirá cuenta

Jesús dice: «Se le pedirá cuenta a esta generación». Y yo, que escucho, entiendo: se me pedirá cuenta: ¡Dios me pedirá cuenta! E intuyo que será cuenta de la ceguera que me impide ver a los pobres, de mi obstinación en cerrarles el paso hacia el futuro, de mi arrogancia en disponer de sus vidas. Tú, Jesús, dices: «Se le pedirá cuenta», y añades: «De la sangre de los profetas derramada desde la creación del mundo». Y yo intuyo que pesa sobre mí, que es de mi incumbencia, la vida de mis hermanos, la muerte de los inocentes, el dolor de los pobres. Tú dices: «Se le pedirá cuenta», y yo recuerdo tu entrega, tu pasión, tu humillación, tu abajamiento hasta lo hondo de la condición de los pobres, y entiendo, anonadado, que tendría que dar cuenta también de ti. Cuando me preguntes: «¿Dónde está tu hermano?», ¿dónde está mi Hijo?, ¿dónde están mis hijos?, espero poder decirte que están conmigo y están bien.

viernes

S. Calixto I, m.l.
Nª Sra. del Martirio;
Bucardo I

XXVIII del T.O.
4º salt. / V
Ef 1,11-14 /
Sal 32 /
Lc 12,1-7

Lucas 12,1-7

En aquel tiempo, miles y miles de personas se agolpaban. Jesús empezó a hablar, dirigiéndose primero a sus discípulos: «Cuidado con la levadura de los fariseos, que es la hipocresía, pues nada hay cubierto que no llegue a descubrirse, ni nada escondido que no llegue a saberse. Por eso, lo que digáis en la oscuridad será oído a plena luz, y lo que digáis al oído en las recámaras se pregonará desde la azotea. A vosotros os digo, amigos míos: no tengáis miedo a los que matan el cuerpo, y después de esto no pueden hacer más. Os voy a enseñar a quién tenéis que temer: temed al que, después de la muerte, tiene poder para arrojar a la "gehenna". A ese tenéis que temer, os lo digo yo. ¿No se venden cinco pájaros por dos céntimos? Pues ni de uno solo de ellos se olvida Dios. Más aún, hasta los cabellos de vuestra cabeza están contados. No tengáis miedo: valéis más que muchos pájaros».

No tengáis miedo

A quién he de temer y de qué no he de tener miedo: ante mí, como un abismo inevitable, está siempre tu Hijo, el amado, el entregado por mí, por causa mía, en mi favor. No lo entiendo, pero lo intuyo: Ese Hijo representa para mí una deuda que no puedo saldar. El corazón me dice que he de reconocerme incluido en la oración de ese Hijo crucificado: «Padre, perdónalos, porque no saben lo que hacen». Siempre habría de temer al que puede dar la muerte, si no confiase siempre en el que quiere ser mi vida. Y si hasta ahí he de confiar, ya nada habré de temer, ya solo podré asombrarme de que, para Dios, más allá de la comparación entre pecadores y pájaros, se desvela el misterio de la comparación entre los pecadores y el Hijo más amado. Entonces del corazón desborda la aclamación, el agradecimiento, porque la misericordia del Señor llena la tierra.

Señor, somos hijos de tu misericordia; no permitas que nos aparte de ti la dureza de nuestro corazón con tus hijos pobres.

Sta. Teresa de Jesús, f.
Bruno de Querfurt; Aurelia de Estrasburgo

Oficio de la f. / B
Vol. IV
Eclo 15,1-6 / Sal 88 / Mt 11,25-30

Mateo 11,25-30

En aquel tiempo, tomó la palabra Jesús y dijo: «Te doy gracias, Padre, Señor del cielo y de la tierra, porque has escondido estas cosas a los sabios y entendidos, y se las has revelado a los pequeños. Sí, Padre, así te ha parecido bien. Todo me ha sido entregado por mi Padre, y nadie conoce al Hijo más que el Padre, y nadie conoce al Padre sino el Hijo y aquel a quien el Hijo se lo quiera revelar. Venid a mí todos los que estáis cansados y agobiados, y yo os aliviaré. Tomad mi yugo sobre vosotros y aprended de mí, que soy manso y humilde de corazón, y encontraréis descanso para vuestras almas. Porque mi yugo es llevadero y mi carga ligera».

Gracias

Así, desde el corazón de la fe, en comunión con Cristo, le vamos diciendo al Padre, en nuestra humilde Eucaristía, nuestro ¡gracias!, por su misericordia y su fidelidad, por las maravillas que ha realizado en nuestro favor, porque nos ha dado a su Hijo, porque todo nos lo ha dado con ese Hijo, porque cuanto de sí mismo podía decir nos lo ha dicho en ese Hijo, porque cuanto de sí mismo podía dar nos lo dio, hasta hacerse nuestro en ese Hijo. Esa revelación la recibió Teresa de Jesús, y la recibes tú, Iglesia cuerpo de Cristo, que hoy escuchas el evangelio y celebras la Eucaristía: Iglesia agraciada, bendecida, experta en misterios que llenan de luz la vida de tus hijos, que llenan de paz tu camino en el mundo. Esta sabiduría, este Hijo, te viene al encuentro como una madre: en ella encontrarás descanso, ella te aliviará de tu carga, ella te enseñará la dulzura de la mansedumbre y la humildad del corazón.

Contaré tu fama a mis hermanos, en medio de la Iglesia te alabaré, Señor, porque tu misericordia es un edificio eterno. Dichoso el pueblo que sabe aclamarte.

Eduvigis; Margarita Mª Alacoque; Gerardo Mayela; Galo; Mª Margarita Dufrost; Bto. Juan de Palafox

1ª salt. / V
Éx 17,8-13 /
Sal 120 /
2Tim 3,14–4,2 /
Lc 18,1-8

Éxodo 17,8-13

En aquellos días, Amalec vino y atacó a Israel en Refidín. Moisés dijo a Josué: «Escoge unos cuantos hombres, haz una salida y ataca a Amalec. Mañana yo estaré en pie en la cima del monte, con el bastón de Dios en la mano». Hizo Josué lo que le decía Moisés, y atacó a Amalee; entretanto, Moisés, Aarón y Jur subían a la cima del monte. Mientras Moisés tenía en alto las manos, vencía Israel; mientras las tenía bajadas, vencía Amalec. Y, como le pesaban los brazos, sus compañeros tomaron una piedra y se la pusieron debajo, para que se sentase; mientras, Aarón y Jur le sostenían los brazos, uno a cada lado. Así resistieron en alto sus brazos hasta la puesta del sol. Josué derrotó a Amalec y a su pueblo, a filo de espada.

Salmo 120,1bc-2.3-4.5-6.7-8

R. Nuestro auxilio es el nombre del Señor, que hizo el cielo y la tierra.

2 Timoteo 3,14–4,2

Querido hermano: Permanece en lo que aprendiste y creíste, consciente de quiénes lo aprendiste, y que desde niño conoces las Sagradas Escrituras: ellas pueden darte la sabiduría que conduce a la salvación por medio de la fe en Cristo Jesús. Toda Escritura es inspirada por Dios y además útil para enseñar, para argüir, para corregir, para educar en la justicia, a fin de que el hombre de Dios sea perfecto y esté preparado para toda obra buena. Te conjuro delante de Dios y de Cristo Jesús, que ha de juzgar a vivos y a muertos, por su manifestación y por su reino: proclama la palabra, insiste a tiempo y a destiempo, arguye, reprocha, exhorta con toda magnanimidad y doctrina.

Lucas 18,1-8

En aquel tiempo, Jesús decía a sus discípulos una parábola para enseñarles que es necesario orar siempre, sin desfallecer. «Había un juez en una ciudad que ni temía a Dios ni le importaban los hombres. En aquella ciudad había una viuda que solía ir a decirle: "Hazme justicia frente a mi adversario". Por algún tiempo se estuvo negando, pero después se dijo a sí mismo: "Aunque ni temo a Dios ni me importan los hombres, como esta viuda me está molestando, le voy a hacer justicia, no sea que siga viniendo a cada momento a importunarme"». Y el Señor añadió: «Fijaos en lo que dice el juez injusto; pues Dios, ¿no hará justicia a sus elegidos que claman ante él día y noche?; ¿o les dará largas? Os digo que les hará justicia sin tardar. Pero, cuando venga el Hijo del hombre, ¿encontrará esta fe en la tierra?».

Se ha hecho necesaria la perseverancia

Jerusalén está cerca para Jesús y para sus discípulos: está cerca el escándalo de la cruz, el miedo, la tristeza, la huida. Ahora se ha hecho necesaria la perseverancia, porque el adversario es fuerte, los pobres necesitan justicia, y la oración de los elegidos es grito que resuena en el cielo día y noche. Ahora es necesaria la perseverancia, porque el pueblo de Dios está amenazado en su existencia, se ha hecho necesaria la lucha, y esta va a ser no solo prolongada en el tiempo sino también perturbada con inquietantes alternativas de victoria y de derrota. Ahora es necesario hablar de perseverancia, porque las manos del orante se han hecho pesadas, y es tarea penosa mantener en alto los brazos. Levanto mis ojos a los montes, levanto mis manos a lo alto, levanto mi corazón hasta el Padre. Si confesamos siempre la fidelidad del Señor, oramos siempre; y si oramos siempre, confesamos siempre su fidelidad.

Aumenta, Señor, en nosotros el deseo de amarte, y que nuestro deseo clame delante de ti día y noche a favor de tus pobres.

17

lunes

S. Ignacio de Antioquía, m.o.

Etelberto y Etelredo; Bto. Contardo Ferrini

XXIX del T.O.

1ª salt. / R

Ef 2,1-10 /

Sal 99 /

Lc 12,13-21

Lucas 12,13-21

En aquel tiempo, dijo uno de entre la gente a Jesús: «Maestro, dile a mi hermano que reparta conmigo la herencia». Él le dijo: «Hombre, ¿quién me ha constituido juez o árbitro entre vosotros?». Y les dijo: «Mirad: guardaos de toda clase de codicia. Pues, aunque uno ande sobrado, su vida no depende de sus bienes». Y les propuso una parábola: «Las tierras de un hombre rico produjeron una gran cosecha. Y empezó a echar cálculos, diciéndose: "¿Qué haré? No tengo donde almacenar la cosecha". Y se dijo: "Haré lo siguiente: derribaré los graneros y construiré otros más grandes, y almacenaré allí todo el trigo y mis bienes. Y entonces me diré a mí mismo: alma mía, tienes bienes almacenados para muchos años; descansa, come, bebe, banquetea alegremente". Pero Dios le dijo: "Necio, esta noche te van a reclamar el alma, y ¿de quién será lo que has preparado?". Así es el que atesora para sí y no es rico ante Dios».

Cuestión de confianza

Si te preguntan por tu fe, seguramente dirás que eres creyente o que eres cristiano. Habrás de preguntarte, sin embargo, en quién has creído, en quién has puesto tu confianza. No des por supuesto que tu mundo es el de Abrahán o el de Jesús, no lo hagas sin haberte quedado un tiempo contigo mismo, sin haber entrado en tu corazón, pues donde tú vives, el aire que se respira no es el de la fe, no es el de la confianza en Dios, sino que es el de la acumulación de bienes, el de la seguridad que dan las riquezas. En tu mundo, es de sabios la confianza en el dinero, y sería de locos la confianza que la fe pone en Dios. En el mundo de Abrahán y de Jesús, es sabiduría la confianza en Dios y es necedad la confianza en las riquezas. Tú, que serás tentado por la necedad del que acumula, no olvides que comulgas con el que, viviendo y muriendo, ha mantenido su confianza en Dios.

Concédenos, Señor, que, iluminados con la luz del Espíritu Santo y dóciles a su inspiración, te sirvamos siempre con amor y confianza de hijos.

S. Lucas
evangelista, f.
Julián;
Justo; Teobaldo

Oficio de la f. / R
Vol. IV
2Tim 4,10-17b /
Sal 144 /
Lc 10,1-9

Lucas 10,1-9

En aquel tiempo, designó el Señor otros setenta y dos, y los mandó delante de él, de dos en dos, a todos los pueblos y lugares adonde pensaba ir él. Y les decía: «La mies es abundante y los obreros pocos; rogad, pues, al dueño de la mies que envíe obreros a su mies. ¡Poneos en camino! Mirad que os envío como corderos en medio de lobos. No llevéis bolsa, ni alforja, ni sandalias; y no saludéis a nadie por el camino. Cuando entréis en una casa, decid primero: "Paz a esta casa". Y si allí hay gente de paz, descansará sobre ellos vuestra paz; si no, volverá a vosotros. Quedaos en la misma casa, comiendo y bebiendo de lo que tengan: porque el obrero merece su salario. No andéis cambiando de casa en casa. Si entráis en una ciudad y os reciben, comed lo que os pongan, curad a los enfermos que haya en ella, y decidles: "El reino de Dios ha llegado a vosotros"».

Mensajeros de la paz

Dichosos sobre los montes los pies del mensajero que anuncia la paz. Dichoso el evangelista Lucas que en sus libros nos ha dejado una memoria viva de Jesús y de la Iglesia, él y ella ungidos de Espíritu Santo, él y ella enviados a los pobres con el evangelio de la paz. Ahora, al mismo tiempo que aclamas al evangelista y recuerdas su obra, tú, Iglesia amada del Señor, Iglesia esposa de Cristo, Iglesia cuerpo de Cristo, te sientes interpelada, pues hoy eres tú la ungida, hoy somos nosotros los discípulos designados y enviados delante de Jesús. Pedimos parecernos a él, ser como él, ir como él: pobres, mansos, humildes. Soñamos con abrirle camino para que él llegue a todos los corazones. Y a todos deseamos llevar la paz que Jesús ofrece, la paz que Jesús es, el tesoro de bendiciones con que el cielo bendice a todos en Cristo Jesús.

Que donde haya odio, pongamos el amor que es Cristo. Que donde haya ofensa, pongamos el perdón que es Cristo. Que donde haya discordia, pongamos la unión que es Cristo.

19
miércoles

S. Pedro de Alcántara / Stos. Juan de Brébeuf e Isaac Jogues / S. Pablo de la Cruz, m.l.

XXIX del T.O.
1ª salt. / V
Ef 3,2-12 /
Sal Is 12,2-6 /
Lc 12,39-48

Lucas 12,39-48

En aquel tiempo, dijo Jesús a sus discípulos: «Comprended que si supiera el dueño de casa a qué hora viene el ladrón, velaría y no le dejaría abrir un boquete en casa. Lo mismo vosotros, estad preparados, porque a la hora que menos penséis viene el Hijo del hombre». Pedro le dijo: «Señor, ¿dices esta parábola por nosotros o por todos?». Y el Señor dijo: «¿Quién es el administrador fiel y prudente a quien el señor pondrá al frente de su servidumbre para que reparta la ración de alimento a sus horas? Bienaventurado aquel criado a quien su señor, al llegar, lo encuentre portándose así. En verdad os digo que lo pondrá al frente de todos sus bienes. Pero si aquel criado dijere para sus adentros: "Mi señor tarda en llegar", y empieza a pegarles a los criados y criadas, a comer y beber y emborracharse, vendrá el señor de ese criado el día que no espera y a la hora que no sabe y lo castigará con rigor, y le hará compartir la suerte de los que no son fieles. El criado que, conociendo la voluntad de su señor, no se prepara ni obra de acuerdo con su voluntad, recibirá muchos azotes; pero el que, sin conocerla, ha hecho algo digno de azotes, recibirá menos. Al que mucho se le dio, mucho se le reclamará; al que mucho se le confió, más aún se le pedirá».

Vivir en presencia del Ausente

La liturgia lo dice así: «Estad en vela y preparados». ¿Por qué lo dice? Porque el Hijo del hombre, que a todos nos ha de juzgar, se ha ido y puede que tarde en volver; el amo se ha ausentado y puede que tarde en llegar; y esas circunstancias propician el despiste, la distracción, la imprudencia, el abuso. Pero tú, Iglesia en oración, aun sabiendo que tu Señor ha de venir, y ansiando su venida como los pobres ansían el pan y la justicia, tú ya vives en su presencia. El que se ha ido, se ha quedado contigo hasta el fin del mundo. El Ausente vela contigo, vive en ti, ora en ti, ama en ti; a tu lado, contigo, el amo reparte a los pobres la ración a sus horas. Tú lo esperas viviendo en su presencia y escuchando cada día su palabra.

María Bertila;
Adelina; Irene;
Aurelio; Victoriano

XXIX del T.O.
1ª salt. / V
Ef 3,14-21 /
Sal 32 /
Lc 12,49-53

Lucas 12,49-53

En aquel tiempo, dijo Jesús a sus discípulos: «He venido a prender fuego a la tierra, ¡y cuánto deseo que ya esté ardiendo! Con un bautismo tengo que ser bautizado, ¡y qué angustia sufro hasta que se cumpla! ¿Pensáis que he venido a traer paz a la tierra? No, sino división. Desde ahora estarán divididos cinco en una casa: tres contra dos y dos contra tres; estarán divididos el padre contra el hijo y el hijo contra el padre, la madre contra la hija y la hija contra la madre, la suegra contra su nuera y la nuera contra la suegra».

Basura

Nada tiene de extraño que en Pentecostés, sobre la Iglesia que va a ser enviada en misión, descendiesen lenguas de fuego; y es que aquellos discípulos iban a salir al mundo a proclamar el evangelio, o lo que es lo mismo, a prender en el mundo el fuego de Dios que llevaban en sus palabras. Y tampoco tiene nada de extraño que aquellos discípulos terminasen bautizados con el bautismo con que fue bautizado Cristo Jesús. Ellos, como él, llevaban en las manos un mundo nuevo, un mundo de hermanos, el reino de Dios, un reino de justicia, de amor y de paz. Ese mundo había nacido con Jesús. Aquella noche se anunció la llegada de la paz. Y, sin embargo, a donde va Jesús, a donde van sus discípulos, a donde llevan su evangelio de paz, allí les espera la división, el rechazo, el martirio. Y entiendes que has de estar dispuesto a perderlo todo, que todo lo has de considerar basura, con tal de ir con Cristo y llevar al mundo su paz.

«Haz de mí, Señor, un instrumento de tu paz» (atribuida a san Francisco de Asís).

Hilarión de Gaza; Úrsula; Celia y Celina; Griselda; Laura de Santa Catalina de Siena

XXIX del T.O.
1ª salt. / V
Ef 4,1-6 /
Sal 23 /
Lc 12,54-59

Lucas 12,54-59

En aquel tiempo, decía Jesús a la gente: «Cuando veis subir una nube por el poniente, decís enseguida: "Va a caer un aguacero", y así sucede. Cuando sopla el sur decís: "Va a hacer bochorno", y sucede. Hipócritas: sabéis interpretar el aspecto de la tierra y del cielo, pues ¿cómo no sabéis interpretar el tiempo presente? ¿Cómo no sabéis juzgar vosotros mismos lo que es justo? Por ello, mientras vas con tu adversario al magistrado, haz lo posible en el camino por llegar a un acuerdo con él, no sea que te lleve a la fuerza ante el juez y el juez te entregue al guardia y el guardia te meta en la cárcel. Te digo que no saldrás de allí hasta que no pagues la última monedilla».

Nos va la vida en saber interpretar el tiempo presente

Me pregunto qué tiene ese tiempo para que de esa manera condicione mi existencia. No será porque venga con chaparrón o bochorno. No; el tiempo se ha hecho apremiante porque lleva dentro a Cristo Jesús: lleva dentro la gracia de Dios, la justicia de Dios, la bondad de Dios, el reino de Dios. Lo sabéis todo acerca de vuestros ídolos, dedicáis a la frivolidad un tiempo que solo los pobres merecen, desentrañáis los secretos de la tierra, del mar, del abismo, de los cielos, sois capaces de ir más allá de las estrellas, ¡y no sabéis interpretar el tiempo presente! No solo ignoráis el amor de Dios que os visita: lo despreciáis, lo rechazáis, lo condenáis, lo crucificáis. Antes de llegar al tribunal del justo Juez, mejor será que lleguemos a un acuerdo con el que nos pone pleito y nos pregunta qué hemos hecho con Cristo Jesús, qué hemos hecho con el cuerpo de Cristo, qué hemos hecho con los pobres del Señor.

Que tu Espíritu, Señor, nos haga limpios de corazón para que acojamos con sencillez los secretos del reino de Dios.

S. Juan Pablo II, m.l.
Donato de Fiésole; Nancto; Salomé

XXIX del T.O. 1ª salt. / V
Ef 4,7-16 / Sal 121 / Lc 13,1-9

Lucas 13,1-9

En aquel momento se presentaron algunos a contar a Jesús lo de los galileos, cuya sangre había mezclado Pilato con la de los sacrificios que ofrecían. Jesús respondió: «¿Pensáis que esos galileos eran más pecadores que los demás galileos porque han padecido todo esto? Os digo que no; y, si no os convertís, todos pereceréis lo mismo. O aquellos dieciocho sobre los que cayó la torre en Siloé y los mató, ¿pensáis que eran más culpables que los demás habitantes de Jerusalén? Os digo que no; y, si no os convertís, todos pereceréis de la misma manera». Y les dijo esta parábola: «Uno tenía una higuera plantada en su viña, y fue a buscar fruto en ella, y no lo encontró. Dijo entonces al viñador: "Ya ves, tres años llevo viniendo a buscar fruto en esta higuera, y no lo encuentro. Córtala. ¿Para qué va a perjudicar el terreno?". Pero el viñador respondió: "Señor, déjala todavía este año y mientras tanto yo cavaré alrededor y le echaré estiércol, a ver si da fruto en adelante. Si no, la puedes cortar"».

El fruto que Dios busca en ti

«Conversión»: esa parece ser la palabra clave en la liturgia eucarística de este día. La evoca el Aleluya: «No quiero la muerte del malvado, sino que cambie de conducta y viva». Y en el evangelio, los acontecimientos violentos e imprevistos de los que se hablaba en aquellos días, ofrecen ocasión para que Jesús, dejando en paz a los muertos, reitere a los vivos la llamada a la conversión: «Si no os convertís, todos pereceréis de la misma manera». Incumbe sobre nosotros lo imprevisto de nuestra hora. En cualquier momento podemos ser llamados a rendir cuentas. Eso significa que, para convertirse, la hora es ahora, y toda dilación en la decisión supone una oportunidad más para que también nosotros «perezcamos de la misma manera». Lo que Jesús dijo aquel día a sus oyentes, hoy nos lo dice a nosotros. Vuélvete, Iglesia en camino, conviértete a tu salvador, escúchalo, recíbelo, pues él es el fruto que Dios busca en ti.

Juan de Capistrano; Servando y Germán; Ignacio de Constantinopla; Juan Bono

2ª salt. / V
Eclo 35,12-14.16-18 / Sal 33 / 2Tim 4,6-8.16-18 / Lc 18,9-14

Eclesiástico 35,12-14.16-18

El Señor es juez, y para él no cuenta el prestigio de las personas. Para él no hay acepción de personas en perjuicio del pobre, sino que escucha la oración del oprimido. No desdeña la súplica del huérfano, ni a la viuda cuando se desahoga en su lamento. Quien sirve de buena gana, es bien aceptado, y su plegaria sube hasta las nubes. La oración del humilde atraviesa las nubes, y no se detiene hasta que alcanza su destino. No desiste hasta que el Altísimo lo atiende, juzga a los justos y les hace justicia. El Señor no tardará.

Salmo 33,2-3.17-18.19 y 23

R. El afligido invocó al Señor, y él lo escuchó.

2 Timoteo 4,6-8.16-18

Querido hermano: Yo estoy a punto de ser derramado en libación y el momento de mi partida es inminente. He combatido el noble combate, he acabado la carrera, he conservado la fe. Por lo demás, me está reservada la corona de la justicia, que el Señor, juez justo, me dará en aquel día; y no solo a mí, sino también a todos los que hayan aguardado con amor su manifestación. En mi primera defensa, nadie estuvo a mi lado, sino que todos me abandonaron. ¡No les sea tenido en cuenta! Mas el Señor estuvo a mi lado y me dio fuerzas para que, a través de mí, se proclamara plenamente el mensaje y lo oyeran todas las naciones. Y fui librado de la boca del león. El Señor me librará de toda obra mala y me salvará llevándome a su reino celestial. A él la gloria por los siglos de los siglos. Amén.

Lucas 18,9-14

En aquel tiempo, Jesús dijo esta parábola a algunos que se confiaban en sí mismos por considerarse justos y despreciaban a los demás: «Dos hombres subieron al templo a orar. Uno era fariseo; el otro, publicano. El fariseo, erguido, oraba así en su interior: "¡Oh Dios!, te doy gracias porque no soy como los demás hombres: ladrones, injustos, adúlteros; ni tampoco como ese publicano. Ayuno dos veces por semana y pago el diezmo de todo lo que tengo". El publicano, en cambio, quedándose atrás, no se atrevía ni a levantar los ojos al cielo, sino que se golpeaba el pecho diciendo: "¡Oh Dios!, ten compasión de este pecador". Os digo que este bajó a su casa justificado, y aquel no. Porque todo el que se enaltece será humillado, y el que se humilla será enaltecido».

Sin levantar los ojos

Hoy, la palabra de Dios nos lleva de la mano a ese abismo de pobreza que es nuestro pecado, y nos invita a vernos a nosotros mismos como aquel publicano que sube al templo a orar. Hoy, por la fe, subimos al templo que es Cristo Jesús, y sabemos que allí no podemos presumir de obras, pues él murió y resucitó por nosotros, y todo en él –manos, pies y costado, mirada y corazón– todo nos recuerda que somos pecadores. Subimos por la fe al templo, que es Cristo Jesús, e iluminados por la luz de Cristo confesamos que nuestras obras justas son como un paño inmundo. Subimos por la fe al templo, y en Cristo, nosotros, ladrones porque nos hemos apropiado de los dones de Dios, injustos porque no le hemos dado la gloria que le corresponde, adúlteros porque hemos negado su amor, no nos atrevemos ni a levantar los ojos al cielo, y solo nos golpeamos el pecho, diciendo: «¡Oh Dios!, ten compasión de este pecador».

Padre nuestro del cielo, déjanos subir al templo que es Cristo Jesús, donde tú estás reconciliando el mundo contigo.

lunes

S. Antonio Mª Claret, m.l.
Luciano y Marciano; Duna; Luis Guanella

XXX del T.O.
2ª salt. / V
Ef 4,32–5,8 /
Sal 1 /
Lc 13,10-17

Lucas 13,10-17

Un sábado, enseñaba Jesús en una sinagoga. Había una mujer que desde hacía dieciocho años estaba enferma por causa de un espíritu, y estaba encorvada, sin poderse enderezar de ningún modo. Al verla, Jesús la llamó y le dijo: «Mujer, quedas libre de tu enfermedad». Le impuso las manos, y enseguida se puso derecha. Y glorificaba a Dios. Pero el jefe de la sinagoga, indignado porque Jesús había curado en sábado, se puso a decir a la gente: «Hay seis días para trabajar; venid, pues, a que os curen en esos días y no en sábado». Pero el Señor le respondió y dijo: «Hipócritas: cualquiera de vosotros, ¿no desata en sábado su buey o su burro del pesebre, y los lleva a abrevar? Y a esta, que es hija de Abrahán, y que Satanás ha tenido atada dieciocho años, ¿no era necesario soltarla de tal ligadura en día de sábado?». Al decir estas palabras, sus enemigos quedaron abochornados, y toda la gente se alegraba por todas las maravillas que hacía.

Ver la necesidad del hermano

Puedes verte así, enferma y encorvada, como la mujer en la que Jesús se fija y le dice: «Quedas libre de tu enfermedad». Puedes verte así, Iglesia resucitada con Cristo, levantada porque él te impuso las manos y te comunicó la fuerza de su resurrección. Y, como aquella mujer, también tú glorificas a Dios, y lo haces siempre, en el día sin ocaso de tu liberación. Pero habrás de considerar también las palabras que dice el Señor a «sus enemigos», pues dejan entrever cuáles han de ser los criterios de discernimiento para nuestras opciones en la relación con los demás. Triste cosa sería que una ley, fuese mismo la ley del Señor, nos impidiese «ver» la necesidad que tiene el hermano, y nos dispensase de remediarla inmediatamente, sin esperar días supuestamente hábiles «para trabajar». El criterio de discernimiento para nuestras opciones es siempre el hermano y su necesidad. Lo era para el Señor; lo es para ti, en quien vive y ama el Señor.

«Seamos imitadores de Dios, como hijos muy queridos» (Salmo responsorial).

Bernardo Calbó; Crisanto y Daría; Crispín y Crispiniano; Gaudencio de Brescia; Frutos

XXX del T.O.
2ª salt. / V
Ef 5,21-33 /
Sal 127 /
Lc 13,18-21

Lucas 13,18-21

En aquel tiempo, decía Jesús: «¿A qué es semejante el reino de Dios o a qué lo compararé? Es semejante a un grano de mostaza que un hombre toma y siembra en su huerto; creció, se hizo un árbol y los pájaros del cielo anidaron en sus ramas». Y dijo de nuevo: «¿A qué compararé el reino de Dios? Es semejante a la levadura que una mujer tomó y metió en tres medidas de harina, hasta que todo fermentó».

Sembrar –esconder– lo que hemos escuchado y comulgado

Si se habla del reino de Dios, se habla de Jesús, de sus discípulos, de ti, que eres su Iglesia, pues a donde va Jesús, a donde tú vayas, va el reino de Dios. Ahora fíjate en lo que Jesús dice de ese reino que va contigo: «Es semejante a un grano de mostaza que un hombre toma y siembra en su huerto... Es semejante a la levadura que una mujer toma y mete en tres medidas de harina». Puedes considerar lo pequeño de lo que «tomas», de lo que «siembras» en la tierra, de lo que «escondes» en la masa. Pero habrás de considerar sobre todo el misterio de vida que la semilla encierra, la fuerza transformadora que va dentro de tu poco de levadura. No te quedes con la semilla, no desperdicies la levadura, no dejes de compartir los secretos del reino que el Padre te ha revelado. Hoy los escuchas, y los comulgas. No dejes de sembrar la palabra que has escuchado; no dejes de meter a Cristo, con quien has comulgado, en el corazón de los pobres.

«Bendito seas, Padre, porque has revelado los secretos del reino a la gente sencilla» (Aleluya, antes del evangelio).

Evaristo; Rogaciano; Felicísimo de Cartago; Bto. Buenaventura de Potenza

XXX del T.O.
2ª salt. / V
Ef 6,1-9 /
Sal 144 /
Lc 13,22-30

Lucas 13,22-30

En aquel tiempo, Jesús pasaba por ciudades y aldeas enseñando y se encaminaba hacia Jerusalén. Uno le preguntó: «Señor, ¿son pocos los que se salvan?». Él les dijo: «Esforzaos en entrar por la puerta estrecha, pues os digo que muchos intentarán entrar y no podrán. Cuando el amo de la casa se levante y cierre la puerta, os quedaréis fuera y llamaréis a la puerta diciendo: "Señor, ábrenos"; pero él os dirá: "No sé quiénes sois". Entonces comenzaréis a decir: "Hemos comido y bebido contigo, y tú has enseñado en nuestras plazas". Pero él os dirá: "No sé de dónde sois. Alejaos de mí todos los que obráis la iniquidad". Allí será el llanto y el rechinar de dientes, cuando veáis a Abrahán, a Isaac y a Jacob y a todos los profetas en el reino de Dios, pero vosotros os veáis arrojados fuera. Y vendrán de oriente y occidente, del norte y del sur, y se sentarán a la mesa en el reino de Dios. Mirad: hay últimos que serán primeros, y primeros que serán últimos».

A codazos

La idea que me deja el evangelio de hoy es esta: No preguntes cuántos se van a salvar; ¡ábrete paso a codazos para salvarte! Se te dan para hacerlo tres buenos motivos: la puerta de acceso a la salvación es estrecha, además esa puerta se va a cerrar pronto y, por último, es mucho lo que pierden los que no entran, los echados fuera por su iniquidad: «No se sentarán a la mesa del reino de Dios». Ahora comprendes que los codazos no son contra los demás que intentan entrar, sino contra la iniquidad que a todos puede dejar fuera. Y comprendes también que para ti, Iglesia de hijos sentados ya a la mesa del reino, esa es tu lucha de cada día: dar codazos a la maldad, manteniéndote fiel a la llamada que has recibido por medio del evangelio; dar codazos a la iniquidad, viviendo a la escucha de la palabra de tu Señor, ofreciéndote, en comunión con él, al Padre y a los pobres.

Espero y pido, Señor, estar en la mesa de tu reino, contigo y con quienes en el camino de la vida he compartido angustias y tristezas, alegrías y esperanzas.

Frumencio;
Vicente, Sabina
y Cristeta

XXX del T.O.
2ª salt. / V
Ef 6,10-20 /
Sal 143 /
Lc 13,31-35

Lucas 13,31-35

En aquel día, se acercaron unos fariseos a decir a Jesús: «Sal y marcha de aquí, porque Herodes quiere matarte». Jesús les dijo: «Id y decid a ese zorro: "Mira, yo arrojo demonios y realizo curaciones hoy y mañana, y al tercer día mi obra quedará consumada. Pero es necesario que camine hoy y mañana y pasado, porque no cabe que un profeta muera fuera de Jerusalén". ¡Jerusalén, Jerusalén, que matas a los profetas y apedreas a los que se te envían! Cuántas veces he querido reunir a tus hijos, como la gallina reúne a sus polluelos bajo las alas, y no habéis querido. Mirad, vuestra casa va a ser abandonada. Os digo que no me veréis hasta el día en que digáis: "¡Bendito el que viene en nombre del Señor!"».

Con Cristo Jesús, libres y entregados

Considera la libertad y el amor con que el Hijo de Dios hace su camino de vuelta al Padre. Se necesita plenitud de libertad y de amor para caminar con determinación hacia Jerusalén, hacia la consumación de la propia vida, hacia una entrega al Padre y a nosotros que será plena ella también. De esa entrega del Hijo de Dios en su vida y en su muerte es presencia real la Eucaristía que celebramos: Comulgamos con el que por nosotros murió y resucitó, comulgamos con él para entregarnos como él, libres como él y movidos como él por la caridad que es Dios. El amor de Jesús y el tuyo, que eres su Iglesia, buscará siempre reunir a los hijos de Dios dispersos, «como la clueca reúne a sus pollitos». De Jesús y de ti se dirá con verdad: «¡Bendito el que viene en nombre del Señor! Paz en el cielo y gloria en lo alto». Él en ti, tú en él, seguiréis curando y echando demonios hasta que también tu tiempo llegue a su fin.

Llévame contigo, Jesús, pues tú eres el camino que lleva al Padre, tú eres la libertad que hace posible la entrega de la vida a los pobres.

viernes

Stos. Simón y Judas, f.
Anastasia; Hermelinda

Oficio de la f. / R Vol. IV
Ef 2,19-22 / Sal 18 / Lc 6,12-19

Lucas 6,12-19

En aquellos días, Jesús salió al monte a orar y pasó la noche orando a Dios. Cuando se hizo de día, llamó a sus discípulos, escogió de entre ellos a doce, a los que también nombró apóstoles: Simón, al que puso de nombre Pedro, y Andrés, su hermano; Santiago, Juan, Felipe, Bartolomé, Mateo, Tomás, Santiago el de Alfeo, Simón, llamado el Zelote; Judas el de Santiago y Judas Iscariote, que fue el traidor. Después de bajar con ellos, se paró en una llanura con un grupo grande de discípulos y una gran muchedumbre del pueblo, procedente de toda Judea, de Jerusalén y de la costa de Tiro y de Sidón. Venían a oírlo y a que los curara de sus enfermedades; los atormentados por espíritus inmundos quedaban curados, y toda la gente trataba de tocarlo, porque salía de él una fuerza que los curaba a todos.

Hasta completar el templo de Dios

Al celebrar la memoria de los santos apóstoles Simón y Judas, la liturgia no se fija tanto en lo que son ellos, sino en lo que, por su ministerio, somos nosotros: los que antes éramos extranjeros, ahora somos «conciudadanos de los santos»; los que antes éramos forasteros, ahora somos «miembros de la familia de Dios»; los que éramos no pueblo, ahora somos pueblo de Dios, parte de una comunidad de fe que se ha formado en torno a los apóstoles, en la escucha de su testimonio. Esa comunidad se va configurando día a día con Cristo Jesús, «hasta formar un templo consagrado al Señor». La fe, la esperanza y el amor, la escucha de la palabra de Dios y la comunión con Cristo, nos «van integrando en la construcción para ser morada de Dios por el Espíritu». «Sin que hablen, sin que pronuncien», el testimonio de los apóstoles ha llegado hasta nosotros, y habrá de llegar por nosotros a quienes están destinados a ser morada de Dios.

Solo pedimos amarte, Cristo Jesús, amar tu palabra y cumplirla, para que, con el Padre y el Espíritu Santo, vengas a habitar en nosotros.

Narciso;
Bto. Joaquín Royo;
Bto. Miguel Rúa;
Bta. Mª Teresa Casini

XXX del T.O.
2ª salt. / V
Flp 1,18b-26 /
Sal 41 /
Lc 14,1.7-11

Lucas 14,1.7-11

Un sábado, entró Jesús en casa de uno de los principales fariseos para comer y ellos lo estaban espiando. Notando que los convidados escogían los primeros puestos, les decía una parábola: «Cuando te conviden a una boda, no te sientes en el puesto principal, no sea que hayan convidado a otro de más categoría que tú; y venga el que os convidó a ti y al otro, y te diga: "Cédele el puesto a este". Entonces, avergonzado, irás a ocupar el último puesto. Al revés, cuando te conviden, vete a sentarte en el último puesto, para que, cuando venga el que te convidó, te diga: "Amigo, sube más arriba". Entonces quedarás muy bien ante todos los comensales. Porque todo el que se enaltece será humillado; y el que se humilla será enaltecido».

Últimos con Jesús

Las normas de la conveniencia social pueden cambiar; las que rigen las relaciones de los discípulos que se sientan con Jesús a la mesa del banquete del reino, esas permanecen inmutables. Y tú las conoces, Iglesia arrodillada a los pies del Maestro y atenta a su palabra; son normas grabadas con el fuego del Espíritu en tu corazón: el que quiera ser grande en el reino ha de hacerse pequeño, el más pequeño de todos; el que quiera ser primero en el reino ha de hacerse último, el siervo de todos. Y no olvidas tampoco que pequeño y despreciado se hizo tu Señor, ni puedes dejar de admirar que lo viste abajado hasta lo último y crucificado. Como no dejas de admirar en la Eucaristía la sencilla humildad del que se hizo alimento para los pobres en el camino que lleva al Padre. Y aprendes de él, «que es manso y humilde de corazón»: escuchas, comulgas y bajas con Jesús hasta lo hondo, para ser con Jesús enaltecido.

Solo pido, Señor, aprender de ti la mansedumbre y la humildad de corazón.

Nª Sra. del Buen Suceso; Claudio; Marcelo; Zenobio; Hipólito; Ángel de Acri

3ª salt. / V
Sab 11,22–12,2 /
Sal 144 /
2Tes 1,11–2,2 /
Lc 19,1-10

Sabiduría 11,22–12,2

Señor, el mundo entero es ante ti como un grano en la balanza, como gota de rocío mañanero sobre la tierra. Pero te compadeces de todos, porque todo lo puedes y pasas por alto los pecados de los hombres para que se arrepientan. Amas a todos los seres y no aborreces nada de lo que hiciste; pues, si odiaras algo, no lo habrías creado. ¿Cómo subsistiría algo, si tú no lo quisieras?, o ¿cómo se conservaría, si tú no lo hubieras llamado? Pero tú eres indulgente con todas las cosas, porque son tuyas, Señor, amigo de la vida. Pues tu soplo incorruptible está en todas ellas. Por eso corriges poco a poco a los que caen, los reprendes y les recuerdas su pecado, para que, apartándose del mal, crean en ti, Señor.

Salmo 144,1bc-2.8-9.10-11.13cd-14

R. Bendeciré tu nombre por siempre, Dios mío, mi rey.

2 Tesalonicenses 1,11–2,2

Hermanos: Oramos continuamente por vosotros, para que nuestro Dios os haga dignos de la vocación y con su poder lleve a término todo propósito de hacer el bien y la tarea de la fe. De este modo, el nombre de nuestro Señor Jesús será glorificado en vosotros y vosotros en él, según la gracia de nuestro Dios y del Señor Jesucristo. A propósito de la venida de nuestro Señor Jesucristo y de nuestra reunión con él, os rogamos, hermanos, que no perdáis fácilmente la cabeza ni os alarméis por alguna revelación, rumor o supuesta carta nuestra, como si el día del Señor estuviera encima.

Lucas 19,1-10

En aquel tiempo, Jesús entró en Jericó e iba atravesando la ciudad. En esto, un hombre llamado Zaqueo, jefe de publicanos y rico, trataba de ver quién era Jesús, pero no lo lograba a causa del gentío, porque era pequeño de estatura. Corriendo más adelante, se subió a un sicomoro para verlo, porque tenía que pasar por allí. Jesús, al llegar a aquel sitio, levantó los ojos y le dijo: «Zaqueo, date prisa y baja, porque es necesario que hoy me quede en tu casa». Él se dio prisa en bajar y lo recibió muy contento. Al ver esto, todos murmuraban diciendo: «Ha entrado a hospedarse en casa de un pecador». Pero Zaqueo, de pie, dijo al Señor: «Mira, Señor, la mitad de mis bienes se la doy a los pobres; y si he defraudado a alguno, le restituyo cuatro veces más». Jesús le dijo: «Hoy ha sido la salvación de esta casa, pues también este es hijo de Abrahán. Porque el Hijo del hombre ha venido a buscar y a salvar lo que estaba perdido».

En Jesús, la ternura de Dios te recibe

Escucha lo que dice de tu Dios la Sabiduría: «Te compadeces de todos, amas a todos, a todos perdonas». No se te anuncia algo verificado en un tiempo limitado, sino algo que permanece eternamente: te compadeces, amas, perdonas. En realidad, no se nos ha hablado de lo que el Señor hace, sino de lo que es: «Es clemente, misericordioso, rico en piedad, bueno con todos, cariñoso con todas sus criaturas». Ahora fíjate en Jesús de Nazaret, y verás que la ternura de Dios, su clemencia y su misericordia, buscando lo que ama, recorre hecha carne los caminos de la humanidad. Los que entonces murmuraban, decían: «Ha entrado a hospedarse en casa de un pecador». Pero tú, a tu Dios, lo has visto abrir de par en par las puertas de su casa para acogerte, para que se hospeden en ella todos los pecadores de la tierra. Vuelve la mirada a Jesús, y verás que es el amor de Dios quien te mira, te recibe, te encuentra y se hospeda en tu casa.

Padre nuestro del cielo, tú nos has mostrado en Cristo tu misericordia y nos has dado tu salvación; que nuestra fe lo reciba gozosa y él transforme nuestra vida.

Alonso Rodríguez; Quintín; Jerónimo Hermosilla

XXXI del T.O.
3ª salt. / V
Flp 2,1-4 /
Sal 130 /
Lc 14,12-14

Lucas 14,12-14

En aquel tiempo, Jesús dijo a uno de los principales fariseos que lo había invitado: «Cuando des una comida o una cena, no invites a tus amigos, ni a tus hermanos, ni a tus parientes, ni a los vecinos ricos; porque corresponderán invitándote, y quedarás pagado. Cuando des un banquete, invita a pobres, lisiados, cojos y ciegos; y serás bienaventurado, porque no pueden pagarte; te pagarán en la resurrección de los justos».

Con los pobres, como Jesús

Ya se nos dijo cuál es el lugar que nos conviene ocupar en la sala del banquete; ahora se nos dice a quiénes hemos de invitar si somos nosotros los que damos una comida o una cena. También en eso las conveniencias del reino se apartan decididamente de las conveniencias sociales. No has entendido mal, Iglesia discípula de Cristo, que escuchas para aprender el evangelio y cumplirlo: a tu banquete, a tu mesa, a tu casa, habrás de invitar a los que no cuentan, a los que no podrán corresponder a tu invitación. Y pronto caes en la cuenta de que el Maestro te está pidiendo que hagas tú con otros lo que él ha hecho y hace contigo: tú te reconoces comunidad de pobres que han sido evangelizados por Jesús, de lisiados, cojos y ciegos a quienes Jesús ha curado. Incluso ahora, en esta celebración, tú te sientas pobre a la mesa del Señor, invitada a un banquete al que jamás podrás corresponder: solo puedes imitar al que te invita.

Ser imitadores de Cristo Jesús es cuanto soñamos y pedimos los que hemos sido bautizados en él.

Mateo 5,1-12a

En aquel tiempo, al ver Jesús el gentío, subió al monte, se sentó y se acercaron sus discípulos; y, abriendo su boca, les enseñaba diciendo: «Bienaventurados los pobres en el espíritu, porque de ellos es el reino de los cielos. Bienaventurados los mansos, porque ellos heredarán la tierra. Bienaventurados los que lloran, porque ellos serán consolados. Bienaventurados los que tienen hambre y sed de la justicia, porque ellos quedarán saciados. Bienaventurados los misericordiosos, porque ellos alcanzarán misericordia. Bienaventurados los limpios de corazón, porque ellos verán a Dios. Bienaventurados los que trabajan por la paz, porque ellos serán llamados hijos de Dios. Bienaventurados los perseguidos por causa de la justicia, porque de ellos es el reino de los cielos. Bienaventurados vosotros cuando os insulten y os persigan y os calumnien de cualquier modo por mi causa. Alegraos y regocijaos, porque vuestra recompensa será grande en el cielo».

Un mundo de hijos

Un solo cuerpo: el de Cristo. Una sola Iglesia: en la tierra y en el cielo. Hoy la Iglesia de la tierra contempla la del cielo. Y todos, los santos en la tierra y los del cielo, nos volvemos al Origen y al Autor de la salvación y, movidos por el Espíritu Santo, hacemos subir hasta él el incienso de nuestra oración y la alabanza de nuestra Eucaristía. Un solo cuerpo, una sola Iglesia: pobre en la tierra y gloriosa en el cielo, probada en la tierra y consolada en el cielo, hambrienta y sedienta de justicia en la tierra y saciada por Dios en el cielo, misericordiosa y perdonada, pacificadora y pacificada, perseguida y liberada. Un solo cuerpo, una sola Iglesia: una comunidad de pobres a los que Dios llama hijos; un mundo de hermanos que se mueven confiadamente en la casa de Dios y le dicen: ¡Padre nuestro!

miércoles

Conmemoración de todos los fieles difuntos

Oficio de difuntos / M Lam 3,17-26 (o bien: Rom 6,3-9) / Sal 129 / Jn 14,1-6 (otras lecturas en Leccionario IV)

Juan 14,1-6

En aquel tiempo, dijo Jesús a sus discípulos: «No se turbe vuestro corazón, creed en Dios y creed también en mí. En la casa de mi Padre hay muchas moradas; si no, os lo habría dicho, porque me voy a prepararos un lugar. Cuando vaya y os prepare un lugar, volveré y os llevaré conmigo, para que donde estoy yo estéis también vosotros. Y adonde yo voy, ya sabéis el camino». Tomás le dice: «Señor, no sabemos adónde vas, ¿cómo podemos saber el camino?». Jesús le responde: «Yo soy el camino y la verdad y la vida. Nadie va al Padre sino por mí».

Compartimos la esperanza

Nunca los fieles difuntos se ausentan de tu Eucaristía, nunca de Cristo, nunca de ti, Iglesia cuerpo de Cristo. Hablamos de los que se han quedado en nuestro recuerdo, en nuestro corazón, porque estuvieron tan en nuestra vida como nosotros, y allí, con nosotros, y en Cristo, de quien son, van a donde vamos, oran cuando oramos, se ofrecen a Dios cuando nos ofrecemos y, si comulgamos, nos encontramos todos tan fuertemente unidos que ya solo somos el único cuerpo de Cristo. Su sed de Dios es la nuestra. Nuestro anhelo de ver al Señor es el suyo. Compartimos esperanza. Soñamos con experimentar la misma ternura, la misma dulzura, el mismo gozo, la misma plenitud. Ellos para ayudarnos, nosotros para liberarlos, formando un solo cuerpo, nos ofrecemos con Cristo, en el Espíritu, al Padre, para que Dios lo sea todo en todos.

A nuestros hermanos difuntos dales, Señor, el descanso eterno, y brille para ellos la luz perpetua.

Lucas 15,1-10

En aquel tiempo, solían acercarse a Jesús todos los publicanos y los pecadores a escucharlo. Y los fariseos y los escribas murmuraban diciendo: «Ese acoge a los pecadores y come con ellos». Jesús les dijo esta parábola: «¿Quién de vosotros que tiene cien ovejas y pierde una de ellas, no deja las noventa y nueve en el desierto y va tras la descarriada, hasta que la encuentra? Y, cuando la encuentra, se la carga sobre los hombros, muy contento; y, al llegar a casa, reúne a los amigos y a los vecinos, y les dice: "¡Alegraos conmigo!, he encontrado la oveja que se me había perdido". Os digo que así también habrá más alegría en el cielo por un solo pecador que se convierta que por noventa y nueve justos que no necesitan convertirse. O ¿qué mujer que tiene diez monedas, si se le pierde una, no enciende una lámpara y barre la casa y busca con cuidado, hasta que la encuentra? Y, cuando la encuentra, reúne a las amigas y a las vecinas y les dice: "¡Alegraos conmigo!, he encontrado la moneda que se me había perdido". Os digo que la misma alegría tendrán los ángeles de Dios por un solo pecador que se convierta».

Pecadores a la mesa de Dios

Eso decían de Jesús entonces, y eso continúa siendo verdad hoy también: «Ese acoge a los pecadores y come con ellos». Entonces, lo decían murmurando escribas y fariseos. Hoy, los alejados que el Señor ha buscado y encontrado, lo decimos dando gracias al Buen Pastor de nuestras almas, bendiciendo al que nos ha amado, compartiendo la alegría que hay en la casa de Dios por habernos hallado. El que dijo: «Venid a mí, y yo os aliviaré», es el mismo que sale a buscar la oveja que se le ha extraviado, es el mismo que barre la casa y busca con cuidado la moneda que ha perdido. El que te dice: «Venid a mí», es el mismo que hoy viene a ti. La Eucaristía que celebras es sacramento en el que se cumple el evangelio que has escuchado: Hoy Cristo Jesús «acoge a los pecadores y come con ellos». Hoy, en comunión con Cristo Jesús, eres tú la alegría de Dios.

viernes

S. Carlos Borromeo, m.o.
Vidal y Agrícola

XXXI del T.O.
3ª salt. / B
Flp 3,17–4,1 /
Sal 121 /
Lc 16,1-8

Lucas 16,1-8

En aquel tiempo, decía Jesús a sus discípulos: «Un hombre rico tenía un administrador, a quien acusaron ante él de derrochar sus bienes. Entonces lo llamó y le dijo: "¿Qué es eso que estoy oyendo de ti? Dame cuenta de tu administración, porque en adelante no podrás seguir administrando". El administrador se puso a decir para sí: "¿Qué voy a hacer, pues mi señor me quita la administración? Para cavar no tengo fuerzas; mendigar me da vergüenza. Ya sé lo que voy a hacer para que, cuando me echen de la administración, encuentre quien me reciba en su casa". Fue llamando uno a uno a los deudores de su amo y dijo al primero: "¿Cuánto debes a mi amo?". Este respondió: "Cien barriles de aceite". Él le dijo: "Toma tu recibo; aprisa, siéntate y escribe cincuenta". Luego dijo a otro: "Y tú, ¿cuánto debes?". Él dijo: "Cien fanegas de trigo". Le dice: "Toma tu recibo y escribe ochenta". Y el amo alabó al administrador injusto, porque había actuado con astucia. Ciertamente, los hijos de este mundo son más astutos con su propia gente que los hijos de la luz».

Administrar con astucia

Fíjate en el administrador injusto. Había derrochado los bienes que administraba, pero se las arregla para salir airoso de una situación que era ciertamente comprometida con su amo y lo era también con su futuro personal. A este derrochador, Jesús lo encuadra entre «los hijos de este mundo», y alaba la astucia con que procede. Ahora fíjate en «los hijos de la luz», en los ciudadanos del reino de Dios, llamados a administrar bienes que son de distinta naturaleza que los del mundo, pero no de menor complejidad e importancia. Y Jesús los amonesta para que en la administración de los bienes del reino no sean menos sagaces que los hijos de este mundo en la administración de sus cosas. Se les pedirá cuenta: de la palabra de Cristo que han de guardar, del amor de Dios que en ellos ha de llegar a plenitud, de la buena noticia que por ellos ha de alcanzar a los pobres. Administra con astucia los bienes de tu Señor.

Sta. Ángela de la Cruz, m.l.
Zacarías e Isabel; Pedro el Venerable; Guido Mª Conforti; Bta. María Rafols

XXXI del T.O.
3ª salt. / V
Flp 4,10-19 / Sal 111 / Lc 16,9-15

Lucas 16,9-15

En aquel tiempo, decía Jesús a sus discípulos: «Ganaos amigos con el dinero de iniquidad, para que, cuando os falte, os reciban en las moradas eternas. El que es fiel en lo poco, también en lo mucho es fiel; el que es injusto en lo poco, también en lo mucho es injusto. Pues, si no fuisteis fieles en la riqueza injusta, ¿quién os confiará la verdadera? Si no fuisteis fieles en lo ajeno, ¿lo vuestro, quién os lo dará? Ningún siervo puede servir a dos señores, porque, o bien aborrecerá a uno y amará al otro, o bien se dedicará al primero y no hará caso del segundo. No podéis servir a Dios y al dinero». Los fariseos, que eran amigos del dinero, estaban escuchando todo esto y se burlaban de él. Y les dijo: «Vosotros os las dais de justos delante de los hombres, pero Dios conoce vuestros corazones, pues lo que es sublime entre los hombres es abominable ante Dios».

Ganaos amigos

Si hemos de ser astutos en la administración de los bienes del reino, hemos de serlo también en la administración de los bienes del mundo. Jesús habla de «riqueza injusta», y todo parece indicar que pretende alertar sobre el poder que el dinero ejerce sobre los hombres para arrastrarlos a la injusticia. Es como si nos dijese: No te dejes utilizar por el dinero para amontonar víctimas en su mundo; utilízalo para hacerte amigos en las moradas eternas. Y si a Jesús le preguntas cómo se puede hacer eso, seguramente te invitará a que te fijes en él para imitarlo, y a que comulgues con él para seguirlo: «Él, siendo rico, se hizo pobre, para enriquecernos con su pobreza». Él, siendo Hijo de Dios, se hizo hijo del hombre, para que llegáramos a ser hijos de Dios. Él, que estaba junto a Dios y era Dios, se despojó de su rango para hacerse nuestro pan: Hazte amigos para mañana, haciéndote hoy pan de los pobres como Cristo Jesús.

Concédenos, Señor, amar de corazón tus mandatos, para que nuestro amor sea constante, sin falta.

Pedro Poveda e Inocencio de la Inmaculada y comp.; Patrocinio de María; Bto. Bartolomé Blanco

4ª salt. / V
2Mac 7,1-2.9-14 / Sal 16 / 2Tes 2, 16–3,5 / Lc 20, 27-38 [breve: Lc 20,27.34-38]

2 Macabeos 7,1-2.9-14

En aquellos días, sucedió que arrestaron a siete hermanos con su madre. El rey los hizo azotar con látigos y nervios para forzarlos a comer carne de cerdo, prohibida por la ley. Uno de ellos habló en nombre de los demás: «¿Qué pretendes sacar de nosotros? Estamos dispuestos a morir antes que quebrantar la ley de nuestros padres». El segundo, estando a punto de morir, dijo: «Tú, malvado, nos arrancas la vida presente; pero, cuando hayamos muerto por su ley, el Rey del universo nos resucitará para una vida eterna». Después se burlaron del tercero. Cuando le pidieron que sacara la lengua, lo hizo enseguida y presentó las manos con gran valor. Y habló dignamente: «Del Cielo las recibí y por sus leyes las desprecio; espero recobrarlas del mismo Dios». El rey y su corte se asombraron del valor con que el joven despreciaba los tormentos. Cuando murió este, torturaron de modo semejante al cuarto. Y, cuando estaba a punto de morir, dijo: «Vale la pena morir a manos de los hombres, cuando se tiene la esperanza de que Dios mismo nos resucitará. Tú, en cambio, no resucitarás para la vida».

Salmo 16,1bcde.5-6.8 y 15

R. Al despertar me saciaré de tu semblante, Señor.

2 Tesalonicenses 2,16–3,5

Hermanos: Que el mismo Señor nuestro, Jesucristo, y Dios, nuestro Padre, que nos ha amado y nos ha regalado un consuelo eterno y una esperanza dichosa, consuele vuestros corazones y os dé fuerza para toda clase de palabras y obras buenas. Por lo demás, hermanos, orad por nosotros, para que la palabra del Señor siga avanzando y sea glorificada, como lo fue entre vosotros, y para que nos veamos libres de la gente perversa y malvada, porque la fe no es de todos. El Señor, que es fiel, os dará fuerzas y os librará del Maligno. En cuanto a vosotros, estamos seguros en el Señor de que ya cumplís y seguiréis cumpliendo todo lo que os hemos mandado. Que el Señor dirija vuestros corazones hacia el amor de Dios y la paciencia en Cristo.

Lucas 20,27-38

En aquel tiempo, se acercaron algunos saduceos, los que dicen que no hay resurrección, y [preguntaron a Jesús: «Maestro, Moisés nos dejó escrito: "Si a uno se le muere su hermano, dejando mujer pero sin hijos, que tome la mujer como esposa y dé descendencia a su hermano". Pues bien, había siete hermanos; el primero se casó y murió sin hijos. El segundo y el tercero se casaron con ella, y así los siete, y murieron todos sin dejar hijos. Por último, también murió la mujer. Cuando llegue la resurrección, ¿de cuál de ellos será la mujer? Porque los siete la tuvieron como mujer».] Jesús les dijo: «En este mundo los hombres se casan y las mujeres toman esposo, pero los que sean juzgados dignos de tomar parte en el mundo futuro y en la resurrección de entre los muertos no se casarán ni ellas serán dadas en matrimonio. Pues ya no pueden morir, ya que son como ángeles; y son hijos de Dios, porque son hijos de la resurrección. Y que los muertos resucitan, lo indicó el mismo Moisés en el episodio de la zarza, cuando llama al Señor: "Dios de Abrahán, Dios de Isaac, Dios de Jacob". No es Dios de muertos, sino de vivos: porque para él todos están vivos».

Creer para amar

Cuando digo: «Creo en la resurrección de los muertos», estoy confesando el poder creador de Dios, la libertad de su amor infinito, la fidelidad del Rey del universo a su palabra, a sus promesas, a su alianza. Y así, confesando lo que creo, pongo sobre roca firme el fundamento de la esperanza, y puedo decir con verdad: Dios mismo nos resucitará; de él recibiremos multiplicado lo que en la vida nosotros le entregamos; de él recobraremos lo que ahora con violencia se nos pueda arrebatar. Confesando lo que creemos y lo que esperamos, de la fe y la esperanza recibimos lo que necesitamos para amar la ley del Señor.

Jacinto Castañeda;
Vincenzo Grossi;
Bto. Francisco
Palau Quer

XXXII del T.O.
4ª salt. / V
Tit 1,1-9 /
Sal 23 /
Lc 17,1-6

Lucas 17,1-6

En aquel tiempo, dijo Jesús a sus discípulos: «Es imposible que no haya escándalos; pero ¡ay de quien los provoca! Al que escandaliza a uno de estos pequeños, más le valdría que le ataran al cuello una piedra de molino y lo arrojasen al mar. Tened cuidado. Si tu hermano te ofende, repréndelo, y si se arrepiente, perdónalo; si te ofende siete veces en un día, y siete veces vuelve a decirte: "Me arrepiento", lo perdonarás». Los apóstoles le dijeron al Señor: «Auméntanos la fe». El Señor dijo: «Si tuvierais fe como un granito de mostaza, diríais a esa morera: "Arráncate de raíz y plántate en el mar", y os obedecería».

Pequeños como Jesús de Nazaret

De tus hijos, Iglesia de Cristo, se espera que «brillen como lumbreras del mundo», que sean «luz del mundo y sal de la tierra», que allí donde estén, muestren a todos una razón para vivir; y conviene que no descuidemos esa vocación a la que hemos sido llamados. De los hijos de la Iglesia se espera que seamos creyentes «de manos inocentes y puro corazón», hombres y mujeres «que buscan al Señor», que buscan el rostro de Dios en los hermanos, en los pobres, en Cristo Jesús. «Ese recibirá la bendición del Señor»: el que aparta el escándalo del camino de los pequeños; el que, al modo de Dios, reparte con abundancia bondad y misericordia; el que perdona, siempre que necesitan perdón los que nos ofenden; el que tiene fe para arrancar maldades y sepultar opresiones en el mar. Recibirá la bendición del Señor y será hijo del Padre celestial el que, en comunión con Cristo Jesús, se haga pequeño como él, siervo de todos como él.

Que la gracia y la paz de Dios Padre y de Cristo Jesús, salvador nuestro, nos guarden todos los días de nuestra vida.

Adeodato; Atanasio de Nápoles; Eufrosina; Isabel de la Trinidad; Bto. Juan Duns Scoto

XXXII del T.O.
4ª salt. / V
Tit 2,1-8.11-14 / Sal 36 / Lc 17,7-10

Lucas 17,7-10

En aquel tiempo, dijo el Señor: «¿Quién de vosotros, si tiene un criado labrando o pastoreando, le dice cuando vuelve del campo: "Enseguida, ven y ponte a la mesa"? ¿No le diréis más bien: "Prepárame de cenar, cíñete y sírveme mientras como y bebo, y después comerás y beberás tú"? ¿Acaso tenéis que estar agradecidos al criado porque ha hecho lo mandado? Lo mismo vosotros: cuando hayáis hecho todo lo que se os ha mandado, decid: "Somos siervos inútiles, hemos hecho lo que teníamos que hacer"».

Siervos, como María, como Jesús

No temas llamarte siervo. Es el nombre que a sí mismos se daban, en la Iglesia apostólica, los miembros de la comunidad reunidos para invocar al Señor y confesar sus maravillas. Es nombre que, además de expresar la naturaleza de nuestra relación con Dios, expresa también lo que somos con relación a Cristo Jesús. El de sierva es el nombre que a sí misma se dio la Virgen María cuando, acogiendo la palabra de la anunciación, aceptó ser la madre del Señor. Pero fíjate sobre todo en Jesús, del que la fe confiesa que «tomó la condición de esclavo». Es él quien te dice: «El que quiera ser primero, sea esclavo de todos; porque el Hijo del hombre no ha venido a ser servido sino a servir y dar su vida en rescate por muchos». Fíjate en Jesús, y lo verás arrodillado a los pies de sus discípulos, a los pies de la humanidad entera, como siervo de todos. Fíjate en Jesús, comulga con él, y no esperes más recompensa que la de servir.

Llévanos a ti, Señor, y enséñanos a amar como tú nos amas.

miércoles

Ded. de la basílica de Letrán, f.

Sta. María la Real de la Almudena; Teodoro; Teodomiro

Oficio de la f. / B *Vol. IV*
Ez 47,1-2.8-9.12 (o bien: 1Cor 3, 9c-11.16-17) / Sal 45 / Jn 2,13-22

Juan 2,13-22

Se acercaba la Pascua de los judíos y Jesús subió a Jerusalén. Y encontró en el templo a los vendedores de bueyes, ovejas y palomas, y a los cambistas sentados; y, haciendo un azote de cordeles, los echó a todos del templo, ovejas y bueyes; y a los cambistas les esparció las monedas y les volcó las mesas; y a los que vendían palomas les dijo: «Quitad esto de aquí: no convirtáis en un mercado la casa de mi Padre». Sus discípulos se acordaron de lo que está escrito: «El celo de tu casa me devora». Entonces intervinieron los judíos y le preguntaron: «¿Qué signos nos muestras para obrar así?». Jesús contestó: «Destruid este templo, y en tres días lo levantaré». Los judíos replicaron: «Cuarenta y seis años ha costado construir este templo, ¿y tú lo vas a levantar en tres días?». Pero él hablaba del templo de su cuerpo. Y cuando resucitó de entre los muertos, los discípulos se acordaron de que lo había dicho, y creyeron a la Escritura y a la palabra que había dicho Jesús.

Hijos en la casa de Dios

Destruido el viejo santuario, no hay más templo que Cristo resucitado. En ese templo entramos por la fe, de ese templo somos piedras vivas, en ese templo –en ese Hijo–, consagrados por el Espíritu Santo, nos presentamos como hijos al Padre del cielo, en Cristo escuchamos como hijos, hablamos como hijos, nos sentamos como hijos a la mesa de Dios. Si permanecemos en él como él permanece en nosotros, llevaremos en él abundancia de frutos. De ese templo que es Cristo nace un río de gracia que lleva la salvación a todo lugar a donde llegan sus aguas. Tú, Iglesia formada del costado de Cristo, como el río que nace en el santuario, llevas la vida en tus palabras, en tus sacramentos, en el evangelio que has recibido para los pobres: bañas para sanar, unges para resucitar, bendices para alimentar. El Señor te ha escogido y consagrado para que su nombre habite en ti por siempre.

Concede, Señor, a tu Iglesia la abundancia de los dones de tu Espíritu.

S. León Magno, m.o.

Nª Sra. de los Remedios; Andrés Avelino; Victoria; Ninfa; Noé; Aniano

XXXII del T.O.
4ª salt. / B
Flm 7-20 / Sal 145 / Lc 17,20-25

Lucas 17,20-25

En aquel tiempo, los fariseos preguntaron a Jesús: «¿Cuándo va a llegar el reino de Dios?». Él les contestó: «El reino de Dios no viene aparatosamente, ni dirán: "Está aquí" o "Está allí", porque, mirad, el reino de Dios está en medio de vosotros». Dijo a sus discípulos: «Vendrán días en que desearéis ver un solo día del Hijo del hombre, y no lo veréis. Entonces se os dirá: "Está aquí" o "Está allí"; no vayáis ni corráis detrás, pues como el fulgor del relámpago brilla de un extremo al otro del cielo, así será el Hijo del hombre en su día. Pero primero es necesario que padezca mucho y sea reprobado por esta generación».

Comulgar el reino de Dios

Aunque no sepamos nombrarlo, llevamos en el corazón nostalgia del reino de Dios: Añoramos un mundo regido por la ley del amor, gobernado por la justicia, embellecido por la paz, en el que son primeros los que se hacen siervos de todos; un mundo de hermanos, que lo son porque han nacido de Dios. De ese mundo se puede decir que entras en él solo cuando él entra en ti. No viene para quedarse fuera de ti, no existe si no es en el corazón humano: «El reino de Dios está en medio de vosotros». Para entrar en él, no hay que desplazarse a ningún lugar; basta escuchar y creer. El reino de Dios llega a nosotros por el oído y se queda en nosotros por la fe, la esperanza y el amor. Al reino de Dios no vamos, sino que lo recibimos, lo acogemos, lo guardamos en el corazón, comemos y bebemos en él. Con el reino de Dios comulgamos cuando comulgamos con Cristo y, como sarmientos a la vid, nos mantenemos unidos a él.

Padre del cielo, santificado sea tu nombre, venga a nosotros tu reino.

noviembre

S. Martín de Tours, m.o.
Bartolomé el Joven; Teodoro Estudita

XXXII del T.O.
4ª salt. / B
2Jn 4-9 /
Sal 118 /
Lc 17,26-37

Lucas 17,26-37

En aquel tiempo, dijo Jesús a sus discípulos: «Como sucedió en los días de Noé, así será también en los días del Hijo del hombre: comían, bebían, se casaban los hombres y las mujeres tomaban esposo, hasta el día en que Noé entró en el arca; entonces llegó el diluvio y acabó con todos. Asimismo, como sucedió en los días de Lot: comían, bebían, compraban, vendían, sembraban, construían; pero el día que Lot salió de Sodoma, llovió fuego y azufre del cielo y acabó con todos. Así sucederá el día que se revele el Hijo del hombre. Aquel día, el que esté en la azotea y tenga sus cosas en casa no baje a recogerlas; igualmente, el que esté en el campo, no vuelva atrás. Acordaos de la mujer de Lot. El que pretenda guardar su vida, la perderá; y el que la pierda, la recobrará. Os digo que aquella noche estarán dos juntos: a uno se lo llevarán y al otro lo dejarán; estarán dos moliendo juntas: a una se la llevarán y a la otra la dejarán». Ellos le preguntaron: «¿Dónde, Señor?». Él les dijo: «Donde está el cadáver, allí se reunirán los buitres».

Esperar amando

Se supone que los hijos de la Iglesia no podemos ser gente descuidada, que vive distraída al margen de lo esencial. Se supone que nuestro mundo de esperanzas no ha de quedar ahogado en el realismo de lo cotidiano. Se adivina la importancia que puede tener el día: fue decisivo para todos aquel en que Noé entró en el arca; fue decisivo para todos aquel otro en que Lot salió de Sodoma; y para todos lo será también el día en «que se manifieste el Hijo del hombre». Ese día llegará de improviso, repentino. Habremos de estar atentos para que no nos sorprenda; pero no hemos de tener miedo, pues será para nosotros día de liberación. Dichoso quien lo espere en vela. Dichoso quien lo espera amando, siguiendo los mandamientos de Dios. Dichoso quien lo espera caminando en la verdad, en la voluntad del Señor, siguiendo el camino de sus mandatos. Dichosa tú, Iglesia de Cristo, si hoy te apegas a su palabra y lo acoges en tu corazón.

S. Josafat, m.o.
Millán; Nilo; Renato

XXXII del T.O.
4ª salt. / R
3Jn 5-8 /
Sal 111 /
Lc 18,1-8

Lucas 18,1-8

En aquel tiempo, Jesús dijo a sus discípulos una parábola para enseñarles que es necesario orar siempre, sin desfallecer. «Había un juez en una ciudad que ni temía a Dios ni le importaban los hombres. En aquella ciudad había una viuda que solía ir a decirle: "Hazme justicia frente a mi adversario". Por algún tiempo se estuvo negando, pero después se dijo a sí mismo: "Aunque ni temo a Dios ni me importan los hombres, como esta viuda me está molestando, le voy a hacer justicia, no sea que siga viniendo a cada momento a importunarme"». Y el Señor añadió: «Fijaos en lo que dice el juez injusto; pues Dios, ¿no hará justicia a sus elegidos que claman ante él día y noche?; ¿o les dará largas? Os digo que les hará justicia sin tardar. Pero, cuando venga el Hijo del hombre, ¿encontrará esta fe en la tierra?».

Perseverar en la escucha y en la comunión

Tú, Iglesia de Cristo, conoces de cerca la oscuridad de tu tiempo, la hostilidad del mundo, las amenazas que se ciernen sobre la fe de tus hijos. Ese tiempo, el de la espera del Señor, lo vives en el misterio de su ausencia, y solo la oración de la fe, la perseverante oración de la fe, podrá mantener viva tu esperanza hasta el día en que el Señor venga. Puede desanimarte tu pequeñez, pero es ella el lugar donde se manifiesta la grandeza de Dios. Puede confundirte tu debilidad, pero sabes que es esa debilidad el lugar natural donde se manifiesta la fuerza de Dios. Puede sorprenderte la necedad de la fe, pero sabes que es en ella donde se manifiesta asombrosa la sabiduría de Dios. Tus hijos, Iglesia de Cristo, no podremos mantener viva la fe si no mantenemos perseverante la oración de la fe. Perseverarán en la oración quienes perseveren en la escucha de la palabra del Señor y en la comunión con Cristo Jesús.

Enséñanos, Señor, a perder la vida, a repartirla amando, y que tu amor nos permita recobrarla el día de tu venida.

JORNADA MUNDIAL DE LOS POBRES

Leandro; Diego de Alcalá; Estanislao de Kostka; Nicolás I; Abbón de Fleury; Bto. Artémide Zatti

1ª salt. / V
Mal 3,19-20a / Sal 97 / 2Tes 3,7-12 / Lc 21,5-19

Malaquías 3,19-20a

He aquí que llega el día, ardiente como un horno, en el que todos los orgullosos y malhechores serán como paja; los consumirá el día que está llegando, dice el Señor del universo, y no les dejará ni copa ni raíz. Pero a vosotros, los que teméis mi nombre, os iluminará un sol de justicia y hallaréis salud a su sombra.

Salmo 97,5-6.7-8.9ab.9cd

R. El Señor llega para regir los pueblos con rectitud.

2 Tesalonicenses 3,7-12

Hermanos: Ya sabéis vosotros cómo tenéis que imitar nuestro ejemplo: No vivimos entre vosotros sin trabajar, no comimos de balde el pan de nadie, sino que con cansancio y fatiga, día y noche, trabajamos a fin de no ser una carga para ninguno de vosotros. No porque no tuviéramos derecho, sino para daros en nosotros un modelo que imitar. Además, cuando estábamos entre vosotros, os mandábamos que si alguno no quiere trabajar, que no coma. Porque nos hemos enterado de que algunos viven desordenadamente, sin trabajar, antes bien metiéndose en todo. A esos les mandamos y exhortamos, por el Señor Jesucristo, que trabajen con sosiego para comer su propio pan.

Lucas 21,5-19

En aquel tiempo, como algunos hablaban del templo, de lo bellamente adornado que estaba con piedra de calidad y exvotos, Jesús les dijo: «Esto que contempláis, llegarán días en que no quedará piedra sobre piedra que no sea destruida». Ellos le preguntaron: «Maestro, ¿cuándo va a ser eso?, ¿y cuál será la señal de que todo eso está para suceder?». Él dijo: «Mirad que nadie os engañe. Porque muchos vendrán en mi nombre diciendo: "Yo soy", o bien: "Está llegando el tiempo"; no vayáis tras ellos. Cuando oigáis noticias de guerras y de revoluciones, no tengáis pánico. Porque es necesario que eso ocurra primero, pero el fin no será enseguida». Entonces les decía: «Se alzará pueblo contra pueblo y reino contra reino, habrá grandes terremotos, y en diversos países, hambres y pestes. Habrá también fenómenos espantosos y grandes signos en el cielo. Pero antes de todo eso os echarán mano, os perseguirán, entregándoos a las sinagogas y a las cárceles, y haciéndoos comparecer ante reyes y gobernadores, por causa de mi nombre. Esto os servirá de ocasión para dar testimonio. Por ello, meteos bien en la cabeza que no tenéis que preparar vuestra defensa, porque yo os daré palabras y sabiduría a las que no podrá hacer frente ni contradecir ningún adversario vuestro. Y hasta vuestros padres, y parientes, y hermanos, y amigos os entregarán, y matarán a algunos de vosotros, y todos os odiarán a causa de mi nombre. Pero ni un cabello de vuestra cabeza perecerá; con vuestra perseverancia salvaréis vuestras almas».

«El Señor llega»

Llega el fuego que quemará la paja; llega un sol de justicia que trae la salvación en las alas. «El Señor llega»: la fe pone delante de nosotros el misterio inefable de la encarnación, y contemplamos a Cristo Jesús que vino a ser evangelio para los pobres, justicia para los oprimidos, libertad para los esclavizados, perdón para los pecadores, luz para los que viven en tinieblas y en sombra de muerte. «El Señor llega para regir la tierra con justicia», dijiste en tu salmo, y tu corazón se abrió para acoger a Cristo que, en la Eucaristía, es para ti evangelio, justicia, libertad, perdón y luz. «El Señor llega para regir la tierra con justicia», decimos, y nos preparamos para aquel día último, cuando todo –la comunión con Cristo, el evangelio, la justicia, la libertad, el perdón y la luz– se hará definitivo y pleno. Que cada uno de nosotros sea para los pobres un signo de la llegada salvadora de Dios a sus vidas.

Que el Señor mantenga vivo en nosotros el deseo de esa plenitud de la justicia que será realidad cuando todo llegue a su fin.

lunes

José Pignatelli;
Deodato de Rodez;
León de Asís

XXXIII del T.O.
1ª salt. / V
Ap 1,1-4; 2,1-5a /
Sal 1 /
Lc 18,35-43

Lucas 18,35-43

Cuando se acercaba Jesús a Jericó, había un ciego sentado al borde del camino pidiendo limosna. Al oír que pasaba gente, preguntaba qué era aquello; y le informaron: «Pasa Jesús el Nazareno». Entonces empezó a gritar: «¡Jesús, hijo de David, ten compasión de mí!». Los que iban delante lo regañaban para que se callara, pero él gritaba más fuerte: «¡Hijo de David, ten compasión de mí!». Jesús se paró y mandó que se lo trajeran. Cuando estuvo cerca, le preguntó: «¿Qué quieres que haga por ti?». Él dijo: «Señor, que recobre la vista». Jesús le dijo: «Recobra la vista, tu fe te ha salvado». Y enseguida recobró la vista y lo seguía, glorificando a Dios. Y todo el pueblo, al ver esto, alabó a Dios.

Creer para ver

«Pasa Jesús Nazareno». Esta es una buena indicación para entrar en el misterio de la celebración eucarística: vamos a ella porque pasa Jesús; nos acercamos a comulgar porque viene Jesús. Lo que siempre habías reconocido en la ley del Señor, a saber, que esa ley es fuente de gozo para el corazón y de luz para los ojos, ahora lo ves cumplido en Cristo Jesús. Saber que «pasa Jesús Nazareno» es una primera forma de luz que hace posible una primera manera de verlo: saber que «pasa Jesús» es nuestro primer paso para ir a su encuentro, al encuentro de «la luz del mundo». No podremos ver si no nos acercamos a Jesús; no podremos ver si no creemos en él; no tendremos la luz de la vida si no lo seguimos a él, si no nos ilumina su luz. «El momento está cerca»: lo está el del encuentro sacramental con el Señor en la Eucaristía y lo está también el del encuentro final con la luz que ha de atravesar y desvelar la verdad de nuestra vida.

En este día de gracia hacemos nuestra la oración del ciego de Jericó: «Señor, que vea otra vez».

Lucas 19,1-10

En aquel tiempo, Jesús entró en Jericó e iba atravesando la ciudad. En esto, un hombre llamado Zaqueo, jefe de publicanos y rico, trataba de ver quién era Jesús, pero no lo lograba a causa del gentío, porque era pequeño de estatura. Corriendo más adelante, se subió a un sicomoro para verlo, porque tenía que pasar por allí. Jesús, al llegar a aquel sitio, levantó los ojos y le dijo: «Zaqueo, date prisa y baja, porque es necesario que hoy me quede en tu casa». Él se dio prisa en bajar y lo recibió muy contento. Al ver esto, todos murmuraban diciendo: «Ha entrado a hospedarse en casa de un pecador». Pero Zaqueo, de pie, dijo al Señor: «Mira, Señor, la mitad de mis bienes se la doy a los pobres; y si he defraudado a alguno, le restituyo cuatro veces más». Jesús le dijo: «Hoy ha sido la salvación de esta casa, pues también este es hijo de Abrahán. Porque el Hijo del hombre ha venido a buscar y a salvar lo que estaba perdido».

Tenía que pasar por allí, porque me buscaba

«Tenía que pasar por allí». Puedes fijarte en la oveja perdida, en la moneda perdida, en el hijo perdido, en Zaqueo, pero no dejes de fijarte, sobre todo, en el pastor que busca a su oveja, en la mujer que barre la casa para encontrar su moneda, en el padre que escudriña el horizonte a la espera de su hijo, en Jesús, que «tenía que pasar por allí» para encontrar al recaudador que buscaba. Si me fijo en Zaqueo, reconozco lo que yo soy para Jesús. Si me fijo en Jesús, reconozco lo que él es para mí. Yo, pequeño, despreciado, juzgado, condenado, pecador, solo de lejos puedo intentar ver a Jesús, solo de lejos puedo presentar mi oración. Pero el abismo que yo no puedo salvar, lo salva el amor que Dios me tiene; la distancia que yo no puedo acortar, la anula el Hijo que Dios me ha dado. Por eso dice: «Tenía que pasar por allí»; tenía que buscarme, porque me amaba.

No dejes, Señor, que olvide cuando, por remediar mi soledad, pediste ser alojado en mi casa. Enséñame a recibirte con amor en la Eucaristía y en los pobres.

Sta. Margarita de Escocia / Sta. Gertrudis, m.l.
Inés de Asís; Otmaro; Edmundo Rich; José Moscati

XXXIII del T.O.
1ª salt. / V
Ap 4,1-11 /
Sal 150 /
Lc 19,11-28

Lucas 19,11-28

En aquel tiempo, Jesús dijo una parábola, porque estaba él cerca de Jerusalén y pensaban que el reino de Dios iba a manifestarse enseguida. Dijo, pues: «Un hombre noble se marchó a un país lejano para conseguirse el título de rey, y volver después. Llamó a diez siervos suyos y les repartió diez minas de oro, diciéndoles: "Negociad mientras vuelvo". Pero sus conciudadanos lo aborrecían y enviaron tras de él una embajada diciendo: "No queremos que este llegue a reinar sobre nosotros". Cuando regresó de conseguir el título real, mandó llamar a su presencia a los siervos a quienes había dado el dinero, para enterarse de lo que había ganado cada uno. El primero se presentó y dijo: "Señor, tu mina ha producido diez". Él le dijo: "Muy bien, siervo bueno; ya que has sido fiel en lo pequeño, recibe el gobierno de diez ciudades". El segundo llegó y dijo: "Tu mina, señor, ha rendido cinco". A ese le dijo también: "Pues toma tú el mando de cinco ciudades". El otro llegó y dijo: "Señor, aquí está tu mina; la he tenido guardada en un pañuelo, porque tenía miedo, pues eres un hombre exigente que retiras lo que no has depositado y siegas lo que no has sembrado". Él le dijo: "Por tu boca te juzgo, siervo malo. ¿Conque sabías que soy exigente, que retiro lo que no he depositado y siego lo que no he sembrado? Pues ¿por qué no pusiste mi dinero en el banco? Al volver yo, lo habría cobrado con los intereses". Entonces dijo a los presentes: "Quitadle a este la mina y dádsela al que tiene diez minas". Le dijeron: "Señor, ya tiene diez minas". "Os digo: al que tiene se le dará, pero al que no tiene se le quitará hasta lo que tiene. Y en cuanto a esos enemigos míos, que no querían que llegase a reinar sobre ellos, traedlos acá y degolladlos en mi presencia"». Dicho esto, caminaba delante de ellos, subiendo hacia Jerusalén.

En este negocio gana quien todo lo pierde, y es prudente quien todo lo da. Señor, enséñanos a dar y a perder: enséñanos a amar.

Sta. Isabel de Hungría, m.o.
Acisclo y Victoria; Alfonso Rodríguez; Dionisio; Gregorio de Tours; Hugo

XXXIII del T.O.
1ª salt. / B
Ap 5,1-10 / Sal 149 / Lc 19,41-44

Lucas 19,41-44

En aquel tiempo, al acercarse Jesús a Jerusalén y ver la ciudad, lloró sobre ella, mientras decía: «¡Si reconocieras tú también en este día lo que conduce a la paz! Pero ahora está escondido a tus ojos. Pues vendrán días sobre ti en que tus enemigos te rodearán de trincheras, te sitiarán, apretarán el cerco de todos lados, te arrasarán con tus hijos dentro, y no dejarán piedra sobre piedra. Porque no reconociste el tiempo de tu visita».

Gozos por llanto

«¡Si reconocieras lo que conduce a la paz!»: Jesús lo dijo al acercarse a Jerusalén. Era la ciudad donde se iba a consumar la misión que el Padre le había encomendado; era la ciudad que mataba a los profetas y apedreaba a los enviados del Señor. Jesús no llora sobre su propio destino, sino sobre el destino de la ciudad. Con Jesús, «había venido a ella la Luz, y no la recibieron»; como la gallina reúne bajo sus alas a sus polluelos, quiso Jesús reunir a los hijos de Jerusalén, pero estos no quisieron: «¡Si reconocieras lo que conduce a la paz!». Hoy eres tú, comunidad eucarística, quien escucha esas palabras, hoy las dice para ti el que te ama. Y percibes en ellas el eco de su deseo de paz para ti: ¡Ojalá comprendieras! ¡Ojalá escuchases hoy su voz! ¡Ojalá reconocieses el momento de su venida! ¡Ojalá, acogiéndolo, llenes de alegría el corazón del Señor que viene a ti en su palabra, en sus pobres, en su Eucaristía!

Pues como no puede cambiar tu llanto en gozo la pequeñez de mi amor, que pueda cambiarlo, Señor, la fragilidad que me lleva a refugiarme bajo tus alas.

Ded. de las basílicas de los Stos. Pedro y Pablo, m.l.
Filipina Rosa; Fredián

XXXIII del T.O.
1ª salt. / V
Ap 10,8-11 /
Sal 118 /
Lc 19,45-48

Lucas 19,45-48

En aquel tiempo, Jesús entró en el templo y se puso a echar a los vendedores, diciéndoles: «Escrito está: "Mi casa será casa de oración"; pero vosotros la habéis hecho una "cueva de bandidos"». Todos los días enseñaba en el templo. Por su parte, los sumos sacerdotes, los escribas y los principales del pueblo buscaban acabar con él, pero no sabían qué hacer, porque todo el pueblo estaba pendiente de él, escuchándolo.

Caminar con Jesús sobre las aguas de la vida

Hoy peregrinamos en la fe hasta los sepulcros de los apóstoles Pedro y Pablo, y nos unimos a ellos en la alabanza al Padre que nos creó, al Hijo que nos redimió, al Espíritu que nos santificó. Hoy, como a los apóstoles, el Señor nos dice: «Ánimo, soy yo, no tengáis miedo». Y como Pedro, nosotros le decimos: «Señor, mándame ir hacia ti». Hoy, como ellos, nos ponemos en camino con Jesús, abrimos los oídos del corazón para escuchar su palabra, bajamos con él al agitado mar de nuestra vida y, si la fe flaqueare como la de Pedro y el miedo nos pudiere y empezásemos a hundirnos, también haremos nuestro el clamor de su plegaria y gritaremos: «Señor, sálvame». Plegaria de los hijos de la Iglesia para noches de tempestad, para noches de pasión y negación, para noches de soledad y lágrimas, para todas las horas del silencio de Dios en nuestra vida: «Señor, sálvame». Comulga y camina con Jesús sobre las aguas de la vida.

De tu mano, Señor, contigo, caminaré confiado: aumenta mi fe.

Abdías; Rafael de S. José Kalinowski

XXXIII del T.O.
1ª salt. / V
Ap 11,4-12 /
Sal 143 /
Lc 20,27-40

Lucas 20,27-40

En aquel tiempo, se acercaron algunos saduceos, los que dicen que no hay resurrección, y preguntaron a Jesús: «Maestro, Moisés nos dejó escrito: "Si a uno se le muere su hermano, dejando mujer pero sin hijos, que tome la mujer como esposa y dé descendencia a su hermano". Pues bien, había siete hermanos; el primero se casó y murió sin hijos. El segundo y el tercero se casaron con ella, y así los siete, y murieron todos sin dejar hijos. Por último, también murió la mujer. Cuando llegue la resurrección, ¿de cuál de ellos será la mujer? Porque los siete la tuvieron como mujer». Jesús les dijo: «En este mundo los hombres se casan y las mujeres toman esposo, pero los que sean juzgados dignos de tomar parte en el mundo futuro y en la resurrección de entre los muertos no se casarán ni ellas serán dadas en matrimonio. Pues ya no pueden morir, ya que son como ángeles; y son hijos de Dios, porque son hijos de la resurrección. Y que los muertos resucitan, lo indicó el mismo Moisés en el episodio de la zarza, cuando llama al Señor: "Dios de Abrahán, Dios de Isaac, Dios de Jacob". No es Dios de muertos, sino de vivos: porque para él todos están vivos». Intervinieron unos escribas: «Bien dicho, Maestro». Y ya no se atrevían a hacerle más preguntas.

No dejes que la Vida pase a tu lado sin que te resucite

«Unos saduceos que dicen que no hay resurrección» se acercan al que es la resurrección y, lejos de creer en él, le preguntan sobre los muertos para justificar la propia falta de fe. No sabían que allí «estaba la vida, y la vida era la luz de los hombres». Aquellos saduceos la tenían delante, y no la recibieron: no se dejaron iluminar por ella, no creyeron en ella para resucitar. Hoy, en la fe, en la Eucaristía, nosotros nos encontramos con «nuestro salvador Jesucristo, que destruyó la muerte y sacó a la luz la vida por medio del evangelio». Nos interesa lo que esperamos para más allá de la muerte; pero ahora buscamos sobre todo lo que transforma nuestra vida haciéndola semejante a la de Cristo Jesús; ahora, en comunión con él, buscamos vivir para Dios.

Félix de Valois;
Bernwardo de Hildesheim;
Bta. Ángeles de San José

Oficio de la s. / B
2Sam 5,1-3 /
Sal 121 /
Col 1,12-20 /
Lc 23,35-43

2 Samuel 5,1-3

En aquellos días, todas las tribus de Israel se presentaron ante David en Hebrón y le dijeron: «Hueso tuyo y carne tuya somos. Desde hace tiempo, cuando Saúl reinaba sobre nosotros, eras tú el que dirigía las salidas y entradas de Israel. Por su parte, el Señor te ha dicho: "Tú pastorearás a mi pueblo Israel, tú serás el jefe de Israel"». Los ancianos de Israel vinieron a ver al rey en Hebrón. El rey hizo una alianza con ellos en Hebrón, en presencia del Señor, y ellos le ungieron como rey de Israel.

Salmo 121,1bc-2.4-5

R. Vamos alegres a la casa del Señor.

Colosenses 1,12-20

Hermanos: Demos gracias a Dios Padre, que os ha hecho capaces de compartir la herencia del pueblo santo en la luz. Él nos ha sacado del dominio de las tinieblas, y nos ha trasladado al reino del Hijo de su amor, por cuya sangre hemos recibido la redención, el perdón de los pecados. Él es imagen del Dios invisible, primogénito de toda criatura; porque en él fueron creadas todas las cosas: celestes y terrestres, visibles e invisibles. Tronos y Dominaciones, Principados y Potestades; todo fue creado por él y para él. Él es anterior a todo, y todo se mantiene en él. Él es también la cabeza del cuerpo: de la Iglesia. Él es el principio, el primogénito de entre los muertos, y así es el primero en todo. Porque en él quiso Dios que residiera toda la plenitud. Y por él y para él quiso reconciliar todas las cosas, las del cielo y las de la tierra, haciendo la paz por la sangre de su cruz.

Lucas 23,35-43

En aquel tiempo, los magistrados hacían muecas a Jesús diciendo: «A otros ha salvado; que se salve a sí mismo, si él es el Mesías de Dios, el Elegido». Se burlaban de él también los soldados, que se acercaban y le ofrecían vinagre, diciendo: «Si eres tú el rey de los judíos, sálvate a ti mismo». Había también por encima de él un letrero: «Este es el rey de los judíos». Uno de los malhechores crucificados lo insultaba diciendo: «¿No eres tú el Mesías? Sálvate a ti mismo y a nosotros». Pero el otro, respondiéndole e increpándolo, le decía: «¿Ni siquiera temes tú a Dios, estando en la misma condena? Nosotros, en verdad, lo estamos justamente, porque recibimos el justo pago de lo que hicimos; en cambio, este no ha hecho nada malo». Y decía: «Jesús, acuérdate de mí cuando llegues a tu reino». Jesús le dijo: «En verdad te digo: hoy estarás conmigo en el Paraíso».

Rey de pobres

La de hoy es una fiesta reservada a pecadores redimidos, a esclavos liberados, a ciegos iluminados, a leprosos que han sido curados, a muertos que han resucitado. Solo quienes hayan experimentado la dicha de la redención, de la liberación, de la luz, de la curación, de la resurrección, podrán aclamar con todo el ser a quien es para ellos la salvación: a su Rey. La de hoy es una fiesta reservada a pequeños, a humildes, a quienes nada les ha quedado en herencia si no es Dios. No te escandalices si de tu fiesta no participan los poderosos, los que a sí mismos se salvan, los que no necesitan que los visite la misericordia ni la bondad. Poder y orgullo los ciegan, y no verán al Cordero degollado, al Hijo que Dios nos ha dado, a Jesús de Nazaret humillado en la carne, exaltado en la cruz. Poder y orgullo los ciegan para que no vean a su Rey. Fiesta es esta para pobres, alegría para pequeños, bendición para hijos de la redención.

«Damos gracias a Dios Padre, que nos ha sacado del dominio de las tinieblas y nos ha trasladado al reino de su Hijo querido».

Presentación de la Virgen María, m.o.
Nª Sra. de la Piedad; Gelasio I

XXXIV del T.O.
2ª salt. / B
Ap 14,1-3.4b-5 / Sal 23 / Lc 21,1-4

Lucas 21,1-4

En aquel tiempo, Jesús, alzando los ojos, vio a unos ricos que echaban donativos en el tesoro del templo; vio también una viuda pobre que echaba dos monedillas, y dijo: «En verdad os digo que esa viuda pobre ha echado más que todos, porque todos esos han contribuido a los donativos con lo que les sobra, pero ella, que pasa necesidad, ha echado todo lo que tenía para vivir».

La viuda se llamaba Jesús

Estamos en Jerusalén, en el templo. Hemos llegado con Jesús a la última etapa de su camino. Y esto es lo que Jesús ve: «a unos ricos que echaban donativos en el arca de las ofrendas», y «a una viuda pobre que echaba dos monedillas». Según las cuentas del templo, los ricos habrían echado mucho, y la viuda habría echado muy poco. Según las cuentas de Jesús, los ricos echaron «de lo que les sobraba», y eso, por mucho que sea, es siempre poco; la viuda, por su parte, echó de lo que necesitaba, y eso, por poco que sea, es siempre mucho, y hace que la viuda haya echado en el cepillo «más que nadie». Pero el relato no habla de lo que se ha de dar en limosna, sino de lo que es la mujer que la da: ella, que lo da todo, es figura de Jesús, que «siendo rico, se hizo pobre por nosotros, para enriquecernos con su pobreza», y es icono de lo que han de ser también los discípulos de Jesús, que habrán de dejarlo «todo» para seguirlo.

Que «nada de nosotros retengamos para nosotros mismos, de modo que enteros nos reciba el que todo entero se nos entrega» (san Francisco de Asís).

Sta. Cecilia, m.o.
Filemón; Marcos; Mauro; Rogerio; Bto. Salvador Lilli y comp.

XXXIV del T.O.
2ª salt. / R
Ap 14,14-19 / Sal 95 / Lc 21,5-11

Lucas 21,5-11

En aquel tiempo, como algunos hablaban del templo, de lo bellamente adornado que estaba con piedra de calidad y exvotos, Jesús les dijo: «Esto que contempláis, llegarán días en que no quedará piedra sobre piedra que no sea destruida». Ellos le preguntaron: «Maestro, ¿cuándo va a ser eso?, ¿y cuál será la señal de que todo eso está para suceder?». Él dijo: «Mirad que nadie os engañe. Porque muchos vendrán en mi nombre diciendo: "Yo soy", o bien: "Está llegando el tiempo"; no vayáis tras ellos. Cuando oigáis noticias de guerras y de revoluciones, no tengáis pánico. Porque es necesario que eso ocurra primero, pero el fin no será enseguida». Entonces les decía: «Se alzará pueblo contra pueblo y reino contra reino, habrá grandes terremotos, y en diversos países, hambres y pestes. Habrá también fenómenos espantosos y grandes signos en el cielo».

Escribir el final de nuestra historia

Del templo de Jerusalén, ahora imponente por su belleza y solidez, Jesús anuncia que «no quedará piedra sobre piedra»: belleza efímera; solidez inconsistente. Y se anuncia también el final del tiempo, aunque de este final se dice que «no vendrá enseguida». Jesús no ejerce de adivino que pronostica el futuro, sino de profeta que, mirando al futuro, pide compromiso con el presente. Lo que «conduce a» la destrucción de Jerusalén y de su templo, no es el ejército que le pondrá cerco y la destruirá, sino que es el «no haber reconocido» ella misma «lo que conducía a la paz», el «no haber reconocido el tiempo de su visita». Y esa llamada profética al compromiso con el presente nos concierne a todos los creyentes. El Señor ha dejado en nuestras manos la responsabilidad de escribir el final que deseamos tener: «Sé fiel hasta la muerte, y te daré la corona de la vida». Ama, y el final será el principio de todo.

No pido más saber que el de saber amar. Al final, el que ama, sabe; y el que no, no sabe nada.

S. Clemente I / S. Columbano, m.l.
Lucrecia; Sisinio; Bto. Miguel Agustín Pro

XXXIV del T.O. 2ª salt. / V
Ap 15,1-4 / Sal 97 / Lc 21,12-19

Lucas 21,12-19

En aquel tiempo, dijo Jesús a sus discípulos: «Os echarán mano, os perseguirán, entregándoos a las sinagogas y a las cárceles, y haciéndoos comparecer ante reyes y gobernadores, por causa de mi nombre. Esto os servirá de ocasión para dar testimonio. Por ello, meteos bien en la cabeza que no tenéis que preparar vuestra defensa, porque yo os daré palabras y sabiduría a las que no podrá hacer frente ni contradecir ningún adversario vuestro. Y hasta vuestros padres, y parientes, y hermanos, y amigos os entregarán, y matarán a algunos de vosotros, y todos os odiarán a causa de mi nombre. Pero ni un cabello de vuestra cabeza perecerá; con vuestra perseverancia salvaréis vuestras almas».

Testigos de Cristo por nuestra comunión con él

Hoy son muchos los cristianos que padecen persecución. Lo extraño es que no la padezcamos todos, pues el evangelio que profesamos, y que para nosotros es nuestra vida, para los que no creen es escandaloso, es peligroso, reclama opciones de vida que son contrarias a las opciones del mundo. De por sí, la persecución padecida no es señal de fidelidad al evangelio; solo lo será la que se padece por la justicia, por la solidaridad con los pobres, por el nombre de Jesús, por la fidelidad en el servicio del Señor. Abandonados, no añoramos más compañía que la de Cristo crucificado; señalados, no nos avergonzamos; juzgados, confiamos al Señor nuestra defensa; condenados, perdonamos; despreciados, bendecimos. El testimonio de Jesús lo confiamos a las palabras y a la sabiduría que él nos dará, a la humildad de la bendición, a la abundancia del perdón, a la presencia de Cristo Jesús en nosotros, a nuestra comunión con él.

Escucharte, Cristo Jesús, para hablar como tú. Comulgar contigo, para ser como tú. Eso es todo lo que deseo, eso es todo lo que pido.

Stos. Andrés Dung-Lac y comp., m.o.
Fermina

XXXIV del T.O.
2ª salt. / R
Ap 18,1-2.21-23; 19,1-3.9a / Sal 99 / Lc 21,20-28

Lucas 21,20-28

En aquel tiempo, dijo Jesús a sus discípulos: «Cuando veáis a Jerusalén sitiada por ejércitos, sabed que entonces está cerca su destrucción. Entonces los que estén en Judea, que huyan a los montes; los que estén en medio de Jerusalén, que se alejen; los que estén en los campos, que no entren en ella; porque estos son "días de venganza" para que se cumpla todo lo que está escrito. ¡Ay de las que estén encintas o criando en aquellos días! Porque habrá una gran calamidad en esta tierra y un castigo para este pueblo. "Caerán a filo de espada", los llevarán cautivos "a todas las naciones", y "Jerusalén será pisoteada por gentiles", hasta que alcancen su plenitud los tiempos de los gentiles. Habrá signos en el sol y la luna y las estrellas, y en la tierra angustia de las gentes, perplejas por el estruendo del mar y el oleaje, desfalleciendo los hombres por el miedo y la ansiedad ante lo que se le viene encima al mundo, pues las potencias del cielo serán sacudidas. Entonces verán al Hijo del hombre venir en una nube, con gran poder y gloria. Cuando empiece a suceder esto, levantaos, alzad la cabeza; se acerca vuestra liberación».

Dichosos los invitados a la comunión con Cristo

Conocemos de cerca el pequeño mundo en el que se mueve cada uno de nosotros. Está hecho de seguridades, tantas que, en él, los hombres parecen estar seguros en todo y para siempre. Ofrece tantas posibilidades, que la única preocupación razonable para el hombre parece ser la de buscar lo que necesita para realizarlas. Ese mundo es tan seductor, que a los suyos les parece ser lo único que pueden desear. Pues bien, es en ese mundo donde resuena hoy la voz del mensajero: «Cayó la gran Babilonia», «habrá angustia tremenda en esta tierra», «caerán a filo de espada». Desaparece el espejismo, se desvanece la seducción. Aquel día desvelará la inconsistencia de lo que hemos construido. Será día de destrucción de espejismos, seducciones, inconsistencias. Y será día de liberación para los que han vivido de fe. Dichosos los invitados hoy a la comunión con Cristo Jesús.

25
viernes
Sta. Catalina de Alejandría, m.l.
Gonzalo; García

XXXIV del T.O.
2ª salt. / V
Ap 20,1-4.
11–21,2 /
Sal 83 /
Lc 21,29-33

Lucas 21,29-33

En aquel tiempo, dijo Jesús a sus discípulos una parábola: «Fijaos en la higuera y en todos los demás árboles: cuando veis que ya echan brotes, conocéis por vosotros mismos que ya está llegando el verano. Igualmente vosotros, cuando veáis que suceden estas cosas, sabed que está cerca el reino de Dios. En verdad os digo que no pasará esta generación sin que todo suceda. El cielo y la tierra pasarán, pero mis palabras no pasarán».

Comulgamos lo que esperamos, lo que anhelamos

El final del año litúrgico evoca el final de la historia de la salvación. Es un final que evoca un principio: desaparecen un cielo y una tierra, «porque no hay sitio para ellos»; y se ve «un cielo nuevo y una tierra nueva». El creyente vive en una lucha constante para no dejarse poseer por el mundo viejo, destinado a desaparecer, y mantenerse en la comunidad de los inscritos en el libro de la vida. Fíjate en la asamblea eucarística, de la que formas parte, imagen de la ciudad futura, sacramento de la que un día será tu morada. De la comunidad eucarística, de la Iglesia a la que perteneces, del cielo que esperas, se puede decir: «Esta es la morada de Dios con los hombres»; «mi alma se consume y anhela los atrios del Señor», «tus altares, Rey mío y Dios mío»; mi alma se consume y anhela la comunidad de tus fieles, la asamblea santa en la que tú habitas, tu cuerpo, Cristo Jesús, que comulgamos y en el que nos transformamos.

Mi alma se consume y anhela la llegada del reino de Dios, tu venida, Cristo Jesús.

Leonardo de Porto Mauricio; Conrado; Silvestre; Siricio; Bto. Santiago Alberione

XXXIV del T.O.
2ª salt. / V
Ap 22,1-7 /
Sal 94 /
Lc 21,34-36

Lucas 21,34-36

En aquel tiempo, dijo Jesús a sus discípulos: «Tened cuidado de vosotros, no sea que se emboten vuestros corazones con juergas, borracheras y las inquietudes de la vida, y se os eche encima de repente aquel día; porque caerá como un lazo sobre todos los habitantes de la tierra. Estad, pues, despiertos en todo tiempo, pidiendo que podáis escapar de todo lo que está por suceder y manteneros en pie ante el Hijo del hombre».

Velad y orad

Último día: Día de juicio para todos, último para todos, definitivo para todos. Lo que aquel día se decida sobre cada uno de nosotros, lo habremos escrito nosotros mismos con nuestras obras a lo largo de nuestra vida. Escribimos en las páginas humildes de nuestro tiempo lo que será nuestra vida en la eternidad. Escribimos en un tiempo del que, por otra parte, no somos dueños. Aquel día último caerá sobre todos, como un lazo sobre animales incautos. De ahí la amonestación que nos hace Jesús en el evangelio: «Tened cuidado: no se os embote la mente», no sea que os pille desprevenidos el lazo. «El vicio, la bebida y los agobios de la vida» embotan la mente y hacen incauto al hombre. ¡Cuántos son los nombres que hoy daríamos a lo que embota la mente del hombre! Para los engaños de ayer y de hoy, el solo remedio disponible es la vigilancia con la oración. Vigila el que ama. Pide el que escucha y obedece. Vigilad y pedid.

No espero más cielo, Señor, que el de obedecerte; no deseo más dicha que la de amarte: Ven, Señor Jesús.

27 domingo

Se inicia el Tiempo de Adviento

Nª Sra. de la Medalla Milagrosa; Flora y María; Bto. Ramón Llull

Comienza el ciclo A
1ª salt. / M
Is 2,1-5 /
Sal 121 /
Rom 13,11-14a /
Mt 24,37-44

Isaías 2,1-5

Visión de Isaías, hijo de Amós, acerca de Judá y de Jerusalén. En los días futuros estará firme el monte de la casa del Señor, en la cumbre de las montañas, más elevado que las colinas. Hacia él confluirán todas las naciones, caminarán pueblos numerosos y dirán: «Venid, subamos al monte del Señor, a la casa del Dios de Jacob. Él nos instruirá en sus caminos y marcharemos por sus sendas; porque de Sion saldrá la ley, la palabra del Señor de Jerusalén». Juzgará entre las naciones, será árbitro de pueblos numerosos. De las espadas forjarán arados, de las lanzas, podaderas. No alzará la espada pueblo contra pueblo, no se adiestrarán para la guerra. Casa de Jacob, venid; caminemos a la luz del Señor.

Salmo 121,1bc-2.4-5.6-7.8-9

R. Vamos alegres a la casa del Señor.

Romanos 13,11-14a

Hermanos: Comportaos reconociendo el momento en que vivís, pues ya es hora de despertaros del sueño, porque ahora la salvación está más cerca de nosotros que cuando abrazamos la fe. La noche está avanzada, el día está cerca: dejemos, pues, las obras de las tinieblas y pongámonos las armas de la luz. Andemos como en pleno día, con dignidad. Nada de comilonas y borracheras, nada de lujuria y desenfreno, nada de riñas y envidias. Revestíos más bien del Señor Jesucristo.

Mateo 24,37-44

En aquel tiempo, dijo Jesús a sus discípulos: «Cuando venga el Hijo del hombre, pasará como en tiempo de Noé. En los días antes del diluvio, la gente comía y bebía, se casaban los hombres y las mujeres tomaban esposo, hasta el día en que Noé entró en el arca; y cuando menos lo esperaban llegó el diluvio y se los llevó a todos; lo mismo sucederá cuando venga el Hijo del hombre: dos hombres estarán en el campo, a uno se lo llevarán y a otro lo dejarán; dos mujeres estarán moliendo, a una se la llevarán y a otra la dejarán. Por tanto, estad en vela, porque no sabéis qué día vendrá vuestro Señor. Comprended que si supiera el dueño de casa a qué hora de la noche viene el ladrón, estaría en vela y no dejaría que abrieran un boquete en su casa. Por eso, estad también vosotros preparados, porque a la hora que menos penséis viene el Hijo del hombre».

«Subamos al monte del Señor»

De Cristo Jesús ha salido para nosotros la ley, él es la luz que ilumina a todos los pueblos. Hoy, en la asamblea eucarística, subimos al monte del Señor, a Cristo Jesús, para escuchar su palabra y comulgar, junto con su Cuerpo, la paz y la justicia, la gracia y la santidad que vienen de Dios. Y mientras subimos, cantamos, porque es cierta nuestra esperanza y es muy hermoso y deseable lo que esperamos. «¡Qué alegría cuando me dijeron: "Vamos a la casa del Señor"!». Hoy comenzamos el Adviento. Solo los pobres se ponen en camino. Solo los pobres esperan una Navidad verdadera. Solo para los pobres será verdadera la Navidad. Nos ponemos en camino y lo hacemos con el corazón lleno de gozo, porque el Señor vendrá y nos salvará. «¡Qué alegría cuando me dijeron: "Vamos a la casa del Señor"!». Y porque sabemos que es cierta la venida del Señor, sabemos que es necesaria la atención a su llegada: Vayamos a Cristo Jesús.

Dame, Señor, un corazón de pobre, para que, con todos los que desean tu venida, nos pongamos en camino hacia ti.

lunes

Catalina Labouré;
Honesto de Nimes

I de Adviento
1ª salt. / M
Is 4,2-6 /
Sal 121 /
Mt 8,5-11

Mateo 8,5-11

En aquel tiempo, al entrar Jesús en Cafarnaún, un centurión se le acercó rogándole: «Señor, tengo en casa un criado que está en cama paralítico y sufre mucho». Le contestó: «Voy yo a curarlo». Pero el centurión le replicó: «Señor, no soy digno de que entres bajo mi techo. Basta que lo digas de palabra, y mi criado quedará sano. Porque yo también vivo bajo disciplina y tengo soldados a mis órdenes; y le digo a uno: "Ve", y va; al otro: "Ven", y viene; a mi criado: "Haz esto", y lo hace». Al oírlo, Jesús quedó admirado y dijo a los que lo seguían: «En verdad os digo que en Israel no he encontrado en nadie tanta fe. Os digo que vendrán muchos de oriente y occidente y se sentarán con Abrahán, Isaac y Jacob en el reino de los cielos».

«Voy yo a curarlo»

El centurión pagano puede muy bien ser el primer personaje de nuestro Adviento: representa al enfermo que «está en cama paralítico y sufre mucho», a la humanidad necesitada de curación, a la humanidad en busca de salvación. La palabra de Jesús al centurión nos adentra en el corazón del misterio de la Navidad: «Voy yo a curarlo». Ahora, Iglesia en Adviento, se te dice a quién esperas, sabes de quién tienes necesidad, quién viene a tu vida y para qué viene. Es él mismo quien te lo dice: «Voy yo a curarlo». Y no te sorprendas si, consciente de la impureza de tu condición, y sobrecogida por la dignidad del que se dispone a entrar en tu casa, te ves impulsada a decir: no soy quien para recibirte, «no soy quien» para que vengas a mí; tú, Señor, puedes hacer que la salvación entre en mi casa sin que yo rebaje con mi indignidad tu santidad. Si creemos, entrará en nuestra casa la salvación, y en nuestro corazón el Salvador.

Ven, Espíritu Santo, llena los corazones de tus fieles, hermosea nuestra pequeñez, para que podamos recibir a Cristo que viene.

Filomeno;
Iluminada;
Bto. Bernardo
Francisco Hoyos

I de Adviento
1ª salt. / M
Is 11,1-10 /
Sal 71 /
Lc 10,21-24

Lucas 10,21-24

En aquella hora Jesús se llenó de alegría en el Espíritu Santo y dijo: «Te doy gracias, Padre, Señor del cielo y de la tierra, porque has escondido estas cosas a los sabios y entendidos, y las has revelado a los pequeños. Sí, Padre, porque así te ha parecido bien. Todo me ha sido entregado por mi Padre, y nadie conoce quién es el Hijo sino el Padre; ni quién es el Padre sino el Hijo y aquel a quien el Hijo se lo quiera revelar». Y, volviéndose a sus discípulos, les dijo aparte: «¡Bienaventurados los ojos que ven lo que vosotros veis! Porque os digo que muchos profetas y reyes quisieron ver lo que vosotros veis, y no lo vieron; y oír lo que vosotros oís, y no lo oyeron».

Alégrense los pequeños y sencillos

Profetas y reyes solo pudieron desearlo, anunciarlo, creerlo, esperarlo, pero no verlo ni oírlo. Profetas y reyes solo pudieron decir: «Que en sus días florezca la justicia»; pero tú la has visto florecer. Ellos solo pudieron soñar con la paz; pero tú la conoces de cerca porque ya te ha visitado, la llevas en el corazón, una paz que abunda eternamente. Tú has visto las obras de Dios, has escuchado la buena noticia de la llegada de su reino, has oído palabras de vida eterna, y te has dejado llevar por la fe a un mundo nuevo, un mundo en el que Dios Padre revela a los sencillos el misterio de su Hijo, y en el que el Hijo revela a quien él quiere el misterio de su Padre. Tú has conocido a Jesús, que es tu justicia, tu paz y tu salvación. Llena de alegría, Iglesia en Adviento, da gracias con Jesús al Padre del cielo porque te ha hecho entrar en los secretos de su corazón.

Ven, Señor Jesús: háblanos de tu Padre, de su reino, de su casa, de su amor, y entraremos contigo para sentarnos como hijos a su mesa.

miércoles

S. Andrés, apóstol, f.
Zósimo; Bernaldo; Cutberto; Justina

Oficio de la f. / R
Vol. IV
Rom 10,9-18 / Sal 18 / Mt 4,18-22

Mateo 4,18-22

En aquel tiempo, paseando Jesús junto al mar de Galilea vio a dos hermanos, a Simón, llamado Pedro, y a Andrés, que estaban echando la red en el mar, pues eran pescadores. Les dijo: «Venid en pos de mí y os haré pescadores de hombres». Inmediatamente dejaron las redes y lo siguieron. Y pasando adelante vio a otros dos hermanos, a Santiago, hijo de Zebedeo, y a Juan, su hermano, que estaban en la barca repasando las redes con Zebedeo, su padre, y los llamó. Inmediatamente dejaron la barca y a su padre y lo siguieron.

«Inmediatamente»

Soy cristiano porque nací en una familia y en una comunidad cristianas que me transmitieron la fe en la que ellas vivían. Y si les preguntase de quién la habían recibido, me dirían: de otra familia y otra comunidad, hasta llegar, de familia en familia, de comunidad en comunidad, a los apóstoles de Jesús, a los discípulos que Jesús llamó y a los que él confió los secretos del reino de Dios. En el principio de nuestra pertenencia a la Iglesia de Cristo hay una llamada y una respuesta, está Jesús y unos pescadores, hay un: «venid y seguidme», y hay un: «inmediatamente lo siguieron». Lo que hoy somos nosotros, lo que es nuestra vida, lo que conocemos de Dios y de hombre, viene de aquella llamada y de aquella respuesta, viene de aquel «inmediatamente» con que Andrés y sus compañeros lo dejaron todo para seguir a Jesús. Por eso, su fiesta es un estremecimiento del corazón por lo que creemos y esperamos.

Te damos gracias, Padre, Señor del cielo y de la tierra, por el apóstol Andrés y por todos los que, habiendo reconocido en Jesús de Nazaret al Mesías, a tu Ungido, nos han llevado hasta él.

Mateo 7,21.24-27

En aquel tiempo, dijo Jesús a sus discípulos: «No todo el que me dice "Señor, Señor" entrará en el reino de los cielos, sino el que hace la voluntad de mi Padre que está en los cielos. El que escucha estas palabras mías y las pone en práctica se parece a aquel hombre prudente que edificó su casa sobre roca. Cayó la lluvia, se desbordaron los ríos, soplaron los vientos y descargaron contra la casa; pero no se hundió, porque estaba cimentada sobre roca. El que escucha estas palabras mías y no las pone en práctica se parece a aquel hombre necio que edificó su casa sobre arena. Cayó la lluvia, se desbordaron los ríos, soplaron los vientos y rompieron contra la casa, y se derrumbó. Y su ruina fue grande».

Escuchar y poner en práctica

El reino de los cielos no tiene fronteras impermeables para los pobres; el reino de Dios es ciudad amurallada –defendida, protegida, segura–, pero de puertas que se abren «para que entre un pueblo justo». En su reino, el Señor es bondad que protege y acoge, es misericordia que defiende y recibe, es refugio, es fortaleza y es bendición. Con el profeta dices: «Abrid las puertas». Con el Salmista cantas y suplicas: «Abridme las puertas del triunfo». Y el evangelio te recuerda, Iglesia en Adviento, que la llave de esas puertas la tienes tú, pues «el que cumple la voluntad del Padre», ese es el que «entrará en el reino de los cielos». Y si todavía preguntas cómo puedes conocer la voluntad que has de cumplir, Jesús te dice: «El que escucha estas palabras mías y las pone en práctica», ese cumple la voluntad del Padre, abre las puertas de la ciudad de Dios y entra en ella.

Ojalá escuchéis hoy la voz del Señor, no endurezcáis vuestro corazón. Él es la puerta del redil. Los vencedores entrarán por ella.

Eloy; Edmundo Campion; Nahún; Carlos de Foucauld; Bta. Clementina Anuarite

I de Adviento
1ª salt. / M
Is 26,1-6 /
Sal 117 /
Mt 7,21.24-27

Cromacio; Bibiana;
Juan de Ruysbroeck

I de Adviento
1ª salt. / M
Is 29,17-24 /
Sal 26 /
Mt 9,27-31

Mateo 9,27-31

En aquel tiempo, dos ciegos seguían a Jesús gritando: «Ten compasión de nosotros, hijo de David». Al llegar a la casa se le acercaron los ciegos y Jesús les dijo: «¿Creéis que puedo hacerlo?». Contestaron: «Sí, Señor». Entonces les tocó los ojos, diciendo: «Que os suceda conforme a vuestra fe». Y se les abrieron los ojos. Jesús les ordenó severamente: «¡Cuidado con que lo sepa alguien!». Pero ellos, al salir, hablaron de él por toda la comarca.

«El Señor es mi luz»

Lo has dicho con el Salmista: «El Señor es mi luz y mi salvación». Luz que salva, salvación que ilumina, eso es «el que ha de venir», el esperado, el deseado. Él es tu luz, Iglesia en Adviento, él es tu salvación, de la que son cortejo la espesura de la vida –el vergel, el bosque– en la aridez del desierto, la música de la palabra en los oídos del sordo, la danza de los colores en los ojos del ciego, la alegría de la libertad en la noche de los oprimidos, la fiesta de los pobres en la casa del Señor. Navidad es nombre de transformación, de pascua, de tránsito desde la tristeza al gozo, desde el desaliento y el temor a la esperanza, desde tierra y sombras de muerte al país de la vida, desde la oscuridad a la luz, desde nuestra condición humillada a la condición de hijos de Dios. ¿He dicho «Navidad»? Tengo que añadir «Eucaristía», la que ya celebras en los días del Aviento, pues ya comulgas con la luz que es Cristo.

Ven, Espíritu Santo, llena los corazones de tus fieles y haz que caminemos siempre como hijos de la luz.

S. Francisco Javier, m.o.
Galgano; Sofonías; Claudio; Jasón; Magina

I de Adviento
1ª salt. / B
Is 30,19-21.23-26 / Sal 146 / Mt 9,35–10,1.5a.6-8

Mateo 9,35–10,1.5a.6-8

En aquel tiempo, Jesús recorría todas las ciudades y aldeas, enseñando en sus sinagogas, proclamando el evangelio del reino y curando toda enfermedad y toda dolencia. Al ver a las muchedumbres, se compadecía de ellas, porque estaban extenuadas y abandonadas, «como ovejas que no tienen pastor». Entonces dice a sus discípulos: «La mies es abundante, pero los trabajadores son pocos; rogad, pues, al Señor de la mies que mande trabajadores a su mies». Llamó a sus doce discípulos y les dio autoridad para expulsar espíritus inmundos y curar toda enfermedad y toda dolencia. A estos doce los envió Jesús con estas instrucciones: «Id a las ovejas descarriadas de Israel. Id y proclamad que ha llegado el reino de los cielos. Curad enfermos, resucitad muertos, limpiad leprosos, arrojad demonios. Gratis habéis recibido, dad gratis».

Hacia un mundo nuevo

Te han hablado tanto de él, le han dado tantos nombres y todos verdaderos, el Adviento está transido de él de tal manera que, cuando en la Navidad lo busques con pastores y magos y lo contemples nacido, te parecerá haberlo ya visto, su rostro te resultará familiar, y caerás en la cuenta de que él ya iba contigo cuando lo buscabas, cuando te preparabas para su venida. Hoy, Iglesia en Adviento, aprendes que el deseado será maestro y médico; hoy se te desvela el secreto de su mirada y sabes que el esperado se fija en ti y se compadece. Y como si no bastase su mirada compasiva para llegar a todas las pobrezas, convoca miradas, corazones y manos de cuantos quieran con él ponerse a la tarea de expulsar espíritus inmundos, y curar toda enfermedad y dolencia. Tu Adviento, Iglesia de Cristo, es camino que lleva al nacimiento de un mundo transido de misericordia.

Ven, Espíritu Santo, y renueva la faz de la tierra; danos la mirada compasiva de Jesús, para que, como él, llevemos el evangelio a los pobres y, con ellos, seamos dichosos en el reino de Dios.

Juan Damasceno; Bárbara; Juan Calabria; Anón; Marutas; Bto. Francisco Gálvez

2ª salt. / M
Is 11,1-10 /
Sal 71 /
Rom 15,4-9 /
Mt 3,1-12

Isaías 11,1-10

En aquel día, brotará un renuevo del tronco de Jesé, y de su raíz florecerá un vástago. Sobre él se posará el espíritu del Señor: espíritu de sabiduría y entendimiento, espíritu de consejo y fortaleza, espíritu de ciencia y temor del Señor. Lo inspirará el temor del Señor. No juzgará por apariencias ni sentenciará de oídas; juzgará a los pobres con justicia, sentenciará con rectitud a los sencillos de la tierra; pero golpeará al violento con la vara de su boca, y con el soplo de sus labios hará morir al malvado. La justicia será ceñidor de su cintura, y la lealtad, cinturón de sus caderas. Habitará el lobo con el cordero, el leopardo se tumbará con el cabrito, el ternero y el león pacerán juntos: un muchacho será su pastor. La vaca pastará con el oso, sus crías se tumbarán juntas; el león como el buey, comerá paja. El niño de pecho retoza junto al escondrijo de la serpiente, y el recién destetado extiende la mano hacia la madriguera del áspid. Nadie causará daño ni estrago por todo mi monte santo: porque está lleno el país del conocimiento del Señor, como las aguas colman el mar. Aquel día, la raíz de Jesé será elevada como enseña de los pueblos: se volverán hacia ella las naciones y será gloriosa su morada.

Salmo 71,1bc-2.7-8.12-13.17

R. Que en sus días florezca la justicia y la paz abunde eternamente.

Romanos 15,4-9

Hermanos: Todo lo que se escribió en el pasado, se escribió para enseñanza nuestra, a fin de que a través de nuestra paciencia y del consuelo que dan las Escrituras mantengamos la esperanza. Que el Dios de la paciencia y del consuelo os conceda tener entre vosotros los mismos sentimientos, según Cristo Jesús; de este modo, unánimes, a una voz, glorificaréis al Dios y Padre de nuestro Señor Jesucristo. Por eso, acogeos mutuamente, como Cristo os acogió para gloria de Dios. Es decir, Cristo se hizo servidor de la circuncisión en atención a la fidelidad de Dios, para llevar a cumplimiento las promesas hechas a los patriarcas y, en cuanto a los gentiles, para que glorifiquen a Dios por su misericordia; como está escrito: «Por esto te alabaré entre los gentiles y cantaré para tu nombre».

Mateo 3,1-12

Por aquellos días, Juan el Bautista se presentó en el desierto de Judea predicando: «Convertíos, porque está cerca el reino de los cielos». Este es el que anunció el profeta Isaías diciendo: «Voz del que grita en el desierto: "Preparad el camino del Señor, allanad sus senderos"». Juan llevaba un vestido de piel de camello, con una correa de cuero a la cintura, y se alimentaba de saltamontes y miel silvestre. Y acudía a él toda la gente de Jerusalén, de Judea y de la comarca del Jordán; confesaban sus pecados y él los bautizaba en el Jordán. Al ver que muchos fariseos y saduceos venían a que los bautizara, les dijo: «¡Raza de víboras!, ¿quién os ha enseñado a escapar del castigo inminente? Dad el fruto que pide la conversión. Y no os hagáis ilusiones, pensando: "Tenemos por padre a Abrahán", pues os digo que Dios es capaz de sacar hijos de Abrahán de estas piedras. Ya toca el hacha la raíz de los árboles, y todo árbol que no dé buen fruto será talado y echado al fuego. Yo os bautizo con agua para que os convirtáis; pero el que viene detrás de mí es más fuerte que yo y no merezco ni llevarle las sandalias. Él os bautizará con Espíritu Santo y fuego. Él tiene el bieldo en la mano: aventará su parva, reunirá su trigo en el granero y quemará la paja en una hoguera que no se apaga».

Ven, Espíritu Santo, llena los corazones de tus fieles, para que tu Iglesia sea signo creíble y eficaz del mundo nuevo que ha comenzado con la manifestación de Cristo Jesús.

diciembre

Mauro; Sabas; Elisa; Crispina

II de Adviento
2ª salt. / M
Is 35,1-10 /
Sal 84 /
Lc 5,17-26

Lucas 5,17-26

Un día, estaba Jesús enseñando, y estaban sentados unos fariseos y maestros de la ley, venidos de todas las aldeas de Galilea, Judea y Jerusalén. Y el poder del Señor estaba con él para realizar curaciones. En esto, llegaron unos hombres que traían en una camilla a un hombre paralítico y trataban de introducirlo y colocarlo delante de él. No encontrando por donde introducirlo a causa del gentío, subieron a la azotea, lo descolgaron con la camilla a través de las tejas, y lo pusieron en medio, delante de Jesús. Él, viendo la fe de ellos, dijo: «Hombre, tus pecados están perdonados». Entonces se pusieron a pensar los escribas y los fariseos: «¿Quién es este que dice blasfemias? ¿Quién puede perdonar pecados sino solo Dios?». Pero Jesús, conociendo sus pensamientos, respondió y les dijo: «¿Qué estáis pensando en vuestros corazones? ¿Qué es más fácil, decir: "Tus pecados te son perdonados", o decir: "Levántate y echa a andar"? Pues, para que veáis que el Hijo del hombre tiene poder en la tierra para perdonar pecados –dijo al paralítico–: "A ti te lo digo, ponte en pie, toma tu camilla y vete a tu casa"». Y, al punto, levantándose a la vista de ellos, tomó la camilla donde había estado tendido y se marchó a su casa dando gloria a Dios. El asombro se apoderó de todos y daban gloria a Dios. Y, llenos de temor, decían: «Hoy hemos visto maravillas».

«Viene»

Viene el Señor, y en nuestra tierra la misericordia y la fidelidad se encuentran, la justicia y la paz se besan. Viene el Señor, y nos alcanza la salvación, nos envuelve la gloria de Dios. El corazón de los pobres se llena de esperanza: Viene el que rompe el yugo de nuestra esclavitud, el que perdona nuestros pecados, el que pone en pie a los paralíticos, el que es la resurrección y la vida: ¡Viene Cristo Jesús! Viene, lo reconocemos, vamos a su encuentro. Para ti, Iglesia en Adviento, habrá Navidad si tu fe humilde y tu pobreza esperanzada encuentran el modo de «descolgarte con tu camilla delante del Hijo de Dios hecho hombre».

S. Nicolás de Bari, m.l.
Pedro Pascual;
Carmen Sallés

II de Adviento
2ª salt. / M
Is 40,1-11 /
Sal 95 /
Mt 18,12-14

Mateo 18,12-14

En aquel tiempo, dijo Jesús a sus discípulos: «¿Qué os parece? Suponed que un hombre tiene cien ovejas: si una se le pierde, ¿no deja las noventa y nueve en los montes y va en busca de la perdida? Y si la encuentra, en verdad os digo que se alegra más por ella que por las noventa y nueve que no se habían extraviado. Igualmente, no es voluntad de vuestro Padre que está en el cielo que se pierda ni uno de estos pequeños».

Dios es Dios para ti

Lo dice el Profeta: «Como un pastor que apacienta el rebaño, su brazo lo reúne, toma en brazos los corderos y hace recostar a las madres». La imagen del pastor te acerca al misterio del designio de Dios sobre su pueblo: Tu Dios es certeza de ternura, regazo acogedor, fidelidad que llega con poder; su brazo manda y levanta a los corderos; el modo de su verbo es un imperativo de consolación. Dios es Dios para ti, como si no supiese ser Dios sin ti, como si no hubiese gozo para él sin consolación para ti; que no se es pastor sin rebaño que cuidar, ni padre sin hijos por los que desvelarse, ni hay fidelidad si no hay otro con quien intercambiar palabras de promesa. Eso dice la Navidad que esperas, eso va diciendo el Adviento que celebras; Adviento y Navidad hablan de Dios, hablan del Hijo de Dios que esperamos, y hablan de ti que eres «el pueblo de Dios», hablan de tus hijos levantados en brazos hasta la mejilla de Dios.

«Cantad al Señor un cántico nuevo, cantad al Señor toda la tierra, cantad al Señor, bendecid su nombre» (Salmo 95).

S. Ambrosio, m.o.
Mª Josefa Roselló;
Eutiquiano

II de Adviento
2ª salt. / B
Is 40,25-31 /
Sal 102 /
Mt 11,28-30

Mateo 11,28-30

En aquel tiempo, Jesús tomó la palabra y dijo: «Venid a mí todos los que estáis cansados y agobiados, y yo os aliviaré. Tomad mi yugo sobre vosotros y aprended de mí, que soy manso y humilde de corazón, y encontraréis descanso para vuestras almas. Porque mi yugo es llevadero y mi carga ligera».

«Venid»

Cuando es Jesús el que nos dice: «Venid», el imperativo sabe a confianza y llamada, a ternura y descanso, a gratitud y recompensa. «Venid en pos de mí y os haré pescadores de hombres»; «venid... a descansar un poco»; «venid... benditos de mi Padre». El Profeta lo dice de Dios, y lo que dice, te parece consonante con lo que de Dios has aprendido: «El Señor no se cansa, no se fatiga... Él da fuerza al cansado, acrecienta el vigor del inválido». Ahora has de entrar en un misterio asombroso, pues reconociendo que es el Señor, tu Dios, quien llega para salvar a su pueblo, reconoces y confiesas que es un niño, un hombre, un pobre, el que invita a que se acerquen a él todos los cansados y agobiados, porque a todos los aliviará. «Venid a mí», dice, porque ve la carga que nos oprime y quiere ser nuestro descanso: Él se queda con el peso que nos agobia y, a cambio, a todos nos ofrece su yugo llevadero, su carga ligera.

Enséñanos, Señor Jesús, tu mansedumbre y tu humildad para que, siguiendo tus pasos, aligeremos con amor las cargas de nuestros hermanos.

Inmaculada Concepción de la Virgen María, s.
Macario; Ester; Suceso; Sofronio
Oficio de la s. / B
Vol. IV
Gén 3,9-15.20 / Sal 97 / Ef 1,3-6.11-12 / Lc 1,26-38

Lucas 1,26-38

En aquel tiempo, el ángel Gabriel fue enviado por Dios a una ciudad de Galilea llamada Nazaret, a una virgen desposada con un hombre llamado José, de la casa de David; el nombre de la virgen era María. El ángel, entrando en su presencia, dijo: «Alégrate, llena de gracia, el Señor está contigo». Ella se turbó grandemente ante estas palabras y se preguntaba qué saludo era aquel. El ángel le dijo: «No temas, María, porque has encontrado gracia ante Dios. Concebirás en tu vientre y darás a luz un hijo, y le pondrás por nombre Jesús. Será grande, se llamará Hijo del Altísimo, el Señor Dios le dará el trono de David, su padre; reinará sobre la casa de Jacob para siempre, y su reino no tendrá fin». Y María dijo al ángel: «¿Cómo será eso, pues no conozco varón?». El ángel le contestó: «El Espíritu Santo vendrá sobre ti, y la fuerza del Altísimo te cubrirá con su sombra; por eso el Santo que va a nacer será llamado Hijo de Dios. También tu pariente Isabel ha concebido un hijo en su vejez, y ya está de seis meses la que llamaban estéril, "porque para Dios nada hay imposible"». María contestó: «He aquí la esclava del Señor; hágase en mí según tu palabra». Y el ángel se retiró.

Ella es lo que seremos

Celebramos el misterio de la Concepción Inmaculada de la Virgen María. Si consideras la concepción, es sustantivo común a todos los que nacen; pero si la gracia añade «inmaculada», ese es adjetivo peculiar y único de esta Concepción y de esta Concebida. Los misterios de la salvación son irrupción de la gracia de Dios en el mundo, en nuestra vida; lo son todos. Pero el que hoy celebramos es solo gracia, pura gracia. Si te fijas en ella, en María, la llamas la Agraciada, la Purísima, la Inmaculada, la Bendecida. Si te fijas en él, en el Señor, su nombre es Amor, Misericordia, Ternura, Gratuidad, Santidad, Belleza, Bendición... Alégrate con María, Iglesia esposa de Cristo, santa e inmaculada. Proclama con ella la grandeza del Señor. Hoy, contigo, ella no dejará de decir: «Bendito sea Dios, Padre de nuestro Señor Jesucristo, que nos ha bendecido en la persona de Cristo».

9

viernes

S. Juan Diego Cuauhtlatoatzin, m.l.
Pedro Fourier; Narcisa de Jesús

II de Adviento
2º salt. / M
Is 48,17-19 /
Sal 1 /
Mt 11,16-19

Mateo 11,16-19

En aquel tiempo, dijo Jesús al gentío: «¿A quién compararé esta generación? Se asemeja a unos niños sentados en la plaza, que gritan diciendo: "Hemos tocado la flauta, y no habéis bailado; hemos entonado lamentaciones, y no habéis llorado". Porque vino Juan, que ni comía ni bebía, y dicen: "Tiene un demonio". Vino el Hijo del hombre, que come y bebe, y dicen: "Ahí tenéis a un comilón y borracho, amigo de publicanos y pecadores". Pero la sabiduría se ha acreditado por sus obras».

«Si hubieras atendido»

Aquel hijo se llamaba Israel. Por ese hijo, Dios se enfrentó al poder del Faraón que se oponía a su nacimiento. Como padre, Dios enseñó a su hijo para el bien y le mostró el camino de la vida, un camino de paz y de justicia, le dio una ley de sabiduría, un pan del cielo... Pero aquel hijo no atendió y se fue por otro camino. Ahora, Iglesia en Adviento, eres tú ese hijo que recibe la llamada del amor: Si hubieras guardado en tu corazón la palabra del Señor... si hubieras cuidado del Señor en los pobres, en los hermanos, si hubieras comulgado con el Señor en la Eucaristía...«si hubieras atendido»... Ahora eres tú ese hijo que Dios toma de la mano para tu bien: Tu Dios te visita, él en persona viene a ti y se hace para ti camino y verdad y vida... Dichosa tú, que has creído; dichosa tú, que escuchas al Hijo del Hombre y sales a su encuentro; dichosa tú: «Será tu paz como un río, tu justicia como las olas del mar».

Recibirte, Señor: eso deseo. Amarte, eso pido. Cura mis ojos ciegos para que te reconozca y jamás pase a tu lado sin reconocerte.

Sta. Eulalia de Mérida, m.l.
Nª. Sra. de Loreto; Behnam y Sara; Gregorio III; Bta. Mª Emilia Riquelme

II de Adviento
2ª salt. / M
Eclo 48,1-4.9-11b / Sal 79 / Mt 17,10-13

Mateo 17,10-13

Cuando bajaban del monte, los discípulos preguntaron a Jesús: «¿Por qué dicen los escribas que primero tiene que venir Elías?». Él les contestó: «Elías vendrá y lo renovará todo. Pero os digo que Elías ya ha venido y no lo reconocieron, sino que han hecho con él lo que han querido. Así también el Hijo del hombre va a padecer a manos de ellos». Entonces entendieron los discípulos que se refería a Juan el Bautista.

Aprender a ver

Hablamos de Elías y del Mesías: A ellos se referían las promesas de Dios. De ellos hablaban las profecías. Ellos eran los esperados, ellos eran la respuesta de Dios a la oración de su pueblo: «Despierta tu poder y ven a salvarnos». Si puedes medir el deseo de salvación que se transparenta en las palabras del salmo, podrás imaginar cómo eran esperados los que habían de ser enviados a realizarla. Los necesitaban, pedían su venida, la deseaban, la esperaban, ¡y no los reconocieron cuando llegaron! Las palabras de Jesús a sus discípulos nos llegan cargadas de melancolía: Se dice que «Elías vendrá y lo renovará todo». El hecho es que «Elías ya ha venido, y no lo reconocieron» y lo mismo va a suceder con el Hijo del hombre. ¡Adviento! Tiempo de espera, tiempo de preparación de caminos para el Señor, tiempo para que los ojos aprendan a ver –a creer, a comulgar– la salvación que viene de Dios. Hoy viene a ti y trae con él su salario.

Ven, Señor, que brille tu rostro y nos salve.

domingo

Dámaso I;
Lucas Estilita;
Mª Maravillas
de Jesús

3ª salt. / M
Is 35,1-6a.10 /
Sal 145 /
Sant 5,7-10 /
Mt 11,2-11

Isaías 35,1-6a.10

El desierto y el yermo se regocijarán, se alegrará la estepa y florecerá, germinará y florecerá como flor de narciso, festejará con gozo y cantos de júbilo. Le ha sido dada la gloria del Líbano, el esplendor del Carmelo y del Sarón. Contemplarán la gloria del Señor, la majestad de nuestro Dios. Fortaleced las manos débiles, afianzad las rodillas vacilantes; decid a los inquietos: «Sed fuertes, no temáis. ¡He aquí vuestro Dios! Llega el desquite, la retribución de Dios. Viene en persona y os salvará». Entonces se despegarán los ojos de los ciegos, los oídos de los sordos se abrirán; entonces saltará el cojo como un ciervo. Retornan los rescatados del Señor. Llegarán a Sion con cantos de júbilo: alegría sin límite en sus rostros. Los dominan el gozo y la alegría. Quedan atrás la pena y la aflicción.

Salmo 145,6c-7.8-9a.9bc-10

R. Ven, Señor, a salvarnos. (O bien: Aleluya).

Santiago 5,7-10

Hermanos, esperad con paciencia hasta la venida del Señor. Mirad: el labrador aguarda el fruto precioso de la tierra, esperando con paciencia hasta que recibe la lluvia temprana y la tardía. Esperad con paciencia también vosotros, y fortaleced vuestros corazones, porque la venida del Señor está cerca. Hermanos, no os quejéis los unos de los otros, para que no seáis condenados; mirad: el juez está ya a las puertas. Hermanos, tomad como modelo de resistencia y de paciencia a los profetas que hablaron en nombre del Señor.

Mateo 11,2-11

En aquel tiempo, Juan, que había oído en la cárcel las obras del Mesías, mandó a sus discípulos a preguntarle: «¿Eres tú el que ha de venir o tenemos que esperar a otro?». Jesús les respondió: «Id a anunciar a Juan lo que estáis viendo y oyendo: los ciegos ven y los cojos andan; los leprosos quedan limpios y los sordos oyen; los muertos resucitan y los pobres son evangelizados. ¡Y bienaventurado el que no se escandalice de mí!». Al irse ellos, Jesús se puso a hablar a la gente sobre Juan: «¿Qué salisteis a contemplar en el desierto, una caña sacudida por el viento? ¿O qué salisteis a ver, un hombre vestido con lujo? Mirad, los que visten con lujo habitan en los palacios. Entonces, ¿a qué salisteis?, ¿a ver a un profeta? Sí, os digo, y más que profeta. Este es de quien está escrito: "Yo envío a mi mensajero delante de ti, el cual preparará tu camino ante ti". En verdad os digo que no ha nacido de mujer uno más grande que Juan el Bautista; aunque el más pequeño en el reino de los cielos es más grande que él».

«El Señor está cerca»

La invitación a la alegría nos llega motivada con palabras de revelación: «Estad siempre alegres... El Señor está cerca». El Señor está cerca de ti tanto como la Navidad, sugiere la liturgia; más que la Navidad, dice el corazón. «El Señor está cerca», tan dentro de ti como su ausencia, tan dentro de ti como tu deseo de encontrarte con él, tan dentro de ti como pueda estarlo tu tristeza, y tu esperanza de que su alegría te encuentre; tan tuyo como tu agitación y tu necesidad de oír pronunciadas sobre ella palabras de paz. «El Señor está cerca», tan cerca como la redención que ya has recibido, como el perdón que ya se te ha dado, como la gracia con que ya te han visitado, tan cerca, Iglesia en Adviento, como el bien con que has sido bendecida, como la santidad para la que has sido elegida. El Señor está tan cerca de ti como la palabra que escuchas, como su cuerpo, como sus pobres: «El Señor está cerca. Estad siempre alegres».

Que tu Espíritu, Señor, abra los ojos de nuestra fe para que descubramos en la creación los vestigios de tu hermosura, te reconozcamos en nuestros hermanos, y cuidemos de ti.

Virgen Mª de Guadalupe, m.l.
Martín de S. Nicolás; Conrado de Offida; Bartolomé de S. Gimignano

III de Adviento
3ª salt. / M
Núm 24,2-7. 15-17a / Sal 24 / Mt 21,23-27

Mateo 21,23-27

En aquel tiempo, Jesús llegó al templo y, mientras enseñaba, se le acercaron los sumos sacerdotes y los ancianos del pueblo para preguntarle: «¿Con qué autoridad haces esto? ¿Quién te ha dado semejante autoridad?». Jesús les replicó: «Os voy a hacer yo también una pregunta; si me la contestáis, os diré yo también con qué autoridad hago esto. El bautismo de Juan ¿de dónde venía, del cielo o de los hombres?». Ellos se pusieron a deliberar: «Si decimos "del cielo", nos dirá: "¿Por qué no le habéis creído?". Si le decimos "de los hombres", tememos a la gente; porque todos tienen a Juan por profeta». Y respondieron a Jesús: «No sabemos». Él, por su parte, les dijo: «Pues tampoco yo os digo con qué autoridad hago esto».

Iglesia pequeña y bendición

Me pregunto por el misterio al que nos acerca la liturgia de este día. Me pregunto qué relación hay entre «la constelación de Jacob», Juan el Bautista y Jesús de Nazaret. Si hubiese de nombrar lo que tienen en común, diría que son de Dios, que están animados por el Espíritu de Dios, que son bendecidos de Dios, que están llamados a realizar en el mundo el designio de Dios. Añadiría: El poder establecido los percibe como una amenaza, y trama insidias para «vencerlos», para lograr que Dios los maldiga, para acabar con ellos. Y subrayaría que son tres derrotados victoriosos, tres maldecidos en bendición, tres desechados que a todos hacen herederos de la salvación. Mirándote, Iglesia cuerpo de Cristo, te encuentro pequeña como ellos, y bendición como ellos, humilde y gloriosa como tu Eucaristía, bella «como vegas dilatadas, como jardines junto al río, como áloes que plantó el Señor, como cedros junto a la corriente».

Enséñanos, Señor, tus caminos, instrúyenos en tus sendas, para que, siguiendo en fidelidad los pasos de Jesús, llevemos a todos la buena noticia de la salvación.

Sta. Lucía, m.o.
Otilia; Bartolo; Orestes; Eugenio; Eustracio

III de Adviento
3ª salt. / R
Sof 3,1-2.9-13 / Sal 33 / Mt 21,28-32

Mateo 21,28-32

En aquel tiempo, dijo Jesús a los sumos sacerdotes y a los ancianos del pueblo: «¿Qué os parece? Un hombre tenía dos hijos. Se acercó al primero y le dijo: "Hijo, ve hoy a trabajar en la viña". Él le contestó: "No quiero". Pero después se arrepintió y fue. Se acercó al segundo y le dijo lo mismo. Él le contestó: "Voy, señor". Pero no fue. ¿Quién de los dos cumplió la voluntad de su padre?». Contestaron: «El primero». Jesús les dijo: «En verdad os digo que los publicanos y las prostitutas van por delante de vosotros en el reino de Dios. Porque vino Juan a vosotros enseñándoos el camino de la justicia y no le creísteis; en cambio, los publicanos y prostitutas le creyeron. Y, aun después de ver esto, vosotros no os arrepentisteis ni le creísteis».

Iglesia de pobres que escuchan y creen

No hay Navidad sin Dios; no la hay sin la salvación –sin el Salvador– que viene de Dios; no la hay sin los pobres y los humildes que confían en el Señor. Por el camino del reino de Dios –el camino de la justicia–, los que habían dicho «no quiero ir» –publicanos y prostitutas–, esos recapacitan y van; y los que habían dicho «voy, Señor» –sumos sacerdotes y ancianos del pueblo–, esos son los que de hecho no van. A ese camino nos lleva la humildad de la fe; de él nos aparta la arrogancia de la autosuficiencia. En la liturgia de este día se multiplican las palabras que, desde los ojos de Dios, identifican a los destinatarios de la Navidad: un pueblo pobre y humilde, el pueblo de los atribulados, de los afligidos, de los abatidos, de los pecadores. Ellos, los que han dicho «no» a ir a la viña, ahora van gritando porque la viña venga hasta ellos: «Ven, Señor, y no tardes, perdona los pecados de tu pueblo». «Ven, Señor Jesús».

Danos, Señor, fe para seguir a Jesús, amor humilde y grande a su venida, y labios puros para que invoquemos tu nombre.

S. Juan de la Cruz, m.o.
Venancio Fortunato; Buenaventura de Pistoia

III de Adviento
3ª salt. / B
Is 45,6b-8.18. 21b-25 / Sal 84 / Lc 7,19-23

Lucas 7,19-23

En aquel tiempo, Juan, llamando a dos de sus discípulos, los envió al Señor diciendo: «¿Eres tú el que ha de venir, o tenemos que esperar a otro?». Los hombres se presentaron ante él y le dijeron: «Juan el Bautista nos ha mandado a ti para decirte: "¿Eres tú el que ha de venir, o tenemos que esperar a otro?"». En aquella hora Jesús curó a muchos de enfermedades, achaques y malos espíritus, y a muchos ciegos les otorgó la vista. Y respondiendo, les dijo: «Id y anunciad a Juan lo que habéis visto y oído: los ciegos ven, los cojos andan, los leprosos quedan limpios y los sordos oyen, los muertos resucitan, los pobres son evangelizados. Y ¡bienaventurado el que no se escandalice de mí!».

La pregunta necesaria

Se dice en la antífona de entrada: «El Señor llegará sin retrasarse». Le hace eco la antífona de comunión: «El Señor llega con poder». La pregunta necesaria, la que todos habremos de hacer, es la que Juan hace a Jesús: «¿Eres tú el que ha de venir, o tenemos que esperar a otro?». ¿Eres tú el rocío que los cielos han de destilar? ¿Eres tú la victoria que las nubes han de derramar? ¿Eres tú la salvación que de la tierra ha de brotar? ¿Eres tú la justicia que con la salvación ha de germinar? ¿Cómo podremos saber que eres tú? Y tú, Jesús, respondes llevándonos a tu hospital, a tu mundo de ciegos que ven, de inválidos que andan, de leprosos limpios, de sordos que oyen. Ahora, la pregunta necesaria la hacen a la Iglesia los mensajeros de la humanidad en busca de salvación: ¿Eres tú? Y el sello de autenticidad de tu misión, Iglesia en Adviento, continúa siendo el de la misión de Jesús: «Los pobres son evangelizados».

Ven, Espíritu Santo, llena los corazones de tus fieles, enciende en nosotros el fuego de tu amor, y haz que nuestra vida sea un evangelio para los pobres.

María Crucificada di Rosa; Urbez; Jacob

III de Adviento
3ª salt. / M
Is 54,1-10 /
Sal 29 /
Lc 7,24-30

Lucas 7,24-30

Cuando se marcharon los mensajeros de Juan, Jesús se puso a hablar a la gente acerca de Juan: «¿Qué salisteis a contemplar en el desierto? ¿Una caña sacudida por el viento? Pues ¿qué salisteis a ver? ¿Un hombre vestido con ropas finas? Mirad, los que se visten fastuosamente y viven entre placeres están en los palacios reales. Entonces, ¿qué salisteis a ver? ¿Un profeta? Sí, os digo, y más que profeta. Este es de quien está escrito: "Yo envío mi mensajero delante de ti, el cual preparará tu camino ante ti". Porque os digo, entre los nacidos de mujer no hay nadie mayor que Juan. Aunque el más pequeño en el reino de Dios es mayor que él». Al oír a Juan, todo el pueblo, incluso los publicanos, recibiendo el bautismo de Juan, proclamaron que Dios es justo. Pero los fariseos y los maestros de la ley, que no habían aceptado su bautismo, frustraron el designio de Dios para con ellos.

Eres lo que dice de ti tu Dios

Juan, profeta del Altísimo, es el mensajero que va delante del Señor a preparar sus caminos; Juan predica y bautiza, y así cumple la misión que le ha sido confiada; la predicación y el bautismo de Juan están orientados por entero hacia el que ha de venir. Tú, Iglesia cuerpo de Cristo, no eres el profeta que anuncia la llegada del Señor, sino que eres el cuerpo, místico, real y verdadero, del Señor que ya ha llegado. Tú no eres «el amigo del esposo», que, por merecerle toda confianza, se encarga de los preparativos para la boda, sino que eres la esposa, la amada, la novia de la que el Señor, desde su eternidad, anda enamorado. Ensancha el espacio de tu tienda, Iglesia en Adviento, porque te extenderás a derecha e izquierda. Lo dice tu Dios, tu creador, tu amador: «El que te hizo, te tomará por esposa». Lo dice tu redentor: «Con gran cariño te reuniré... con misericordia eterna te quiero». ¡Eres lo que dice de ti el amor que Dios te tiene!

Te doy gracias, Señor, Dios mío, te daré gracias por siempre, por tu gran piedad para conmigo: Cambiaste mi luto en danzas; tu bondad dura de por vida. Tañed para el Señor, fieles suyos.

Adón de Vienne; Adelaida; Albina

III de Adviento
3ª salt. / M
Is 56,1-3a.6-8 /
Sal 66 /
Jn 5,33-36

Juan 5,33-36

En aquel tiempo, dijo Jesús a los judíos: «Vosotros enviasteis mensajeros a Juan, y él ha dado testimonio en favor de la verdad. No es que yo dependa del testimonio de un hombre; si digo esto es para que vosotros os salvéis. Juan era la lámpara que ardía y brillaba, y vosotros quisisteis gozar un instante de su luz. Pero el testimonio que yo tengo es mayor que el de Juan: las obras que el Padre me ha concedido llevar a cabo, esas obras que hago dan testimonio de mí: que el Padre me ha enviado».

Llega la salvación

Hablamos de Cristo Jesús y, por eso mismo, hablamos también de ti, Iglesia en Adviento, que eres su cuerpo: Hablamos de Cristo Jesús, casa de Dios, Morada del Altísimo, casa de oración para todos los pueblos. Hablamos de Cristo Jesús, Santuario de la nueva alianza, no hecho por manos de hombre, lugar de salvación, destino de todos los que se dan al Señor para servirlo. Hablamos de Cristo Jesús, en quien Dios ha venido a visitarnos con su paz. Ya ha venido, y todavía pedimos que venga. Ha llegado, y lo esperamos siempre. Ya fue Navidad y es siempre Adviento. La palabra del Señor nos recuerda lo que ya se nos ha dado y lo que todavía esperamos recibir: «Mi salvación está para llegar, y se va a revelar mi victoria». Salvación y victoria llegaron con Cristo Jesús. Salvación y victoria nacieron con Jesús, llegan en la Eucaristía, van contigo, Iglesia de Cristo, y se verán cumplidas al final de los tiempos.

Que tu Iglesia, Señor, sea para todos los pueblos casa de oración; que en su recinto canten de alegría cuantos han sido visitados con tu salvación.

José Manyanet;
Juan de Sacramenia;
Lázaro; Yolanda;
Estanislao de Jesús
y María

Feria de Adviento
Oficio del día / M
Gén 49,1-2.8-10 /
Sal 71 /
Mt 1,1-17

Mateo 1,1-17

Libro del origen de Jesucristo, hijo de David, hijo de Abrahán. Abrahán engendró a Isaac, Isaac engendró a Jacob, Jacob engendró a Judá y a sus hermanos. Judá engendró, de Tamar, a Fares y a Zará, Fares engendró a Esrón, Esrón engendró a Arán, Arán engendró a Aminadab, Aminadab engendró a Naasón, Naasón engendró a Salmón, Salmón engendró, de Rajab, a Booz; Booz engendró, de Rut, a Obed; Obed engendró a Jesé, Jesé engendró a David, el rey. David, de la mujer de Urías, engendró a Salomón, Salomón engendró a Roboán, Roboán engendró a Abías, Abías engendró a Asaf, Asaf engendró a Josafat, Josafat engendró a Jorán, Jorán engendró a Ozías, Ozías engendró a Joatán, Joatán engendró a Acaz, Acaz engendró a Ezequías, Ezequías engendró a Manasés, Manasés engendró a Amós, Amós engendró a Josías; Josías engendró a Jeconías y a sus hermanos, cuando el destierro de Babilonia. Después del destierro de Babilonia, Jeconías engendró a Salatiel, Salatiel engendró a Zorobabel, Zorobabel engendró a Abiud, Abiud engendró a Eliaquín, Eliaquín engendró a Azor, Azor engendró a Sadoc, Sadoc engendró a Aquín, Aquín engendró a Eliud, Eliud engendró a Eleazar, Eleazar engendró a Matán, Matán engendró a Jacob; y Jacob engendró a José, el esposo de María, de la cual nació Jesús, llamado Cristo. Así, las generaciones desde Abrahán a David fueron en total catorce; desde David hasta la deportación a Babilonia, catorce; y desde la deportación a Babilonia hasta el Cristo, catorce.

Ven, Sabiduría del Altísimo

Puede que el evangelio de este día parezca una letanía de nombres entrelazados por la monotonía del verbo «engendrar». Pero es la genealogía del deseado; es la ascendencia humana de la Sabiduría divina que todo lo ordena con firmeza y suavidad; es el camino que sigue la bendición de Abrahán hasta hacerse en Jesús, llamado Cristo, bendición para todos los pueblos.

Nª Sra. de
la Esperanza;
Nª Sra. de la O;
Graciano; Flavio

4ª salt. / M
Is 7,10-14 /
Sal 23 /
Rom 1,1-7 /
Mt 1,18-24

Isaías 7,10-14

En aquellos días, el Señor habló a Ajaz y le dijo: «Pide un signo al Señor, tu Dios: en lo hondo del abismo o en lo alto del cielo». Respondió Ajaz: «No lo pido, no quiero tentar al Señor». Entonces dijo Isaías: «Escucha, casa de David: ¿no os basta cansar a los hombres, que cansáis incluso a mi Dios? Pues el Señor, por su cuenta, os dará un signo. Mirad: la virgen está encinta y da a luz un hijo, y le pondrá por nombre Enmanuel».

Salmo 23,1b-2.3-4ab.5-6

R. Va a entrar el Señor; él es el Rey de la gloria.

Romanos 1,1-7

Pablo, siervo de Cristo Jesús, llamado a ser apóstol, escogido para el Evangelio de Dios, que fue prometido por sus profetas en las Escrituras Santas y se refiere a su Hijo, nacido de la estirpe de David según la carne, constituido Hijo de Dios en poder según el Espíritu de santidad por la resurrección de entre los muertos: Jesucristo, nuestro Señor. Por él hemos recibido la gracia del apostolado, para suscitar la obediencia de la fe entre todos los gentiles, para gloria de su nombre. Entre ellos os encontráis también vosotros, llamados de Jesucristo. A todos los que están en Roma, amados de Dios, llamados santos, gracia y paz de Dios, nuestro Padre, y del Señor Jesucristo.

Mateo 1,18-24

La generación de Jesucristo fue de esta manera: María, su madre, estaba desposada con José y, antes de vivir juntos, resultó que ella esperaba un hijo por obra del Espíritu Santo. José, su esposo, como era justo y no quería difamarla, decidió repudiarla en privado. Pero, apenas había tomado esta resolución, se le apareció en sueños un ángel del Señor que le dijo: «José, hijo de David, no temas acoger a María, tu mujer, porque la criatura que hay en ella viene del Espíritu Santo. Dará a luz un hijo y tú le pondrás por nombre Jesús, porque él salvará a su pueblo de sus pecados». Todo esto sucedió para que se cumpliese lo que había dicho el Señor por medio del profeta: «Mirad: la virgen concebirá y dará a luz un hijo y le pondrán por nombre Enmanuel, que significa "Dios-con-nosotros"». Cuando José se despertó, hizo lo que le había mandado el ángel del Señor y acogió a su mujer.

Dios-con-nosotros, Dios-salvador-nuestro

La Iglesia espera la llegada de su Rey, su Redentor está cerca, apenas el tiempo de una gestación: «La virgen está encinta y da a luz un hijo». La Iglesia espera y adora, pues llega su creador, el dueño de toda la tierra. Espera y se alegra, con gozo de madre y de redimida, de bendecida y enaltecida. Espera y acoge, pues su Dios llega pobre y pequeño, débil y desnudo. Espera y ama, pues viene a ella el Amor que mueve el universo. Hoy oímos el nombre del que todavía no ha nacido: «Enmanuel», «Dios con nosotros». ¡Podremos levantar a Dios hasta el pecho para abrazarlo, hasta el corazón para allí guardarlo y amarlo! Y le llamarán también «Jesús», «porque él salvará a su pueblo de los pecados». Jesús, dulce nombre, memoria del amor con que Dios nos ha levantado hasta su corazón. Hoy, en nuestra Eucaristía, el que esperamos es ya Dios-con-nosotros, es ya Dios-Salvador-nuestro.

«Pastor de la casa de Israel, que te apareciste a Moisés en la zarza ardiente y en el Sinaí le diste tu ley, ven a librarnos con el poder de tu brazo» (Liturgia de las horas).

Anastasio I; Susana; Hilarión de Georgia; Eva; Bto. Urbano V

Feria de Adviento
Oficio del día / M
Jue 13,2-7. 24-25a / Sal 70 / Lc 1,5-25

Lucas 1,5-25

En los días de Herodes, rey de Judea, había un sacerdote de nombre Zacarías, del turno de Abías, casado con una descendiente de Aarón, cuyo nombre era Isabel. Los dos eran justos ante Dios, y caminaban sin falta según los mandamientos y leyes del Señor. No tenían hijos, porque Isabel era estéril, y los dos eran de edad avanzada. Una vez que Zacarías oficiaba delante de Dios con el grupo de su turno, según la costumbre de los sacerdotes, le tocó en suerte a él entrar en el santuario del Señor a ofrecer el incienso; la muchedumbre del pueblo estaba fuera rezando durante la ofrenda del incienso. Y se le apareció el ángel del Señor, de pie a la derecha del altar del incienso. Al verlo, Zacarías se sobresaltó y quedó sobrecogido de temor. Pero el ángel le dijo: «No temas, Zacarías, porque tu ruego ha sido escuchado: tu mujer Isabel te dará un hijo, y le pondrás por nombre Juan. Te llenarás de alegría y gozo, y muchos se alegrarán de su nacimiento. Pues será grande a los ojos del Señor: no beberá vino ni licor; estará lleno del Espíritu Santo ya en el vientre materno, y convertirá muchos hijos de Israel al Señor, su Dios. Irá delante del Señor, con el espíritu y poder de Elías, "para convertir los corazones de los padres hacia los hijos", y a los desobedientes, a la sensatez de los justos, para preparar al Señor un pueblo bien dispuesto». Zacarías replicó al ángel: «¿Cómo estaré seguro de eso? Porque yo soy viejo, y mi mujer es de edad avanzada». Respondiendo el ángel, le dijo: «Yo soy Gabriel, que sirvo en presencia de Dios; he sido enviado para hablarte y comunicarte esta buena noticia. Pero te quedarás mudo, sin poder hablar, hasta el día en que esto suceda, porque no has dado fe a mis palabras, que se cumplirán en su momento oportuno». El pueblo, que estaba aguardando a Zacarías, se sorprendía de que tardase tanto en el santuario. Al salir no podía hablarles, y ellos comprendieron que había tenido una visión en el santuario. Él les hablaba por señas, porque seguía mudo. Al cumplirse los días de su servicio en el templo, volvió a casa. Días después concibió Isabel, su mujer, y estuvo sin salir de casa cinco meses, diciendo: «Esto es lo que ha hecho por mí el Señor, cuando se ha fijado en mí para quitar mi oprobio ante la gente».

Tolomeo; Eugenio; Teófilo; Librado; Macario; Vicente Romano

Feria de Adviento
Oficio del día / M
Is 7,10-14 /
Sal 23 /
Lc 1,26-38

Lucas 1,26-38

En el mes sexto, el ángel Gabriel fue enviado por Dios a una ciudad de Galilea llamada Nazaret, a una virgen desposada con un hombre llamado José, de la casa de David; el nombre de la virgen era María. El ángel, entrando en su presencia, dijo: «Alégrate, llena de gracia, el Señor está contigo». Ella se turbó grandemente ante estas palabras y se preguntaba qué saludo era aquel. El ángel le dijo: «No temas, María, porque has encontrado gracia ante Dios. Concebirás en tu vientre y darás a luz un hijo, y le pondrás por nombre Jesús. Será grande, se llamará Hijo del Altísimo, el Señor Dios le dará el trono de David, su padre; reinará sobre la casa de Jacob para siempre, y su reino no tendrá fin». Y María dijo al ángel: «¿Cómo será eso, pues no conozco varón?». El ángel le contestó: «El Espíritu Santo vendrá sobre ti, y la fuerza del Altísimo te cubrirá con su sombra; por eso el Santo que va a nacer será llamado Hijo de Dios. También tu pariente Isabel ha concebido un hijo en su vejez, y ya está de seis meses la que llamaban estéril, "porque para Dios nada hay imposible"». María contestó: «He aquí la esclava del Señor; hágase en mí según tu palabra». Y el ángel se retiró.

«Hágase»

El saludo del ángel suena hermoso: «Alégrate, llena de gracia, el Señor está contigo». A María no le sorprende el mensajero, sino que la confunde, le desconcierta el mensaje; aún más, la agita interiormente, como si ella presintiese en la anunciación la intensa conmoción, la emoción profunda que había de sentir Jesús ante la inminencia de su pasión. Sobre ese mar agitado desciende la palabra del Señor: «No temas, María». Ahora el mensajero la llama con el nombre familiar: «María», para llevar sosiego a la que había sido saludada con un nombre del cielo: «llena de gracia». Hoy, también tú, virgen Iglesia en Adviento, mientras comulgas, te descubrirás agraciada por Dios y sobresaltada en tu corazón por la maternidad a la que eres llamada; y con María también tú dirás: «Hágase» al Señor que te visita con su amor.

S. Pedro Canisio, c.
Severino; Bruno; Queremón; Marcelo; Glicerio

Feria de Adviento
Oficio del día / M
Cant 2,8-14 (o bien: Sof 3,14-18a) / Sal 32 / Lc 1,39-45

Lucas 1,39-45

En aquellos días, María se levantó y se puso en camino deprisa hacia la montaña, a una ciudad de Judá; entró en casa de Zacarías y saludó a Isabel. Aconteció que, en cuanto Isabel oyó el saludo de María, saltó la criatura en su vientre. Se llenó Isabel de Espíritu Santo y, levantando la voz, exclamó: «¡Bendita tú entre las mujeres, y bendito el fruto de tu vientre! ¿Quién soy yo para que me visite la madre de mi Señor? Pues, en cuanto tu saludo llegó a mis oídos, la criatura saltó de alegría en mi vientre. Bienaventurada la que ha creído, porque lo que le ha dicho el Señor se cumplirá».

Llega el amado, llega el Señor

La Navidad es una visitación: llega el Señor y se le espera como se espera el nacimiento de un hijo. Llega el Señor y todo se llena de vida. Es él quien te invita con las palabras del Cantar: «Levántate, amada mía, hermosa mía, ven a mí... déjame ver tu figura, déjame escuchar tu voz». Es él quien se te declara en las palabras del profeta: «Regocíjate, grita de júbilo, alégrate, gózate de todo corazón... el Señor, tu Dios, se goza y se complace en ti». Y tú, Iglesia en Adviento, que te reconoces visitada y amada, le robas a Isabel palabras de aclamación, le robas a Juan los pasos de su danza: ¡Quién soy yo para que me visite el cielo! ¡Qué es el hombre para que te acuerdes de él! Cuando en la Eucaristía vayas a tu Señor y le dejes que escuche tu voz, oirás que el evangelista susurra en la intimidad de tu corazón: «Dichosa tú, que has creído, porque lo que te ha dicho el Señor se cumplirá».

Enmanuel, rey y legislador nuestro, salvador de las naciones, esperanza de los pueblos, ven y visítanos con tu salvación.

Francisca
Javier Cabrini;
Honorato; Lía

Feria de Adviento
Oficio del día / M
1Sam 1,24-28 /
Sal 1Sam 2,1-8 /
Lc 1,46-56

Lucas 1,46-56

En aquel tiempo, María dijo: «Proclama mi alma la grandeza del Señor, "se alegra mi espíritu en Dios, mi salvador; porque ha mirado la humildad de su esclava". Desde ahora me felicitarán todas las generaciones, porque el Poderoso ha hecho obras grandes en mí: "su nombre es santo, y su misericordia llega a sus fieles de generación en generación". Él hace proezas con su brazo: dispersa a los soberbios de corazón, "derriba del trono a los poderosos y enaltece a los humildes, a los hambrientos los colma de bienes y a los ricos los despide vacíos. Auxilia a Israel, su siervo, acordándose de la misericordia" –como lo había prometido a "nuestros padres"– en favor de Abrahán y su descendencia por siempre». María se quedó con Isabel unos tres meses y volvió a su casa.

La obra de Dios en nosotros

Ana, la estéril, ha sido agraciada por Dios con el nacimiento de Samuel. En María, la virgen que no ha conocido varón, ha hecho obras grandes el que es poderoso. Dichosa la estéril, que ha dado a Israel un profeta. Dichosa la virgen que ha dado al mundo el Salvador. Dichosa la estéril, dichosa la virgen, porque el Señor las ha visitado con su misericordia. Ellas, la estéril y la virgen, te preceden, Iglesia en Adviento, ellas prefiguran tu misterio, tu fecundidad por gracia, tu maternidad virginal, tu fe confiada, la bendición con que has sido bendecida por Dios en Cristo Jesús. El cielo no envidia al cielo, pero si fuese posible, ellas, la estéril y la virgen, subirían hoy contigo al encuentro del Señor en la Eucaristía, al encuentro del Rey de la gloria que viene a ti. Ellas se alegran hoy contigo por tu bendición. Pídeles tú las palabras de su canto para decirle a Dios tu agradecimiento: «Proclama mi alma la grandeza del Señor».

«Oh Rey de las naciones y Deseado de los pueblos, Piedra angular de la Iglesia, ven y salva al hombre que formaste del barro de la tierra» (Liturgia de las horas).

viernes

S. Juan de Kety, c.
Sira; Antonio de Sta. Ana; Mardonio

Feria de Adviento
Oficio del día / M
Mal 3,1-4.23-24 /
Sal 24 /
Lc 1,57-66

Lucas 1,57-66

A Isabel se le cumplió el tiempo del parto y dio a luz un hijo. Se enteraron sus vecinos y parientes de que el Señor le había hecho una gran misericordia, y se alegraban con ella. A los ocho días vinieron a circuncidar al niño, y querían llamarlo Zacarías, como su padre; pero la madre intervino diciendo: «¡No! Se va a llamar Juan». Y le dijeron: «Ninguno de tus parientes se llama así». Entonces preguntaban por señas al padre cómo quería que se llamase. Él pidió una tablilla y escribió: «Juan es su nombre». Y todos se quedaron maravillados. Inmediatamente se le soltó la boca y la lengua, y empezó a hablar bendiciendo a Dios. Los vecinos quedaron sobrecogidos, y se comentaban todos estos hechos por toda la montaña de Judea. Y todos los que los oían reflexionaban diciendo: «Pues ¿qué será este niño?». Porque la mano del Señor estaba con él.

«Juan es su nombre»

Has oído la buena noticia, el nacimiento de Juan el Bautista. Las promesas de Dios se están cumpliendo, la profecía se está haciendo evangelio. Tú esperas la venida de la Luz de Dios: ya ha nacido el testigo de la luz. Tú esperas la llegada del Salvador: ya ha nacido su precursor. Tú, que esperas el nacimiento de la Palabra hecha carne, ya oyes el vagido de la voz que clamará en el desierto. Ahora fíjate en el nombre que la madre estéril y el padre mudo le dan a este recién nacido: «Se va a llamar Juan»; «Juan es su nombre». Lo dice con verdad la estéril, lo dice con verdad el mudo, y con ellos decimos ese nombre todos los que conocemos la gracia que anticipa su nacimiento: «Dios ha mostrado su favor». Ese ha de ser también tu nombre, Iglesia de Cristo, misericordia de Dios a favor de todos los pueblos.

Ven, Espíritu Santo, llena los corazones de tus fieles, para que, acogiendo con fe la Palabra eterna que viene a nosotros, seamos iluminados por su luz y visitados por su salvación.

Luciano; Adela;

Feria de Adviento
Oficio del día / M
Matutina:
2Sam 7,1-5.8b-12.14a.16 / Sal 88 / Lc 1,67-79
Vespertina:
Is 62,1-5 / Sal 88 / He 13,16-17.22-25 / Mt 1,1-25

Lucas 1,67-79

En aquel tiempo, Zacarías, padre de Juan, se llenó de Espíritu Santo y profetizó diciendo: «"Bendito sea el Señor, Dios de Israel", porque ha visitado y "redimido a su pueblo", suscitándonos una fuerza de salvación en la casa de David, su siervo, según lo había predicho desde antiguo por boca de sus santos profetas. Es la salvación que nos libra de nuestros enemigos y de la mano de todos los que nos odian; realizando la "misericordia que tuvo con nuestros padres, recordando su santa alianza" y "el juramento que juró a nuestro padre Abrahán" para concedernos que, libres de temor, arrancados de la mano de los enemigos, le sirvamos con santidad y justicia, en su presencia, todos nuestros días. Y a ti, niño, te llamarán profeta del Altísimo, porque irás delante "del Señor a preparar sus caminos", anunciando a su pueblo la salvación por el perdón de sus pecados. Por la entrañable misericordia de nuestro Dios, nos visitará el sol que nace de lo alto, para iluminar a los que viven en tinieblas y en sombra de muerte, para guiar nuestros pasos por el camino de la paz».

«Ya se cumple el tiempo»

La historia de la salvación está llegando a su plenitud. Las profecías están a punto de desvelar el misterio de sus palabras. La virgen está encinta y ya se cumplen los días de su gestación. El tiempo de tu espera, Iglesia en Adviento, se está acercando a las horas de la Navidad. Ya ha nacido el profeta del Altísimo que irá delante del Señor a preparar sus caminos. Ya se anuncia la llegada del Sol que nace de lo alto, Sol de justicia, Resplandor de la luz eterna. Ya el esposo está a la puerta y llama. «Ya se cumple el tiempo en que Dios envió a su Hijo a la tierra». Para siempre es la gracia que en ese Hijo se te ofrece. Eterna es la misericordia de la que esa gracia procede. Eterno es el reino que Dios, por su fidelidad, ha preparado para ti en Cristo Jesús. Y todo lo recibes, Iglesia amada de Dios, en la comunión que haces, en la que tu Dios te visita y te redime.

Nª Sra. de Belén

Oficio de la s. / B
Medianoche:
Is 9,1-6 / Sal 95 /
Tit 2,11-14 /
Lc 2,1-14
Día:
Is 52,7-10 /
Sal 97 / Heb 1,1-6 /
Jn 1,1-18 [breve:
Jn 1,1-5.9-14]

Isaías 52,7-10

Qué hermosos son sobre los montes los pies del mensajero que proclama la paz, que anuncia la buena noticia, que pregona la justicia, que dice a Sion: «¡Tu Dios reina!». Escucha: tus vigías gritan, cantan a coro, porque ven cara a cara al Señor, que vuelve a Sion. Romped a cantar a coro, ruinas de Jerusalén, porque el Señor ha consolado a su pueblo, ha rescatado a Jerusalén. Ha descubierto el Señor su santo brazo a los ojos de todas las naciones, y verán los confines de la tierra la salvación de nuestro Dios.

Salmo 97,1bcde.2-3ab.3cd-4.5-6

R. Los confines de la tierra han contemplado la salvación de nuestro Dios.

Hebreos 1,1-6

En muchas ocasiones y de muchas maneras habló Dios antiguamente a los padres por los profetas. En esta etapa final, nos ha hablado por el Hijo, al que ha nombrado heredero de todo, y por medio del cual ha realizado los siglos. Él es reflejo de su gloria, impronta de su ser. Él sostiene el universo con su palabra poderosa. Y, habiendo realizado la purificación de los pecados, está sentado a la derecha de la Majestad en las alturas; tanto más encumbrado sobre los ángeles cuanto más sublime es el nombre que ha heredado. Pues ¿a qué ángel dijo jamás: «Hijo mío eres tú, yo te he engendrado hoy»; y en otro lugar: «Yo seré para él un padre, y él será para mí un hijo»? Asimismo, cuando introduce en el mundo al primogénito, dice: «Adórenlo todos los ángeles de Dios».

Juan 1,1-18

En el principio existía el Verbo, y el Verbo estaba junto a Dios, y el Verbo era Dios. Él estaba en el principio junto a Dios. Por medio de él se hizo todo, y sin él no se hizo nada de cuanto se ha hecho. En él estaba la vida, y la vida era la luz de los hombres. Y la luz brilla en la tiniebla, y la tiniebla no lo recibió. [Surgió un hombre enviado por Dios, que se llamaba Juan: este venía como testigo, para dar testimonio de la luz, para que todos creyeran por medio de él. No era él la luz, sino el que daba testimonio de la luz.] El Verbo era la luz verdadera, que alumbra a todo hombre, viniendo al mundo. En el mundo estaba; el mundo se hizo por medio de él, y el mundo no lo conoció. Vino a su casa, y los suyos no lo recibieron. Pero a cuantos lo recibieron, les dio poder de ser hijos de Dios, a los que creen en su nombre. Estos no han nacido de sangre, ni de deseo de carne, ni de deseo de varón, sino que han nacido de Dios. Y el Verbo se hizo carne y habitó entre nosotros, y hemos contemplado su gloria: gloria como del Unigénito del Padre, lleno de gracia y de verdad. [Juan da testimonio de él y grita diciendo: «Este es de quien dije: el que viene detrás de mí se ha puesto delante de mí, porque existía antes que yo». Pues de su plenitud todos hemos recibido, gracia tras gracia. Porque la ley se dio por medio de Moisés, la gracia y la verdad nos han llegado por medio de Jesucristo. A Dios nadie lo ha visto jamás: Dios unigénito, que está en el seno del Padre, es quien lo ha dado a conocer.]

«Dios nos ha hablado por el Hijo»

Asómbrate de lo que crees: Tus ojos han visto a un niño envuelto en pañales, pero tu fe ha visto a Dios. Hasta ahora, habías oído la palabra de los profetas que te hablaban en nombre de Dios. Ahora se dirige a ti el Hijo de Dios, ahora viene a ti la Palabra de Dios que «se hizo carne y acampó entre nosotros». Lo has oído: «Tus vigías gritan, cantan a coro, porque ven cara a cara al Señor». Dime a quién oyes en tu celebración, con quién comulgas en tu Eucaristía, cuál es tu canto. Si no hemos empezado a gritar, si no se nos ha oído cantar, tal vez quiera decir que todavía no hemos empezado a creer. Si el Salmista cantaba la victoria de Dios, si toda la tierra ha de cantar, gritar, vitorear, tocar, porque viniendo a los suyos, el Señor mostró su misericordia y su fidelidad, que no falte tu canto porque a la luz de la fe contemplas hoy al Dios de la fidelidad y la misericordia.

S. Esteban, f.
Dionisio; Zósimo; Marino

Oficio de la f. / R
Vol.IV
He 6,8-10; 7,54-59 / Sal 30 / Mt 10,17-22

Mateo 10,17-22

En aquel tiempo, dijo Jesús a sus discípulos: «¡Cuidado con la gente!, porque os entregarán a los tribunales, os azotarán en las sinagogas y os harán comparecer ante gobernadores y reyes por mi causa, para dar testimonio ante ellos y ante los gentiles. Cuando os entreguen, no os preocupéis de lo que vais a decir o de cómo lo diréis: en aquel momento se os sugerirá lo que tenéis que decir, porque no seréis vosotros los que habléis, sino que el Espíritu de vuestro Padre hablará por vosotros. El hermano entregará al hermano a la muerte, el padre al hijo; se rebelarán los hijos contra sus padres y los matarán. Y seréis odiados por todos a causa de mi nombre; pero el que persevere hasta el final, se salvará».

«Veo el cielo abierto»

Lo oirás en la antífona de comunión: «Señor Jesús, recibe mi espíritu». Tú te acercas a comulgar, caminas al encuentro de Cristo Jesús y, haciendo tuyas las palabras del diácono Esteban, pides que te reciba aquel a quien vas a recibir. El mártir pedía ser recibido en la gloria del Señor resucitado; tú pides ser recibido en el sacramento de aquella gloria. Las puertas del cielo se han abierto para Esteban; las puertas de la fe se han abierto para ti. El mártir mira al cielo, lo ve abierto, y ve al Hijo del hombre de pie a la derecha de Dios; tú avanzas hacia la mesa del Señor, y en el pan de tu Eucaristía ves al Hijo de Dios. Esteban y tú, mártires del Señor, testigos de la fe, amigos de la humanidad a la que abrazáis con palabras de misericordia. Esteban y tú, salvados por el nacimiento de Jesús, aprendéis de Jesús la oración por quien os persigue, el amor a quien os odia, la humildad de servir a quien os ignora.

Concédenos, Señor, con la bienaventuranza de los que creen y dan testimonio de ti, la gloria y la alegría prometida a los que tú recibes en el cielo.

S. Juan, apóstol y evangelista, f.
Fabiola; Geraldo; Godofredo

Oficio de la f. / B
Vol. IV
1Jn 1,1-4 /
Sal 96 /
Jn 20,1a.2-8

Juan 20,1a.2-8

El primer día de la semana, María la Magdalena echó a correr y fue donde estaban Simón Pedro y el otro discípulo, a quien Jesús amaba, y les dijo: «Se han llevado del sepulcro al Señor y no sabemos dónde lo han puesto». Salieron Pedro y el otro discípulo camino del sepulcro. Los dos corrían juntos, pero el otro discípulo corría más que Pedro; se adelantó y llegó primero al sepulcro; e, inclinándose, vio los lienzos tendidos; pero no entró. Llegó también Simón Pedro detrás de él y entró en el sepulcro: vio los lienzos tendidos y el sudario con que le habían cubierto la cabeza, no con los lienzos, sino enrollado en un sitio aparte. Entonces entró también el otro discípulo, el que había llegado primero al sepulcro; vio y creyó.

Es tiempo de correr, es tiempo de creer y recibir

Lo es el de la Navidad, lo será el de la resurrección del Señor. «Los pastores fueron corriendo a Belén» a ver lo que había sucedido y que el Señor les había comunicado. Juan y Pedro irán corriendo al sepulcro a ver lo que acaban de anunciarles. Los pastores encontraron al niño, contaron lo que se les había dicho, y volvieron dando gloria a Dios. Juan entrará en el sepulcro, verá vendas y sudario, y creerá. Hoy eres tú, Iglesia en Navidad, la que, animada por tu fe, como los pastores, como Pedro y Juan, te apresuras a buscar al Señor, a escuchar su palabra, a reconocerlo en la Eucaristía, a decir lo que de él se te ha revelado, a comulgar con él, a recibir de él la alegría y la paz que han de acompañarte toda la vida. Cuando comulgues, escucharás de nuevo la revelación: «La Palabra se hizo carne... De su plenitud todos hemos recibido». Y tu corazón se sobresaltará intuyendo que de su plenitud le has recibido a él mismo.

A ti, oh Dios, te alabamos, a ti, Señor, te reconocemos: que todo nuestro ser anhele escucharte en tu palabra, recibirte en la Eucaristía, amarte en los pobres.

miércoles

Los Santos Inocentes, f.
Abel; Gaspar del Búfalo

Oficio de la f. / R
Vol. IV
1Jn 1,5–2,2 /
Sal 123 /
Mt 2,13-18

Mateo 2,13-18

Cuando se retiraron los magos, el ángel del Señor se apareció en sueños a José y le dijo: «Levántate, toma al niño y a su madre y huye a Egipto; quédate allí hasta que yo te avise, porque Herodes va a buscar al niño para matarlo». José se levantó, tomó al niño y a su madre, de noche, se fue a Egipto y se quedó hasta la muerte de Herodes para que se cumpliese lo que dijo el Señor por medio del profeta: «De Egipto llamé a mi hijo». Al verse burlado por los magos, Herodes montó en cólera y mandó matar a todos los niños de dos años para abajo, en Belén y sus alrededores, calculando el tiempo por lo que había averiguado de los magos. Entonces se cumplió lo dicho por medio del profeta Jeremías: «Un grito se oye en Ramá, llanto y lamentos grandes; es Raquel que llora por sus hijos y rehúsa el consuelo, porque ya no viven».

El cortejo del Cordero

Este es un cortejo de paradojas: niños, que ni siquiera han llegado a hablar, ya dan testimonio de Cristo, el Señor; niños, de los que apenas algunos habrían llegado a caminar, son el ejército victorioso del Rey que acaba de nacer; son solo niños, pero han salvado la vida de la trampa que el cazador les ha tendido. En ellos, en los que nada pueden, como en la estéril y en la virgen, es donde se manifiesta el poder victorioso de Dios: «Ellos son los rescatados como primicias de la humanidad para Dios y el Cordero»; «ellos son el cortejo del Cordero sin mancha»; ellos son la evidencia de la salvación que nos ha nacido con el Niño que se nos ha dado. La gracia que ellos recibieron muriendo, tú, Iglesia en Navidad, la recibes creyendo. Escuchando y comulgando te unes hoy al que es el precio de tu rescate. Escuchando y comulgando eres purificada en la sangre del Cordero que nos limpia de los pecados.

A ti, oh Dios, te alabamos, a ti, Señor, te reconocemos: concédenos testimoniar con nuestra vida la fe que profesamos de palabra.

Sto. Tomás Becket, c.
David; Domingo; Bonifacio

Octava de Navidad
Oficio del día / B
1Jn 2,3-11 /
Sal 95 /
Lc 2,22-35

Lucas 2,22-35

Cuando se cumplieron los días de la purificación, según la ley de Moisés, los padres de Jesús lo llevaron a Jerusalén para presentarlo al Señor, de acuerdo con lo escrito en la ley del Señor: «Todo varón primogénito será consagrado al Señor», y para entregar la oblación, como dice la ley del Señor: «un par de tórtolas o dos pichones». Había entonces en Jerusalén un hombre llamado Simeón, hombre justo y piadoso, que aguardaba el consuelo de Israel; y el Espíritu Santo estaba con él. Le había sido revelado por el Espíritu Santo que no vería la muerte antes de ver al Mesías del Señor. Impulsado por el Espíritu, fue al templo. Y cuando entraban con el niño Jesús sus padres para cumplir con él lo acostumbrado según la ley, Simeón lo tomó en brazos y bendijo a Dios diciendo: «Ahora, Señor, según tu promesa, puedes dejar a tu siervo irse en paz. Porque mis ojos "han visto a tu Salvador", a quien has presentado ante todos los pueblos: "luz para alumbrar a las naciones" y gloria de tu pueblo Israel». Su padre y su madre estaban admirados por lo que se decía del niño. Simeón los bendijo y dijo a María, su madre: «Este ha sido puesto para que muchos en Israel caigan y se levanten; y será como un signo de contradicción –y a ti misma una espada te traspasará el alma–, para que se pongan de manifiesto los pensamientos de muchos corazones».

Luz verdadera

Lo oirás mientras te acercas a comulgar: «Por la entrañable misericordia de nuestro Dios, nos ha visitado el Sol que nace de lo alto». Y tú, Iglesia en Navidad, cuando oigas esa revelación, te sabrás visitada, iluminada, compadecida, te hallarás hija de la misericordia. Para ese encuentro con el sacramento de la salvación que verán los ojos de tu fe, para esa comunión, te han preparado el apóstol y el evangelista. Ese sacramento –el niño del que celebramos el nacimiento y que Simeón tomó en sus brazos, el pan que tú recibes en la Eucaristía–, es luz que brilla ya, luz verdadera para alumbrar a las naciones, gloria para el pueblo de Dios.

La Sagrada Familia, f.
Sabino; Honorio; Liberio; Rainiero

Oficio de la f. / B
Eclo 3,2-6.12-14 (o bien: Col 3,12-21) / Sal 127 / Mt 2,13-15.19-23

Mateo 2,13-15.19-23

Cuando se retiraron los magos, el ángel del Señor se apareció en sueños a José y le dijo: «Levántate, toma al niño y a su madre y huye a Egipto; quédate allí hasta que yo te avise, porque Herodes va a buscar al niño para matarlo». José se levantó, tomó al niño y a su madre, de noche, se fue a Egipto y se quedó hasta la muerte de Herodes para que se cumpliese lo que dijo el Señor por medio del profeta: «De Egipto llamé a mi hijo». Cuando murió Herodes, el ángel del Señor se apareció de nuevo en sueños a José en Egipto y le dijo: «Levántate, coge al niño y a su madre y vuelve a la tierra de Israel, porque han muerto los que atentaban contra la vida del niño». Se levantó, tomó al niño y a su madre y volvió a la tierra de Israel. Pero al enterarse de que Arquelao reinaba en Judea como sucesor de su padre Herodes tuvo miedo de ir allá. Y avisado en sueños se retiró a Galilea y se estableció en una ciudad llamada Nazaret. Así se cumplió lo dicho por medio de los profetas, que se llamaría nazareno.

La familia de la fe

Puedes buscarlo en Nazaret, pero el modelo para la familia cristiana lo hallarás más fácilmente si lo buscas en la comunidad de fe, en la familia de los elegidos de Dios. Los miembros de esta familia tienen un vestido, un modo de relacionarse, una experiencia, un árbitro, un ceñidor de la unidad. El vestido indica a qué casa pertenecemos, y está hecho de «misericordia entrañable» –como la de Dios, que nos dio el Sol que nace de lo alto–, de «bondad» –como la de Dios, el solo bueno–, de «humildad» –como la de Dios hecho pobre por nosotros–, de «dulzura» –como la de Dios hecho niño–, de «comprensión» –como la de Dios que no se cansa de amar–. El modo de relacionarnos nos lo enseñó el Señor, pues él alivió el peso de nuestras vidas y nos perdonó. La paz que comulgamos, ella será el árbitro en nuestro corazón. El amor con que somos amados, ese es el ceñidor de nuestra unidad. La familia se aprende en la Eucaristía.

S. Silvestre I, c.
Columba; Fabián; Flor; Melania

Octava de Navidad
Oficio del día / B
1Jn 2,18-21 / Sal 95 / Jn 1,1-18

Juan 1,1-18

En el principio existía el Verbo, y el Verbo estaba junto a Dios, y el Verbo era Dios. Él estaba en el principio junto a Dios. Por medio de él se hizo todo, y sin él no se hizo nada de cuanto se ha hecho. En él estaba la vida, y la vida era la luz de los hombres. Y la luz brilla en la tiniebla, y la tiniebla no lo recibió. Surgió un hombre enviado por Dios, que se llamaba Juan: este venía como testigo, para dar testimonio de la luz, para que todos creyeran por medio de él. No era él la luz, sino el que daba testimonio de la luz. El Verbo era la luz verdadera, que alumbra a todo hombre, viniendo al mundo. En el mundo estaba; el mundo se hizo por medio de él, y el mundo no lo conoció. Vino a su casa, y los suyos no lo recibieron. Pero a cuantos lo recibieron, les dio poder de ser hijos de Dios, a los que creen en su nombre. Estos no han nacido de sangre, ni de deseo de carne, ni de deseo de varón, sino que han nacido de Dios. Y el Verbo se hizo carne y habitó entre nosotros, y hemos contemplado su gloria: gloria como del Unigénito del Padre, lleno de gracia y de verdad. Juan da testimonio de él y grita diciendo: «Este es de quien dije: el que viene detrás de mí se ha puesto delante de mí, porque existía antes que yo». Pues de su plenitud todos hemos recibido, gracia tras gracia. Porque la ley se dio por medio de Moisés, la gracia y la verdad nos han llegado por medio de Jesucristo. A Dios nadie lo ha visto jamás: Dios unigénito, que está en el seno del Padre, es quien lo ha dado a conocer.

Nos ilumina un Sol que no conoce ocaso

Con Cristo, la historia entró en su día último, día sin ocaso, día que ilumina para siempre el Sol que nace de lo alto. Este es el día en que actuó el Señor, enviando al mundo a su Hijo único para que vivamos por medio de él. Ya no hay noche para los que habéis conocido y recibido la Palabra hecha carne, para los que habéis contemplado su gloria, gloria del Hijo único del Padre, lleno de gracia y de verdad. Celebrando el misterio del niño que nos ha nacido, del hijo que se nos ha dado, ya te alegras, Iglesia en Navidad.

Conrado Confalonieri, 19-II
Conrado de Offida, 12-XII
Conrado de Parzham, 21-IV
Consolación, Nª Sra. de la, 4-IX
Constantino, 12-IV
Contardo Ferrini, bto., 17-X
◆ Conversión de san Pablo, 25-I
◆ Cornelio, 16-IX
Cornelio de Armagh, 4-VI
Cosme, 15-I
◆ Cosme, 26-IX
Crescencia, 15-VI
Crescencio, 14-IX
Crisanto, 25-X
Crispín, 25-X
Crispina, 5-XII
Crispiniano, 25-X
Críspulo, 10-VI
Cristeta, 27-X
Cristina, 11-VIII
Cristina de Bolsena, 24-VII
Cristóbal, 10-VII
Cristóbal de Santa Catalina, bto, 24-VII
Cristóbal, 20-VIII
◆ Cristóbal Magallanes, 21-V
Crodegango de Metz, 6-III
Cromacio, 2-XII
Cruz, 14-IX
Cucufate, 27-VII
Cunegunda, 24-VII
Cunegunda de Luxemburgo, 3-III
Cutberto Mayne, 30-XI
Czestochowa, Nª Sra. de, 26-VIII

◆ **D**ámaso, 11-XII
◆ Damián, 26-IX
Damián de Molokai, 10-V
Daniel, 21-VII
Daniel Comboni, 10-X
Daniel de Padua, 3-I
Daría, 25-X
David, 29-XII
David Carlos, bto., 28-VII
David de Gales, 1-III
David de Tesalónica, 26-VI
Delfín, 24-XII
Demetria, 21-VI
Demetrio, 9-IV
Demetrio de Tesalónica, 8-X
Deodato de Rodez, 14-XI
Deogracias, 22-III
Desiderio (Didier) de Vienne, 26-V
Deusdedit, 15-VII
Dictino de Astorga, 2-VI
Didier, 15-XI
Diego de Alcalá, 13-XI
Diego José de Cádiz, bto., 24-III
Diego Ventaja Millán, bto., 30-VIII
Digna, 11-VIII
Dina Bélanger, bta., 4-IX
◆ Dionisio, 9-X
Dionisio, 17-XI
Dionisio, 26-XII
Dionisio de Corinto, 8-IV
Dionisio Pamplona, bto., 22-IX
Divina Pastora, Nª. Sra. la, sáb. antes del IV Dom. de Pascua (7-V)
◆ Dolores, Nª Sra. de los, 15-IX
Domingo, 26-IV
Domingo, 29-XII
◆ Domingo de Guzmán, 8-VIII
Domingo de la Calzada, 12-V
Domingo de Silos, 20-XII
Domingo de Sora, 22-I
Domingo Henares, 25-VI
Domingo Iturrate, bto., 11-V
Domingo Savio, 6-V
Domnina, 12-X
Donato, 7-IV
Donato de Fiesole, 22-X
Dorotea, 6-II
Doroteo, 28-III
Doroteo, 5-VI
Dulce Lopes Pontes, 13-III
Dulce María, 12-IX
Duna, 24-X

Edmundo Campion, 1-XII
Edmundo Rich, 16-XI
Eduardo el Confesor, 13-X
Eduardo Poppe, bto., 10-VI
Eduardo Powell, bto., 30-VII
◆ Eduvigis, 16-X
◆ Efrén, 9-VI
Egidio de Asís, 23-IV
Elena, 18-VIII
Elena Guerra, bta., 11-IV
Eleuterio, 20-II
Eleuterio, 26-V
Eleuterio, 4-VIII
Eleuterio, 2-X
Elia, 20-VII
Elia de San Clemente, bta., 29-V
Elías, 20-VII
Elisa, 5-XII
Eliseo, 14-VI
Elizabeth Hesselblad, 4-VI
Eloy, 1-XII
Elredo de Rievaulx, 12-I
Elvira, 25-I
Elzeario, 27-IX
Emerenciana, 23-I
Emeterio, 3-III
Emilia, 5-IV
Emilia, 3-V
Emilia de Vialar, 24-VIII
Emilia María Guillermina de Rodat, 19-IX
Emiliana, 19-V
Emma, 29-II
Engracia, 13-II
Engracia de Braga, 17-II

Mauricio, 10-VI
Mauricio Tornay, bto., 11-VIII
Mauro, 22-XI
Mauro, 5-XII
◆ Maximiliano María Kolbe, 14-VIII
Maximino, 29-V
Máxima, 23-III
Máximo de Jerusalén, 5-V
Máximo de Turín, 25-VI
Máximo el Confesor, 13-VIII
Medalla Milagrosa, Nª Sra. de la, 27-XI
Melchor, 6-I
Melecio, 12-II
Melecio, 21-IX
Melquíades, 10-XII
Menelao, 3-VII
Merced, Virgen María de la, 24-IX
Mercedes de Jesús, bta., 12-VI
◆ Metodio, 14-II
Metodio el Confesor, 14-VI
Michal Kozal, bto., 26-I
◆ Miguel, 29-IX
Miguel Agustín Pro, bto., 23-XI
Miguel de los Santos, 10-IV
Miguel Febres Cordero, 9-II
Miguel Garikoitz, 14-V
Miguel Hu Dinh Hi, 22-V
Miguel Rúa, bto., 29-X
Mildred, 20-II
Mildred, 13-VII
Miles, 22-IV
Millán, 12-XI
Minervo, 23-VIII
Modesto, 12-II
Modesto, 24-II
Modesto, 15-VI
Modesto Andlauer, 19-VI
Moisés, 4-IX
Monaldo, bto., 9-XI
◆ Mónica, 27-VIII
Montana, 1-X
Montano, 26-III
Montserrat, Nª Sra. de, 27-IV
Muciano María Wiaux, 30-I

Nahún, 1-XII
Nancto, 22-X
Narcisa Martillo Morán, 9-XII
Narciso, 29-X
Natalia Tulasiewicz, bta., 30-III
◆ Natividad del Señor, 25-XII
Nazaria Ignacia March, 6-VII
Nazario, 28-VII
Nemesio, 18-VII
◆ Nereo, 12-V
Néstor, 26-II
Nicandro, 5-VI
Nicéforo, 13-III
Nicetas, 20-III
Nicodemo, 3-VIII
Nicolás, 10-IX
Nicolás I, 13-XI
◆ Nicolás de Bari, 6-XII
Nicolás de Flüe, 25-IX
Nicolás Owen, 22-III
Nicolás Saggio de Longobardi, 10-VIII
Nicomedes, 15-IX
Nieves, Nª Sra. de las, 5-VIII
Nilo, 12-XI
Ninfa, 10-XI
Noé, 10-XI
Noël Pinot, bto., 21-II
◆ Norberto, 6-VI
Numeriano, 5-VII

O, Nª Sra. de la, 18-XII
Obdulia, 5-IX
Odilón, 1-I
Odorico de Pordenone, 14-I
Olav II, 29-VII
Olegario, 6-III
Olegario, 2-X
Olga, 11-VII
Olimpia, bta., 28-I
Olimpio, 26-VII
Oliverio Plunkett, 1-VII
Olivia, 3-II
Orencio, 1-V
Orestes, 13-XII
Oroncio, 27-VIII
Orosia, 25-VI
◆ Óscar, 3-II
Óscar Romero, 24-III
Oseas, 4-VII
Osvaldo de Worcester, 29-II
Otilia, 13-XII
Otmaro, 16-XI
Otón, 2-VII
Otto Neururer, bto., 30-V
Ovidio, 23-VIII

◆ **P**ablo, 29-VI
◆ Pablo VI, 29-V
◆ Pablo Chong, 20-IX
Pablo de Constantinopla, 7-VI
◆ Pablo de la Cruz, 19-X
Pablo Ermitaño, 15-I
◆ Pablo Miki, 6-II
Paciano, 9-III
Paciencia, 1-V
Pacífico de San Severino, 24-IX
Pacomio, 9-V
Pafnucio, 24-IX
Palmira, Domingo de Ramos (10-IV)
Paloma, Nª Sra. de la, 15-VIII
◆ Pancracio, 12-V
Pantaleón, 27-VII
Papías, 22-II
Parmenio, 22-IV
Pascual I, 11-II
◆ Pascual Bailón, 17-V
Pastor, 29-III

Teobaldo, 18-X
Teodomiro, 9-XI
Teodora Guerin, 14-V
Teodoro, 12-VII
Teodoro, 26-VIII
Teodoro, 9-XI
Teodoro Estudita, 11-XI
Teodulfo, 24-VI
Teódulo, 8-XII
Teódulo de Sión, 16-VIII
Teófanes, 27-XII
Teófilo, 5-III
Teófilo, 22-VII
Teófilo, 20-XII
Teófilo de Antioquía, 13-X
Terencio, 27-IX
◆ Teresa Benedicta de la Cruz, 9-VIII
Teresa Casini, bta., 29-X
Teresa Couderc, 26-IX
Teresa de Calcuta, 5-IX
◆ Teresa de Jesús, 15-X
Teresa de Jesús de los Andes, 12-IV
◆ Teresa de Jesús Jornet, 26-VIII
◆ Teresa del Niño Jesús, 1-X
Teresa Margarita Redi, 7-III
Teresa María de la Cruz, bta., 23-IV
Tertuliano, 4-VIII
Tiburcio Arnaiz, bto., 18-VII
◆ Timoteo, 26-I
Timoteo, 10-VI
Timoteo Giaccardo, bto., 19-X
Tirso, 24-I
◆ Tito, 26-I
Tito Brandsma, bto., 26-VII
Tobías, 13-IX
Tobías Borrás, bto., 11-II
Tobit, 13-IX
◆ Tomás, apóstol, 3-VII
◆ Tomás Becket, 29-XII
◆ Tomás de Aquino, 28-I
Tomás de Hereford, 25-VIII
Tomás de Tolentino, 1-IV
◆ Tomás de Villanueva, 10-X
◆ Tomás Moro, 22-VI
Toribio de Astorga, 16-IV
◆ Toribio de Mogrovejo, 23-III
◆ Transfiguración del Señor, 6-VIII

Ubaldo, 16-V
Udalrico, 4-VII
Ulrike Nish, bta., 8-V
Urbano II, 29-VII
Urbano V, bto., 19-XII
Urbez, 15-XII
Úrsula, 21-X
Úrsula Ledochowska, 29-V

Valente, 26-VII
Valentín, 14-II
Valentín de Berriochoa, 4-VII
Valentín Palencia, bto., 15-I
Valentina, 25-VII
Valerio de Astorga, 25-II
Valero, 29-I
Valvanera, Nª Sra. de, 13-IX
Venancio Fortunato, 14-XII
Ventura, 5-X
Veremundo de Irache, 8-III
Verísimo, 1-X
Verónica Giuliani, 9-VII
Vicenta de Coria, 15-III
Vicenta María López Vicuña, 25-V
◆ Vicente, 22-I
Vicente, 27-X
Vicente de Lérins, 24-V
◆ Vicente de Paúl, 27-IX
◆ Vicente Ferrer, 5-IV
Vicente Pallotti, 22-I
Vicente Romano, 20-XII
Vicente Vilar David, bto., 15-II
Víctor, 14-IX
Víctor I, 28-VII
Víctor III, 16-IX
Víctor de Marsella, 21-VII
Víctor de Milán, 8-V
Victoria, 10-XI
Victoria, 17-XI
Victoria, Nª Sra. de la, 7-V
Victoria Díez, bta., 12-VIII
Victoria Rasoamanarivo, bta., 21-VIII
Victoriano, 20-X
Vidal, 28-IV
Vidal, 4-XI
Vincenzo Grossi, 7-XI
Violeta, 3-V
Virginia, 14-VIII
Virila, 3-X
◆ Visitación de la Virgen María, 31-V
Vitaliano, 27-I
Vito, 15-VI
Vitoria, 23-XII
Vivencio, 13-I
Vladimiro, 15-VII

Walfrido, 12-X
◆ Wenceslao, 28-IX
Werner, 18-IV
Wilmar, 31-V

Xenia, 24-I

Yolanda, 17-XII

Zacarías, papa, 22-III
Zacarías, 6-IX
Zacarías, 5-XI
Zaqueo, 20-VIII
Zenobio, 30-X
Zenón, 23-VI
Zita de Luca, 27-IV
Zoe, 2-V
Zósimo, 30-XI
Zósimo, 26-XII

Señal de la cruz

Por la señal de la santa cruz,
de nuestros enemigos líbranos,
Señor, Dios nuestro.

En el nombre del Padre, y del Hijo,
y del Espíritu Santo. Amén.

Padrenuestro

Padre nuestro, que estás en el cielo,
santificado sea tu Nombre;
venga a nosotros tu reino;
hágase tu voluntad
en la tierra como en el cielo.
Danos hoy nuestro pan de cada día;
perdona nuestras ofensas,
como también nosotros perdonamos
a los que nos ofenden;
no nos dejes caer en la tentación,
y líbranos del mal. Amén.

Avemaría

Dios te salve, María,
llena eres de gracia; el Señor es contigo;
bendita tú eres entre todas las mujeres,
y bendito es el fruto de tu vientre, Jesús.
Santa María, madre de Dios,
ruega por nosotros, pecadores,
ahora y en la hora de nuestra muerte.
Amén.

Ángelus

El ángel del Señor anunció a María.
Y ella concibió por obra del Espíritu Santo.
Dios te salve, María...

Aquí está la esclava del Señor.
Hágase en mí según tu palabra.
Dios te salve, María...

Y la Palabra se hizo carne.
Y habitó entre nosotros.
Dios te salve, María...

V/. Ruega por nosotros, santa Madre de Dios.
R/. Para que seamos dignos de alcanzar las promesas de nuestro Señor Jesucristo.

Oremos: Derrama, Señor, tu gracia sobre nosotros, que, por el anuncio del ángel, hemos conocido la encarnación de tu Hijo, para que lleguemos, por su pasión y su cruz, a la gloria de su resurrección. Por el mismo Jesucristo, nuestro Señor. Amén.

Gloria al Padre...

Gloria al Padre

Gloria al Padre, y al Hijo,
y al Espíritu Santo.
Como era en el principio, ahora y siempre,
por los siglos de los siglos.
Amén.

Yo confieso

Yo confieso ante Dios todopoderoso
y ante vosotros, hermanos,
que he pecado mucho
de pensamiento, palabra,
obra y omisión.
Por mi culpa, por mi culpa,
por mi gran culpa.
Por eso ruego a santa María,
siempre Virgen,
a los ángeles, a los santos
y a vosotros, hermanos,
que intercedáis por mí ante Dios,
nuestro Señor.

Reina del cielo

Reina del cielo, alégrate, aleluya,
porque el Señor, a quien mereciste
llevar, aleluya,
ha resucitado, según su palabra, aleluya.
Ruega al Señor por nosotros, aleluya.

V/. Alégrate y goza, Virgen María, aleluya.
R/. Porque ha resucitado el Señor, aleluya.

Oremos: Oh Dios, que por la resurrección de tu Hijo, nuestro Señor Jesucristo, has llenado el mundo de alegría, concédenos, por intercesión de su madre, la Virgen María, llegar a alcanzar los gozos eternos.
Por el mismo Jesucristo,
nuestro Señor. Amén.

Salve

Dios te salve,
Reina y Madre de misericordia,
vida, dulzura y esperanza nuestra;
Dios te salve.
A ti llamamos los desterrados hijos de Eva;
a ti suspiramos, gimiendo y llorando,
en este valle de lágrimas.
Ea, pues, Señora, abogada nuestra,
vuelve a nosotros
esos tus ojos misericordiosos;
y después de este destierro
muéstranos a Jesús,
fruto bendito de tu vientre.
¡Oh clementísima, oh piadosa,
oh dulce Virgen María!
Ruega por nosotros, santa Madre de Dios,
para que seamos dignos
de las promesas de Cristo. Amén.

Oración de san Bernardo

Recuerda, bondadosa Virgen María,
que jamás se ha oído decir
que haya sido abandonado
ninguno de cuantos han acudido a ti,
implorando tu ayuda.
Animado con esta confianza,
acudo a ti, madre, Virgen por excelencia,
y, arrepentido de mis pecados,
me atrevo a presentarme ante ti.
No deseches mis súplicas,
Madre de la Palabra encarnada;
antes bien, escúchalas
y acógelas con bondad. Amén.

Gloria

Gloria a Dios en el cielo,
y en la tierra paz a los hombres
que ama el Señor.
Por tu inmensa gloria
te alabamos,
te bendecimos,
te adoramos,
te glorificamos,
te damos gracias,
Señor Dios, Rey celestial,
Dios Padre todopoderoso.
Señor, Hijo único, Jesucristo.
Señor Dios, Cordero de Dios,
Hijo del Padre;
tú que quitas el pecado del mundo,
ten piedad de nosotros;
tú que quitas el pecado del mundo,
atiende nuestra súplica;
tú que estás sentado
a la derecha del Padre,
ten piedad de nosotros;
porque solo tú eres Santo,
solo tú, Señor,
solo tú Altísimo, Jesucristo,
con el Espíritu Santo
en la gloria de Dios Padre. Amén.

Credo

Creo en un solo Dios, Padre todopoderoso,
Creador del cielo y de la tierra,
de todo lo visible y lo invisible.

Creo en un solo Señor, Jesucristo,
Hijo único de Dios, nacido del Padre
antes de todos los siglos:
Dios de Dios, Luz de Luz,
Dios verdadero de Dios verdadero,
engendrado, no creado,
de la misma naturaleza del Padre,
por quien todo fue hecho;
que por nosotros los hombres
y por nuestra salvación bajó del cielo,
y por obra del Espíritu Santo
se encarnó de María, la Virgen,
y se hizo hombre;
y por nuestra causa fue crucificado
en tiempos de Poncio Pilato:
padeció y fue sepultado,
y resucitó al tercer día,
según las Escrituras, y subió al cielo,
y está sentado a la derecha del Padre;
y de nuevo vendrá con gloria
para juzgar a vivos y muertos,
y su reino no tendrá fin.

Creo en el Espíritu Santo,
Señor y dador de vida,
que procede del Padre y del Hijo,
que con el Padre y el Hijo
recibe una misma adoración y gloria,
y que habló por los profetas.

Creo en la Iglesia, que es una, santa,
católica y apostólica.
Confieso que hay un solo Bautismo
para el perdón de los pecados.
Espero la resurrección de los muertos
y la vida del mundo futuro. Amén.

Credo apostólico

Creo en Dios, Padre todopoderoso,
creador del cielo y de la tierra.
Creo en Jesucristo, su único Hijo,
nuestro Señor;
que fue concebido
por obra y gracia del Espíritu Santo,
nació de santa María Virgen;
padeció bajo el poder de Poncio Pilato,
fue crucificado, muerto y sepultado;
descendió a los infiernos,
al tercer día resucitó de entre los muertos;
subió a los cielos
y está sentado a la derecha de Dios,
Padre todopoderoso;
desde allí ha de venir
a juzgar a vivos y muertos.
Creo en el Espíritu Santo,
la santa Iglesia católica,
la comunión de los santos,
el perdón de los pecados,
la resurrección de la carne
y la vida eterna. Amén.

Acto de esperanza

Dios mío,
por tus promesas y por los méritos
de Jesucristo, nuestro Salvador,
espero de tu bondad la vida eterna
y las gracias necesarias
para merecerla con las buenas obras
que debo y quiero hacer.
Señor, que goce de ti eternamente.

Los diez Mandamientos de la Ley de Dios

1º Amarás a Dios sobre todas las cosas.
2º No tomarás el nombre de Dios en vano.
3º Santificarás las fiestas.
4º Honrarás a tu padre y a tu madre.
5º No matarás.
6º No cometerás actos impuros.
7º No robarás.
8º No darás falso testimonio ni mentirás.
9º No consentirás pensamientos ni deseos impuros.
10º No codiciarás los bienes ajenos.

Se resumen en dos:
1º Amarás al Señor, tu Dios,
con todo tu corazón, con toda tu alma
y con toda tu mente.
2º Amarás al prójimo como a ti mismo.

Los cinco Mandamientos de la Iglesia

1º Oír misa entera todos los domingos y fiestas de guardar.
2º Confesar los pecados mortales al menos una vez al año, y en peligro de muerte, y si se ha de comulgar.
3º Comulgar al menos por Pascua de Resurrección.
4º Ayunar y abstenerse de comer carne cuando lo manda la Santa Madre Iglesia.
5º Ayudar a la Iglesia en sus necesidades.

Acto de contrición

Señor mío, Jesucristo,
Dios y hombre verdadero,
Creador, Padre y Redentor mío;
por ser Vos quien sois, Bondad infinita,
y porque os amo sobre todas las cosas,
me pesa de todo corazón
haberos ofendido;
también me pesa porque podéis castigarme
con las penas del infierno.
Ayudado de vuestra divina gracia,
propongo firmemente nunca más pecar,
confesarme y cumplir la penitencia
que me fuere impuesta.
Amén.

Alma de Cristo

Alma de Cristo, santifícame.
Cuerpo de Cristo, sálvame.
Sangre de Cristo, embriágame.
Agua del costado de Cristo, lávame.
Pasión de Cristo, confórtame.
Oh buen Jesús, óyeme.
Dentro de tus llagas, escóndeme.
No permitas que me aparte de ti.
Del maligno enemigo, defiéndeme.
En la hora de mi muerte, llámame.
Y mándame ir a ti.
Para que con tus santos te alabe
por los siglos de los siglos.
Amén.

Bendito sea Dios

Bendito sea Dios.
Bendito sea su santo nombre.
Bendito sea Jesucristo, verdadero Dios
y verdadero hombre.
Bendito sea el nombre de Jesús.
Bendito sea su sacratísimo Corazón.
Bendita sea su preciosísima Sangre.
Bendito sea Jesús en el santísimo
Sacramento del altar.
Bendito sea el Espíritu Santo Paráclito.
Bendita sea la excelsa Madre de Dios,
María santísima.
Bendita sea su santa
e inmaculada Concepción.
Bendita sea su gloriosa Asunción.
Bendito sea el nombre de María,
virgen y madre.
Bendito sea san José, su castísimo esposo.
Bendito sea Dios en sus ángeles
y en sus santos.

Antes de las comidas

Bendícenos, Señor,
y bendice el alimento que vamos a tomar,
para perseverar en tu servicio.
Jesús, «pan partido» en la Eucaristía,
aliméntanos de tu misma vida
y haz que compartamos diariamente
en el amor el pan
que tu providencia nos regala.

Oración de san Francisco

Señor, haz de mí un instrumento de tu paz.
Donde haya odio, ponga yo amor;
donde haya ofensa, ponga yo perdón;
donde haya discordia, ponga yo armonía;
donde haya error, ponga yo verdad;
donde haya duda, ponga yo fe;
donde haya desesperación,
ponga yo esperanza;
donde haya tinieblas, ponga yo luz;
donde haya tristeza, ponga yo alegría.
Que no me empeñe tanto
en ser consolado como en consolar;
en ser comprendido
como en comprender;
en ser amado como en amar:
porque dando, se recibe;
olvidando, se encuentra;
perdonando, se es perdonado;
muriendo, se resucita a la Vida.

Ángel de Dios

Ángel de Dios, que eres mi custodio:
ya que la bondad de Dios
me ha encomendado a ti,
ilumíname, guíame y protégeme.
Amén.

Después de las comidas

Te damos gracias, Señor,
por el alimento que nos has dado.
Haz que nos sirva siempre para el bien.
Te damos gracias, Padre nuestro,
por esta comida fraternal,
signo de nuestra comunion
en la realización de la obra
que nos has encomendado.

V/. Dios mío, ven en mi auxilio.
R/. Señor, date prisa en socorrerme.

V/. Gloria al Padre, y al Hijo, y al Espíritu Santo.
R/. Como era en el principio, ahora y siempre, por los siglos de los siglos. Amén.

V/. Ruega por nosotros, santa Madre de Dios.
R/. Para que seamos dignos de alcanzar las promesas de nuestro Señor Jesucristo.

Acto de gratitud

Te damos gracias por todos tus beneficios,
Dios todopoderoso, que vives y reinas
por los siglos de los siglos.
Amén.

Santo Rosario

Misterios Gozosos (lunes y sábado)

1. El arcángel Gabriel anuncia a la Virgen María la encarnación de Jesucristo y su elección para ser la madre de Dios.
2. La Virgen María va con solicitud a visitar y servir a su prima santa Isabel.
3. Nacido en Belén, Jesús es colocado en un pesebre en la más absoluta pobreza.
4. Aunque no obligados, María y José presentan a Jesús en el templo y cumplen todo lo que estaba prescrito para la purificación.
5. Jesús, adolescente, se queda tres días en el templo, entre los doctores, para escucharlos e interrogarlos sobre las cosas de su Padre.

Misterios Dolorosos (martes y viernes)

1. En el huerto de Getsemaní, Jesús suda sangre y ora al Padre con humildad, confianza y perseverancia; el ángel lo conforta.
2. Jesús, atado a la columna, es cruelmente azotado para reparar las inmoralidades de los hombres.
3. Jesús es coronado de espinas y despreciado por causa de nuestros pensamientos y sentimientos malos.
4. Jesús, condenado a muerte, lleva la pesada cruz al Calvario.
5. Jesús es crucificado, agoniza durante tres horas y muere para salvarnos.

Misterios Gloriosos (miércoles y domingo)

1. Jesucristo resucita glorioso del sepulcro. Esta resurrección es signo de nuestra resurrección en el último día.
2. El Salvador asciende al cielo con admirable gloria y triunfo.
3. El Espíritu Santo desciende sobre los apóstoles para iluminarlos, confortarlos y santificarlos.
4. La Virgen María, después de su peregrinación terrena, es elevada al cielo con admirable gloria y triunfo.
5. María es coronada reina del cielo y de la tierra, mediadora de la gracia y madre nuestra amabilísima.

Misterios Luminosos (jueves)

1. Jesús es bautizado por Juan en el río Jordán.
2. Jesús convierte el agua en vino por intercesión de su madre.
3. Jesús anuncia el reino de Dios invitando a la conversión.
4. Jesús se transfigura delante de sus apóstoles en el monte Tabor.
5. Jesús instituye la Eucaristía en la última Cena.

Letanías de la Virgen

Señor, ten piedad. Señor, ten piedad.
Cristo, ten piedad. Cristo, ten piedad.
Señor, ten piedad. Señor, ten piedad.
Cristo, óyenos. Cristo, óyenos.
Cristo, escúchanos. Cristo, escúchanos.
Dios Padre celestial, ten misericordia de nosotros.
Dios Hijo, redentor del mundo, ten misericordia de nosotros.
Dios Espíritu Santo, ten misericordia de nosotros.
Trinidad Santa, único Dios, ten misericordia de nosotros.
Santa María, ruega por nosotros.
Santa madre de Dios, ruega por nosotros.
Santa Virgen de las vírgenes, ruega por nosotros.
Madre de Cristo, ruega por nosotros.
Madre de la Iglesia, ruega por nosotros.
Madre de la misericordia, ruega por nosotros.
Madre de la divina gracia, ruega por nosotros.
Madre de la esperanza, ruega por nosotros.
Madre purísima, ruega por nosotros.
Madre castísima, ruega por nosotros.
Madre y virgen, ruega por nosotros.
Madre santa, ruega por nosotros.
Madre inmaculada, ruega por nosotros.
Madre amable, ruega por nosotros.
Madre admirable, ruega por nosotros.
Madre del buen consejo, ruega por nosotros.

Madre del Creador, ruega por nosotros.
Madre del salvador, ruega por nosotros.
Virgen prudentísima, ruega por nosotros.
Virgen digna de veneración, ruega por nosotros.
Virgen digna de alabanza, ruega por nosotros.
Virgen poderosa, ruega por nosotros.
Virgen clemente, ruega por nosotros.
Virgen fiel, ruega por nosotros.
Ideal de santidad, ruega por nosotros.
Morada de la sabiduría, ruega por nosotros.
Causa de nuestra alegría, ruega por nosotros.
Templo del Espíritu Santo, ruega por nosotros.
Honor de los pueblos, ruega por nosotros.
Modelo de entrega a Dios, ruega por nosotros.
Rosa escogida, ruega por nosotros.
Fuerte como la torre de David, ruega por nosotros.
Hermosa como torre de marfil, ruega por nosotros.
Casa de oro, ruega por nosotros.
Arca de la nueva alianza, ruega por nosotros.
Puerta del cielo, ruega por nosotros.
Estrella de la mañana, ruega por nosotros.
Salud de los enfermos, ruega por nosotros.
Refugio de los pecadores, ruega por nosotros.
Consuelo de los migrantes, ruega por nosotros.
Consoladora de los afligidos, ruega por nosotros.
Auxilio de los cristianos, ruega por nosotros.
Reina de los ángeles, ruega por nosotros.
Reina de los patriarcas, ruega por nosotros.
Reina de los profetas, ruega por nosotros.
Reina de los apóstoles, ruega por nosotros.
Reina de los mártires, ruega por nosotros.
Reina de las vírgenes, ruega por nosotros.
Reina de todos los santos, ruega por nosotros.
Reina de los que viven su fe, ruega por nosotros.
Reina concebida sin pecado original, ruega por nosotros.
Reina elevada al cielo, ruega por nosotros.

Reina del santísimo rosario, ruega por nosotros.
Reina de la paz. ruega por nosotros.

Cordero de Dios, que quitas
el pecado del mundo, perdónanos, Señor.
Cordero de Dios, que quitas
el pecado del mundo, escúchanos, Señor.
Cordero de Dios, que quitas
el pecado del mundo, ten misericordia de nosotros.

V/. Ruega por nosotros, santa Madre de Dios.
R/. Para que seamos dignos de alcanzar las promesas de nuestro Señor Jesucristo.

Oremos: Te pedimos, Señor, que nosotros, tus siervos, gocemos siempre de salud de alma y cuerpo, y por la intercesión de santa María, la Virgen, líbranos de las tristezas de este mundo y concédenos las alegrías del cielo. Por Jesucristo, nuestro Señor.
R/. Amén.

Vía Crucis

V/. Te saludamos, oh cruz santa, que llevaste al Redentor.
R/. Gloria, alabanza y honor canten lengua y corazón.

Primera estación: La agonía de Jesús en Getsemaní (Mt 26,36-46).
V/. Te adoramos, Cristo, y te bendecimos.
R/. Porque con tu santa Cruz redimiste al mundo.

Segunda estación: Jesús, traicionado por Judas, es arrestado (Mt 26,47-56a).
V/. Te adoramos, Cristo, y te bendecimos.
R/. Porque con tu santa Cruz redimiste al mundo.

Tercera estación: Jesús es abandonado por los suyos (Mt 26,31-35.56b).
V/. Te adoramos, Cristo, y te bendecimos.
R/. Porque con tu santa Cruz redimiste al mundo.

Cuarta estación: Jesús es condenado por el Sanedrín (Mt 26,59-67).
V/. Te adoramos, Cristo, y te bendecimos.
R/. Porque con tu santa Cruz redimiste al mundo.

Quinta estación: Jesús es negado por Pedro (Mt 26,69-75).
V/. Te adoramos, Cristo, y te bendecimos.
R/. Porque con tu santa Cruz redimiste al mundo.

Sexta estación: Jesús es juzgado por Pilato (Mt 27,11-21).
V/. Te adoramos, Cristo, y te bendecimos.
R/. Porque con tu santa Cruz redimiste al mundo.

Séptima estación: Jesús es condenado a muerte (Mt 27,22-26).
V/. Te adoramos, Cristo, y te bendecimos.
R/. Porque con tu santa Cruz redimiste al mundo.

Octava estación: Jesús es azotado y coronado de espinas (Mt 27,27-31).
V/. Te adoramos, Cristo, y te bendecimos.
R/. Porque con tu santa Cruz redimiste al mundo.

Novena estación: Jesús ayudado por el Cirineo a llevar la cruz (Lc 23,26-31).
V/. Te adoramos, Cristo, y te bendecimos.
R/. Porque con tu santa Cruz redimiste al mundo.

Décima estación: Jesús es crucificado (Mt 27,33-40).
V/. Te adoramos, Cristo, y te bendecimos.
R/. Porque con tu santa Cruz redimiste al mundo.

Undécima estación: Jesús promete su reino al buen ladrón (Lc 23,39-43).
V/. Te adoramos, Cristo, y te bendecimos.
R/. Porque con tu santa Cruz redimiste al mundo.

Duodécima estación: Jesús en la cruz, la Madre y el discípulo (Jn 19,25-27).
V/. Te adoramos, Cristo, y te bendecimos.
R/. Porque con tu santa Cruz redimiste al mundo.

Decimotercera estación: Jesús muere en la cruz (Mt 27,45-54).
V/. Te adoramos, Cristo, y te bendecimos.
R/. Porque con tu santa Cruz redimiste al mundo.

Decimocuarta estación: Jesús es bajado de la cruz y sepultado (Mt 27,57-60).
V/. Te adoramos, Cristo, y te bendecimos.
R/. Porque con tu santa Cruz redimiste al mundo.

Decimoquinta estación: La resurrección de Jesús (Mt 28,1-7).
V/. Verdaderamente ha resucitado el Señor. Aleluya.
R/. Tal y como lo anunciaron las Escrituras. Aleluya.

Conclusión (Flp 2,6-11).
V/. Oh, Señor, que has querido salvarnos con la muerte en cruz de tu Hijo Jesucristo, concédenos a quienes hemos conocido en la tierra su misterio de amor, gozar de los frutos de la redención en el cielo. Por Jesucristo, nuestro Señor.
R/. Amén.

Benedictus (Lc 1,68-79)

Bendito sea el Señor, Dios de Israel,
porque ha visitado y redimido a su pueblo,
suscitándonos una fuerza de salvación
en la casa de David, su siervo,
según lo había predicho desde antiguo
por boca de sus santos profetas.

Es la salvación que nos libra
de nuestros enemigos
y de la mano de todos los que nos odian;
realizando la misericordia
que tuvo con nuestros padres,
recordando su santa alianza
y el juramento que juró
a nuestro padre Abrahán.

Para concedernos que, libres de temor,
arrancados de la mano de los enemigos,
le sirvamos con santidad y justicia,
en su presencia, todos nuestros días.
Y a ti, niño, te llamarán profeta
del Altísimo,
porque irás delante del Señor
a preparar sus caminos,
anunciando a su pueblo la salvación,
el perdón de sus pecados.

Por la entrañable misericordia
de nuestro Dios,
nos visitará el sol que nace de lo alto,
para iluminar a los que viven en tinieblas
y en sombra de muerte,
para guiar nuestros pasos
por el camino de la paz.

Alegre la mañana

Alegre la mañana que nos habla de ti.
Alegre la mañana.

En nombre del Dios Padre, del Hijo
y del Espíritu,
salimos de la noche y estrenamos la aurora,
saludamos el gozo de la luz que nos llega
resucitada y resucitadora.

Tu mano acerca el fuego a la sombría tierra
y el rostro de las cosas se alegra
en tu presencia;
silabeas el alba igual que una palabra,
tú pronuncias el mar como sentencia.

Regresa desde el sueño,
el hombre a su memoria,
acude a su trabajo, madruga a sus dolores;
le confías la tierra, y a la tarde la encuentras
rica de pan y amarga de sudores.

Y tú te regocijas, oh Dios y tú prolongas
en sus pequeñas manos tus manos
poderosas;
y estáis de cuerpo entero
los dos así creando,
los dos así velando por las cosas.

¡Bendita la mañana que trae
la gran noticia
de tu presencia joven en gloria y poderío,
la serena certeza con que el día proclama
que el sepulcro de Cristo está vacío!
Amén.

Secuencia de Pascua

Ofrezcan los cristianos
ofrendas de alabanza
a gloria de la Víctima
propicia de la Pascua.

Cordero sin pecado
que a las ovejas salva,
a Dios y a los culpables
unió con nueva alianza.

Lucharon vida y muerte
en singular batalla,
y, muerto el que es la Vida,
triunfante se levanta.

«¿Qué has visto de camino,
María, en la mañana?».
«A mi Señor glorioso,
la tumba abandonada,

los ángeles testigos,
sudarios y mortaja.
¡Resucitó de veras
mi amor y mi esperanza!

Venid a Galilea,
allí el Señor aguarda;
allí veréis los suyos
la gloria de la Pascua».

Primicia de los muertos,
sabemos por tu gracia
que estás resucitado;
la muerte en ti no manda.

Rey vencedor, apiádate
de la miseria humana
y da a tus fieles parte
en tu victoria santa.

Magníficat (Lc 1,46-55)

Proclama mi alma la grandeza del Señor,
se alegra mi espíritu en Dios, mi salvador,
porque ha mirado la humildad
de su esclava.

Desde ahora me felicitarán
todas las generaciones
porque el Poderoso ha hecho obras
grandes en mí:
su nombre es santo,
y su misericordia llega a sus fieles
de generación en generación.
Él hace proezas con su brazo:
dispersa a los soberbios de corazón,
derriba del trono a los poderosos
y enaltece a los humildes;
a los hambrientos los colma de bienes
y a los ricos los despide vacíos.

Auxilia a Israel, su siervo,
acordándose de la misericordia
–como lo había prometido a nuestros
padres– en favor de Abrahán
y su descendencia por siempre.

Gloria al Padre...

Ven, Espíritu divino

Ven, Espíritu divino,
manda tu luz desde el cielo.
Padre amoroso del pobre;
don en tus dones espléndido;
luz que penetra las almas;
fuente del mayor consuelo.

Ven, dulce huésped del alma,
descanso de nuestro esfuerzo,
tregua en el duro trabajo,
brisa en las horas de fuego,
gozo que enjuga las lágrimas
y reconforta en los duelos.

Entra hasta el fondo del alma,
divina luz, y enriquécenos.
Mira el vacío del hombre,
si tú le faltas por dentro;
mira el poder del pecado,
cuando no envías tu aliento.

Riega la tierra en sequía,
sana el corazón enfermo,
lava las manchas, infunde
calor de vida en el hielo,
doma el espíritu indómito,
guía al que tuerce el sendero.

Reparte tus siete dones,
según la fe de tus siervos;
por tu bondad y tu gracia,
dale al esfuerzo su mérito;
salva al que busca salvarse
y danos tu gozo eterno. Amén.

Que la lengua humana

Que la lengua humana
cante este misterio:
la preciosa sangre
y el precioso cuerpo.
Quien nació de Virgen,
Rey del universo,
por salvar al mundo,
dio su sangre en precio.

Se entregó a nosotros,
se nos dio naciendo
de una casta Virgen;
y, acabado el tiempo,
tras haber sembrado
la palabra al pueblo
coronó su obra
con prodigio excelso.

Adorad postrados
este sacramento.
Cesa el viejo rito,
se establece el nuevo.
Dudan los sentidos
y el entendimiento:
que la fe lo supla
con asentimiento.

Himnos de alabanza,
bendición y obsequio;
por igual la gloria
y el poder y el reino;
al eterno Padre con el Hijo eterno
y el divino Espíritu
que procede de ellos. Amén.

Nunc dimittis (Lc 2,29-32)

Ahora, Señor, según tu promesa,
puedes dejar a tu siervo irse en paz.

Porque mis ojos han visto a tu Salvador,
a quien has presentado ante
todos los pueblos:

luz para alumbrar a las naciones
y gloria de tu pueblo Israel.

Gloria al Padre...

Te Deum

A ti, oh Dios, te alabamos,
a ti, Señor, te reconocemos.

A ti, eterno Padre,
te venera toda la creación.

Los ángeles todos, los cielos
y todas las potestades te honran.
Los querubines y serafines
te cantan sin cesar:

Santo, Santo, Santo es el Señor,
Dios del universo.

Los cielos y la tierra
están llenos de la majestad de tu gloria.

A ti te ensalza el glorioso coro
de los apóstoles,
la multitud admirable de los profetas,
el blanco ejército de los mártires.
A ti la Iglesia santa,
extendida por toda la tierra,
te proclama:

Padre de inmensa majestad,
Hijo único y verdadero,
digno de adoración,
Espíritu Santo, Defensor.
Tú eres el Rey de la gloria, Cristo.

Tú eres el Hijo único del Padre.

Tú, para liberar al hombre,
aceptaste la condición humana
sin desdeñar el seno de la Virgen.

Tú, rotas las cadenas de la muerte,
abriste a los creyentes el reino del cielo.
Tú te sientas a la derecha de Dios
en la gloria del Padre.

Creemos que un día
has de venir como juez.
Te rogamos, pues,
que vengas en ayuda de tus siervos,
a quienes redimiste con tu preciosa
sangre.
Haz que en la gloria eterna
nos asociemos a tus santos.

Salva a tu pueblo, Señor,
y bendice tu heredad.

Salmo 23

El Señor es mi pastor, nada me falta:
en verdes praderas me hace recostar,
me conduce hacia fuentes tranquilas
y repara mis fuerzas.

Me guía por el sendero justo,
por el honor de su nombre.
Aunque camine por cañadas oscuras,
nada temo, porque tú vas conmigo:
tu vara y tu cayado me sosiegan.

Preparas una mesa ante mí,
enfrente de mis enemigos;
me unges la cabeza con perfume,
y mi copa rebosa.
Tu bondad y tu misericordia
me acompañan
todos los días de mi vida,
y habitaré en la casa del Señor
por años sin término.

Gloria al Padre...

Examen de conciencia del papa Francisco

El papa Francisco ha insistido una y otra vez en que tenemos la magnífica noticia de ser hijos de un Dios que no se cansa de perdonar, pero también insiste en la necesidad de reconocernos hombres y mujeres necesitados de perdón porque somos pecadores. De ahí que un ejercicio espiritualmente saludable sea el ponernos delante de Dios y desandar tramos del camino de nuestra vida sin cerrar los ojos en aquellos trechos en los que aparecen baches, es decir, fallos o pecados que a veces nos cuesta reconocer. Y para hacer este ejercicio de revisión de vida o examen de conciencia –un ejercicio aconsejable al final del día o antes de hacer una buena confesión–, el papa Francisco nos propone 30 preguntas a la luz de nuestra relación con Dios, con el prójimo y con nosotros mismos.

En relación con Dios

1. ¿Solo me dirijo a Dios en caso de necesidad?
2. ¿Participo regularmente en la Misa los domingos y días de fiesta?
3. ¿Comienzo y termino mi jornada con la oración?
4. ¿Blasfemo en vano el nombre de Dios, de la Virgen, de los santos?
5. ¿Me he avergonzado de manifestarme como católico?
6. ¿Qué hago para crecer espiritualmente, cómo lo hago, cuándo lo hago?
7. ¿Me revelo contra los designios de Dios?
8. ¿Pretendo que Él haga mi voluntad?

En relación con el prójimo

9. ¿Sé perdonar, tengo comprensión, ayudo a mi prójimo?
10. ¿Juzgo sin piedad tanto de pensamiento como con palabras?
11. ¿He calumniado, robado, despreciado a los humildes y a los indefensos?
12. ¿Soy envidioso, colérico, o parcial?
13. ¿Me avergüenzo de mis hermanos, me preocupo de los pobres y de los enfermos?
14. ¿Soy honesto y justo con todos o alimento la cultura del descarte?
15. ¿Incito a otros a hacer el mal?
16. ¿Observo la moral conyugal y familiar enseñada por el Evangelio?
17. ¿Cómo cumplo mi responsabilidad en la educación de mis hijos?
18. ¿Honro a mis padres?
19. ¿He rechazado la vida recién concebida?
20. ¿He colaborado a hacerlo?
21. ¿Respeto el medio ambiente?

En relación con nosotros mismos

22. ¿Soy un poco mundano y poco creyente?
23. ¿Como, bebo, fumo o me divierto en exceso?
24. ¿Me preocupo demasiado de mi salud física, de mis bienes?
25. ¿Cómo utilizo mi tiempo?
26. ¿Soy perezoso?
27. ¿Me gusta ser servido?
28. ¿Amo y cultivo la pureza de corazón, de pensamientos, de acciones?
29. ¿Nutro venganzas, alimento rencores?
30. ¿Soy misericordioso, humilde y constructor de paz?

RITOS INICIALES

En el nombre del Padre, y del Hijo, y del Espíritu Santo.

Amén.

La gracia de nuestro Señor Jesucristo, el amor del Padre y la comunión del Espíritu Santo estén con todos vosotros.

Y con tu espíritu.

Hermanos: para celebrar dignamente estos sagrados misterios, reconozcamos nuestros pecados.

Yo confieso ante Dios todopoderoso y ante vosotros, hermanos, que he pecado mucho de pensamiento, palabra, obra y omisión. Por mi culpa, por mi culpa, por mi gran culpa.

Por eso ruego a santa María, siempre Virgen, a los ángeles, a los santos y a vosotros, hermanos, que intercedáis por mí ante Dios, nuestro Señor.

Dios todopoderoso tenga misericordia de nosotros, perdone nuestros pecados y nos lleve a la vida eterna.

Amén.

- Señor, ten piedad. Señor, ten piedad.
- Cristo, ten piedad. Cristo, ten piedad.
- Señor, ten piedad. Señor, ten piedad.

Gloria

Gloria a Dios en el cielo, y en la tierra paz a los hombres que ama el Señor. Por tu inmensa gloria te alabamos, te bendecimos, te adoramos, te glorificamos, te damos gracias, Señor Dios, Rey celestial, Dios Padre todopoderoso. Señor, Hijo único, Jesucristo, Señor Dios, Cordero de Dios, Hijo del Padre; tú que quitas el pecado del mundo, ten piedad de nosotros; tú que quitas el pecado del mundo, atiende nuestra súplica; tú que estás sentado a la derecha del Padre, ten piedad de nosotros. Porque solo tú eres Santo, solo tú Señor, solo tú Altísimo, Jesucristo, con el Espíritu Santo en la gloria de Dios Padre.

Amén.

Oración colecta

LITURGIA DE LA PALABRA

Primera lectura

Palabra de Dios. Te alabamos, Señor.

Salmo responsorial

Segunda lectura

Palabra de Dios. Te alabamos, Señor.

Aleluya

Evangelio

El Señor esté con vosotros. Y con tu espíritu.
Lectura del santo Evangelio según san ... Gloria a ti, Señor.
Palabra del Señor. Gloria a ti, Señor Jesús.

Homilía

Credo

Creo en un solo Dios, Padre todopoderoso,
Creador del cielo y de la tierra, de todo lo visible y lo invisible.
Creo en un solo Señor, Jesucristo, Hijo único de Dios,
nacido del Padre antes de todos los siglos:
Dios de Dios, Luz de Luz,
Dios verdadero de Dios verdadero, engendrado, no creado,
de la misma naturaleza del Padre, por quien todo fue hecho;
que por nosotros, los hombres, y por nuestra salvación bajó del cielo;
y por obra del Espíritu Santo se encarnó de María, la Virgen, y se hizo hombre;
y por nuestra causa fue crucificado en tiempos de Poncio Pilato;

padeció y fue sepultado, y resucitó al tercer día, según las Escrituras,
y subió al cielo, y está sentado a la derecha del Padre;
y de nuevo vendrá con gloria para juzgar a vivos y muertos, y su reino no tendrá fin.
Creo en el Espíritu Santo, Señor y dador de vida,
que procede del Padre y del Hijo,
que con el Padre y el Hijo recibe una misma adoración y gloria,
y que habló por los profetas.
Creo en la Iglesia, que es una, santa, católica y apostólica.
Confieso que hay un solo bautismo para el perdón de los pecados.
Espero la resurrección de los muertos y la vida del mundo futuro. Amén.

Oración de los fieles

LITURGIA EUCARÍSTICA

Bendito seas, Señor, Dios del universo, por este pan, fruto de la tierra y del trabajo del hombre, que recibimos de tu generosidad y ahora te presentamos; él será para nosotros pan de vida.

Bendito seas por siempre, Señor.

Bendito seas, Señor, Dios del universo, por este vino, fruto de la vid y del trabajo del hombre, que recibimos de tu generosidad y ahora te presentamos; él será para nosotros bebida de salvación.

Bendito seas por siempre, Señor.

Orad, hermanos, para que este sacrificio, mío y vuestro, sea agradable a Dios, Padre todopoderoso.

El Señor reciba de tus manos este sacrificio, para alabanza y gloria de su nombre, para nuestro bien y el de toda su santa Iglesia.

Oración sobre las ofrendas

El Señor esté con vosotros.	Y con tu espíritu.
Levantemos el corazón.	Lo tenemos levantado hacia el Señor.
Demos gracias al Señor, nuestro Dios.	Es justo y necesario.

Plegaria eucarística II

En verdad es justo y necesario, es nuestro deber y salvación, darte gracias, Padre Santo, siempre y en todo lugar, por Jesucristo, tu Hijo amado.

Por él, que es tu Verbo, hiciste todas las cosas; tú nos lo enviaste para que, hecho hombre por obra del Espíritu Santo y nacido de María, la Virgen, fuera nuestro Salvador y Redentor.

Él, en cumplimiento de tu voluntad, para destruir la muerte y manifestar la resurrección, extendió sus brazos en la cruz, y así adquirió para ti un pueblo santo.

Por eso con los ángeles y los santos proclamamos tu gloria, diciendo a una sola voz:

Santo, Santo, Santo es el Señor, Dios del Universo.
Llenos están el cielo y la tierra de su gloria.
Hosanna en el cielo. Bendito el que viene en nombre del Señor.
Hosanna en el cielo.

Santo eres en verdad, Señor, fuente de toda santidad; por eso te pedimos que santifiques estos dones con la efusión de tu Espíritu, de manera que se conviertan para nosotros en el Cuerpo y la Sangre de Jesucristo, nuestro Señor. El cual, cuando iba a ser entregado a su Pasión, voluntariamente aceptada, tomó pan; dándote gracias, lo partió y lo dio a sus discípulos diciendo: TOMAD Y COMED TODOS DE ÉL, PORQUE ESTO ES MI CUERPO, QUE SERÁ ENTREGADO POR VOSOTROS.

Del mismo modo, acabada la cena, tomó el cáliz, y, dándote gracias de nuevo, lo pasó a sus discípulos, diciendo:

TOMAD Y BEBED TODOS DE ÉL, PORQUE ESTE ES EL CÁLIZ DE MI SANGRE, SANGRE DE LA ALIANZA NUEVA Y ETERNA, QUE SERÁ DERRAMADA POR VOSOTROS Y POR MUCHOS PARA EL PERDÓN DE LOS PECADOS. HACED ESTO EN CONMEMORACIÓN MÍA.

Este es el Misterio de la fe:

Anunciamos tu muerte, proclamamos tu resurrección. ¡Ven, Señor Jesús!

Así, pues, Padre, al celebrar ahora el memorial de la muerte y resurrección de tu Hijo, te ofrecemos el pan de vida y el cáliz de salvación, y te damos gracias porque nos haces dignos de servirte en tu presencia. Te pedimos, humildemente, que el Espíritu Santo congregue en la unidad a cuantos participamos del Cuerpo y Sangre de Cristo.

Acuérdate, Señor, de tu Iglesia extendida por toda la tierra; y con el Papa... , con nuestro Obispo... y todos los pastores que cuidan de tu pueblo, llévala a su perfección por la caridad.

Acuérdate también de nuestros hermanos que durmieron en la esperanza de la resurrección, y de todos los que han muerto en tu misericordia; admítelos a contemplar la luz de tu rostro.

Ten misericordia de todos nosotros, y así, con María, la Virgen Madre de Dios, su esposo san José, los apóstoles y cuantos vivieron en tu amistad a través de los tiempos, merezcamos, por tu Hijo Jesucristo, compartir la vida eterna y cantar tus alabanzas.

Por Cristo, con él y en él, a ti, Dios Padre omnipotente, en la unidad del Espíritu Santo, todo honor y toda gloria por los siglos de los siglos.

Amén.

Plegaria eucarística III

Santo eres en verdad, Padre, y con razón te alaban todas tus criaturas, ya que por Jesucristo, tu Hijo, Señor nuestro, con la fuerza del Espíritu Santo, das vida y santificas todo, y congregas a tu pueblo sin cesar, para que ofrezca en tu honor un sacrificio sin mancha desde donde sale el sol hasta el ocaso.

Por eso, Padre, te suplicamos que santifiques por el mismo Espíritu estos dones que hemos separado para ti, de manera que se conviertan en el Cuerpo y la Sangre de Jesucristo, Hijo tuyo y Señor nuestro, que nos mandó celebrar estos misterios.

Porque él mismo, la noche en que iba a ser entregado, tomó pan, y dando gracias te bendijo, lo partió y lo dio a sus discípulos diciendo: TOMAD Y COMED TODOS DE ÉL, PORQUE ESTO ES MI CUERPO, QUE SERÁ ENTREGADO POR VOSOTROS.

Del mismo modo, acabada la cena, tomó el cáliz, dando gracias te bendijo, y lo pasó a sus discípulos, diciendo: TOMAD Y BEBED TODOS DE ÉL, PORQUE ESTE ES EL CÁLIZ DE MI SANGRE, SANGRE DE LA ALIANZA NUEVA Y ETERNA, QUE SERÁ DERRAMADA POR VOSOTROS Y POR MUCHOS PARA EL PERDÓN DE LOS PECADOS. HACED ESTO EN CONMEMORACIÓN MÍA.

Aclamemos el Misterio de la fe:

Cada vez que comemos de este pan y bebemos de este cáliz, anunciamos tu muerte, Señor, hasta que vuelvas.

Así, pues, Padre, al celebrar ahora el memorial de la pasión salvadora de tu Hijo, de su admirable resurrección, y ascensión al cielo, mientras esperamos su venida gloriosa, te ofrecemos, en esta acción de gracias, el sacrificio vivo y santo.

Dirige tu mirada sobre la ofrenda de tu Iglesia, y reconoce en ella la Víctima por cuya inmolación quisiste devolvernos tu amistad, para que, fortalecidos con el Cuerpo y la Sangre de tu Hijo y llenos de su Espíritu Santo, formemos en Cristo un solo cuerpo y un solo espíritu.

Que él nos transforme en ofrenda permanente, para que gocemos de tu heredad junto con tus elegidos: con María, la Virgen Madre de Dios, su esposo san José, los apóstoles y los mártires, y todos los santos, por cuya intercesión confiamos obtener siempre tu ayuda.

Te pedimos, Padre, que esta Víctima de reconciliación traiga la paz y la salvación al mundo entero.

Confirma en la fe y en la caridad a tu Iglesia, peregrina en la tierra: a tu servidor, el Papa... , a nuestro Obispo... , al orden episcopal, a los presbíteros y diáconos, y a todo el pueblo redimido por ti.

Reúne en torno a ti, Padre misericordioso, a todos tus hijos dispersos por el mundo.

A nuestros hermanos difuntos y a cuantos murieron en tu amistad, recíbelos en tu Reino, donde esperamos gozar todos juntos de la plenitud eterna de tu gloria, por Cristo Señor nuestro, por quien concedes al mundo todos los bienes.

Por Cristo, con él y en él, a ti, Dios Padre omnipotente, en la unidad del Espíritu Santo, todo honor y toda gloria por los siglos de los siglos. Amén.

RITO DE COMUNIÓN

Fieles a la recomendación del Salvador y siguiendo su divina enseñanza, nos atrevemos a decir:

Padrenuestro

Padre nuestro, que estás en el cielo,
santificado sea tu Nombre; venga a nosotros tu reino;
hágase tu voluntad en la tierra como en el cielo.
Danos hoy nuestro pan de cada día;
perdona nuestras ofensas,
como también nosotros perdonamos a los que nos ofenden;
no nos dejes caer en la tentación, y líbranos del mal.

Líbranos de todos los males, Señor, y concédenos la paz en nuestros días, para que, ayudados por tu misericordia, vivamos siempre libres de pecado y protegidos de toda perturbación, mientras esperamos la gloriosa venida de nuestro Salvador Jesucristo.

Tuyo es el reino, tuyo el poder y la gloria, por siempre, Señor.

Señor Jesucristo, que dijiste a tus apóstoles: «La paz os dejo, mi paz os doy»; no tengas en cuenta nuestros pecados, sino la fe de tu Iglesia y, conforme a tu palabra, concédele la paz y la unidad. Tú que vives y reinas por los siglos de los siglos.

Amén.

La paz del Señor esté siempre con vosotros.

Y con tu espíritu.

Cordero de Dios

Cordero de Dios, que quitas el pecado del mundo, ten piedad de nosotros.
Cordero de Dios, que quitas el pecado del mundo, ten piedad de nosotros.
Cordero de Dios, que quitas el pecado del mundo, danos la paz.

Este es el Cordero de Dios, que quita el pecado del mundo. Dichosos los invitados a la cena del Señor.

Señor, no soy digno de que entres en mi casa, pero una palabra tuya bastará para sanarme.

El Cuerpo de Cristo.

Amén.

Oración después de la comunión

RITO DE CONCLUSIÓN

El Señor esté con vosotros.

Y con tu espíritu.

La bendición de Dios todopoderoso, Padre, Hijo y Espíritu Santo, descienda sobre vosotros.

Amén.

Podéis ir en paz.

Demos gracias a Dios.

Índice